Perspectives mondiales des plastiques

SCÉNARIOS D'ACTION À L'HORIZON 2060

OCDE
DES POLITIQUES MEILLEURES POUR UNE VIE MEILLEURE

Merci de citer cet ouvrage comme suit :
OCDE (2023), *Perspectives mondiales des plastiques : Scénarios d'action à l'horizon 2060*, Éditions OCDE, Paris, https://doi.org/10.1787/c5abcbb1-fr.

ISBN 978-92-64-76684-6 (imprimé)
ISBN 978-92-64-86877-9 (pdf)
ISBN 978-92-64-39670-8 (HTML)
ISBN 978-92-64-35823-2 (epub)

Crédits photo : Couverture © conçue par Andrew Esson/baselinearts.co.uk inspirée des images © JasminkaM, Liubovart/Shutterstock.com.

Les corrigenda des publications sont disponibles sur : www.oecd.org/fr/apropos/editionsocde/corrigendadepublicationsdelocde.htm.

Préface

Problème d'environnement majeur du XXIe siècle, la pollution plastique porte largement atteinte aux écosystèmes et à la santé humaine. Ce rapport de l'OCDE, *Perspectives mondiales des plastiques : scénarios d'action à l'horizon 2060*, présente des projections mondiales des déterminants sectoriels et régionaux et des conséquences de l'utilisation de plastique dans les prochaines décennies.

Un précédent rapport, publié en février 2022 sous le titre *Perspectives mondiales des plastiques : déterminants économiques, répercussions environnementales et possibilités d'action*, a pour la première fois proposé une évaluation mondiale complète des tendances en matière de consommation, de production de déchets et de rejets dans l'environnement de plastique. Il a également mis en évidence quatre leviers à la disposition des pouvoirs publics pour réduire les incidences environnementales du plastique, à savoir les marchés des plastiques recyclés, l'innovation, les politiques nationales et la coopération internationale.

Peu après, l'Assemblée des Nations Unies pour l'environnement a adopté une résolution qui fera date, dans laquelle elle demande la constitution d'un comité intergouvernemental de négociation chargé d'élaborer un instrument international contraignant relatif à la pollution plastique. Moins d'un mois plus tard, le 31 mars 2022, dans la Déclaration adoptée à la réunion ministérielle sur l'environnement de l'OCDE, l'engagement a été pris d'élaborer des approches globales et cohérentes fondées sur le cycle de vie pour combattre la pollution plastique et promouvoir la coopération au niveau international.

La dynamique mondiale en faveur de la lutte contre la pollution plastique prend donc de l'ampleur, mais affronte aussi des vents contraires à l'heure où le monde est encore déstabilisé par la pandémie de COVID-19 et la reprise économique inégale, et où la guerre en Ukraine ravive les tensions géopolitiques.

Comment, dans un contexte aussi compliqué, définir les modalités d'une action mondiale permettant de concrétiser les ambitions de l'Assemblée des Nations Unies pour l'environnement et d'aller plus loin ?

Le deuxième volume du rapport *Perspectives mondiales des plastiques* propose une feuille de route. Mettant à profit l'expertise sans équivalent de l'OCDE en matière de modélisation de l'économie et de l'environnement, il quantifie à la fois les conséquences qu'aurait un scénario de politiques inchangées pour les rejets de plastique dans l'environnement, et les avantages qu'aurait une action mondiale plus ambitieuse. En l'occurrence, l'analyse montre qu'en l'absence de politiques publiques plus rigoureuses, l'utilisation de plastiques et les déchets plastiques seront quasiment multipliés par trois, et les rejets de plastique dans l'environnement doubleront.

Le rapport décrit deux trains de mesures – baptisés *Action régionale* et *Ambition mondiale* – qui correspondent à deux scénarios d'action internationale pour à la fois stopper la progression de la consommation de plastique et réduire sensiblement les rejets. Il montre en outre qu'une action publique conjuguée sur le front du changement climatique et celui des plastiques peut permettre aux pays d'atteindre leurs objectifs en matière de climat tout en rendant le cycle de vie du plastique plus circulaire.

J'espère que les conclusions du présent rapport éclaireront la réflexion des responsables publics sur la voie à emprunter pour ramener à zéro la pollution plastique. L'OCDE est à la disposition des gouvernements pour les aider à concevoir, formuler et mettre en œuvre les politiques publiques ambitieuses nécessaires pour relever ce défi dans le cadre d'une approche mondiale coordonnée.

Mathias Cormann
Secrétaire général de l'OCDE

Avant-propos

Le présent ouvrage, *Perspectives mondiales des plastiques : scénarios d'action à l'horizon 2060*, vise à donner aux décideurs publics une vision à long terme du défi des plastiques en présentant un ensemble de projections cohérentes de l'utilisation de plastiques et des déchets plastiques, ainsi que de leurs répercussions sur l'environnement. Plusieurs trains de mesures sont modélisés pour démontrer les avantages pour l'environnement et les conséquences économiques de l'adoption de politiques plus strictes.

Cet ouvrage fait suite à un précédent rapport, publié en février 2022 sous le titre *Perspectives mondiales des plastiques : déterminants économiques, répercussions environnementales et possibilités d'action*, qui a pour la première fois proposé une évaluation mondiale complète des tendances en matière de consommation, de production de déchets et de rejets dans l'environnement de plastique, ainsi que des leviers que peuvent actionner les pouvoirs publics pour en atténuer les répercussions environnementales.

Ce rapport est structuré comme indiqué ci-dessous. Au travers de modélisations environnement-économie de pointe, il commence par mettre en lumière les facteurs économiques sous l'effet desquels l'utilisation de plastiques, la production de déchets plastiques et leurs répercussions environnementales devraient continuer de battre des records jusqu'en 2060. Il présente ensuite deux scénarios, baptisés *Action régionale* et *Ambition mondiale*, qui aident à comprendre les effets environnementaux et économiques qu'auraient deux ensembles de mesures de rigueur variable d'ici à 2060. Pour finir, les interactions entre les politiques ciblant le plastique et celles destinées à lutter contre le changement climatique sont décrites à grands traits.

Structure du rapport

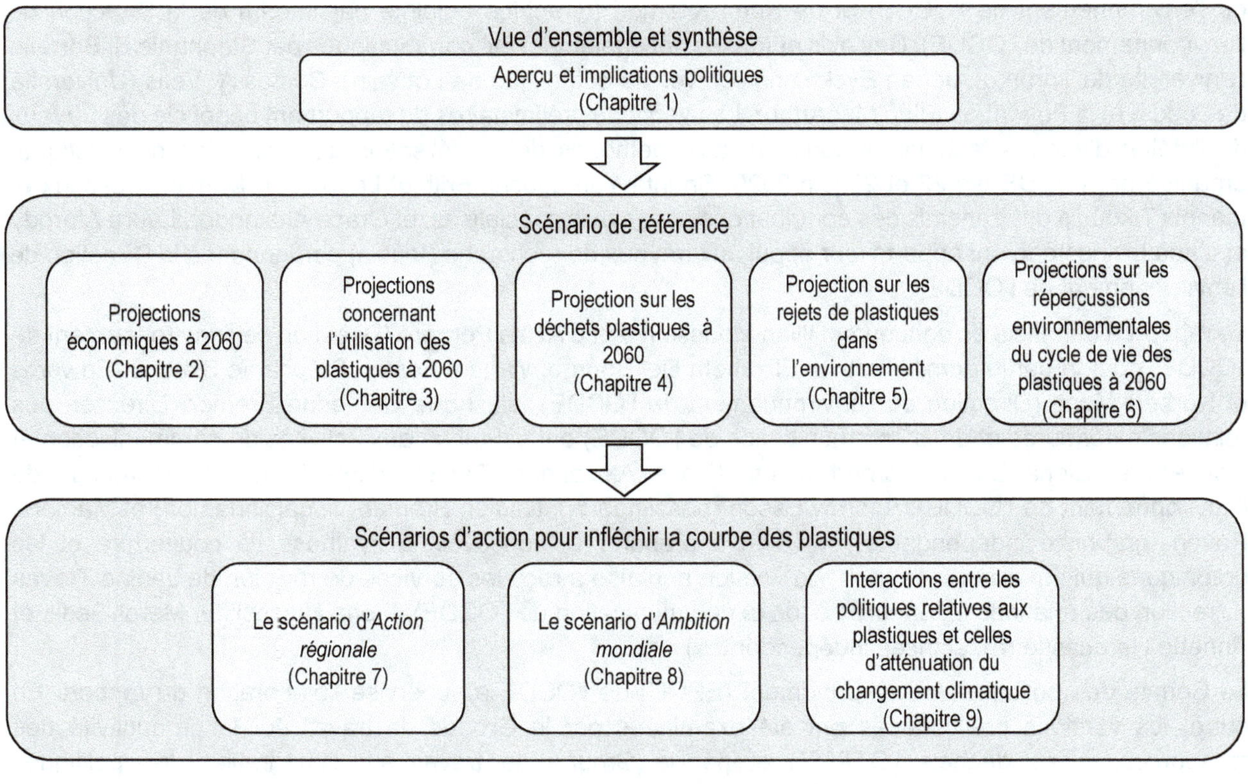

Remerciements

Ce rapport a été conçu par Shardul Agrawala, chef de la Division de l'intégration de l'environnement et de l'économie de la Direction de l'environnement de l'OCDE, qui en a également dirigé l'élaboration. Elisa Lanzi a dirigé la coordination transversale du rapport et l'équipe de modélisation. Le rapport est publié sous la direction de Shardul Agrawala, Elisa Lanzi et Rob Dellink.

Les auteurs des chapitres sont : Shardul Agrawala et Norbert Monti (chapitre 1) ; Elisa Lanzi, Ruben Bibas et Daniel Ostalé Valriberas (chapitre 2) ; Ruben Bibas, Elisa Lanzi, Rob Dellink, Eleonora Mavroeidi et Daniel Ostalé Valriberas (chapitre 3) ; Eleonora Mavroeidi, Maarten Dubois, Rob Dellink, Ruben Bibas et Elisa Lanzi (chapitre 4) ; Ruben Bibas, Eleonora Mavroeidi, Maarten Dubois, Elena Buzzi et Daniel Ostalé Valriberas (chapitre 5) ; Maarten Dubois, Ruben Bibas et Jean Fouré (chapitre 6) ; Eleonora Mavroeidi, Rob Dellink, Elisa Lanzi, Maarten Dubois et Ruben Bibas (chapitre 7) ; Rob Dellink, Eleonora Mavroeidi, Elisa Lanzi, Ruben Bibas et Elena Buzzi (chapitre 8) ; Jean Fouré et Elisa Lanzi (chapitre 9) (tous appartiennent à la Direction de l'environnement de l'OCDE). Peter Börkey a accompagné par ses contributions et ses avis d'expert l'ensemble du processus d'élaboration du rapport.

Les modélisations concernant les rejets mondiaux de plastiques ont bénéficié du concours des experts extérieurs à l'OCDE suivants : Morten Ryberg, Teddy Serrano et Alexis Laurent (Université technique du Danemark), Costas A. Velis, Ed Cook et Josh Cottom (Université de Leeds), Laurent Lebreton (The Ocean Cleanup) et Nikolaos Evangeliou (Institut norvégien de recherche sur l'air). Les travaux d'analyse du cycle de vie concernant l'utilisation et les déchets plastiques sont dus à Gustavo Longaray Moraga, Jo Dewulf et Maíra Caetano de Andrade (Université de Gand), et les travaux d'analyse des plastiques biosourcés, à Neus Escobar (IIASA) et Wolfgang Britz (Université de Bonn). Roland Geyer (Université de Californie, Santa Barbara) a prodigué des conseils au sujet de la stratégie de modélisation de l'OCDE et transmis de précieux commentaires.

Le rapport a bénéficié des commentaires éclairés d'Alain de Serres (directeur par intérim de la Direction de l'environnement de l'OCDE) et de Kumi Kitamori (directrice adjointe par intérim de la Direction de l'environnement de l'OCDE). Des avis autorisés ont également été communiqués par Stephanie B. Borrelle (Université de Toronto), Johan Eyckmans (Université catholique de Louvain), Costas A. Velis (Université de Leeds) et la Fondation Ellen MacArthur. Les versions préliminaires du rapport ont bénéficié des travaux de l'atelier d'experts techniques consacré aux méthodes de modélisation de l'utilisation de plastique, organisé par l'OCDE les 22 et 23 juin 2020. Shunta Yamaguchi, Frithjof Laubinger, Damien Dussaux et Ioannis Tikoudis ont transmis des contributions et des avis spécialisés, et Grace Alexander, Laura Atarody et Linda Livingstone ont apporté leur appui aux travaux de recherche (tous appartiennent à la Direction de l'environnement de l'OCDE).

Le rapport a bénéficié du concours d'Illias Mousse Iye et d'Aziza Perrière (Direction de l'environnement de l'OCDE) pour la partie administrative. Elizabeth Del Bourgo, William Foster, Stéphanie Simonin-Edwards et Norbert Monti (Direction de l'environnement de l'OCDE), ainsi que Catherine Bremer (Direction des relations extérieures et de la communication de l'OCDE) ont contribué aux activités de communication et d'ouverture. Elena Buzzi, Norbert Monti, Grace Alexander, Daniel Ostalé Valriberas (Direction de l'environnement de l'OCDE), Andrew Esson (baselinearts), Nadieh Bremer (visualcinnamon) et Martiene Raven (graphiste indépendante) ont aidé à préparer et concevoir la synthèse, la couverture et les graphiques qui émaillent le rapport. La version anglaise a reçu les services de révision de Janine Treves (Direction des relations extérieures et de la communication de l'OCDE), Fiona Hinchcliffe, Meral Gedik et Annette Hardcastle (rédactrices indépendantes).

Le Comité des politiques d'environnement (EPOC) de l'OCDE a supervisé l'élaboration du rapport. En outre, les versions préliminaires ont été examinées par le Groupe de travail sur la productivité des ressources et les déchets (GTPRD) et par le Groupe de travail sur l'intégration des politiques environnementales et économiques (GTIPEE).

Table des matières

Tableaux

Graphiques

Encadrés

Suivez les publications de l'OCDE sur :

https://twitter.com/OECD

https://www.facebook.com/theOECD

https://www.linkedin.com/company/organisation-eco-cooperation-development-organisation-cooperation-developpement-eco/

https://www.youtube.com/user/OECDiLibrary

https://www.oecd.org/newsletters/

Ce livre contient des...

StatLinks

Accédez aux fichiers Excel® à partir des livres imprimés !

Vous trouverez un **StatLink** sous chaque tableau ou graphique de cet ouvrage. Pour télécharger le fichier Excel® correspondant, il vous suffit de copier le lien dans votre navigateur internet ou de cliquer dessus depuis la version électronique de l'ouvrage.

Abréviations et sigles

ABS	acrylonitrile butadiène styrène
ACV	analyse du cycle de vie
AEE	Agence européenne pour l'environnement
ANUE	Assemblée des Nations Unies pour l'environnement
APD	aide publique au développement
ASA	acrylonitrile styrène acrylate
CO_2	dioxyde de carbone
DEEE	déchets d'équipements électriques et électroniques
DTU	Université technique du Danemark
ECHA	Agence européenne des produits chimiques
EPA	Agence pour la protection de l'environnement des États-Unis
EPI	équipement de protection individuelle
éq. CO_2	équivalent dioxyde de carbone
EUR	euro
FLEXPART	FLEXible PARTicle (modèle)
GAINS	Greenhouse gas – air pollution Interactions and synergies (modèle)
GES	gaz à effet de serre
Gt éq. CO_2	Gigatonne d'équivalent CO_2
Gt	gigatonne (milliard de tonnes)
GTAP	Projet d'analyse des échanges mondiaux
kt	kilotonne
Mt éq. CO_2	Million de tonnes d'équivalent CO_2
Mt	million de tonnes
NOx	oxydes d'azote
ODD	Objectif de développement durable
ONU	Organisation des Nations Unies
PBT	polytéréphtalate de butylène

PC	polycarbonate
PCB	polychlorobiphényle
PEBD	polyéthylène basse densité
PEBDL	polyéthylène basse densité linéaire
PEHD	polyéthylène haute densité
PET	polyéthylène téréphtalate
PIB	produit intérieur brut
PM	particules
$PM_{2.5}$	particules fines
PNUE	Programme des Nations Unies pour l'environnement
PP	polypropylène
PPA	parités de pouvoir d'achat
PS	polystyrène
PUF	particules issues de l'usure des freins
PUP	particules issues de l'usure des pneus
PUR	polyuréthane
PVC	polychlorure de vinyle
REP	responsabilité élargie des producteurs
SAN	styrène acrylonitrile
UE	Union européenne
USD	dollar des États-Unis

Résumé

La pollution plastique est l'un des grands défis environnementaux du XXIe siècle. Elle porte largement atteinte aux écosystèmes et à la santé humaine, et elle a aussi des conséquences pour le climat puisque la plupart des plastiques sont produits à partir de combustibles fossiles. Pourtant, les plastiques font aujourd'hui partie intégrante de l'économie mondiale et sont utilisés dans quasiment tous les secteurs économiques. Le présent ouvrage de l'OCDE, *Perspectives mondiales des plastiques : scénarios d'action à l'horizon 2060*, commence par donner une vue d'ensemble de l'utilisation de plastique, des déchets plastiques et de leurs répercussions sur l'environnement jusqu'en 2060 en cas de politiques inchangées. Il compare ensuite deux scénarios afin d'illustrer les politiques qui seraient nécessaires pour réduire radicalement les impacts environnementaux du plastique et les implications qu'elles auraient sur le plan économique. Un autre scénario, dans lequel l'atténuation du changement climatique constitue l'objectif principal, permet d'examiner les conséquences croisées des politiques visant à lutter contre le dérèglement climatique et à faire baisser les rejets de plastique.

Le présent rapport vient compléter un premier volume paru précédemment sous le titre *Perspectives mondiales des plastiques : déterminants économiques, répercussions environnementales et possibilités d'action*, pour proposer une feuille de route globale afin d'évoluer vers un cycle de vie plus circulaire des plastiques.

Le maintien des politiques actuelles n'est pas soutenable

Les analyses présentées dans cet ouvrage se fondent principalement sur des simulations effectuées à l'aide d'ENV-Linkages, le modèle d'équilibre général calculable (EGC) dynamique multirégional et multisectoriel de l'OCDE, qui a été élargi pour l'occasion à 14 catégories de polymères et à la production de plastiques primaires aussi bien que secondaires (recyclés).

Les modélisations dépeignent le tableau suivant en 2060 en cas de politiques inchangées :

- L'utilisation de plastiques pourrait quasiment tripler au niveau mondial sous l'effet de la croissance économique et démographique. Elle devrait doubler dans les pays de l'OCDE, mais c'est dans les économies émergentes d'Afrique subsaharienne et d'Asie que sa progression sera vraisemblablement la plus forte.
- La production de déchets plastiques devrait elle aussi quasiment tripler, et la moitié continuera d'être mise en décharge alors que moins d'un cinquième sera recyclé.
- Les plastiques primaires représenteront toujours la grande majorité des matières de base. La part des plastiques recyclés devrait augmenter plus vite que celle des plastiques primaires, sans toutefois dépasser 12 %.
- Les rejets de plastiques dans l'environnement devraient doubler pour atteindre 44 millions de tonnes (Mt) par an, tandis que la quantité de plastiques accumulée dans les milieux aquatiques sera multipliée par plus de trois, avec à la clé une aggravation des incidences environnementales et sanitaires.

Les autres répercussions environnementales causées par les plastiques tout au long de leur cycle de vie augmenteront également, surtout celles provoquées lors de leur phase de production. Les émissions de gaz à effet de serre imputables au cycle de vie des plastiques seront multipliées par plus de deux, passant de 1,8 milliard de tonnes d'équivalent dioxyde de carbone (Gt éq. CO_2) à 4,3 Gt éq. CO_2. Plusieurs autres effets liés au cycle de vie des plastiques, comme la formation d'ozone, l'acidification et la toxicité humaine, devraient également plus que doubler d'intensité.

Deux scénarios d'action publique pour infléchir ces évolutions

Pour atteindre le but d'éliminer la pollution plastique énoncé par l'Assemblée des Nations Unies pour l'environnement à sa cinquième session, des objectifs communs et des efforts coordonnés au niveau mondial seront nécessaires. Tous les pays devront appliquer des mesures pour faire baisser la demande de plastique, rallonger la durée de vie des produits par la réparation et le réemploi, et améliorer la gestion des déchets ainsi que la recyclabilité. Deux scénarios ont été modélisés dans les *Perspectives mondiales des plastiques* afin de cerner les effets environnementaux et économiques de deux ensembles de mesures de rigueur variable à l'horizon 2060 :

1. Le scénario d'*Action régionale* prévoit la mise en place d'un ensemble de mesures destiné à améliorer la circularité des plastiques et à atténuer leurs répercussions sur l'environnement. Ces mesures assurent la poursuite de la croissance économique tout en faisant baisser les rejets de plastiques dans l'environnement. Il s'agit d'une panoplie de mesures budgétaires et réglementaires qui ciblent toutes les phases du cycle de vie des plastiques, mais qui sont plus ambitieuses dans les pays membres de l'OCDE que dans les pays non membres.
2. Le scénario d'*Ambition mondiale* porte sur un ensemble de mesures très rigoureuses destiné à ramener quasiment à zéro les rejets mondiaux de plastiques à l'horizon 2060. Les instruments sont les mêmes que dans le scénario d'*Action régionale*, mais les objectifs sont plus ambitieux. En outre, les mesures sont mises en œuvre plus rapidement et au niveau mondial.

Dans le scénario d'*Action régionale*, d'ici à 2060, les déchets plastiques pourraient baisser de près d'un cinquième et les rejets de plastiques dans l'environnement diminuer de plus de 50 % par rapport au scénario de *Référence* (dans lequel les rejets continuent d'augmenter au fil du temps). Cette évolution est due en grande partie à l'instauration d'une taxe sur l'utilisation de plastiques, qui augmente progressivement pour atteindre 750 USD/tonne en 2060, et d'une taxe sur les emballages plus élevée d'un tiers. Ces taxes limitent la demande et la production de plastiques. Le taux de recyclage atteint 40 % au niveau mondial. Sous l'effet des mesures qui stimulent la demande de vieux plastiques et font augmenter l'offre de plastiques recyclés, la part de marché des plastiques secondaires bondit de 12 % à 29 %. Parallèlement, la quantité de déchets mal gérés diminue de plus de 60 % par rapport au scénario de *Référence* pour tomber en dessous de son niveau de 2019, grâce surtout à l'amélioration des systèmes de gestion des déchets dans les pays non membres de l'OCDE. Malgré ces retombées bénéfiques, l'utilisation de plastique et le volume de déchets plastique sont multipliés par plus de deux entre 2019 et 2060 dans le scénario d'*Action régionale*. L'une et l'autre sont en partie découplés de la croissance économique, mais le volume de plastiques accumulés dans l'environnement continue d'augmenter rapidement.

Dans le scénario d'*Ambition mondiale*, les mesures appliquées réduisent l'utilisation de plastique et la production de déchets plastiques d'un tiers par rapport au scénario de *Référence*, et font cesser presque entièrement les rejets de plastique dans l'environnement d'ici à 2060. Ces baisses résultent en grande partie d'une taxe sur les plastiques qui est portée à 750 USD/tonne au niveau mondial en 2030 et à 1 500 USD/tonne en 2060, ainsi que d'une taxe sur les emballages plus élevée d'un tiers. Avec un taux de presque 60 %, le recyclage s'impose comme la principale solution de gestion des déchets. Parallèlement, la part de marché des plastiques secondaires atteint 41 % en 2060 grâce principalement à d'importantes mesures de stimulation de la demande, comme le relèvement des objectifs d'incorporation de matières recyclées. Le volume de déchets mal gérés est presque ramené à zéro (6 Mt, contre 153 Mt dans le scénario de *Référence*). Les rejets dans l'environnement baissent eux aussi considérablement, de 85 % par rapport au scénario de *Référence*. Les rejets de macroplastiques cessent presque entièrement, y compris dans les milieux aquatiques, même si ceux de microplastiques diminuent de seulement 9 % comparés aux projections du scénario de *Référence*. Dans le scénario d'*Ambition mondiale*, les émissions de gaz à effet de serre baissent de 2,1 Gt éq. CO_2, ce qui illustre bien la contribution de l'action en faveur de la circularité à la réalisation des objectifs climatiques.

Quel sera le coût de ces scénarios ?

L'ensemble de mesures du scénario d'*Action régionale* et celui du scénario d'*Ambition mondiale* peuvent être mis en œuvre pour un coût relativement modeste rapporté au PIB. Par rapport au scénario de *Référence*, le PIB mondial est réduit de seulement 0,3 % dans le scénario d'*Action régionale*, ce qui représente un coût économique plutôt modéré. On observe toutefois d'importants écarts entre les régions : si la Chine s'en sort relativement bien (moins de 0,1 %), ce coût est plus élevé dans d'autres régions, atteignant 1,1 % en Afrique subsaharienne et 1,8 % dans les pays de l'Union européenne non membres de l'OCDE. Une grande partie du coût des mesures est due aux investissements supplémentaires nécessaires pour atteindre les objectifs du scénario d'*Action régionale*, qui s'élèvent au total à 320 milliards USD entre 2020 et 2060. Dans les pays de l'OCDE, la quasi-totalité de ces investissements est consacrée à l'augmentation des capacités de recyclage (160 milliards USD). Dans les pays non membres de l'OCDE, 100 milliards USD doivent être investis dans le recyclage et 60 milliards USD, dans l'amélioration de la collecte des déchets en vue d'en assurer une élimination appropriée.

Quant à l'ensemble de mesures du scénario d'*Ambition mondiale*, il réduit le PIB mondial de seulement 0,8 % par rapport au scénario de *Référence* d'après les estimations. Son coût pour l'économie mondiale reste donc limité, mais supporté en grande partie par les pays non membres de l'OCDE, qui doivent investir massivement dans l'amélioration de la gestion des déchets pour atteindre les objectifs ambitieux. Ce coût est particulièrement élevé pour l'Afrique subsaharienne, dont le PIB est réduit de 2,8 % par rapport au scénario de *Référence*. Ce constat souligne la nécessité de politiques d'accompagnement et d'un soutien financier international pour éviter d'aggraver la situation des ménages fragiles.

1 Vue d'ensemble et synthèse

Ce chapitre expose la méthodologie et les résultats principaux des *Perspectives mondiales des plastiques : Scénarios d'action à l'horizon 2060*. Il présente des projections pour l'utilisation de plastiques, la gestion des déchets plastiques et des rejets de plastiques en l'absence de mesures nouvelles, et, d'autre part, une série de propositions de mesures ambitieuses pour infléchir la courbe des plastiques. Ce deuxième volume des Perspectives mondiales des plastiques vient compléter un premier volume, *Perspectives mondiales des plastiques : Déterminants économiques, répercussions environnementales et possibilités d'action*, publié en février 2022, qui présentait un bilan chiffré des tendances autour du plastique, incluant l'utilisation de plastiques, la production de déchets et les rejets de plastiques dans l'environnement, sur les dernières décennies jusqu'en 2019 et isolait quatre leviers – les marchés du plastique recyclé, l'innovation, les politiques nationales et la coopération internationale – pour réduire les effets du plastique sur l'environnement.

1.1. Introduction

L'utilisation du plastique a connu une formidable expansion depuis le milieu du XXe siècle. Mais aujourd'hui, il faut se rendre à l'évidence : les plastiques rejetés dans l'environnement constituent l'une des plus graves menaces écologiques de ce XXIe siècle.

Le rapport de l'OCDE sur les plastiques, dans son premier volume publié en février 2022 sous le titre *Perspectives mondiales des plastiques : Déterminants économiques, répercussions environnementales et possibilités d'action* (OCDE, 2023[1]), établit qu'en à peine soixante-dix ans, entre 1950 et 2019, la production de plastique est passée de 2 millions de tonnes (Mt) à 460 Mt – soit une multiplication par 230. Le rapport conclut que, malgré les mesures volontaristes prises récemment pour « boucler la boucle » du cycle de vie des plastiques, le cycle de vie du plastique n'est circulaire qu'à 8 %.[1] Il met en évidence que la production de déchets plastiques a plus que doublé entre 2000 et 2019, passant de 156 Mt à 353 Mt. Cependant, en 2019, 15 % seulement des déchets plastiques ont été collectés pour être recyclés et seuls 9 % l'ont effectivement été. La moitié des déchets plastiques a été mise en décharge et près d'un cinquième a été incinéré. Une part importante (22 %) des déchets plastiques a été mal gérée (élimination inadaptée), finissant dans des décharges sauvages ou brûlée à ciel ouvert et entraînant des rejets dans l'environnement. En 2019, 22 Mt de déchets plastiques ont été rejetés dans l'environnement.[2] La grande majorité de ces déchets (en poids) étaient des macroplastiques (88 %),[3] la part des microplastiques[4] étant plus faible (12 %). La quantité de plastique accumulée dans les cours d'eau en 2019 était estimée à 109 Mt et celle présente dans les océans à 30 Mt. Le rapport révèle également que la pandémie de COVID-19 en 2020 a bouleversé temporairement les tendances de la production de plastique et de déchets associés. Malgré une poussée de la demande pour certaines applications spécifiques telles que les équipements de protection individuelle (EPI), le recul de l'activité économique a fait chuter de 2,2 % l'utilisation globale de plastiques. Néanmoins, avec la reprise de l'économie, la production de matières plastiques et de déchets de plastique est repartie à la hausse.

Depuis la publication du premier volume des Perspectives mondiales des plastiques, les États membres des Nations Unies ont convenu, lors de la 5e Assemblée des Nations Unies pour l'environnement (ANUE-5.2), de négocier un instrument international juridiquement contraignant d'ici à 2024 pour mettre fin à la pollution plastique. Pendant ce temps, la reprise mondiale postpandémie s'est poursuivie, toujours inégale, tandis que les perspectives géopolitiques s'assombrissaient avec la guerre en Ukraine. Dans ces circonstances, il est judicieux de se demander quels sont les scénarios plausibles pour l'évolution de l'utilisation de plastiques ainsi que de la production de déchets et des rejets de plastiques au cours des prochaines décennies, en l'absence de mesures supplémentaires ainsi qu'en présence de mesures coordonnées pour lutter contre la pollution au plastique.

Le rapport *Perspectives mondiales des plastiques : Scénarios d'action à l'horizon 2060* se livre à cette réflexion prospective. Ce deuxième volume des Perspectives mondiales des plastiques présente un ensemble de scénarios cohérents s'étendant jusqu'en 2060 sur l'utilisation de plastiques et la production de déchets plastiques ainsi que sur les impacts environnementaux liés aux plastiques, en particulier leurs rejets dans la nature. Ces perspectives sur les plastiques pour les décennies à venir peuvent aider les responsables politiques à comprendre l'ampleur de l'enjeu que constitue la mise en place d'une économie plus durable et circulaire des matières plastique ainsi que la nécessité de mesures supplémentaires pour lutter contre les rejets de plastiques. En identifiant des ensembles de mesures qui peuvent contribuer à infléchir la courbe des effets du plastique, les Perspectives permettent de mieux saisir les avantages écologiques et les retombées économiques de l'adoption de politiques plus strictes.

Ensemble, les deux volumes des Perspectives mondiales des plastiques tracent une feuille de route détaillée pour améliorer la circularité des matières plastiques sur l'ensemble de leur cycle de vie et parvenir à l'élimination des rejets de plastiques dans l'environnement.

1.2. Présentation générale du cadre de modélisation

Les analyses présentées dans cet ouvrage se fondent principalement sur des simulations effectuées à l'aide d'ENV-Linkages, le modèle d'équilibre général calculable (MEGC) dynamique multirégional et multisectoriel de l'OCDE (Château, Dellink et Lanzi, 2014[2]). ENV-Linkages a été élargi pour l'occasion à 14 catégories de polymères et à la production de plastiques primaires aussi bien que secondaires (recyclés) (voir l'annexe A).

L'intérêt des modèles MEGC tels que ENV-Linkages est qu'ils intègrent les déterminants de la consommation sectorielle et régionale de plastique – par exemple, les évolutions de la structure de la demande, des modes de production (notamment les activités de recyclage) et de la spécialisation commerciale – dans un cadre cohérent (voir le chapitre 2). Il existe déjà des projections de l'utilisation de plastiques dans différents travaux publiés,[5] mais ce rapport présente les premières projections fondées sur un cadre MEGC. Dans ces études, les volumes projetés de matières plastiques suivent les tendances globales de la croissance économique ou démographique, ou les deux, sans considérations sectorielles. L'approche de modélisation adoptée dans ce rapport permet d'établir un lien plus précis entre l'utilisation de plastiques et les activités économiques, et de mieux comprendre les conséquences de l'intervention des pouvoirs publics. Elle considère le plastique non seulement comme un bien de consommation finale, mais surtout comme un bien intermédiaire dans un processus de production dans différents secteurs de l'économie, rendant ainsi compte de la complexité des interactions entre secteurs et régions et tout au long du cycle de vie des matières plastiques (voir le chapitre 3).

Le cadre de modélisation ENV-Linkages est également utilisé pour calculer les flux de déchets plastiques. La production de déchets est étroitement liée à l'utilisation des plastiques et dépend de la durée de vie moyenne de chaque produit. Celle-ci peut être très courte, comme pour les emballages, ou s'étendre sur plusieurs décennies, comme pour les matériaux utilisés dans la construction (Geyer, Jambeck et Law, 2017[3]). Le commerce international des déchets plastiques, c'est-à-dire les déchets produits dans un pays qui sont traités dans un autre, est également modélisé.

Le modèle ENV-Linkages a également été amélioré pour distinguer le devenir des plastiques en fin de vie, lequel dépend fortement des capacités de gestion des déchets et de la réglementation du lieu où les déchets sont produits et traités. Quatre devenirs en fin de vie sont modélisés : les déchets recyclés, les déchets incinérés, les déchets mis en décharge (dans des décharges contrôlées) et les déchets mal gérés (y compris les déchets sauvages non collectés) (voir le chapitre 4).

Enfin, ces Perspectives présentent des projections jusqu'en 2060 des conséquences environnementales de l'utilisation et des déchets plastiques. Le chapitre 5 suit la même méthodologie que le volume 1 (OCDE, 2023[1]) ; il présente des projections concernant les rejets de plastiques dans l'environnement, qui combinent les estimations de quatre groupes de chercheurs éminents.[6] Ces experts ont affiné et adapté leurs approches analytiques respectives afin de produire des estimations de rejets qui soient cohérentes avec les projections de l'activité économique, de l'utilisation de plastiques et de la production de déchets selon le modèle ENV-Linkages (voir l'annexe A). Le chapitre 6 explore d'autres impacts environnementaux, notamment les émissions de gaz à effet de serre (GES) de l'ensemble du cycle de vie des plastiques et une analyse des plastiques biosourcés. Enfin, une analyse du cycle de vie (ACV) est utilisée pour évaluer d'autres impacts environnementaux des plastiques.[7]

1.3. Analyse de scénarios pour les projections sur les plastiques

Les projections à long terme sont, par définition, entourées d'incertitude, puisqu'il n'est pas possible de prévoir avec un degré élevé de précision les changements socioéconomiques qui pourraient se produire à l'horizon 2060. Néanmoins, les projections présentées ici peuvent mettre en évidence les conséquences futures des choix politiques actuels et les avantages d'une politique publique plus ambitieuse.

Reconnaissant ces incertitudes, les Perspectives mondiales des plastiques adopte une approche par scénario. Différents scénarios spécifiques et chiffrés définissent une palette de trajectoires futures possibles, qui sont à la fois plausibles et présentent une cohérence interne. Cela permet une évaluation quantitative des principales évolutions économiques et environnementales et, singulièrement, de l'incidence des politiques relatives au plastique. La modélisation fournit des projections sur les plastiques en reliant soigneusement les volumes de plastiques à la consommation et à la production de plastique dans l'économie, en se concentrant sur l'évolution des déterminants économiques sectoriels et régionaux de l'utilisation de plastiques.

L'établissement de projections concernant l'utilisation future des matières plastiques, les déchets et les conséquences environnementales comprend quatre étapes, comme l'illustre le Graphique 1.1. La première étape consiste à projeter les déterminants économiques qui déterminent l'utilisation de plastiques, sur la base des tendances socioéconomiques et de diverses hypothèses concernant les changements de politiques publiques. La deuxième étape relie l'utilisation de plastiques par catégorie de polymère et par application (type d'utilisation) à différentes activités économiques. La troisième étape établit le lien entre l'utilisation de plastiques et la production de déchets plastiques, en faisant la distinction entre les différentes techniques de gestion des déchets. Enfin, les rejets de plastiques et les principaux impacts environnementaux liés à la production, à la consommation et à l'élimination des plastiques sont calculés.

Les Perspectives présentent les résultats d'un scénario de *référence*, qui sert à montrer les conséquences environnementales à l'horizon 2060 des politiques actuelles en matière de plastique et de gestion des déchets.[8] Afin de mettre en évidence les incertitudes, d'autres scénarios de *référence* sont explorés pour certaines des principales tendances déterminant l'utilisation de plastiques et la production de déchets plastiques au cours des prochaines décennies.

Parallèlement, les scénarios de politiques quantifient les effets positifs sur l'environnement et les conséquences économiques d'interventions publiques ambitieuses dans le domaine des plastiques, en étudiant comment leur utilisation, la gestion des déchets et les impacts sur l'environnement varient en fonction du niveau d'exigence des mesures prises. Les interactions avec les politiques en matière climatique sont également analysées. Ces scénarios de politiques évaluent les effets de différents ensembles de mesures, qui varient dans leur portée et leur niveau d'exigence, par rapport au scénario de *référence*.

Graphique 1.1. L'analyse par scénario comporte quatre étapes

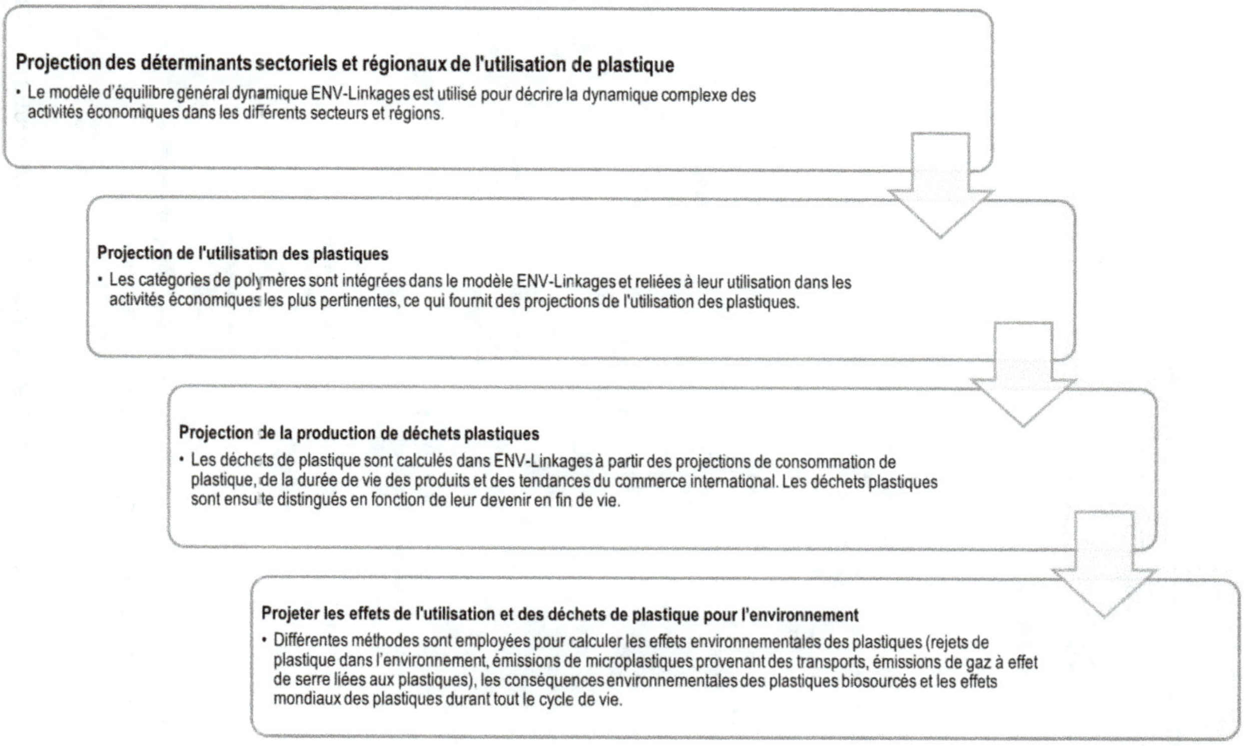

1.4. Projections à 2060 dans le scénario de référence

1.4.1. Le PIB mondial devrait plus que tripler d'ici 2060

La population mondiale devrait atteindre 10 milliards de personnes en 2060. Cependant, il existe des différences importantes entre les pays. De nombreux pays européens, le Japon, la Corée et la République populaire de Chine (ci-après « la Chine ») sont confrontés à un déclin démographique. À l'inverse, d'autres pays, notamment en Afrique subsaharienne, devraient enregistrer une forte croissance de leur population. Le niveau de vie devrait augmenter dans tous les pays, les pays non membres de l'OCDE convergeant progressivement, d'ici à 2060, vers les niveaux des pays de l'OCDE en 2019. Avec la croissance démographique et l'amélioration du niveau de vie, le produit intérieur brut (PIB) mondial devrait plus que tripler entre 2019 et 2060. À mesure de leur développement, les économies connaissent aussi d'importants changements structurels. Le secteur des services devrait enregistrer la croissance la plus rapide, sous l'effet de l'évolution de la demande des ménages et de la transformation des modes de production. La « servicisation » des économies a également des répercussions importantes sur l'utilisation de plastiques et donc sur les déchets plastiques.

Graphique 1.2. Sans nouvelles politiques, le cycle de vie des plastiques ne sera circulaire qu'à 14 % en 2060

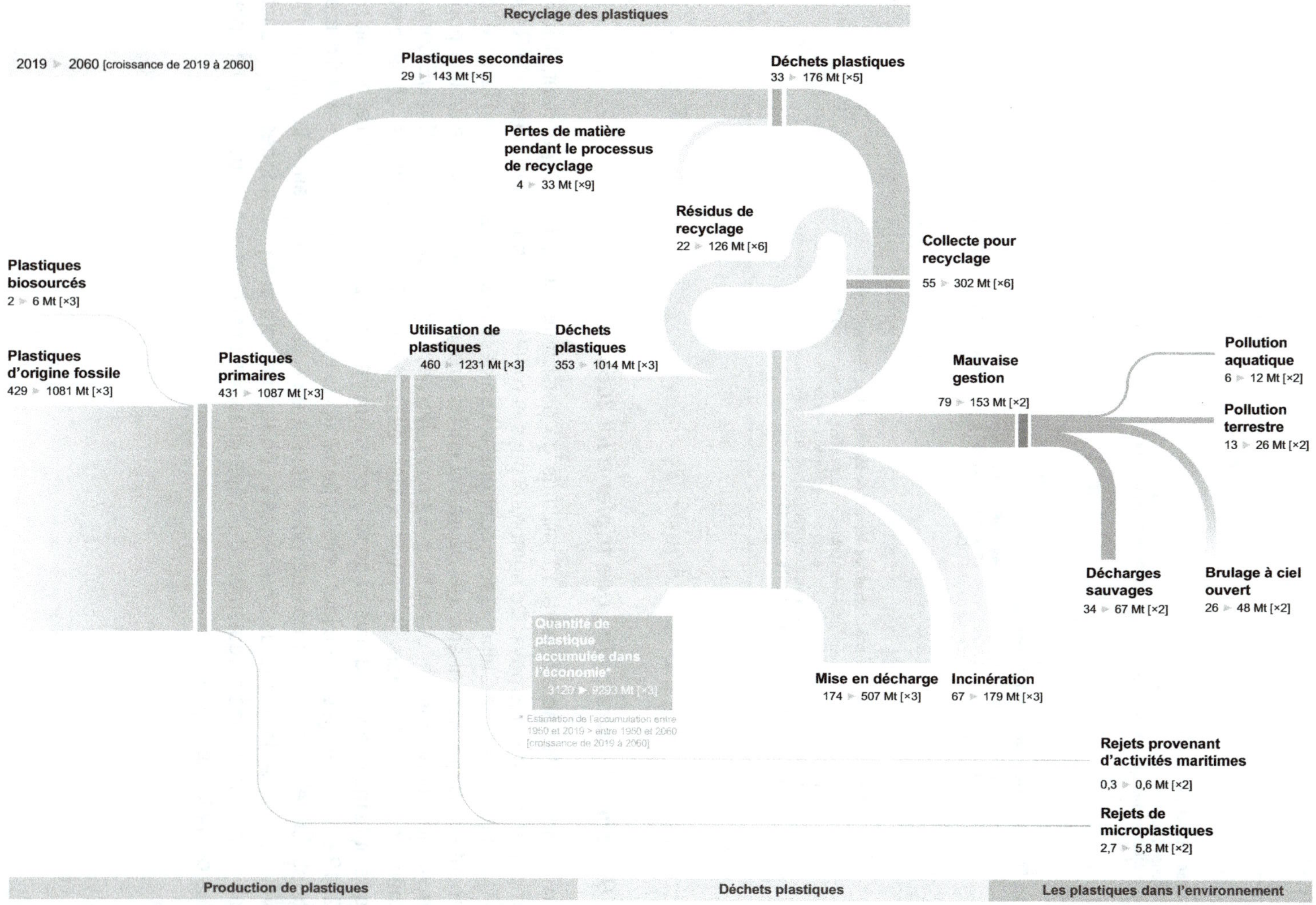

Note : les projections pour 2060 indiquent que 143 Mt seulement sur les 1014 Mt (14 %) de déchets plastiques produits en 2060 seront recyclés en nouveaux plastiques.
Source : modèle ENV-Linkages de l'OCDE.

1.4.2. L'utilisation de plastiques devrait presque tripler d'ici 2060

Selon les projections, l'utilisation de plastiques devrait être quasi multipliée par trois, passant de 460 Mt à 1231 Mt entre 2019 et 2060. En l'absence de nouvelles politiques, au cours de la même période, l'utilisation de plastique connaîtra une croissance supérieure à celle des autres matériaux, à l'exception du bois d'œuvre et des autres produits du bois. Le principal moteur de cette poussée est la croissance économique, mais la croissance démographique y contribue également de manière importante. En revanche, les changements structurels et technologiques font baisser l'utilisation de plastiques. En raison des changements dans la structure de l'économie, la quantité moyenne de plastique utilisée, à l'échelle mondiale, pour produire 1 USD de PIB devrait baisser de 16 % entre 2019 et 2060, ce qui implique un léger découplage relatif entre l'utilisation de plastiques et le PIB. Toutefois, le rythme auquel les économies se remettent de la pandémie de COVID-19 est susceptible de modifier ces projections (Encadré 1.1).

L'utilisation des plastiques primaires[9] restera prédominante (88 % en 2060). Même si les plastiques secondaires (recyclés) devraient croître à un rythme plus rapide que les plastiques primaires, ils ne devraient toujours représenter que 12 % de la part totale de l'utilisation de plastiques en 2060.

1.4.3. Les taux de croissance seront toutefois très hétérogènes entre les régions

Alors que les pays de l'OCDE devraient doubler leur consommation de plastique, les économies émergentes devraient connaître des augmentations beaucoup plus importantes, allant d'un triplement en Asie[10] à une multiplication par six en Afrique subsaharienne, comme l'illustre le Graphique 1.3. Malgré cette croissance rapide, les pays de l'OCDE devraient rester les plus gros consommateurs de plastiques en 2060 en moyenne par habitant. L'intensité d'utilisation de plastique devrait diminuer entre 2019 et 2060 à l'échelle mondiale grâce aux changements technologiques entraînant une baisse de l'intensité par secteur et à une mutation au profit de secteurs moins consommateurs de plastique.

Encadré 1.1. Les effets de la pandémie de COVID-19 sur l'utilisation de plastiques pourraient perdurer pendant des décennies

La pandémie de COVID-19 et les perturbations de l'activité économique qu'elle a entraînées ont provoqué une importante contraction du PIB mondial, dont la croissance annuelle est tombée à -4 % en 2020, contre environ +4 % en 2019. De nombreuses économies ont rebondi depuis, leur PIB ayant retrouvé, voire dépassé, les niveaux pré-COVID. Néanmoins, à bien des égards, des effets persisteront. La pandémie de COVID-19 devrait entraîner une baisse permanente de 2 % de l'utilisation de plastiques et de la production de déchets plastiques par rapport aux projections réalisées avant la pandémie. Les différences d'une région à l'autre sont nombreuses. Dans les pays connaissant une croissance relativement forte postpandémie, un rebond des volumes de plastiques est possible, tandis que les économies subissant des effets négatifs persistants dus à la pandémie, l'utilisation de plastiques et la production de déchets plastique pourraient diminuer sensiblement à moyen et long terme par rapport aux projections antérieures à la pandémie. Par exemple, si le retour aux taux de croissance pré-COVID-19 s'avérait plus lent que prévu dans le scénario de *référence*, l'utilisation de plastiques et la production de déchets plastiques dans le monde en 2060 pourraient être inférieures de 4 %.

1.4.4. La croissance des volumes par polymère et par application est également hétérogène

Si l'utilisation mondiale de plastiques devrait augmenter pour toutes les applications, la plus forte croissance devrait se produire dans les trois secteurs représentant actuellement 60 % de l'ensemble de l'utilisation des plastiques : les transports, notamment composants de véhicules en plastique (multiplication par plus de trois d'ici à 2060), la construction et l'emballage (multiplication par plus de deux d'ici à 2060). Par conséquent, si l'utilisation de plastiques augmente pour tous les polymères (Graphique 1.4), les augmentations les plus importantes concernent les polymères utilisés pour ces applications. Par exemple, le PET (polyéthylène téréphtalate) et le PE (polyéthylène) employés dans les emballages devraient plus que doubler d'ici 2060.

Graphique 1.3. Les économies en développement et émergentes d'Afrique et d'Asie connaîtront la plus forte hausse de l'utilisation de plastiques

Utilisation de plastiques en millions de tonnes (Mt), scénario de référence

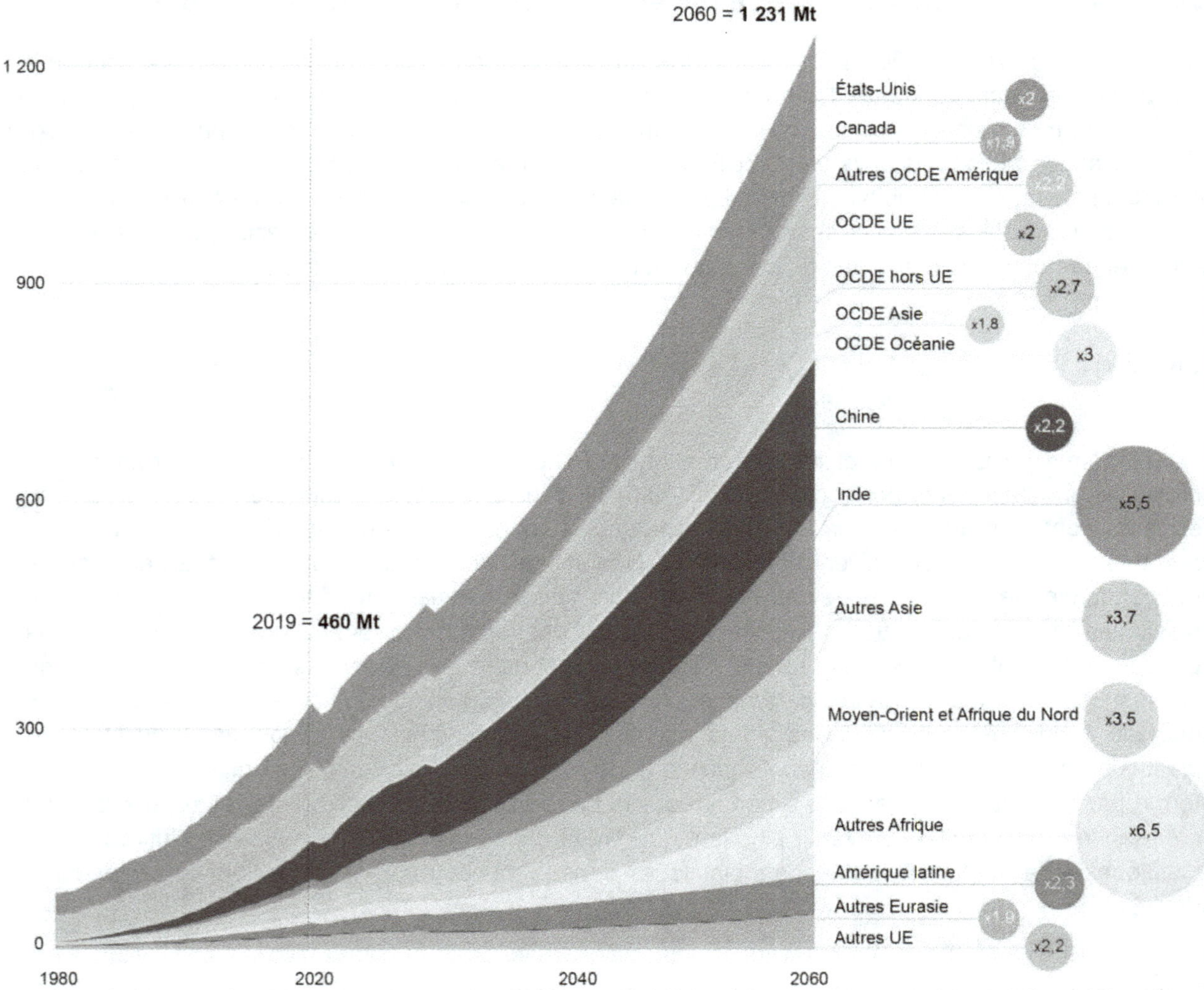

Note : les chiffres présentés dans le cercle à droite du graphique quantifient la croissance de l'utilisation de plastiques entre 2019 (ligne en pointillés) et 2060 pour chaque région (par exemple « x2 » signifie un doublement de l'utilisation de plastiques).
Source : modèle ENV-Linkages de l'OCDE.

StatLink https://stat.link/b9fmjk

Graphique 1.4. L'utilisation de plastiques augmentera considérablement, tous polymères confondus, d'ici à 2060

Utilisation des plastiques par polymère et par application, progression entre 2019 et 2060, en millions de tonnes (Mt), scénario de *Référence*

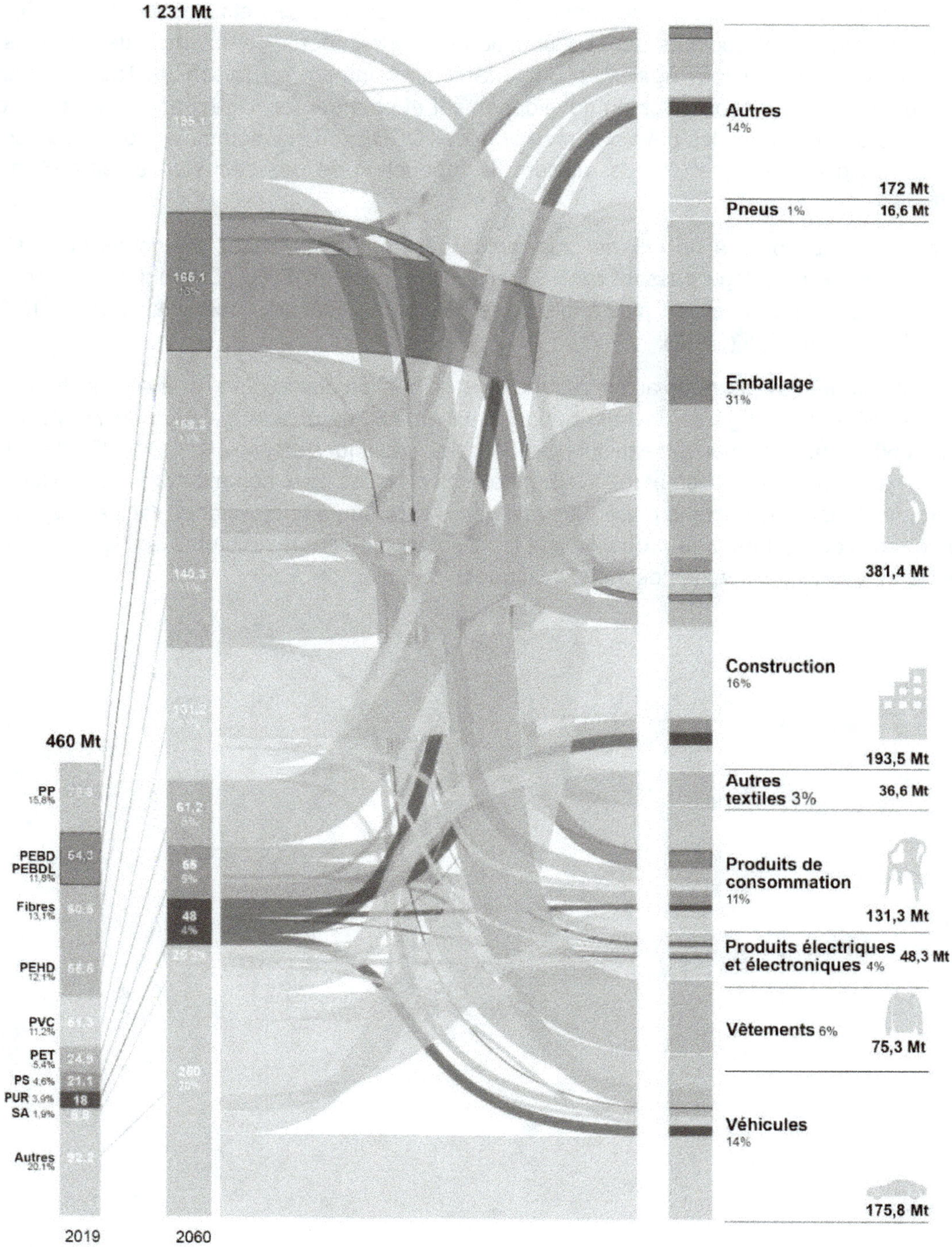

Notes : 1. PEhd = polyéthylène haute densité ; PEbd = polyéthylène basse densité ; PEbdl = polyéthylène basse densité linéaire ; PET = polyéthylène téréphtalate ; PP = polypropylène ; PS = polystyrène ; PUR = polyuréthane ; PVC = polychlorure de vinyle ; SA regroupe ABS, ASA, SAN (ABS = acrylonitrile butadiène styrène, ASA = acrylonitrile styrène acrylate et SAN = styrène acrylonitrile).
2. Le graphique ne comprend pas l'utilisation des équipements de protection individuelle (masques et autres protections liées à la pandémie de COVID-19), dont le volume était négligeable en 2019.
Source : modèle ENV-Linkages de l'OCDE.

StatLink https://stat.link/vuwrlp

1.4.5. Un quasi-triplement des déchets plastique d'ici 2060 est projeté, dont la moitié toujours mis en décharge et moins d'un cinquième recyclés

La production de déchets plastiques devrait presque tripler, passant de 353 Mt en 2019 à 1014 Mt en 2060. Les applications à courte durée de vie, telles que les emballages, les produits de consommation et les textiles, domineront les flux, représentant près des deux tiers des déchets plastiques en 2060. La part des déchets provenant des secteurs de la construction et des transports, par exemple des composants de véhicules mis au rebut, restera également importante, notamment en raison de l'accélération de la croissance dans plusieurs économies en développement et émergentes. Une grande partie des déchets plastiques sera produite dans les pays non membres de l'OCDE (65 %), notamment dans les économies émergentes d'Asie et d'Afrique, où, par ailleurs, la production de ces déchets devrait croître le plus rapidement.

Le recyclage devrait croître à un rythme plus rapide que toutes les autres méthodes de gestion des déchets, les taux de recyclage passant de 9 % en 2019 à 17 % en 2060 (Graphique 1.5). Toutefois, il continuera de représenter une part plus faible de la gestion des déchets que l'incinération (18 %) et la mise en décharge contrôlée (50 %).

Malgré les améliorations apportées aux infrastructures de gestion des déchets et à la collecte des dépôts sauvages, les déchets mal gérés devraient augmenter en volume absolu, passant de 79 Mt en 2019 à 153 Mt en 2060. Le taux de mauvaise gestion des déchets plastiques baisse à 1 % en 2060 dans les pays de l'OCDE, mais reste à des niveaux relativement élevés dans les pays non membres de l'OCDE (23 %). La forte augmentation des déchets plastiques mal gérés sera due à la croissance rapide des économies africaines et asiatiques, il est peu probable que l'amélioration des infrastructures soit assez rapide pour empêcher la mauvaise gestion des déchets plastiques.

Graphique 1.5. En 2060, la moitié des déchets plastique continueront d'être mis en décharge

Déchets plastiques en millions de tonnes (axe des ordonnées) par mode de gestion des déchets, après élimination des résidus de recyclage et collecte des déchets sauvages

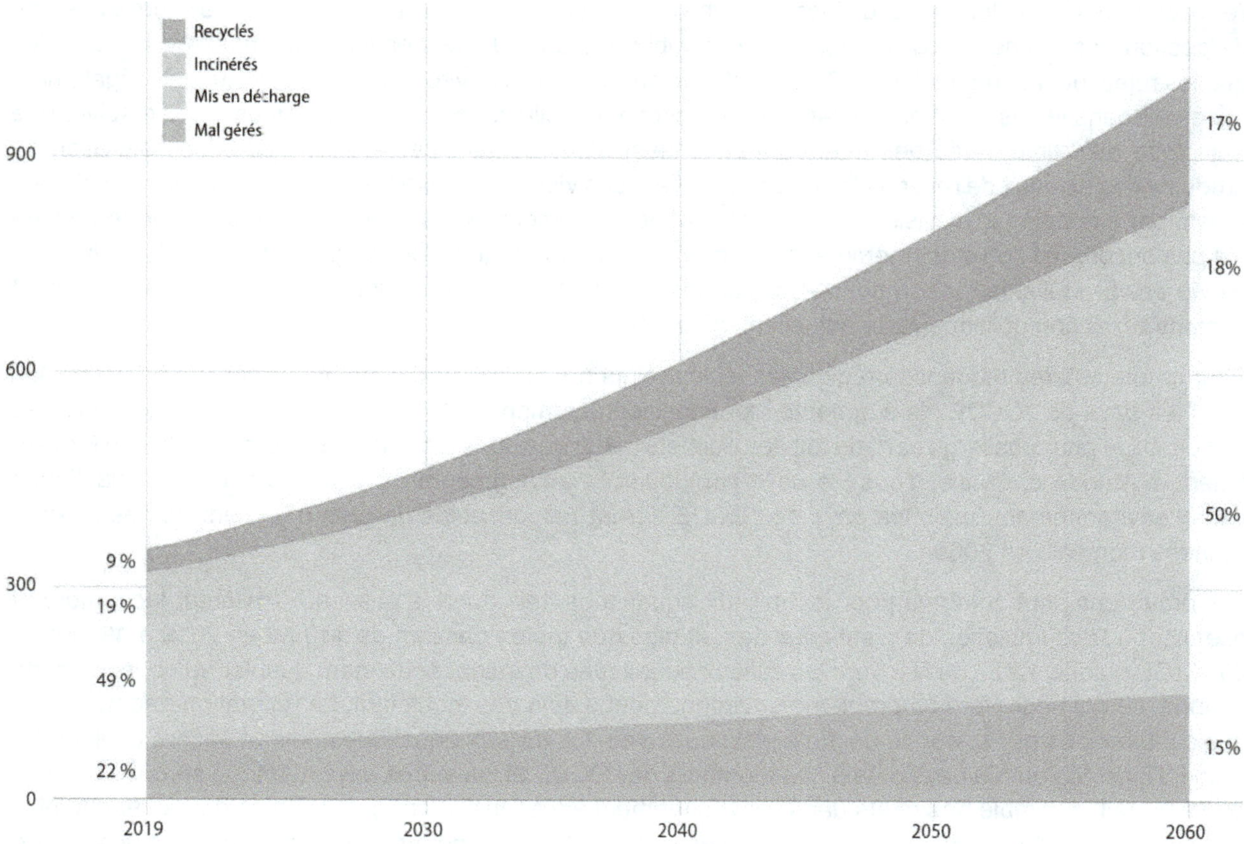

Note : les chiffres à gauche et à droite indiquent la part de chaque devenir en 2019 et 2060 respectivement.
Source : modèle ENV-Linkages de l'OCDE.

StatLink https://stat.link/yiwqkl

1.4.6. Les rejets de plastiques devraient doubler, multipliant par plus de trois l'accumulation de plastique dans les milieux aquatiques d'ici à 2060

Même si un découplage, plus ou moins net, est prévu à l'échelle mondiale entre l'utilisation de plastiques et les rejets dans l'environnement, ces derniers devraient presque doubler, passant de 22 Mt (entre 16 à 28 Mt) en 2019 à 44 Mt (entre 34 et 55 Mt) en 2060.[11]

Les rejets de macroplastiques continueront de représenter une part importante du total des rejets (87 %), mais la part des microplastiques devrait plus que doubler en poids absolu et représenter 13 % des rejets dans l'environnement en 2060. Alors que près de 99 % des macroplastiques sont rejetés à cause d'une mauvaise gestion des déchets, les rejets de microplastiques restent un problème aux origines diverses, notamment les boues d'épuration, l'abrasion des pneus et l'usure du marquage routier. Les dépôts sauvages pourraient devenir la source de rejets de déchets dans l'environnement qui croîtra le plus rapidement.

Le volume des rejets de macroplastiques devrait diminuer dans les pays à revenu élevé et intermédiaire avec l'amélioration des conditions de vie ; il devrait en revanche augmenter dans les pays à faible revenu (Graphique 1.6). En effet, même si, dans un premier temps, l'augmentation du revenu entraîne un accroissement de l'utilisation de plastiques, de la production de déchets plastiques et des rejets dans l'environnement, à la longue, elle s'accompagne d'un renforcement de la demande en meilleurs systèmes de gestion des déchets et d'une volonté de combattre les incidences environnementales visibles, telles que les rejets de macroplastiques. Cette évolution suit la courbe environnementale de Kuznets, également observée dans le cas d'autres polluants. En revanche, la pollution aux microplastiques semble suivre une trajectoire différente, avec des rejets qui continuent d'augmenter, même si une certaine saturation se produit à des niveaux de revenu élevés. Les interventions visant à réduire les émissions de microplastiques (dues, par exemple, à l'abrasion des pneus) sont généralement moins avancées, car cette forme de fuite n'a pas encore fait l'objet du même examen que les macroplastiques, elle se produit tout au long du cycle de vie des produits, le rapport coût-efficacité des interventions d'atténuation n'est pas encore totalement compris et l'action politique reste actuellement limitée.

Pour ce qui est des tendances régionales, si les rejets de plastiques devraient baisser à 2,5 Mt en 2060 dans les pays de l'OCDE, ils augmenteraient considérablement, à 41,6 Mt, dans les pays non membres de l'OCDE – pour une large part, du fait des déchets mal gérés dans les économies émergentes du Moyen-Orient, d'Afrique et d'Asie. Tous les pays contribueront à l'augmentation des rejets de microplastiques dans l'environnement, mais les pays de l'OCDE seront responsables de près d'un tiers de ces rejets à l'échelle mondiale en 2060.

Les prévisions sont sombres pour les milieux aquatiques, tels que les ruisseaux, rivières, lacs, mers et océans, où l'accumulation de plastiques devrait plus que tripler, passant de 140 Mt en 2019 à 493 Mt en 2060 (Graphique 1.7). Les flux vers les milieux aquatiques devraient également doubler au cours de cette période, ce qui aggravera un problème environnemental déjà très inquiétant. La répartition géographique des contributions aux rejets de déchets plastiques vers les milieux aquatiques devrait encore évoluer. La Chine, l'Inde, les autres pays d'Asie non membres de l'OCDE et les autres pays d'Afrique seront à l'origine de 79 % de l'ensemble des rejets dans l'environnement aquatique. Alors que la Chine devrait être le plus grand émetteur de plastiques dans les milieux d'eau douce, d'autres économies émergentes d'Asie contribueront de manière notable aux rejets de plastique dans l'environnement marin.

Graphique 1.6. Les rejets de macroplastiques et de microplastiques dans l'environnement suivent des trajectoires différentes avec l'augmentation du revenu par habitant

Rejets par habitant (en kg, sur l'axe des ordonnées) par rapport au PIB par habitant (en USD, sur l'axe des abscisses), scénario de référence

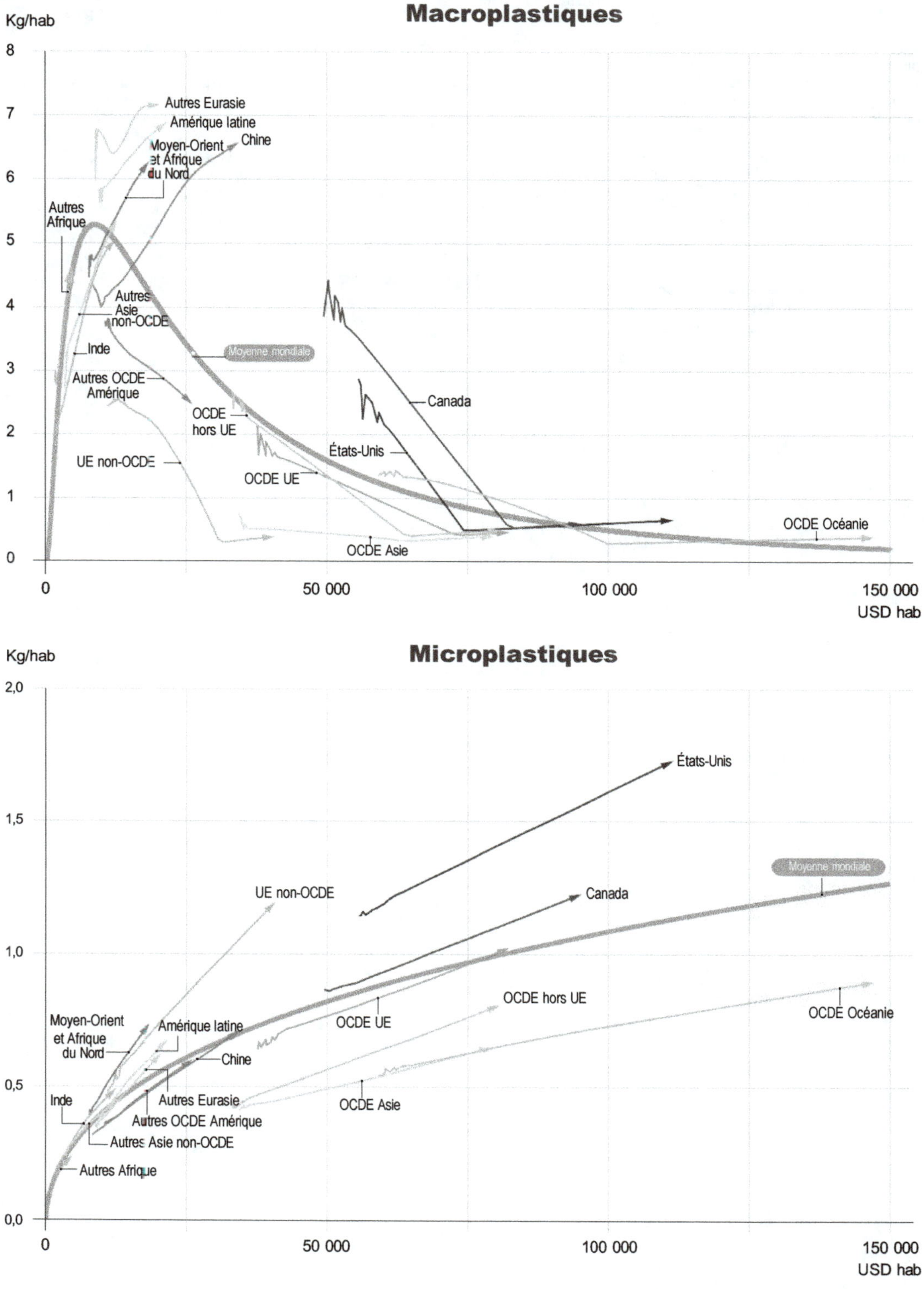

Note : la ligne « moyenne mondiale » représente une régression sur des données par année et par région. Les points de données pour chaque couleur représentent l'évolution de cette région entre 2019 et 2060, la flèche pointant vers 2060.
Source : modèle ENV-Linkages de l'OCDE, d'après Ryberg et al. (2019[4]), Cottom et. al. (2022[5]) pour les déchets mal gérés.

Graphique 1.7. Les rejets dans les milieux aquatiques devraient doubler entre 2019 et 2060

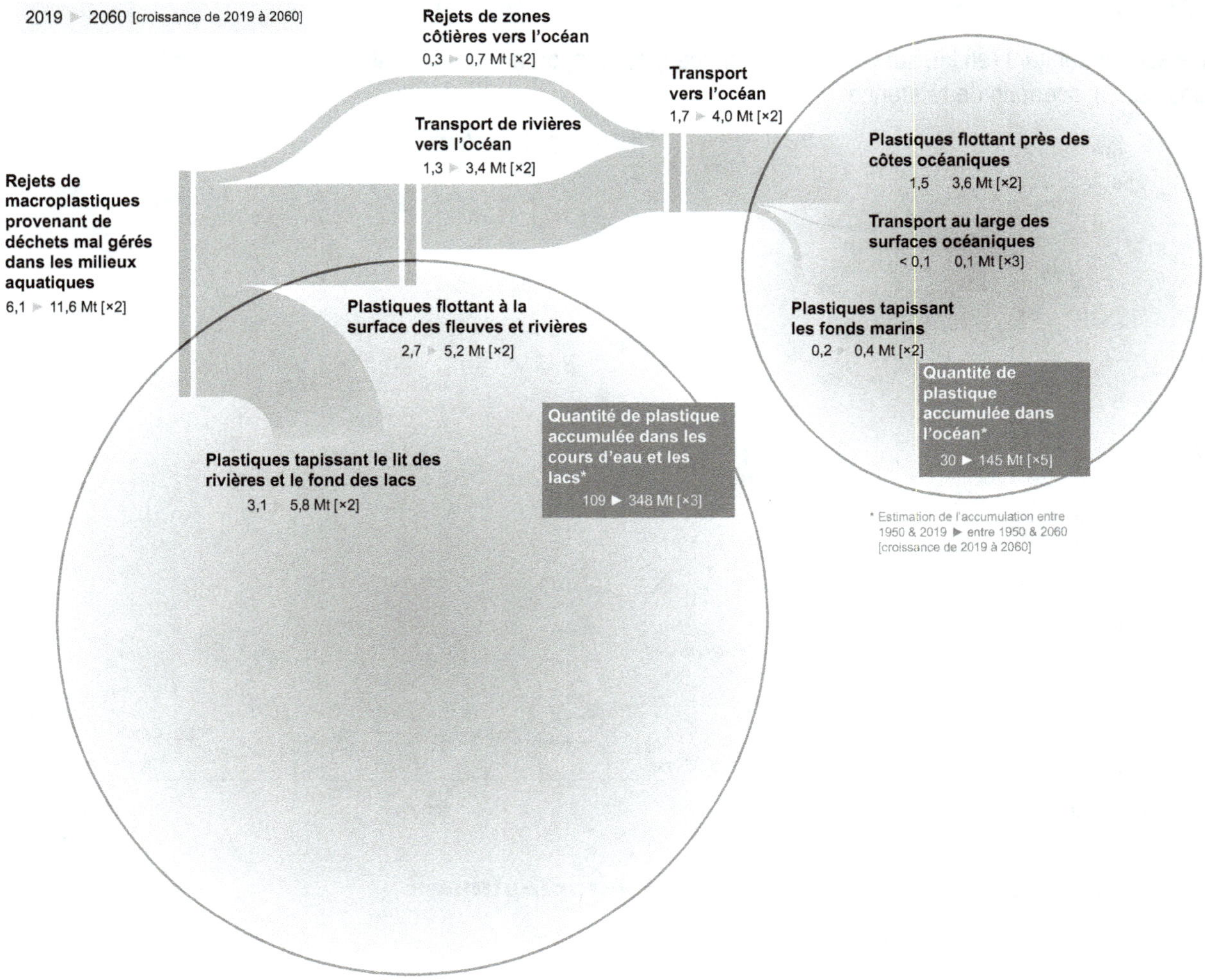

Source : modèle ENV-Linkages de l'OCDE.

1.4.7. Les effets du plastique sur l'environnement et la santé devraient s'aggraver considérablement

L'ensemble du cycle de vie des plastiques contribue significativement aux émissions de GES, ce qui devrait continuer à l'avenir en l'absence de nouvelles mesures. Actuellement, 1,8 gigatonnes d'équivalent en dioxyde de carbone (Gt éq. CO_2) d'émissions de GES peut être attribué au cycle de vie des plastiques, mais ce chiffre devrait plus que doubler pour atteindre 4,3 Gt éq. CO_2 d'ici à 2060. Environ 90 % de ces émissions proviennent de la production et de la transformation, avec des différences importantes entre les polymères : la production de fibres utilisées pour les textiles est le principal émetteur, juste devant le polypropylène (PP) et le polyéthylène basse densité (PEbd), qui sont employés dans diverses applications, notamment les emballages et les véhicules.

Les plastiques biosourcés sont loin d'être une panacée. Sans mesures politiques additionnelles, ils ne représenteront probablement qu'une fraction de la consommation totale de plastique en 2060, soit environ 0,5 %. En outre, même si les mesures de politique publique parvenaient à porter leur part de marché à 5 % d'ici à 2060, l'incidence sur les émissions de GES resterait incertaine. Bien que le remplacement de la production de plastiques d'origine fossile par des plastiques biosourcés permette une diminution des émissions directes de GES, les terres supplémentaires nécessaires pour la culture des matières premières peuvent conduire à la transformation de zones naturelles en terres arables, donnant lieu à des émissions ponctuelles de GES.

Les conséquences écologiques du plastique ne se limitent pas aux rejets dans l'environnement et aux émissions de gaz à effet de serre. Une grande variété d'autres incidences peuvent être associées au plastique, telles que la raréfaction des ressources, l'utilisation des sols, la formation d'ozone, l'eutrophisation, l'écotoxicité, la toxicité et l'acidification. Le Graphique 1.8 met en évidence les effets de différents polymères plastiques en utilisant l'analyse du cycle de vie (ACV) de l'extraction de la matière première à la sortie de l'usine et de la fin de vie. Ces effets tendent à différer selon les polymères : par exemple, le polyuréthane (PUR) peut entraîner l'eutrophisation marine, tandis que le polychlorure de vinyle (PVC) est cancérogène pour l'homme. Les incidences environnementales devraient plus que doubler d'ici à 2060, augmentant entre 132 % et 171 %, les effets sur l'utilisation des sols et l'eutrophisation des eaux marines et douces connaissant la plus forte augmentation. L'accroissement des effets observés au cours du cycle de vie résulte principalement d'une extension de la production et de la consommation de plastique d'ici à 2060. Ces effets ne seront que partiellement compensés par les améliorations apportées à la gestion des déchets d'ici à 2060, y compris dans le scénario de *référence*. Par exemple, l'incidence de la production de plastique sur l'acidification des terres augmentera de 5 % de moins en 2060 que les volumes produits, en raison de la part de marché croissante des plastiques secondaires. En outre, l'incidence de l'écotoxicité en eau douce de la phase de fin de vie augmente de 33 % de moins que la consommation de plastique d'ici à 2060 grâce à l'amélioration des pratiques de gestion des déchets.

Graphique 1.8. Sans nouvelles mesures politiques, les impacts des différents polymères sur l'environnement et la santé doubleront en 2060

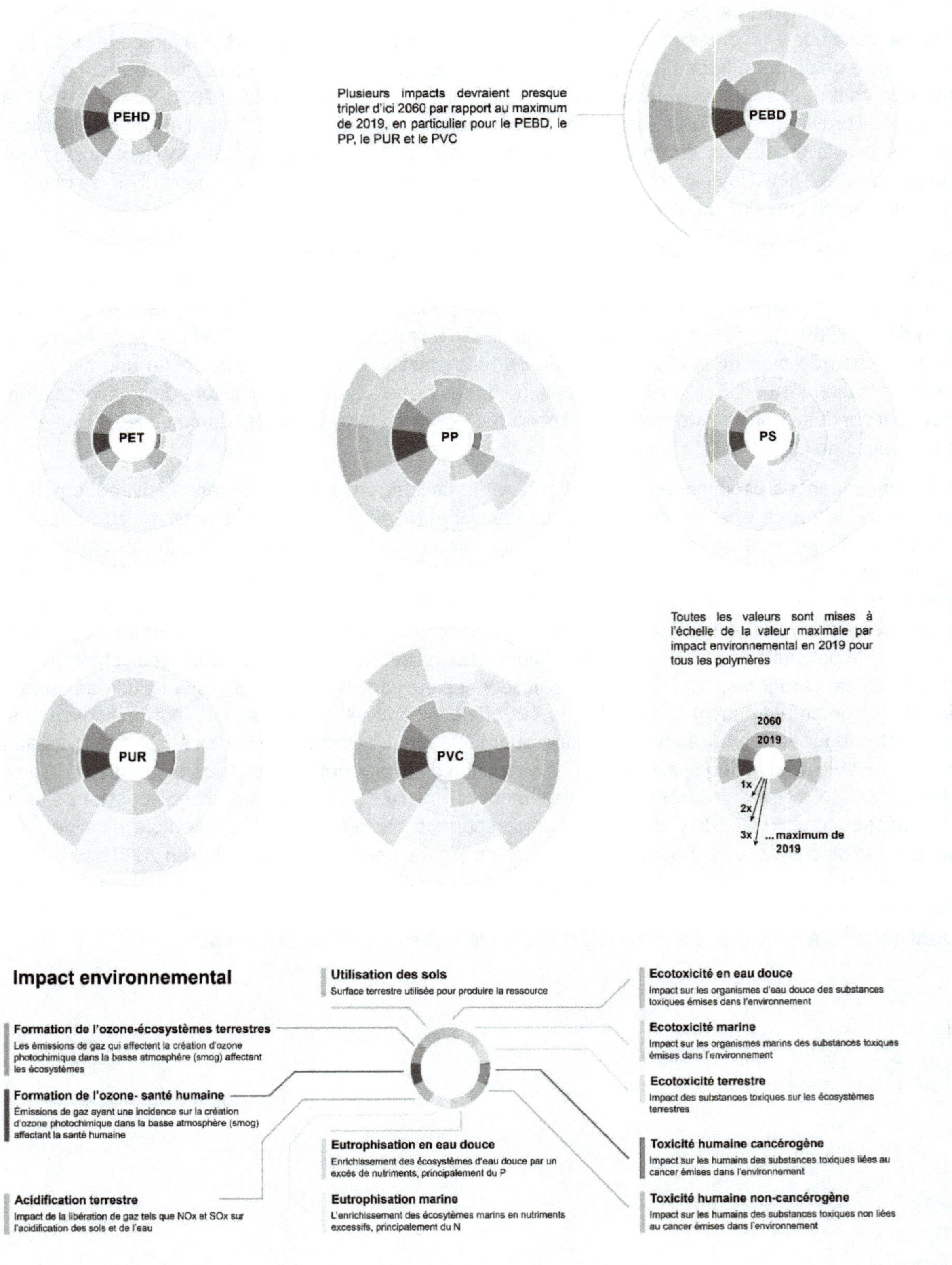

Note : PP = polypropylène ; PEhd = polyéthylène haute densité ; Pebd = polyéthylène basse densité ; PVC = polychlorure de vinyle ; PS = polystyrène ; PET = polyéthylène téréphtalate ; PUR = polyuréthane.
Source : modèle ENV-Linkages de l'OCDE, fondé sur des résultats de l'Université de Gand.

1.5. Ensemble de mesures pour éliminer les rejets de plastiques

La section précédente dresse un tableau assez sombre : en l'absence de mesures politiques additionnelles, d'ici à 2060, le monde produira et consommera presque trois fois plus de plastique qu'aujourd'hui. Les incidences environnementales du plastique tout au long de son cycle de vie seront plus importantes que jamais. Le triplement des quantités de déchets plastiques produits est très préoccupant. S'ils ne sont pas gérés correctement, ces déchets pourraient entraîner un doublement des rejets dans l'environnement et une augmentation substantielle du stock rejets de plastiques accumulés dans les cours d'eau et les océans. D'autres préoccupations concernent le redoublement des émissions de gaz à effet de serre associées à la production et à la fin de vie des plastiques ainsi que l'augmentation substantielle des autres effets sur la santé et l'environnement tout au long du cycle de vie des plastique.

En l'absence de politiques nettement plus exigentes et coordonnées, la communauté mondiale reste loin de son objectif à long terme de mettre fin à la pollution plastique. La question du plastique doit être abordée de manière systématique, et les mesures au coup par coup doivent être remplacées par une action coordonnée. Ce rapport explore donc différents scénarios politiques susceptibles de modifier les perspectives en accroissant la circularité du cycle de vie des plastiques et de réduire les rejets de plastiques dans l'environnement.

1.5.1. Mesures constitutives des politiques

Des mesures de politique publique plus ambitieuses et coordonnées sont nécessaires tout au long du cycle de vie des plastiques, comme l'indique la feuille de route figurant dans le premier volume, *Perspectives mondiales des plastiques : Déterminants économiques, répercussions environnementales et possibilités d'action* (OCDE, 2023[1]). La feuille de route met l'accent sur la nécessité de recourir à des instruments réglementaires et économiques qui peuvent susciter des changements de comportement dans l'ensemble de l'économie. Ce deuxième volume des Perspectives s'appuie sur cette feuille de route pour proposer un ensemble de mesures qui, conjointement, peuvent modifier les fondements de l'économie actuelle du plastique.

Les mesures politiques peuvent être regroupées autour de trois piliers de l'action des pouvoirs publics : *Limiter la demande de plastique et améliorer la circularité*, *Augmenter le recyclage* et *Fermer les voies de rejets*. À chaque pilier correspondent plusieurs instruments de politique publique (Graphique 1.9).

- *Limiter la demande de plastique et améliorer la circularité* impliquent des instruments de nature fiscale qui dissuadent la production et la consommation de plastique ainsi que d'autres politiques qui incitent à améliorer la conception des produits pour augmenter leur durabilité et favoriser leur réutilisation et leur réparation. Ces instruments comprennent une taxe sur les plastiques, notamment sur les emballages en plastique, un ensemble de mesures favorisant la conception circulaire, telles que l'augmentation de la durée de vie des produits en plastique, la diminution de la demande finale de biens durables, l'augmentation de l'efficacité de l'utilisation intermédiaire des plastiques ainsi que l'encouragement de la demande pour les services de réparation.
- *Augmenter le recyclage* comporte des instruments qui influent sur le taux de recyclage des plastiques, par exemple des objectifs d'incorporation de matières recyclées, des systèmes de responsabilité élargie des producteurs (REP) et des objectifs de taux de recyclage par région.
- *Fermer les voies de rejets* vise à réduire et, si possible, à éliminer les déchets plastiques mal gérés en investissant dans les infrastructures de gestion des déchets et en augmentant les taux de collecte des déchets, ce qui réduira considérablement les rejets de plastiques dans l'environnement.

Graphique 1.9. Les ensembles de mesures ciblent tout le cycle de vie

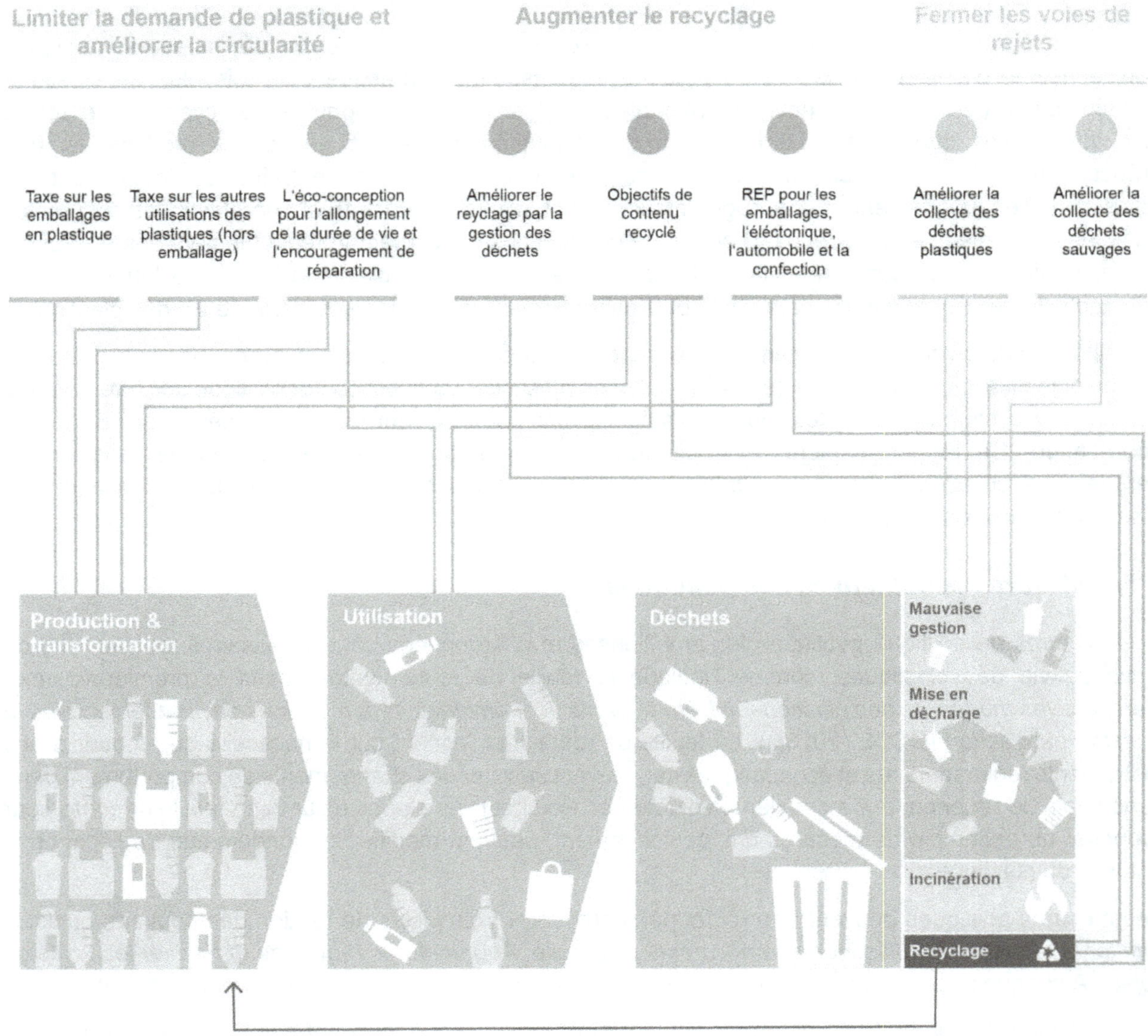

1.5.2. Le niveau de rigueur des ensembles de mesures modélisés est variable

Deux scénarios fondés sur les mesures précitées ont été modélisés avec des niveaux de rigueur différents dans les Perspectives mondiales des plastiques afin de cerner leurs effets environnementaux et économiques à l'horizon 2060 (pour de plus amples détails, voir Tableau 1.1).

Le scénario d'*Action régionale* fait varier le niveau d'ambition de l'ensemble des mesures pour refléter les différentes circonstances et les défis auxquels sont confrontés les pays membres et non membres de l'OCDE. Cet ensemble de mesures vise à réduire les volumes de plastique tout au long du cycle de vie d'ici à 2060 tout en limitant le coût économique.

Le scénario d'*Ambition mondiale* porte sur une meilleure coordination des efforts à l'échelle internationale, l'ambition étant de réduire les rejets de plastiques à un niveau proche de zéro à l'horizon 2060. Cela reflète les objectifs de plusieurs initiatives internationales, notamment la résolution de l'Assemblée des Nations Unies pour l'environnement visant à élaborer un instrument international juridiquement contraignant relatif à la pollution aux plastiques, la « Vision d'Osaka pour un Océan Bleu » du G20 ou encore des actions volontaires du secteur privé. Les instruments sont les mêmes que dans le scénario d'*Action régionale*, mais ils sont assortis d'objectifs plus ambitieux et mis en œuvre plus rapidement et au niveau mondial. Cela permettrait de réduire considérablement les volumes de plastiques ainsi que leurs impacts environnementaux tout au long du cycle de vie, bien que le coût économique soit un peu plus élevé.

Tableau 1.1. Les niveaux d'ambition des mesures varient dans les deux scénarios principaux

Piliers de l'action	Action régionale	Ambition mondiale
Restreindre la demande	Taxe sur les emballages en plastique, augmentant linéairement de 0 en 2021 pour atteindre USD 1000/tonne d'ici 2030 dans l'Union européenne (UE), d'ici 2040 dans le reste des pays de l'OCDE et d'ici 2060 dans les pays (hors UE) non membres de l'OCDE, pour rester constante par la suite.	Taxe sur les emballages en plastique, augmentant linéairement de 0 en 2021 pour atteindre USD 1000/tonne d'ici 2030 à l'échelle mondiale, puis doublant à USD 2000/tonne d'ici 2060.
	Taxe sur toutes les autres utilisations des plastiques (hors emballage), introduite après 2030, commençant à USD 25/tonne pour atteindre USD 750/tonne d'ici 2040 dans les pays de l'OCDE et d'ici 2060 dans les pays non membres de l'OCDE. La taxe reste constante par la suite.	Taxe sur toutes les autres utilisations des plastiques (hors emballage), atteignant USD 750/tonne d'ici 2030 à l'échelle mondiale, puis doublant à USD 1500/tonne d'ici 2060.
	Instruments de politiques publiques visant á encourager une conception qui favorise la durabilité et la réparabilité des produits en plastique, tels que l'allongement de 10 % de la durée de vie des produits, la diminution de 5 à 10 % de la demande intermédiaire et finale de biens durables d'ici à 2040 ainsi qu'un accroissement de la demande de services de réparation.	Instruments de politiques publiques visant á encourager une conception qui favorise la durabilité et la réparabilité des produits en plastique, tels que l'allongement de 15 % de la durée de vie des produits, la diminution de 10 à 20 % de la demande de biens durables d'ici à 2030, l'amélioration de l'efficacité de l'utilisation intermédiaire des plastiques ainsi qu'un accroissement de la demande de services de réparation.
Augmenter le recyclage	Objectifs d'incorporation de matières recyclées fixés à 40 % pour les pays de l'OCDE et à 20 % pour les pays non membres de l'OCDE d'ici à 2060.	Objectif d'incorporation de matières recyclées fixé à 40 % pour tous les pays d'ici à 2060.
	Programmes REP pour les emballages, l'électronique, l'automobile et la confection dans les pays de l'OCDE et les pays de l'UE non membres de l'OCDE ; REP non mise en œuvre dans les autres pays.	Programmes REP pour les emballages, l'électronique, l'automobile et la confection dans tous les pays.
	Objectifs de taux de recyclage par région : 60 % d'ici à 2030 et 70 % d'ici à 2060 pour l'UE et la région OCDE Pacifique, 60 % d'ici à 2060 pour les autres pays de l'OCDE et la Chine, 40 % d'ici à 2060 pour les autres pays.	Objectifs de taux de recyclage par région : 60 % d'ici à 2030 et 80 % d'ici à 2060 pour l'UE et la région OCDE Pacifique, 80 % d'ici à 2060 pour les autres pays de l'OCDE et la Chine, 60 % d'ici à 2060 pour les pays restants.
Fermer les voies de rejet	Investissement dans les systèmes de collecte mixte et les décharges contrôlées, les pays de l'OCDE éliminant tous les déchets collectés mal gérés, tandis que les pays non membres de l'OCDE réduisent de moitié les déchets mal gérés d'ici à 2060.	Investissements dans les systèmes de collecte mixte et les décharges contrôlées, tous les pays devant éliminer les déchets mal gérés collectés d'ici à 2060.
	Amélioration des taux de collecte des dépôts sauvages pour parvenir à 90 % dans les pays à revenu élevé.	Amélioration des taux de collecte des dépôts sauvages pour parvenir à 90 % dans les pays à revenu élevé, et augmentation des taux de collecte dans les pays à faible revenu de 65 % à 75 %.

Source : modèle ENV-Linkages de l'OCDE.

1.5.3. Le renforcement des politiques nationales, même avec des niveaux d'ambition régionaux différenciés, peut apporter des gains environnementaux substantiels, mais ne suffit pas à éliminer les rejets

Les projections montrent que l'ensemble de mesures du scénario d'*Action régionale*, pourrait réduire l'utilisation mondiale de plastiques de près d'un cinquième par rapport au scénario de *référence* – de 1231 Mt à 1018 Mt – d'ici à 2060 (Graphique 1.10). Ce résultat est dû en grande partie aux effets de la taxation des utilisations du plastique, qui limite la demande et la production de plastiques. La fiscalité sur le plastique à usage unique entraîne une réduction sensible de l'utilisation de ces plastiques à courte durée de vie. Les déchets plastiques diminueraient également d'environ un cinquième par rapport au scénario de *référence*, passant de 1014 Mt à 837 Mt, principalement sous l'effet de la réduction de la demande. Malgré ces baisses, en 2060, l'utilisation de plastiques et les déchets plastiques devraient encore être bien supérieurs aux niveaux de 2019.

Les systèmes de gestion des déchets connaissant d'importantes améliorations, le taux de recyclage à l'échelle mondiale se hisserait à 40 % en 2060. Les mesures stimulant la demande de vieux plastiques et faisant augmenter l'offre de plastiques recyclés feraient bondir la part de marché des plastiques secondaires de 12 % à 29 %. Dans le même temps, les déchets mal gérés diminueraient de plus de 60 %, atteignant 59 Mt en 2060, un niveau inférieur à celui de 2019. L'amélioration des systèmes de gestion des déchets dans les pays non membres de l'OCDE permettrait d'obtenir une grande partie de ces résultats.

Les rejets de macroplastiques diminueraient par rapport aux projections du scénario de *référence* pour 2060, passant de 38 Mt à 15 Mt. En revanche, la réduction des rejets de microplastiques resterait assez faible : baisse de 4 % par rapport au scénario de *référence*, de 5,8 Mt à 5,6 Mt. Si cet ensemble de mesures réduit de moitié les rejets de plastiques dans l'environnement, y compris dans les milieux aquatiques, il ne peut pas les empêcher complètement. Cela est particulièrement vrai pour les pays non membres de l'OCDE, où des mesures supplémentaires et des politiques plus strictes sont nécessaires. Cela souligne l'importance d'une ambition et d'une coopération mondiales, selon la modélisation proposée dans le scénario d'*Ambition mondiale*.

1.5.4. Une ambition coordonnée à l'échelle mondiale est nécessaire pour stimuler radicalement le recyclage et éliminer les rejets de plastiques dans l'environnement

D'ici à 2060, cet ensemble de mesures devrait permettre de réduire d'un tiers l'utilisation de plastiques et les déchets plastiques par rapport au scénario de *référence* (Graphique 1.10). La consommation de plastique tomberait à 827 Mt, contre 1231 Mt dans le scénario de *référence*, les taxes entraînant une réorientation des activités économiques au détriment des secteurs utilisant le plastique, notamment dans les pays non membres de l'OCDE en Eurasie, au Moyen-Orient et en Afrique. De même, par rapport aux projections du scénario de *référence*, les déchets plastique diminueraient, de 1014 Mt à 679 Mt en 2060, les politiques de restriction de la demande et de la production jouant un rôle important.

Avec un taux de presque 60 %, le recyclage s'imposerait comme la principale solution de gestion des déchets. La part de marché des plastiques secondaires atteindrait 41 % en 2060, principalement grâce à d'importantes mesures de stimulation de la demande, comme le relèvement des objectifs d'incorporation de matières recyclées. D'autre part, les déchets mal gérés rejoindraient des niveaux proches de zéro (6 Mt en 2060 contre 153 Mt dans le scénario de *référence*). Cette forte diminution peut être attribuée à des améliorations massives des infrastructures de gestion des déchets dans les pays non membres de l'OCDE, où les déchets mal gérés sont ainsi ramenés à 4 Mt.

Les améliorations apportées par les mesures du scénario d'*Ambition Globale* réduiront considérablement les rejets de déchets dans l'environnement, avec une diminution de 85 % par rapport au scénario de *référence* (de 44 Mt à 6 Mt), les rejets de macroplastiques étant presque totalement éliminés. Les rejets vers les milieux aquatiques sont aussi presque totalement éliminés, passant à 0,2 Mt contre 11,6 Mt dans le scénario de *référence*. Les rejets de microplastiques sont également limités, même s'ils ne sont réduits que de 9 % par rapport aux projections du scénario de *référence*. Cependant, même avec des mesures politiques aussi ambitieuses à l'échelle mondiale, dans l'intervalle, le stock de rejets de plastiques continueront de s'accumuler dans les milieux aquatiques, atteignant 300 Mt en 2060, soit un peu plus du double du niveau de 2019. Cet effet prolongé sur les milieux aquatiques fait ressortir la nécessité de prendre d'urgence des mesures politiques ambitieuses.

L'ensemble de mesures du scénario d'*Ambition mondiale* contribue également aux objectifs climatiques avec une diminution des émissions de GES associées au cycle de vie des plastique de 2,1 Gt éq. CO_2 en 2060, soit une réduction de 50 % par rapport au scénario de référence. Cela souligne l'effet positif des politiques de circularité sur la baisse des émissions de GES associées au cycle de vie des plastiques. Les synergies importantes entre les politiques climatiques et les politiques relatives au plastique sont examinées plus en détail dans l'Encadré 1.2.

Graphique 1.10. Les politiques visant les différentes étapes du cycle de vie des plastiques contribuent toutes à réduire les rejets de plastiques dans l'environnement

Quantités de matières plastiques en millions de tonnes (Mt)

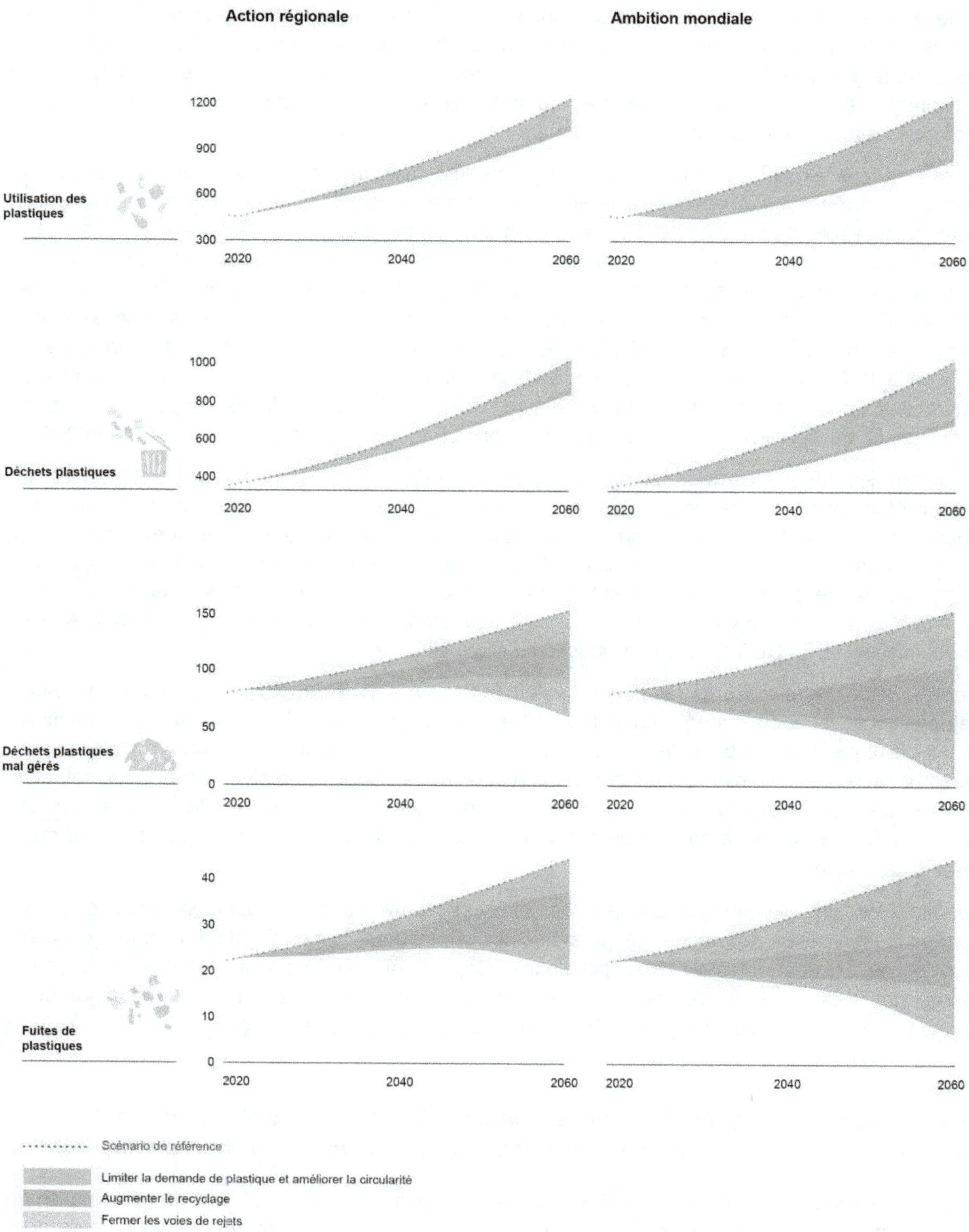

Source : modèle ENV-Linkages de l'OCDE.

StatLink https://stat.link/ha40ko

Encadré 1.2. Comment l'atténuation du changement climatique interagit-elle avec les politiques visant à réduire les rejets de plastiques dans l'environnement ?

Le cycle de vie des plastiques est fondamentalement lié au changement climatique. En effet, les plastiques sont en grande partie dérivés de combustibles fossiles, tandis que la production de plastiques et la gestion des déchets entraînent des émissions de gaz à effet de serre (GES). Il existe donc d'importantes synergies que les décideurs peuvent exploiter en tirant parti de la complémentarité des politiques relatives aux plastiques et au climat.

Pour examiner ces liens plus précisément, un troisième ensemble de mesures de politiques publiques – le scénario d'*Atténuation du changement climatique* – a été élaboré dans le cadre du présent rapport. Il modélise les effets d'un ensemble de mesures composé de deux instruments : la tarification du carbone et la transformation structurelle du secteur de l'électricité. Dans cet ensemble, le prix moyen mondial du carbone augmente progressivement pour atteindre 69 USD en 2060 (155 USD dans l'OCDE, 42 USD dans les pays non membres de l'OCDE). Dans le même temps, la transformation du secteur de l'électricité implique une réduction de la part de la production d'électricité d'origine fossile de 69 % en 2019 à 15 % en 2060 (contre 62 % dans le scénario de *référence*). Ce scénario prévoit une diminution des émissions mondiales de GES d'environ un tiers à l'horizon 2060 par rapport au scénario de *référence*, ce qui correspond à un niveau d'émissions brutes mondiales de 63 Gt éq. CO_2 en 2060.

En combinant les ensembles de mesures du scénario d'*Ambition mondiale* pour les plastiques et du scénario d'*Atténuation du changement climatique*, les émissions de GES liées au cycle de vie des plastiques diminueraient de deux tiers par rapport au scénario de *référence*, soit 2,8 Gt éq. CO_2. Cette réduction est obtenue grâce à la réduction de l'utilisation des plastiques, à la transition de la consommation d'énergie dans les activités liées aux plastiques (production et transformation, et, dans une moindre mesure, fin de vie) vers des sources à moindre intensité carbone et à la diminution des émissions indirectes de GES dues à la production d'électricité.

L'ensemble combiné de mesures réduit non seulement les émissions de GES associées au cycle de vie des plastique, mais il augmente aussi la part des plastiques secondaires dans la consommation totale de plastique atteinte dans le scénario d'*Ambition Globale* : la consommation de plastiques primaires et secondaires diminue, mais la consommation de plastiques primaires diminue davantage, car ces derniers sont caractérisés par une plus grande intensité énergétique. Par conséquent, si l'ensemble combiné ne réduit pas davantage la demande de plastique, il rend le cycle de vie des plastique plus circulaire.

En identifiant les synergies qui existent dans les politiques relatives au climat et au plastique, les pays seraient en mesure de se rapprocher de leurs objectifs climatiques, tout en tirant profit de la réduction des incidences environnementales des plastiques. Cependant, ces évolutions peuvent créer des conflits qui demandent à être examinés attentivement, tels que la possibilité d'une augmentation des émissions de GES due à une plus grande utilisation des techniques de recyclage.

1.5.5. Les coûts économiques des deux ensembles de mesures sont relativement modestes, mais leur mise en œuvre nécessitera des mécanismes de soutien financier

Par rapport au scénario de *référence*, le PIB mondial serait réduit de seulement 0,3 % en cas de mise en œuvre du scénario d'*Action régionale* (Graphique 1.11), ce qui représente un coût plutôt modéré pour l'économie. On observe toutefois d'importants écarts entre les régions, avec un coût inférieur à 0,1 % en Chine, mais allant jusqu'à 1,1 % en Afrique subsaharienne et à 1,8 % dans les pays de l'Union européenne non membres de l'OCDE.

L'ensemble des mesures du scénario d'*Ambition mondiale* réduirait le PIB mondial de moins de 1 % par rapport au scénario de *référence*, ce qui montre une fois de plus que les politiques publiques, même très ambitieuses, ont un coût économique assez limité. Le coût macroéconomique reste faible pour les pays de l'UE membres de l'OCDE et pour la Chine, mais il est plus élevé pour les pays de l'UE non membres de l'OCDE et l'Afrique. Les différences de coût macroéconomique s'expliquent principalement par les différences d'intensité de la production de plastiques ainsi que par les changements d'avantages comparatifs entre les régions. Les avantages comparatifs apparaissent lorsque les politiques qui favorisent l'écoconception améliorent l'efficacité et déplacent l'activité économique des secteurs moins productifs.

Graphique 1.11. Le coût d'une action coordonnée, que ce soit au niveau régional ou au niveau mondial, est inférieur à 1 % du PIB mondial

Pourcentage de variation du PIB par rapport au scénario de référence

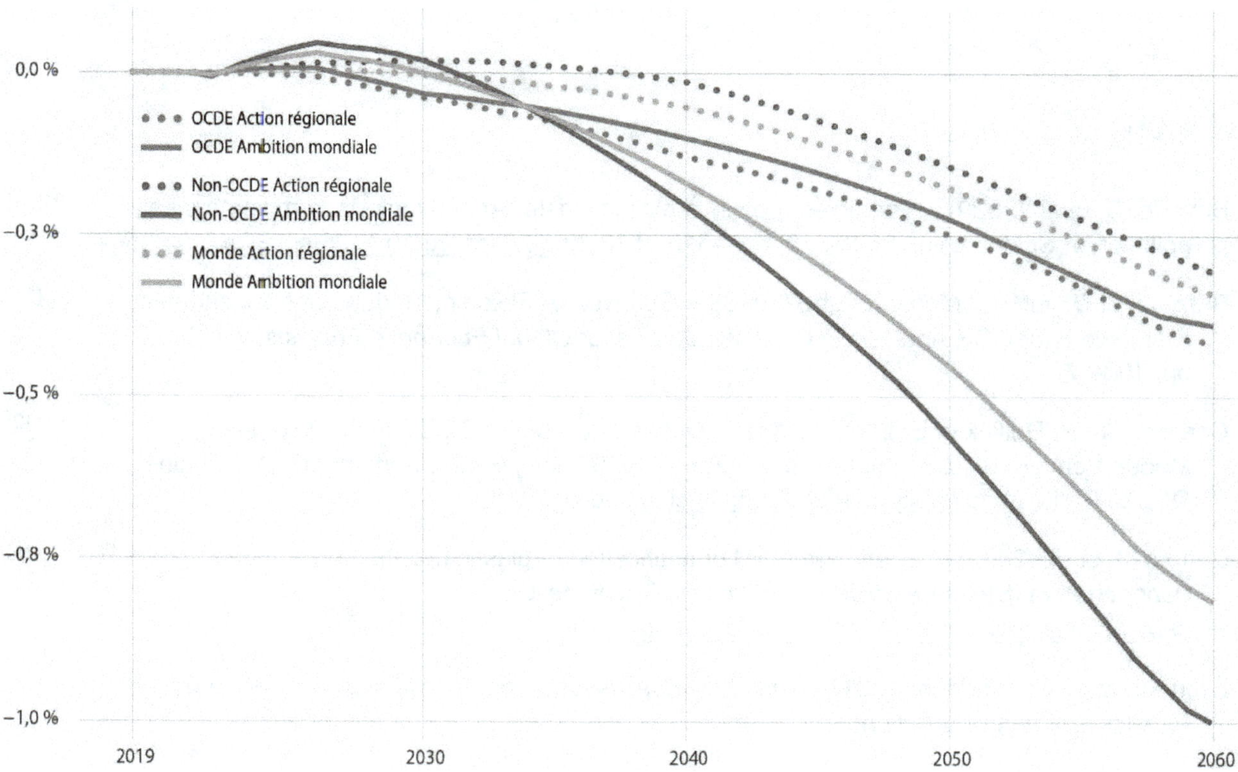

Source : modèle ENV-Linkages de l'OCDE.

StatLink https://stat.link/n1lp7b

Une part importante du coût des mesures de politique est liée aux investissements nécessaires dans les systèmes de gestion des déchets.[12] Pour l'ensemble de mesures du scénario d'*Action régionale*, les investissements dans les systèmes de gestion des déchets s'élèveraient à 320 milliards USD au niveau mondial. Dans les pays de l'OCDE, la majeure partie des investissements serait consacrée à l'amélioration des capacités de recyclage, tandis que les pays non membres de l'OCDE devraient investir à la fois dans le recyclage et dans la prévention de la mauvaise gestion des déchets. Les économies en développement devront faire face à des coûts plus élevés que la moyenne mondiale. L'aide publique au développement (APD) est déjà utilisée pour soutenir les actions de lutte contre les rejets de plastiques dans les pays en développement, mais les flux financiers ne représentent qu'une fraction de ce qui est nécessaire et des sources de financement supplémentaires seront requises. Un soutien accru sera nécessaire sous la forme d'un partage des bonnes pratiques et des technologies existantes pour aider les pays en développement rapide à améliorer leurs systèmes de gestion des déchets.

Par ailleurs, malgré une réduction radicale des rejets à un niveau proche de zéro, même dans le scénario d'*Ambition mondiale*, il serait nécessaire de nettoyer le stock existant de rejets de plastiques dans l'environnement. Les avantages environnementaux des activités de nettoyage sont évidents et les dommages évités pourraient être considérables, y compris sur le plan monétaire. Parallèlement, il ressort clairement que la prévention de la pollution est plus rentable que le nettoyage a posteriori. En effet, le nettoyage de la totalité du stock de près de 500 Mt de plastique dans les milieux aquatiques en 2060 dans le scénario de *référence*, à un coût supérieur à 1000 USD par tonne, serait bien plus onéreux que l'élimination des rejets grâce à une meilleure gestion des déchets. Dans l'ensemble, des politiques plus ambitieuses visant à prévenir les rejets de plastiques sont beaucoup plus rentables que de laisser les plastiques être rejetés dans l'environnement ; toutefois, le nettoyage reste plus rentable que de laisser les plastiques polluer les milieux naturels.

Références

Borrelle, S. et al. (2020), « Predicted growth in plastic waste exceeds efforts to mitigate plastic pollution », *Science*, vol. 369/6510, pp. 1515-1518, https://doi.org/10.1126/science.aba3656. [14]

Britz, W. et D. van der Mensbrugghe (2018), « CGEBox: A Flexible, Modular and Extendable Framework for CGE Analysis in GAMS », *Journal of Global Economic Analysis*, vol. 3/2, pp. 106-177. [13]

Château, J., R. Dellink et E. Lanzi (2014), « An Overview of the OECD ENV-Linkages Model: Version 3 », *Documents de travail de l'OCDE sur l'environnement*, n° 65, Éditions OCDE, Paris, https://doi.org/10.1787/5jz2qck2b2vd-en. [2]

Cottom, J. et al. (2022), « Spatio-temporal quantification of plastic pollution origins and transportation (SPOT) » University of Leeds, Royaume-Uni, https://plasticpollution.leeds.ac.uk/toolkits/spot/. [5]

Ellen Macarthur Foundation (2017), *The New Plastics Economy:Rethinking The Future Of Plastics & Catalysing Action*. [15]

Evangeliou, N. et al. (2020), « Atmospheric transport is a major pathway of microplastics to remote regions », *Nature Communications*, vol. 11/1, https://doi.org/10.1038/s41467-020-17201-9. [12]

Geyer, R., J. Jambeck et K. Law (2017), « Production, use, and fate of all plastics ever made », *Science Advances*, vol. 3/7, p. e1700782, https://doi.org/10.1126/sciadv.1700782. [3]

Gómez-Sanabria, A. et al. (2018), « Carbon in global waste and wastewater flows – its potential as energy source under alternative future waste management regimes », *Advances in Geosciences*, vol. 45, pp. 105-113, https://doi.org/10.5194/adgeo-45-105-2018. [11]

Jambeck, J. et al. (2015), « Plastic waste inputs from land into the ocean », *Science*, vol. 347/6223, pp. 768-771, https://doi.org/10.1126/science.1260352. [10]

Lau, W. et al. (2020), « Evaluating scenarios toward zero plastic pollution », *Science*, vol. 369/6510, pp. 1455-1461, https://doi.org/10.1126/science.aba9475. [9]

Lebreton, L. et A. Andrady (2019), « Future scenarios of global plastic waste generation and disposal », *Palgrave Communications*, vol. 5/1, p. 6, https://doi.org/10.1057/s41599-018-0212-7. [7]

Lebreton, L., M. Egger et B. Slat (2019), « A global mass budget for positively buoyant macroplastic debris in the ocean », *Scientific Reports*, vol. 9/1, p. 12922, https://doi.org/10.1038/s41598-019-49413-5. [8]

Lebreton, L. et al. (2017), « River plastic emissions to the world's oceans », *Nature Communications*, vol. 8/1, https://doi.org/10.1038/ncomms15611. [6]

OCDE (2023), *Perspectives mondiales des plastiques : Déterminants économiques, répercussions environnementales et possibilités d'action*, Éditions OCDE, Paris, https://doi.org/10.1787/5c7bba57-fr. [1]

Ryberg, M. et al. (2019), « Global environmental losses of plastics across their value chains », *Resources, Conservation and Recycling*, vol. 151, p. 104459, https://doi.org/10.1016/j.resconrec.2019.104459. [4]

SYSTEMIQ et The Pew Charitable Trust (2020), *Breaking the Plastic Wave: A Comprehensive Assessment of Pathways Towards Stopping Ocean Plastic Pollution*, https://www.systemiq.earth/breakingtheplasticwave/. [16]

Notes

[1] La circularité est calculée comme le rapport entre les matières plastiques secondaires (29 Mt) et les déchets plastiques (353 Mt) en 2019, soit 8 %.

[2] Le rejet des plastiques dans l'environnement désigne les plastiques introduits dans les milieux aquatiques et terrestres, tandis que la pollution est un concept plus large qui englobe l'ensemble des émissions et des risques imputables à la production et à l'utilisation de plastiques, ainsi qu'à la gestion et aux rejets de déchets plastiques.

[3] Objets en plastique reconnaissables tels que des emballages ou des bouteilles. Dans ce rapport, le terme désigne les plastiques de diamètre supérieur à 5 mm.

[4] Polymères synthétiques solides de diamètre inférieur à 5 mm

[5] Notamment Geyer, Jambeck et Law (2017[3]), Jambeck et al. (2015[10]), Ryberg et al. (2019[4]), Gómez-Sanabria et al. (2018[11]), Ellen Macarthur Foundation (2017[15]), SystemIQ et The Pew Charitable Trusts (2020[16]), Borrelle et al. (2020[14]), Lebreton et Andrady (2019[7]).

[6] Ont collaboré : 1) des experts de l'Université technique du Danemark (DTU), qui ont dirigé les recherches sous-jacentes à une étude de Ryberg et al. (2019[4]), 2) des experts de l'Université de Leeds, qui ont contribué à l'étude de Lau et al. (2020[9]), 3) Laurent Lebreton, qui a rédigé plusieurs documents de recherche sur la production de déchets plastiques et leurs rejets (Lebreton et al., 2017[6] ; Lebreton, Egger et Slat, 2019[8] ; Lebreton et Andrady, 2019[7]) et a contribué à l'estimation des rejets figurant dans les travaux de Borrelle et al. (2020[14]) et 4) Nikolaos Evangeliou de l'Institut norvégien pour la recherche sur l'air (NILU), qui a rédigé l'article d'Evangeliou et al. (2020[12]).

[7] Les émissions de gaz à effet de serre de l'ensemble du cycle de vie des plastiques sont calculées au moyen du modèle ENV-Linkages. L'analyse des plastiques biosourcés utilise le modèle CGE-Box (Britz et van der Mensbrugghe, 2018[13]). Enfin, l'analyse du cycle de vie est fondée sur une méthode mise au point par le groupe de recherche Sustainable Systems Engineering de l'université de Gand. Se reporter à l'Annexe A pour de plus amples renseignements sur ces méthodes.

[8] Le scénario de *référence* reflète les tendances attendues à l'horizon 2060 pour plusieurs variables socioéconomiques clés, notamment les tendances démographiques ainsi que celles de l'urbanisation et de la mondialisation ; il inclut également les effets des politiques publiques mises en œuvre jusqu'en 2019 sur les tendances prévues. Les scénarios de *référence* présentés dans ce rapport ne tiennent pas compte des politiques encore en discussion en 2022.

[9] Les matières plastiques primaires (ou vierges) sont fabriquées à partir de matières de base fossiles (pétrole brut, par exemple) ou biosourcées (maïs, canne à sucre, blé...) qui n'ont jamais été utilisées ou transformées auparavant.

[10] Il s'agit des trois entités géographiques d'Asie non membres de l'OCDE (Chine, Inde et Autres pays asiatiques non membres de l'OCDE) c'est-à-dire l'Asie à l'exclusion du Japon et de la Corée.

[11] À noter qu'en raison du manque de recherches robustes sur la part des déchets mal gérés qui sont perdus dans l'environnement, ces estimations comportent une forte incertitude, qui est représentée sous forme de fourchettes entre parenthèses.

[12] Un investissement n'est pas un coût en soi dans la mesure où il crée de la valeur ajoutée et contribue au PIB. Cependant, les investissements moins productifs dans la gestion des déchets au détriment d'autres dépenses obligent l'économie à se réorienter vers des activités moins productives, ce qui s'avère en définitive coûteux.

Partie I Scénario de référence

2 Projections économiques à l'horizon 2060

Le développement socioéconomique et l'utilisation des matériaux, dont les plastiques, sont étroitement corrélés, car les matériaux sont un intrant important dans tous les processus de production. Ce chapitre présente les projections à l'horizon 2060 des tendances socioéconomiques sur lesquelles repose le scénario de *Référence*, dont l'évolution des populations régionales, le produit intérieur brut, la structure de l'économie et les technologies de production. Il met également en évidence les principales sources d'incertitude dans les projections économiques, modélisant les répercussions d'un redressement rapide ou lent après la pandémie de COVID-19 sur la croissance économique et sectorielle.

Messages clés

- Dans le scénario de *Référence*, la population mondiale devrait dépasser 10 milliards de personnes d'ici à 2060. La population devrait progresser plus lentement que par le passé, à un taux annuel de 0,7 % en moyenne entre 2019 et 2060, contre 1,8 % au cours de la période 1980-2019. Malgré un faible taux de croissance démographique dans la plupart des régions, l'Afrique subsaharienne verra sa population progresser de plus de 3 % chaque année.
- Le produit intérieur brut (PIB) et le niveau de vie devraient augmenter progressivement dans l'ensemble des pays. Le PIB de la majorité des pays non membres de l'OCDE devrait croître plus rapidement que celui des pays de l'OCDE, convergeant peu à peu avec les niveaux actuels de l'OCDE. L'économie mondiale enregistrera donc des évolutions majeures dans l'ensemble des régions, les pays d'Asie non membres de l'OCDE représentant une part de plus en plus importante de la production économique mondiale. Ensemble, la République populaire de Chine (ci-après « la Chine »), l'Inde et d'autres pays asiatiques non membres de l'OCDE contribueront pour près de moitié au PIB mondial en 2060.
- La pandémie de COVID-19 et les mesures prises en réponse par les pouvoirs publics ont provoqué une contraction sensible du produit intérieur brut (PIB) mondial en 2020. La croissance du PIB mondial devrait renouer avec les niveaux pré-COVID avant la fin de la décennie, mais le PIB devrait rester inférieur d'environ 1 à 2 % aux projections pré-COVID, selon le rythme du redressement.
- En raison du recours accru aux services dans les secteurs de la fabrication et de la consommation (« servicisation »), le secteur des plastiques progressera plus lentement que l'activité économique globale. La production des plastiques a représenté 1,3 % de l'économie mondiale en 2019 et cette part devrait légèrement diminuer pour passer à 1,2 % d'ici 2060.
- L'évolution des technologies de production se traduit par une utilisation plus efficace des facteurs de production, dont le plastique. Par exemple, les apports en plastique dans la production de produits manufacturés devraient passer de 3 % en 2019 à 2 % en 2060 en moyenne dans les pays membres de l'OCDE comme dans ceux non membres.
- Ce scénario de *Référence* présente une trajectoire possible de la croissance économique, mais reste incertain.

2.1. La population mondiale devrait augmenter pour atteindre 10 milliards d'ici à 2060, la croissance la plus forte se produisant en Afrique subsaharienne

La population mondiale augmente ces dernières décennies et devrait continuer à croître dans les décennies à venir. Le scénario de *Référence* prévoit que la population mondiale atteindra plus de 10 milliards de personnes d'ici 2060 (Graphique 2.1), en s'appuyant sur le scénario moyen de l'évaluation World Population Prospects (ONU, 2017[1]) et sur les projections d'Eurostat pour les pays européens (Eurostat, 2018[2]). Le rythme de la croissance démographique devrait ralentir entre 2019 et 2060, contrastant avec la forte croissance observée ces quarante dernières années. Au cours des quarante prochaines années (entre 2019 et 2060), la population mondiale devrait augmenter de 0,7 % par an en moyenne, alors que le taux de croissance annuel était de 1,4 % au cours de la période 1980-2019.

Ce ralentissement de la croissance démographique concerne l'ensemble des pays. Cependant, les tendances en matière de croissance démographique varieront selon les pays. Certains pays devraient même faire face à une croissance négative (de nombreux pays européens, le Japon, la Corée et la Chine).

À l'autre extrême, l'Afrique subsaharienne (« Autres Afrique » sur le Graphique 2.1) devrait enregistrer une forte croissance démographique (plus de 3 % par an entre 2019 et 2060). Ainsi, la région devrait abriter plus de 26 % de la population mondiale en 2060, contre 15 % en 2019. À l'inverse, la part des pays de l'OCDE diminue, passant de 18 % en 2019 à 15 % en 2060 (Graphique 2.1).

Graphique 2.1. La population mondiale devrait continuer de croître, mais à un rythme plus lent

Milliards de personnes

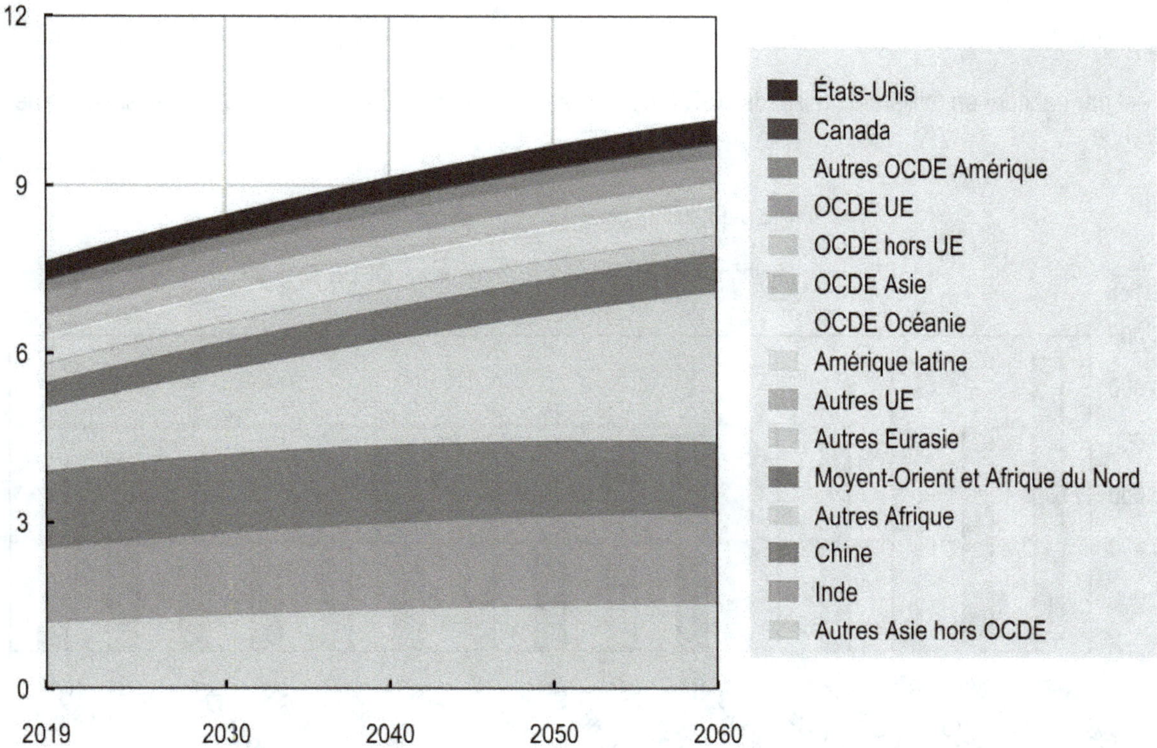

Source : Calculs des auteurs fondés sur (ONU, 2017[1]), *The World Population Prospects: 2017 Revision.*

StatLink https://stat.link/9nal62

2.2. La Chine cédera progressivement son rôle de moteur de la croissance économique à d'autres pays émergents en Asie et en Afrique

Au cours des prochaines décennies, la population mondiale devrait non seulement augmenter, mais également s'enrichir en moyenne. Le niveau de vie (mesuré par le PIB par habitant) devrait progresser durant toute la période, la plupart des pays convergeant vers les niveaux de l'OCDE (Graphique 2.2)[1]. À l'horizon 2060, les revenus mondiaux par habitant devraient atteindre ceux affichés par les pays de l'OCDE en 2019 (41 000 USD). Malgré le ralentissement de la croissance, les revenus moyens dans les pays de l'OCDE seront multipliés par plus de deux, passant de 41 000 USD en 2019 à 86 000 USD en 2060.

L'amélioration du niveau de vie au cours de la période 2019-2060 (barres bleues sur le Graphique 2.2) devrait être plus marquée dans les pays émergents où le PIB par habitant est actuellement faible, en particulier l'Inde. Les pays qui sont des exportateurs de carburants fossiles, comme ceux de la région du Moyen-Orient et de l'Afrique du Nord et le groupe « Eurasie », qui comprend la Fédération de Russie (ci-après la « Russie »), devraient progresser moins vite que la moyenne des pays non membres de l'OCDE, étant donné que les revenus tirés des carburants fossiles n'augmentent pas aussi rapidement que d'autres facteurs contribuant à la hausse du PIB. En revanche, les pays européens qui ont récemment intégré l'Union européenne (UE), en particulier ceux de la catégorie « Autres UE » (dont la Roumanie et la Bulgarie, par exemple), devraient enregistrer une croissance rapide. Le niveau de vie des économies en développement restera nettement inférieur à celui des pays de l'OCDE à la fin de la période de projection, malgré le processus de convergence, mais il s'approchera des niveaux de 2019, sauf en Afrique subsaharienne (« Autres Afrique » : voir le tableau A A.2 de l'annexe A pour obtenir la liste des régions utilisées pour ENV-Linkages).

Graphique 2.2. Le niveau de vie devrait augmenter, en particulier dans les régions à faible revenu

PIB réel par habitant en milliers de milliards USD (2014, PPA), classé par PIB par habitant en 2019, scénario de *Référence*

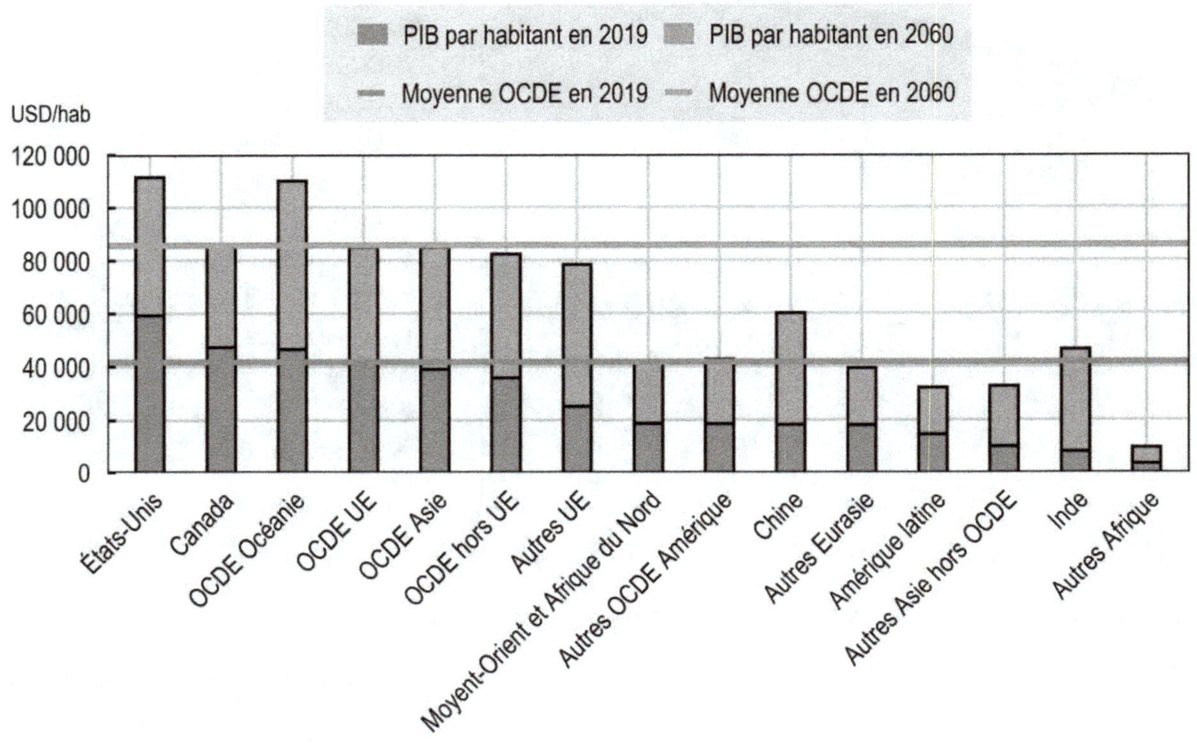

Note : Le PIB par habitant est indiqué en USD, en utilisant la parité de pouvoir d'achat (PPA) de 2014.
Source : Modèle ENV-Growth (Direction de l'environnement de l'OCDE) et Département des affaires économiques de l'OCDE (Guillemette et Turner, 2018[3]), *The Long View: Scenarios for the World Economy to 2060*, https://doi.org/10.1787/b4f4e03e-en.

StatLink https://stat.link/3db7it

Le PIB augmente dans l'ensemble des régions (Graphique 2.3), même dans les pays où la population diminue, étant donné que l'augmentation du PIB par habitant a davantage de répercussions que l'évolution démographique. Le PIB mondial devrait être multiplié par plus de trois entre 2019 et 2060, passant de 131 000 milliards à 418 000 milliards USD.

En 2020, la pandémie de COVID-19 a provoqué une importante contraction du PIB mondial, dont la croissance annuelle est tombée à -4 %, contre environ +4 % en 2019 (Dellink et al., 2021[4]). L'augmentation du chômage, la diminution de la productivité du travail, l'effondrement de la demande de certains produits et l'augmentation des coûts des échanges sont autant de facteurs qui ont déprimé l'activité économique. En 2021, de nombreux pays ont observé un effet rebond. À plus long terme, si la croissance du PIB devrait renouer avec les taux attendus avant la pandémie de COVID, ce ne sera pas le cas du PIB[2].

Le scénario de *Référence* prévoit que la croissance du PIB mondial ralentira et se stabilisera autour de 2,5 % après 2030. Si l'Inde et de vastes secteurs de l'Afrique subsaharienne devraient enregistrer un taux de croissance élevé et devenir des acteurs majeurs de la croissance mondiale au cours de la période 2019-2040, le ralentissement prévu de l'économie chinoise après 2025 joue un rôle prépondérant. À partir de 2040, les régions les plus dynamiques devraient être les économies émergentes d'Asie (Inde et « Autres Asie non-OCDE » sur le Graphique 2.3).

Graphique 2.3. Le PIB mondial devrait croître plus lentement, tiré par les économies émergentes

PIB réel par région agrégée, en milliers de milliards USD (PPA de 2014), scénario de *Référence*

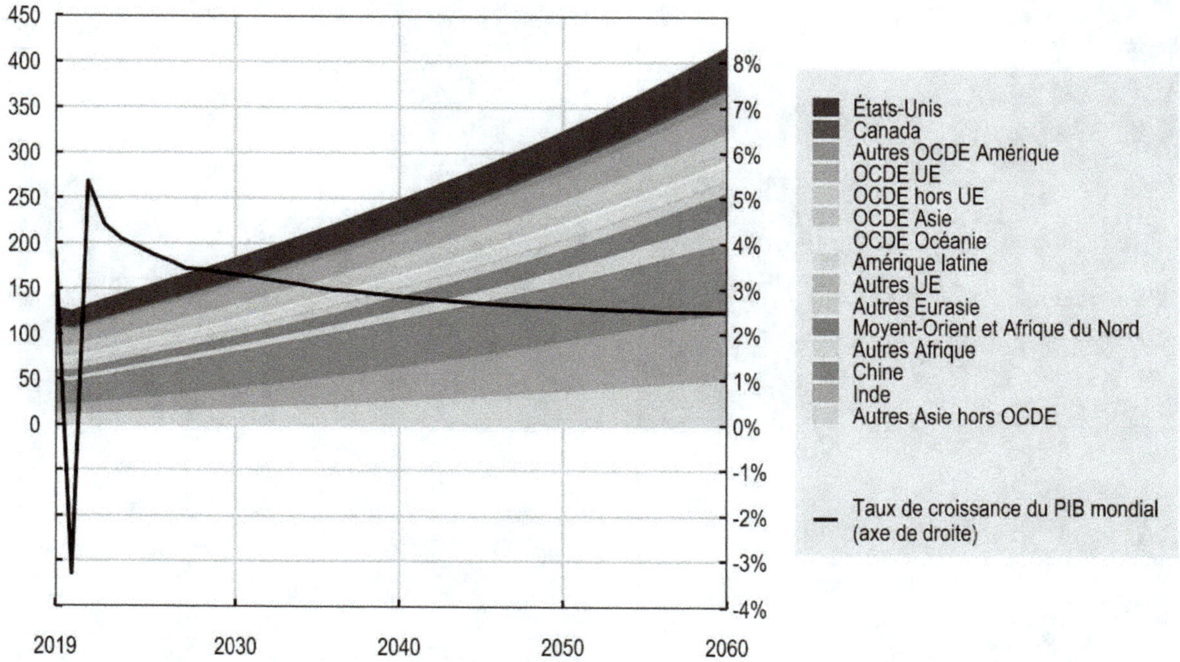

Source : Modèle ENV-Linkages de l'OCDE ; fondé sur les prévisions à court terme du Département des affaires économiques de l'OCDE (OCDE, 2020[5]) et du Fonds monétaire international (FMI, 2020[6]).

StatLink https://stat.link/715nb9

La part des pays de l'OCDE dans le PIB mondial devrait diminuer pour s'établir à 31 % en 2060, contre 44 % en 2019 (Graphique 2.4), compte tenu des taux de croissance supérieurs dans les pays non membres de l'OCDE. Les pays d'Asie non membres de l'OCDE gagneront en importance à l'échelle mondiale (leur part passera de 37 % en 2019 à 48 % en 2060). Si la Chine conservera son importance (avec une part mondiale du PIB passant de 20 % en 2019 à 18 % en 2060), l'Inde et certaines économies à croissance rapide de la région « Autres Asie non-OCDE », en particulier l'Indonésie et les Philippines, représenteront une part bien plus conséquente de l'économie mondiale. Du fait de sa forte croissance économique, l'Inde verra sa part dans le PIB mondial augmenter, passant de 8 % en 2019 à 18 % en 2060. Au sein des autres régions, certains pays joueront un rôle de plus en plus important dans la croissance économique : l'Égypte dans la région du Moyen-Orient et de l'Afrique du Nord, le Nigéria en Afrique subsaharienne (Autres Afrique) et le Pérou en Amérique latine.

Graphique 2.4. La répartition régionale du PIB changera dans les décennies à venir

Part du PIB par région en 2019 et en 2060, représentée par leur taille, scénario de *Référence*

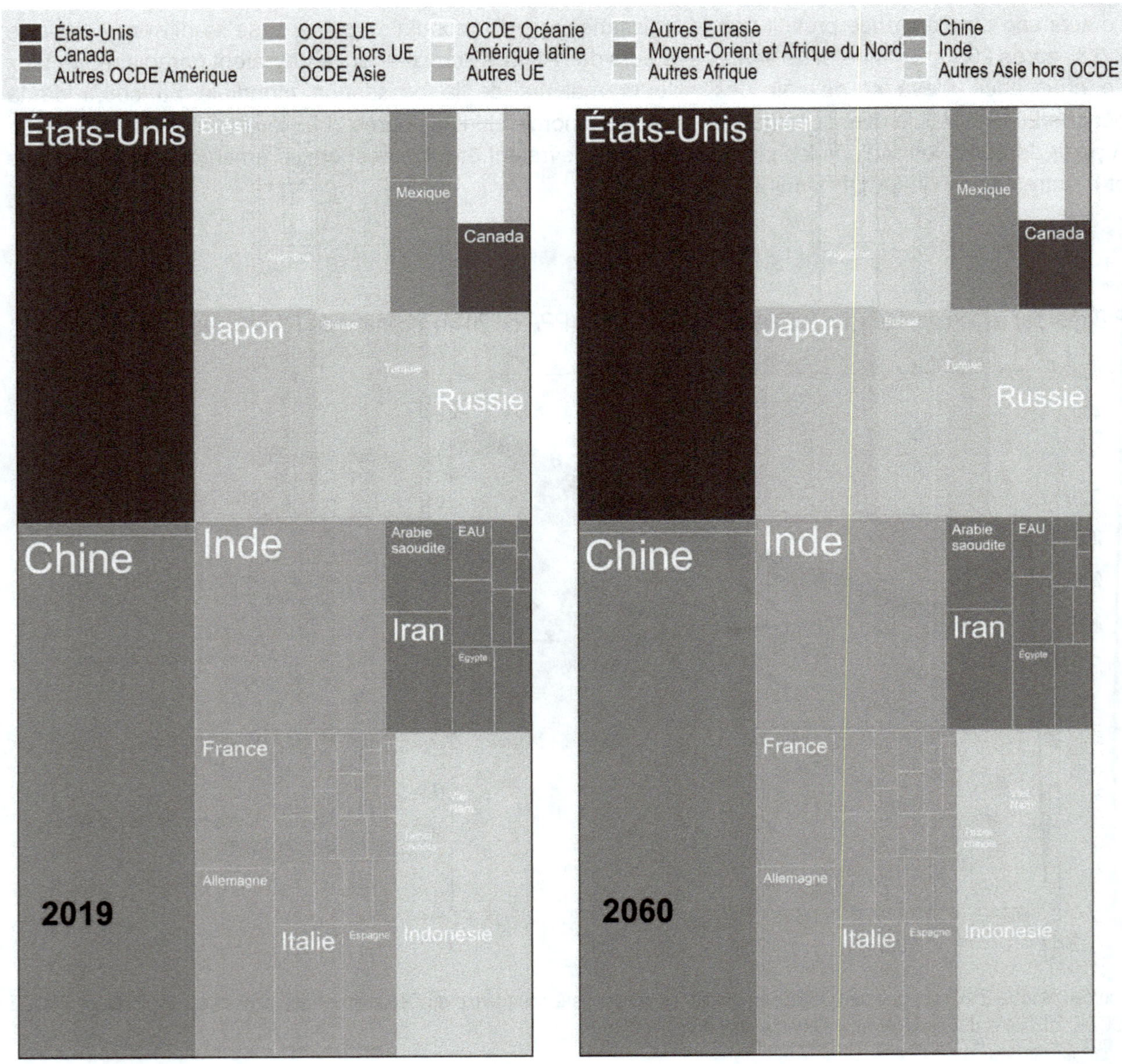

Source : Modèle ENV-Linkages de l'OCDE ; fondé sur les prévisions à court terme du Département des affaires économiques de l'OCDE (OCDE, 2020[5]) et du Fonds monétaire international (FMI, 2020[6]).

StatLink https://stat.link/gq53wo

2.2.1. De nombreuses incertitudes pourraient influer sur les projections économiques

Les projections relatives à la croissance économique sont sujettes à des incertitudes. Le modèle s'appuie sur des projections à long terme des déterminants socioéconomiques clés, qui sont toutes incertaines. La future croissance démographique et la vitesse de convergence entre les pays, notamment, peuvent influer sur les projections économiques à long terme (Encadré 2.1). Par ailleurs, le scénario de *Référence* prend en compte les effets de la pandémie de COVID, mais les effets à plus long terme restent largement méconnus. Par exemple, un redressement plus lent signifierait une croissance moindre à long terme (Dellink et al., 2021[4]), ainsi que l'Encadré 2.2 en fait état. Enfin, d'autres événements incertains susceptibles d'avoir un effet sur la croissance régionale et mondiale sont difficiles à inclure dans le scénario de *Référence*. Par exemple, la récente guerre en Ukraine aura certainement des répercussions sur la croissance régionale et mondiale (Encadré 2.3). Toutefois, la situation actuelle et son évolution dans les années à venir étant très incertaines, la Guerre en Ukraine n'a pas été incluse dans les facteurs économiques du scénario de *Référence* du modèle ENV-Linkages.

Encadré 2.1. Il ne faut pas perdre de vue les incertitudes qui pèsent sur les projections

Les projections ne sont pas des prédictions. Les modèles utilisent une version stylisée de la réalité qui néglige une longue liste de facteurs susceptibles d'influencer les futurs résultats économiques et environnementaux, comme les catastrophes naturelles, les conflits intérieurs et les guerres internationales. Il convient de garder à l'esprit plusieurs incertitudes lors de l'évaluation des projections présentées dans ce rapport. Le scénario de *Référence* est soigneusement calibré de manière à refléter les évolutions plausibles à long terme, mais ne représente qu'une des futures trajectoires possibles.

L'une des sources d'incertitude clés est l'évolution des projections socioéconomiques. Comme le souligne le rapport OCDE (2019[7]), la modification de la population et de la vitesse de convergence des revenus entre les pays influe notablement sur les projections économiques (Graphique 2.5).

Graphique 2.5. Les projections concernant le PIB sont placées sous le signe de l'incertitude

PIB mondial réel en milliers de milliards USD (PPA de 2011)

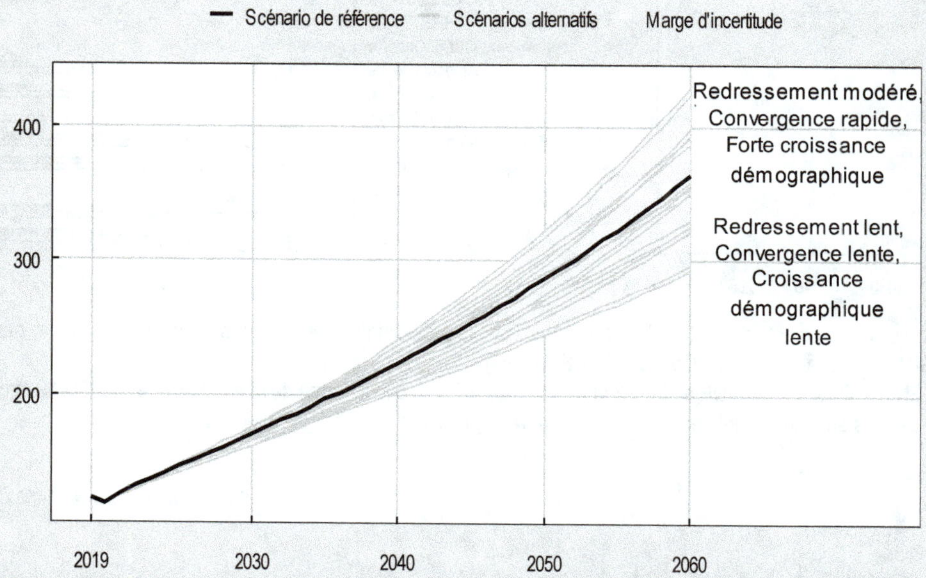

Note : Cette analyse de sensibilité, mise à jour à partir du rapport OCDE (2019[7]), examine plusieurs hypothèses relatives à (i) la reprise après la pandémie de COVID-19, (ii) la vitesse de convergence des revenus entre les pays, et (iii) la croissance démographique, en tenant compte des scénarios de croissance démographique faible et élevée de l'évaluation UN Population Prospects (2017[11]).
Source : Modèle ENV-Linkages de l'OCDE.

StatLink https://stat.link/4ivj1b

Encadré 2.2. Et si l'économie mondiale se remet plus lentement de la pandémie ?

La vitesse à laquelle l'économie mondiale se remettra de la pandémie de COVID-19 est très incertaine. Les répercussions de la pandémie à moyen terme ne peuvent donc pas être quantifiées précisément. Le scénario de *Redressement lent* examine les implications d'un redressement lent après la pandémie[1], en montrant comment le PIB rebondit plus lentement (partie A du Graphique 2.6). En 2040, l'économie mondiale se situe même très en deçà des projections pré-COVID par rapport au scénario de *Référence* principal (qui tient compte des effets du COVID-19). Étant donné que les chocs simulés dans le scénario de *Redressement lent* sont censés s'estomper deux fois moins vite que dans le scénario de *Référence*, l'effet sur l'activité économique est plus durable et demeure deux fois plus intense pendant les deux décennies à venir au moins. Il existe également des différences importantes entre les régions ; le redressement plus lent est particulièrement préjudiciable aux économies asiatiques, notamment l'Inde (partie B du Graphique 2.6). L'Encadré 2.4 analyse de quelle manière un redressement lent peut influer sur les tendances en matière de production de plastique.

Graphique 2.6. Un redressement lent après le COVID-19 implique un PIB plus faible à long terme que dans le scénario de *Référence*

Écarts par rapport aux projections de référence *pré-COVID*

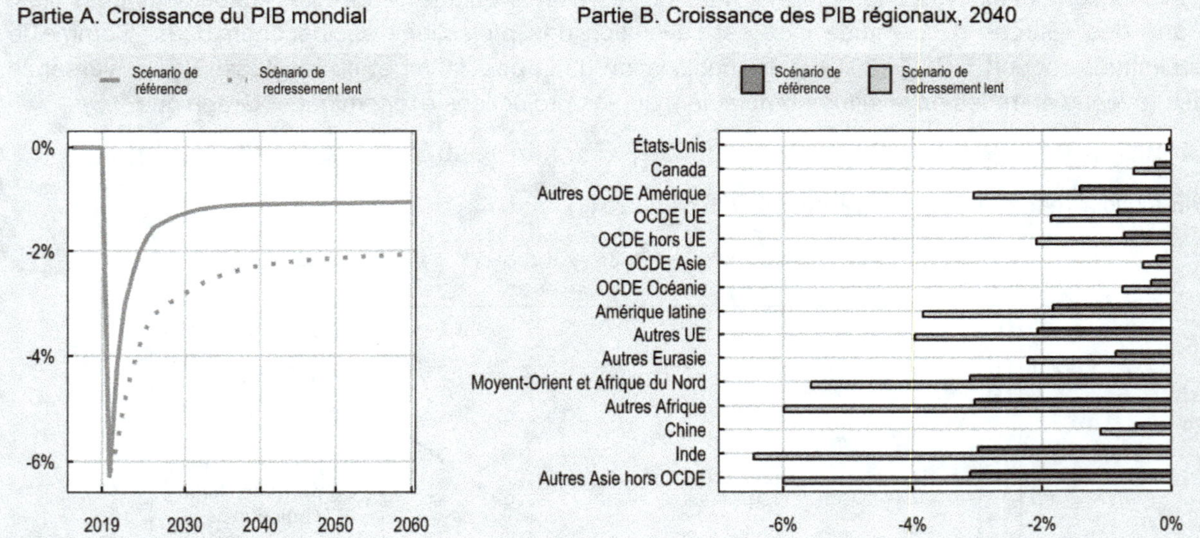

Note : Les répercussions de ces chocs sont évaluées en comparant la projection de *Référence* avec une projection pré-pandémie publiée dans le rapport Global Material Resources Outlook (OCDE, 2019[7]).
Source : Modèle ENV-Linkages de l'OCDE et Dellink et al. (2021[4]), « Effets à long terme de la pandémie de COVID-19 et des mesures de relance sur les pressions environnementales : Étude quantitative », https://doi.org/10.1787/28ebe842-fr.

StatLink https://stat.link/q4kle7

Encadré 2.3. Le conflit actuel en Ukraine aura une incidence sur la croissance économique à l'échelle mondiale

Au moment de la rédaction de ce rapport (avril 2022), le conflit qui a éclaté en février 2022 en Ukraine se poursuit. En mars 2022, le Département des affaires économiques de l'OCDE a publié un rapport intermédiaire des Perspectives économiques de l'OCDE intitulé *Guerre en Ukraine : Conséquences économiques et sociales et implications pour les politiques publiques* (OCDE, 2022[8]). Ce rapport souligne que les conséquences économiques dépendront de la durée du conflit et des mesures prises en réaction à la guerre, telles que des politiques visant à garantir des conditions stables sur les marchés financiers et un soutien budgétaire, ainsi qu'à atténuer les répercussions de la hausse des prix de l'énergie sur les consommateurs. La guerre freinera la croissance mondiale et créera des pressions inflationnistes importantes.

Le rapport estime que la croissance mondiale du PIB mondial pourrait être réduite de 1 % la première année et que la hausse mondiale des prix à la consommation pourrait atteindre 2,5 % au cours de la même période, parallèlement à une grave récession en Russie. Ces estimations se fondent sur l'hypothèse selon laquelle les chocs ayant touché les produits et les marchés financiers durant les deux premières semaines du conflit persisteront pendant au moins un an (OCDE, 2022[8]).

La guerre et les sanctions qui l'accompagnent ont entraîné des perturbations à l'échelle mondiale compte tenu des liens financiers et commerciaux. Le cours du rouble a fortement chuté, tandis que le taux d'intérêt de la Banque centrale de Russie a augmenté de 10,5 points, atteignant 20 %. On observe également des dépréciations monétaires et une hausse des primes de risque dans les économies émergentes, ainsi que dans les pays d'Europe centrale et de l'Est, en particulier dans ceux qui avaient des liens commerciaux étroits avec la Russie avant le conflit.

Les économies européennes, en particulier celles ayant des frontières en commun avec la Russie et l'Ukraine, sont les plus touchées. Ce phénomène s'explique par la hausse du prix du gaz en Europe, ainsi que par les liens qui unissent la Russie et les pays voisins dans les domaines du commerce et de l'énergie. D'autres régions peuvent subir les effets de l'affaiblissement de la demande mondiale et de la modification des revenus et des dépenses des ménages découlant de la hausse des prix. L'augmentation des prix des aliments et de l'énergie provoque davantage d'inflation dans les économies de marché émergentes que dans les économies avancées.

D'autres facteurs et chocs potentiels pourraient aggraver les conséquences négatives du conflit et nuire encore à la croissance économique, comme l'arrêt des exportations russes d'énergie vers l'UE et de nouveaux boycotts et sanctions.

La Russie et l'Ukraine ne représentent que 2 % du PIB mondial, mais les deux pays jouent un rôle prépondérant en tant que fournisseurs principaux sur un certain nombre de marchés de produits de base. La Russie et l'Ukraine représentent 30 % des exportations mondiales de blé ; 20 % de celles de maïs, d'engrais minéraux et de gaz naturel ; et 11 % de celles de pétrole. De nombreuses chaînes d'approvisionnement dépendent également de la Russie et de l'Ukraine pour les exportations de métaux et les gaz inertes. L'Ukraine et la Russie jouent également un rôle dans les réserves d'uranium. Le prix de bon nombre de ces produits de base a déjà augmenté depuis le début de la guerre.

Un arrêt total des exportations de blé d'Ukraine et de Russie provoquerait des pénuries dans les économies de marché émergentes et en développement. Dans de nombreux pays du Moyen-Orient, 75 % des importations de blé proviennent d'Ukraine et de Russie. En parallèle, l'interruption de la production des engrais risque de peser sur l'offre de produits agricoles.

Outre ces répercussions directes du conflit, il pourrait également y avoir des effets plus durables, notamment des pressions en faveur d'une hausse des dépenses militaires, une modification de la structure des marchés de l'énergie, une fragmentation potentielle des systèmes de paiement et une évolution de la composition en devises des réserves de change.

Source : (OCDE, 2022[8]), *Perspectives économiques de l'OCDE, Rapport intermédiaire de mars 2022 intitulé Guerre en Ukraine : Conséquences économiques et sociales et implications pour les politiques publiques*, https://doi.org/10.1787/f111a540-fr.

2.3. Les services représenteront une part croissante de l'économie mondiale

La structure de l'économie mondiale évolue à mesure que le niveau de vie modifie les préférences ; que la société s'adapte aux changements démographiques, tels que le vieillissement de la population et l'urbanisation ; et également à mesure que la nature de la production évolue, et s'appuie davantage sur les technologies numériques et les services. La principale modification de la structure de l'économie prévue pour les décennies à venir est une augmentation de la demande de services de la part des ménages, des gouvernements et des entreprises.

Avec la hausse des revenus par habitant, les ménages dépensent relativement moins pour les produits de première nécessité (produits alimentaires et agricoles) et pour les produits manufacturés, et davantage pour les services, par exemple, les activités récréatives et de loisirs, ainsi que la santé et l'éducation. Les dépenses relatives aux biens durables et au matériel devraient également évoluer. Par exemple, le budget consacré au matériel électronique et aux véhicules augmentera au détriment de celui consacré au papier.

La composition des dépenses gouvernementales et d'investissement devrait suivre la même tendance, avec une augmentation de la part des dépenses relatives à l'éducation et à la R-D. Le vieillissement de la population entraîne également un glissement de la demande vers les services, en particulier vers les dépenses de santé et autres soins de longue durée pour les personnes âgées.

La modification de la structure de l'économie est également attribuable à l'évolution de la demande intermédiaire, c'est-à-dire la demande de biens produits et de services de la part des entreprises. La principale transformation structurelle prévue concerne les secteurs des services, notamment le secteur des services aux entreprises, qui enregistreront une croissance plus rapide que le reste de l'économie au cours de la période 2019-2060 (Graphique 2.7). Cet effet, appelé « servicisation », s'explique par une intensification du recours aux services comme intrants dans tous les secteurs, à la numérisation et à la hausse des dépenses de recherche-développement (R-D).

La structure des économies régionales dépend également des modèles commerciaux, étant donné que l'offre et la demande sont reliées par le commerce international. Les régions peuvent notamment se spécialiser dans la production de certains biens et services, tout en maintenant ou en élargissant le large éventail de biens et de services à la disposition des ménages et des gouvernements.

Sous l'effet de la servicisation de l'économie, la part du secteur des plastiques progresse plus lentement que la moyenne à l'échelle de l'économie. Toutefois, comme les plastiques sont très utilisés dans l'économie, la demande de plastiques continue d'augmenter au fil du temps, réagissant à la croissance démographique et économique, mais aussi au fait que les services aux entreprises utilisent les plastiques, en particulier pour les emballages. Comme le montre le Graphique 2.7, les plastiques représentent un petit secteur de l'économie mondiale. Globalement, la production de plastiques a représenté 1,3 % de l'économie mondiale en 2019, et sa part devrait légèrement diminuer à l'horizon 2060 (pour s'établir à 1,2 %), la valeur marchande des plastiques utilisés dans l'économie mondiale passant de 4 900 milliards USD en 2019 à 12 000 milliards USD en 2060. L'Encadré 2.4 examine les effets de la pandémie de COVID-19 sur la production sectorielle et leurs répercussions éventuelles sur les plastiques.

Graphique 2.7. La demande de services devrait augmenter davantage que la moyenne de l'ensemble de l'économie

Part de la demande sectorielle totale au sein de l'économie, scénario de *Référence*

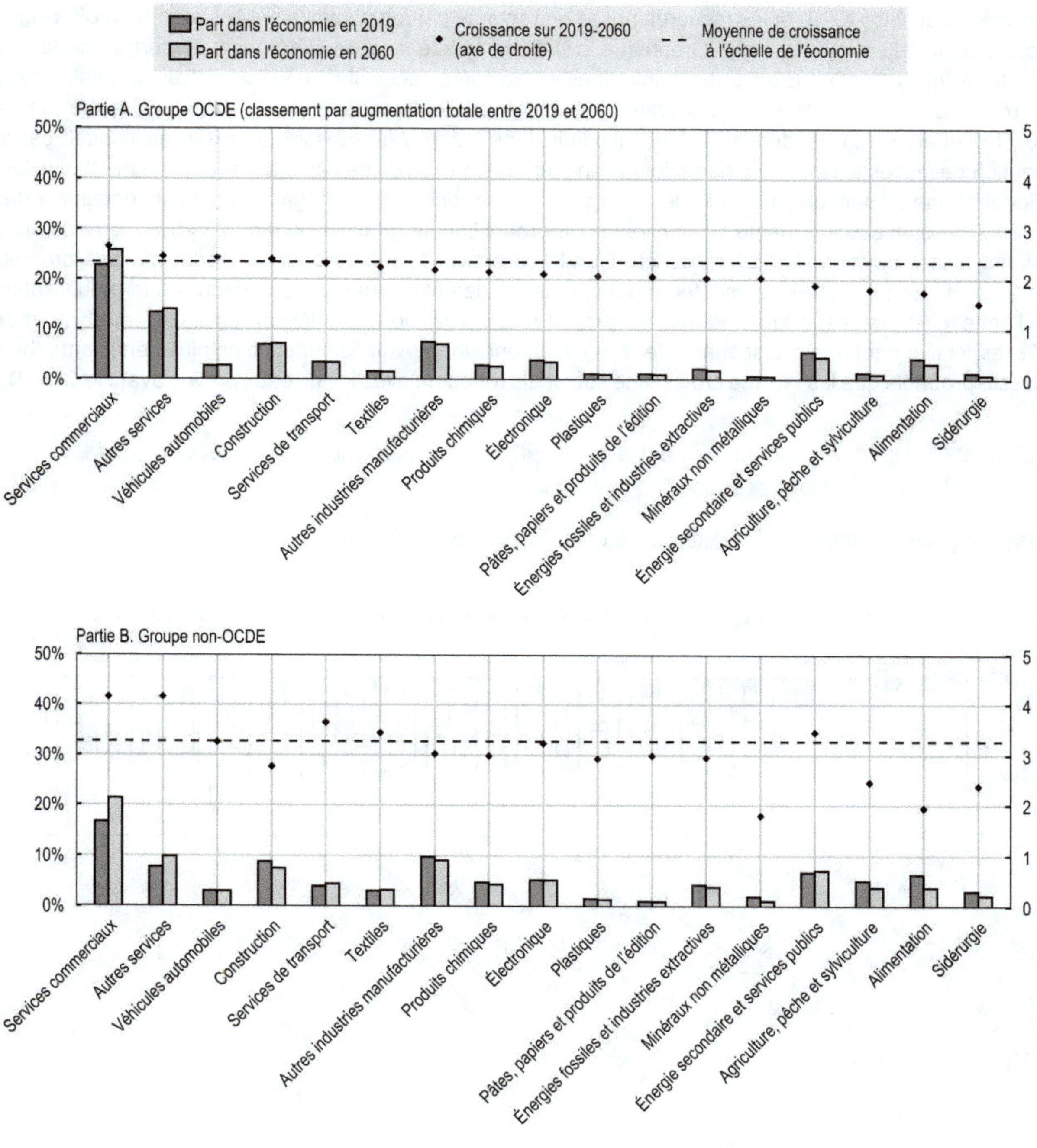

Note : Classement par augmentation de la production sectorielle entre 2019 et 2060 dans les pays de l'OCDE.
Source : Modèle ENV-Linkages de l'OCDE.

StatLink https://stat.link/cv8fsp

Encadré 2.4. Comment un redressement lent après la pandémie de COVID-19 peut-il influer sur les tendances sectorielles, y compris celles des plastiques ?

La pandémie de COVID-19 et les mesures prises en réponse par les pouvoirs publics auront un effet sur la structure sectorielle de l'économie (Graphique 2.8). Dans le scénario de *Référence*, à court terme (d'ici à 2025), les effets se font principalement sentir dans les secteurs nécessitant une main-d'œuvre relativement nombreuse, dont l'hôtellerie et la restauration, les transports et la construction. À plus long terme (d'ici à 2040), les effets de la pandémie se font ressentir dans les secteurs à forte intensité de capital, car la diminution des investissements a des effets à long terme sur le stock de capital. Un redressement plus lent impliquerait une disparition plus lente des chocs, ce qui se répercuterait négativement sur l'ensemble des secteurs. Par conséquent, même si les niveaux de production se rétablissaient après 2021, ils resteraient inférieurs à la projection de *Référence* pré-COVID. Il en va de même pour la production des produits chimiques et des plastiques, les secteurs qui fournissent les plastiques dans le cadre de la modélisation (voir l'annexe A) : le scénario de *Référence* prévoit une baisse de la production en 2025 de 2,3 % et de 2,1 % respectivement, mais le scénario de *Redressement lent* prévoit des effets bien plus persistants (bien qu'il reste probable que les taux de croissance sectoriels renouent avec les niveaux prévus avant le COVID).

Graphique 2.8. Un redressement lent après le COVID-19 devrait freiner la croissance dans les secteurs des plastiques et des produits chimiques

Écarts par rapport à la projection de référence pré-COVID, scénario de *Référence*

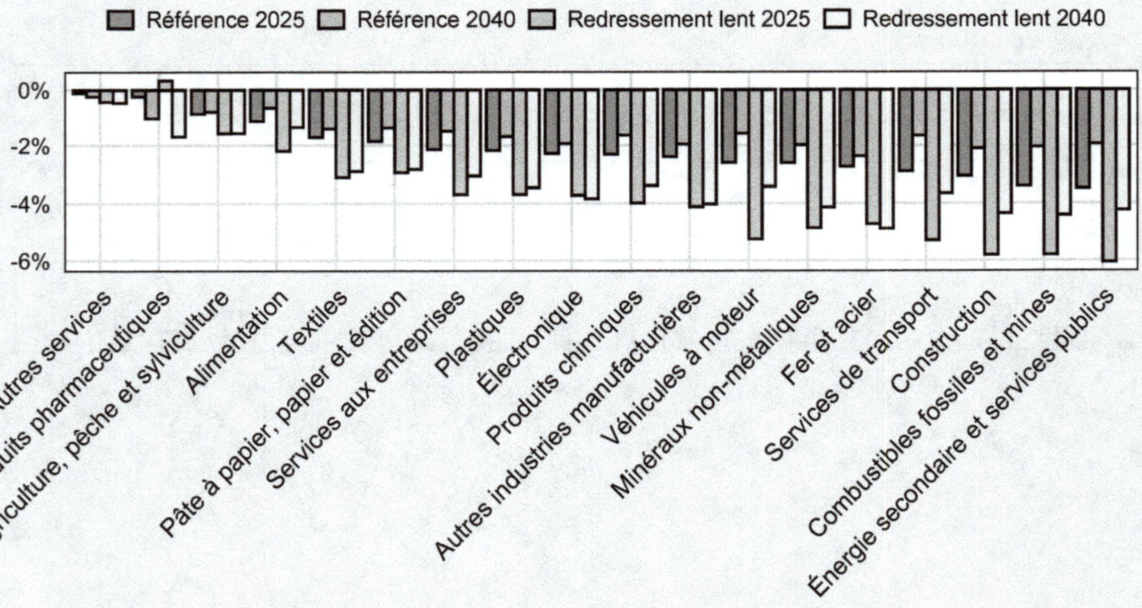

Note : Les répercussions de ces chocs sont évaluées en comparant la projection de *Référence* avec une projection effectuée avant la pandémie dans le rapport *Global Material Resources Outlook* (OCDE, 2019[7]).
Source : Modèle ENV-Linkages de l'OCDE et Dellink et al. (2021[4]), « Effets à long terme de la pandémie de COVID-19 et des mesures de relance sur les pressions environnementales : Étude quantitative », https://doi.org/10.1787/28ebe842-fr.

StatLink https://stat.link/vz7fbe

2.4. Les processus de production s'appuieront sur des technologies plus efficaces

Les progrès techniques constituent le principal déterminant de la croissance économique. Un vaste éventail d'évolutions influe sur les progrès techniques, dont les efforts constants d'optimisation des processus de production, les nouveaux modèles d'affaires et la diffusion des meilleures techniques disponibles. L'évolution des technologies de production modifie également la structure des intrants (p. ex., remplacement des intrants de production, du travail ou du capital). L'efficacité du travail évolue au fil du temps, sous l'effet de la hausse du niveau de formation dans les pays, des investissements dans l'innovation, de l'amélioration de la qualité des institutions et de la réglementation des marchés.

La production des biens manufacturés illustre de façon intéressante cette évolution de la production. Le Tableau 2.1 montre comment la structure des coûts de la production globale de biens manufacturés a évolué dans les pays membres et non membres de l'OCDE. Les intrants de services augmentent, reflétant le phénomène de servicisation décrit à la section 2.3, tandis que d'autres apports de biens et services diminuent. Grâce à l'amélioration de l'efficacité des technologies de production, les apports en plastique dans la production de produits manufacturés diminuent également (passant de 3 % en 2019 à 2 % en 2060 en moyenne, dans les pays membres de l'OCDE comme dans ceux non membres).

Tableau 2.1. Les gains d'efficacité dans la production plus efficace de biens manufacturés font baisser les intrants de plastiques

Part des éléments dans les coûts de production des biens en plastique

		OCDE			Hors OCDE		
		2019	2030	2060	2019	2030	2060
Évolution des prix (index 2017 = 1)		1	1	0,99	1	0,94	0,88
Composition des intrants de production	Capital et ressources	13 %	13 %	14 %	10 %	10 %	10 %
	Main-d'œuvre	17 %	17 %	16 %	14 %	14 %	14 %
	Intrants agricoles	4 %	4 %	4 %	9 %	9 %	9 %
	Intrants industriels	44 %	34 %	30 %	51 %	50 %	50 %
	Intrants de services	19 %	21 %	26 %	14 %	15 %	20 %
	Plastiques	3 %	2 %	2 %	3 %	3 %	2 %

Source : Modèle ENV-Linkages de l'OCDE.

Dans les pays membres de l'OCDE comme dans ceux non membres, les coûts de production unitaires devraient diminuer, reflétant la hausse de la productivité découlant des progrès techniques. Toutefois, cet effet est plus important dans les pays non membres de l'OCDE, où un taux de convergence plus élevé entraîne une évolution plus marquée de la productivité au fil du temps. Dans l'ensemble des régions, la part des intrants industriels dans les coûts de production diminue au profit de celle des services.

Références

Dellink, R. et al. (2021), « Effets à long terme de la pandémie de COVID-19 et des mesures de relance sur les pressions environnementales : étude quantitative », *Documents de travail de l'OCDE sur l'environnement*, n° 176, Éditions OCDE, Paris, https://doi.org/10.1787/28ebe842-fr. [4]

Eurostat (2018), « Projections démographiques », *Eurostat (code en ligne : tps00002)*, https://ec.europa.eu/eurostat/fr/web/products-datasets/product?code=tps00002 (consulté le July 2018). [2]

FMI (2020), *Perspectives de l'économie mondiale, octobre 2020 : Une ascension longue et difficile*, Fonds monétaire international, Washington, D.C., https://www.imf.org/fr/Publications/WEO/Issues/2020/09/30/world-economic-outlook-october-2020 (consulté le 22 janvier 2021). [6]

Guillemette, Y. et D. Turner (2018), « The Long View: Scenarios for the World Economy to 2060 », *OECD Economic Policy Papers*, n° 22, Éditions OCDE, Paris, https://doi.org/10.1787/b4f4e03e-en. [3]

OCDE (2022), *Perspectives économiques de l'OCDE, Rapport intermédiaire, mars 2022 - Guerre en Ukraine : Conséquences économiques et sociales et implications pour les politiques publiques*, Éditions OCDE, Paris, https://doi.org/10.1787/f111a540-fr. [8]

OCDE (2020), *Perspectives économiques de l'OCDE, Volume 2020 Numéro 2*, Éditions OCDE, Paris, https://doi.org/10.1787/8dd1f965-fr. [5]

OCDE (2019), *Global Material Resources Outlook to 2060: Economic Drivers and Environmental Consequences*, Éditions OCDE, Paris, https://doi.org/10.1787/9789264307452-en. [7]

ONU (2017), « World Population Prospects: The 2017 Revision, Key Findings and Advance Tables », https://esa.un.org/unpd/wpp/publications/Files/WPP2017_KeyFindings.pdf (consulté le 18 mai 2018). [1]

Notes

[1] Les projections macroéconomiques pour l'OCDE et les pays du G20 concordent avec les projections macroéconomiques à long terme du Département des affaires économiques de l'OCDE (Guillemette et Turner, 2018[3]). Pour les pays restants, les projections sont fournies par le modèle ENV-Growth de l'OCDE (Annexe A).

[2] Les implications de la pandémie de COVID-19 et des mesures prises par les pouvoirs publics pour y faire face ont été déterminées à partir de l'évaluation d'un ensemble détaillé de chocs ayant affecté l'emploi, la productivité, la demande et les échanges (Dellink et al., 2021[4]), qui reflètent les répercussions macroéconomiques de la pandémie quantifiées dans les Perspectives économiques de l'OCDE (2020[5]).

3 Projections sur l'utilisation des plastiques à l'horizon 2060

L'utilisation des plastiques est étroitement liée à la croissance économique et à d'autres facteurs socioéconomiques. Ce chapitre examine les tendances en matière d'utilisation des plastiques jusqu'en 2060 à l'aide des projections du scénario de *Référence*, dans lequel on suppose qu'aucune nouvelle politique ne sera mise en œuvre. Il se penche sur l'évolution de l'utilisation des plastiques au cours des décennies à venir à l'échelle mondiale, ainsi que par région, par application économique et par polymère. Il étudie les principaux déterminants de l'augmentation de l'utilisation des plastiques, tels que la hausse des revenus et de la population, et les changements technologiques. Ce chapitre explore également les autres scénarios de référence, dont une modification des cours du pétrole et un redressement économique plus lent que prévu après la pandémie de COVID-19.

Messages clés

- Dans le scénario de *Référence*, l'utilisation mondiale des plastiques devrait tripler entre 2019 et 2060, passant de 460 millions de tonnes (Mt) à 1 321 Mt, principalement sous l'effet de la croissance économique. En 2020, la pandémie de COVID-19 et les mesures prises en réponse ont entraîné une baisse de l'activité économique qui a fait diminuer l'utilisation des plastiques. En 2060, l'utilisation des plastiques devrait être inférieure aux projections pré-COVID de 2 % ou 4 % selon le rythme du redressement après la pandémie.
- En raison de l'évolution des technologies de production et, dans une moindre mesure, de la modification de la structure de l'économie, la quantité moyenne de plastiques utilisée, à l'échelle mondiale, pour produire 1 USD de PIB devrait baisser de 16 % entre 2019 et 2060, ce qui implique un découplage relatif entre l'utilisation des plastiques et le PIB. Cependant, les plastiques enregistrent une croissance supérieure à celle de tous les autres matériaux, à l'exception du bois d'œuvre et autres bois.
- L'utilisation des plastiques devrait augmenter dans l'ensemble des régions, mais c'est en Afrique subsaharienne et en Asie que sa progression sera vraisemblablement la plus forte. Tirée par la croissance économique et démographique, l'utilisation des plastiques devrait être plus de six fois plus importante en 2060 qu'en 2019 en Afrique subsaharienne. En Inde, du fait de la forte croissance économique, l'utilisation des plastiques sera également multipliée par plus de cinq. En outre, en Inde et dans les autres pays d'Asie enregistrant une croissance rapide, l'utilisation des plastiques progresse à mesure que la production augmente dans les secteurs où l'utilisation des plastiques est prépondérante, comme la production de véhicules à moteur et les services aux entreprises. Malgré cette augmentation dans les pays non membres de l'OCDE, l'utilisation de plastiques par personne reste plus élevée dans les pays de l'OCDE.
- L'utilisation de plastiques devrait augmenter pour toutes les applications, mais la plus forte croissance devrait être enregistrée dans les secteurs des transports, de la construction et de l'emballage qui, combinés, représentent 60 % de l'utilisation totale des plastiques. Par conséquent, si l'utilisation de plastiques augmente pour tous les polymères, les hausses les plus importantes concernent les polymères utilisés pour ces applications, comme le PET (polyéthylène téréphtalate) et le PE (polyéthylène), employés dans les emballages.
- Les politiques actuelles ne suffisent pas à faire évoluer notablement la production des plastiques primaires vers les plastiques secondaires ou recyclés. Néanmoins, la croissance des plastiques secondaires est plus rapide que celle des plastiques primaires. Leur part dans la production mondiale de plastiques devrait doubler d'ici à 2060, passant de 6 % à 12 %, ce qui révèle un accroissement limité mais non négligeable de la circularité de l'économie, même en l'absence de nouvelles politiques.

3.1. L'utilisation des plastiques devrait quasiment tripler à l'horizon 2060

3.1.1. La croissance démographique est le principal déterminant de l'utilisation des plastiques

L'utilisation mondiale des plastiques devrait quasiment tripler entre 2019 et 2060 dans le scénario de *Référence*, passant de 460 millions de tonnes (Mt) à 1 231 Mt par an (Graphique 3.1). Dans ce scénario, la poursuite des développements socioéconomiques et de la croissance économique, dont la reprise après la pandémie de COVID-19 (chapitre 2), permettront aux économies émergentes et en développement de rattraper les pays à revenu plus élevé.

L'augmentation prévue de l'utilisation des plastiques s'explique principalement par la croissance économique : un accroissement de l'activité économique entraîne, de fait, une hausse de l'utilisation des plastiques pour la production comme pour la consommation. Étant donné que le PIB mondial sera multiplié par plus de trois entre 2019 et 2060, cet effet est très marqué. La hausse des revenus donne lieu à une augmentation rapide de l'utilisation des plastiques (de 898 Mt en 2060, comme l'illustre la barre verte sur le Graphique 3.1), mais d'autres facteurs socioéconomiques accroissent également l'utilisation des plastiques. La croissance démographique entraîne également une augmentation de l'utilisation des plastiques (barre gris clair ; +76 Mt). Cependant, elle a un effet limité car l'utilisation des plastiques par habitant est relativement faible dans les régions affichant la croissance démographique la plus rapide, en particulier en Afrique subsaharienne (voir la section 3.2.2). Cette augmentation de l'utilisation des plastiques sera modérée par une modification de la structure de l'économie, notamment une transition vers les services (barre violette ; -66 Mt) et l'utilisation de technologies plus efficaces dans les processus de production (barre gris foncé ; -136 Mt), ce qui fait baisser la quantité de plastiques utilisée par dollar de production de biens contenant du plastique.

Graphique 3.1. L'utilisation des plastiques devrait quasiment tripler, principalement sous l'effet de la croissance économique

Décomposition de l'augmentation de l'utilisation des plastiques entre 2019 et 2060 en millions de tonnes (Mt), scénario de *Référence*

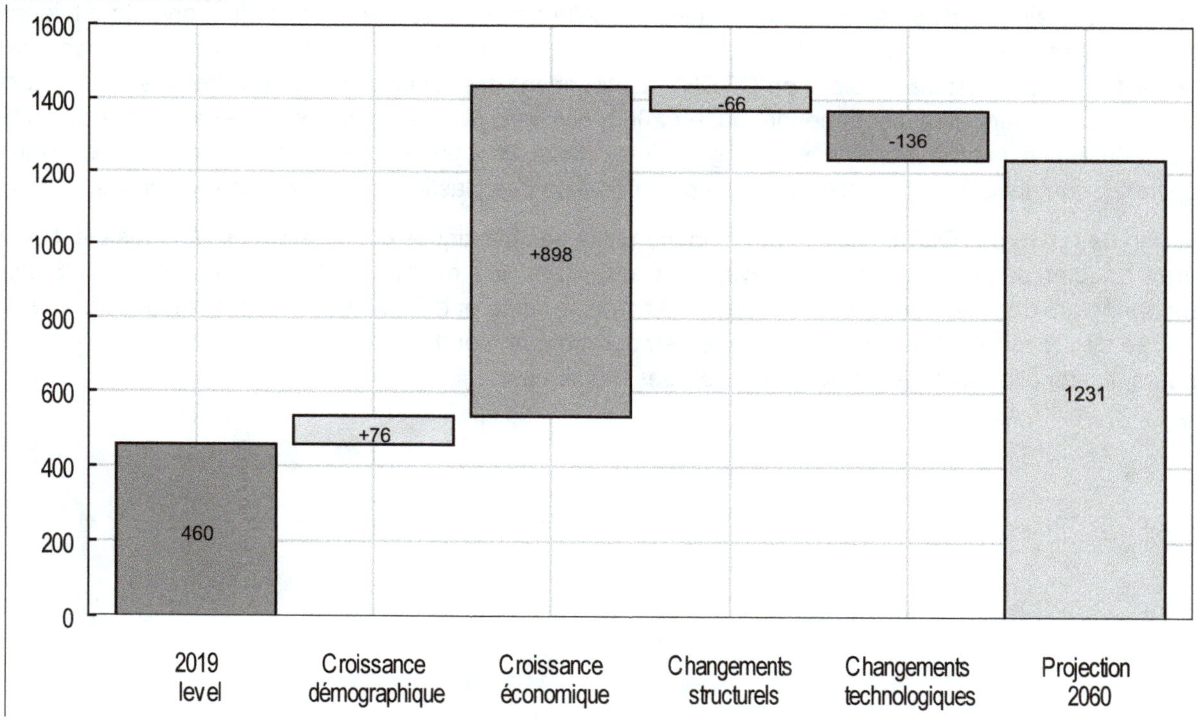

Notes :
La barre *Croissance démographique* représente une projection où l'utilisation de plastiques croît à la même vitesse que la population et où l'utilisation régionale des plastiques par habitant reste au même niveau qu'en 2019.
La barre *Croissance économique* représente une projection où l'utilisation de plastiques croît à la même vitesse que le PIB et où l'intensité régionale d'utilisation des plastiques (la quantité de plastique par unité de production) reste au même niveau qu'en 2019.
La barre *Changements structurels* indique la contribution des changements structurels à la réduction de l'utilisation mondiale des plastiques en distinguant les taux de croissance par secteur.
La barre *Changements technologiques* illustre la contribution des améliorations technologiques à la réduction de l'utilisation mondiale des plastiques en différenciant les taux de croissance des plastiques employés dans la production sectorielle. Les changements technologiques incluent non seulement les avancées technologiques, mais aussi une diffusion plus large des technologies existantes.
Source : Modèle ENV-Linkages de l'OCDE.

StatLink https://stat.link/2sxwlq

3.1.2. *L'utilisation des plastiques augmente dans l'ensemble des régions, mais progresse particulièrement en Afrique subsaharienne et en Asie*

Si l'utilisation mondiale des plastiques devrait augmenter dans l'ensemble des régions, la contribution des régions à l'utilisation mondiale des plastiques a considérablement changé au cours du siècle dernier et devrait continuer à évoluer d'ici à 2060 (Graphique 3.2).

En 1980, les pays de l'OCDE représentaient 87 % de l'utilisation mondiale des plastiques, le Moyen-Orient et l'Afrique du Nord (« Autres Afrique »)[1], 5 %, et les économies émergentes à croissance rapide d'Asie (République populaire de Chine, Inde et « Autres Asie »), seulement 1 %. En 2019, les pays membres et non membres de l'OCDE ont contribué à parts presque égales à l'utilisation mondiale des plastiques, avec une part de 46 % pour les premiers. La part de la Chine, de l'Inde et des autres économies émergentes à croissance rapide d'Asie dans l'utilisation mondiale des plastiques s'est élevée à 35 % (la Chine représentant 20 %, et l'Inde, 6 %).

Entre 2019 et 2060, les pays non membres de l'OCDE devraient multiplier par trois leur utilisation de plastiques, ce qui portera à 64 % leur part dans l'utilisation mondiale des plastiques à l'horizon 2060. Les pays non membres de l'OCDE en Asie représenteront à eux seuls 41 % de l'utilisation mondiale des plastiques en 2060. La Chine reste la région dont la part dans l'utilisation mondiale des plastiques est la plus élevée, même si cette part diminue légèrement pour s'établir à 17 %, la hausse de l'utilisation des plastiques dans le pays étant inférieure à l'augmentation moyenne au niveau mondial. En Inde, en 2060, l'utilisation des plastiques devrait être plus de cinq fois supérieure à celle de 2019, sa part à l'échelle mondiale atteignant 13 %. De même, l'utilisation des plastiques augmentera substantiellement dans les autres économies émergentes d'Asie (Autres Asie non-OCDE). L'utilisation des plastiques enregistrera sa plus forte augmentation en Afrique subsaharienne, où, en 2060, elle sera plus de six fois supérieure à celle de 2019. Dans cette région, la forte croissance démographique, associée à une hausse sensible des revenus (voir le chapitre 2), contribue à l'augmentation rapide de l'utilisation des plastiques, d'après les projections.

Si la part des pays de l'OCDE dans l'utilisation mondiale des plastiques diminue, l'utilisation des plastiques devrait doubler dans ce groupe de pays, ainsi que dans les régions non membres de l'OCDE non mentionnées ci-dessus, qui incluent les pays d'Amérique latine et d'Eurasie. Dans ces régions, la hausse modérée des revenus et la faible croissance démographique, combinées à des changements structurels mineurs, limitent l'augmentation de l'utilisation des plastiques.

Graphique 3.2. C'est dans les économies en développement et émergentes d'Afrique et d'Asie que l'utilisation de plastiques progressera le plus

Utilisation de plastiques en millions de tonnes (Mt), scénario de *Référence*

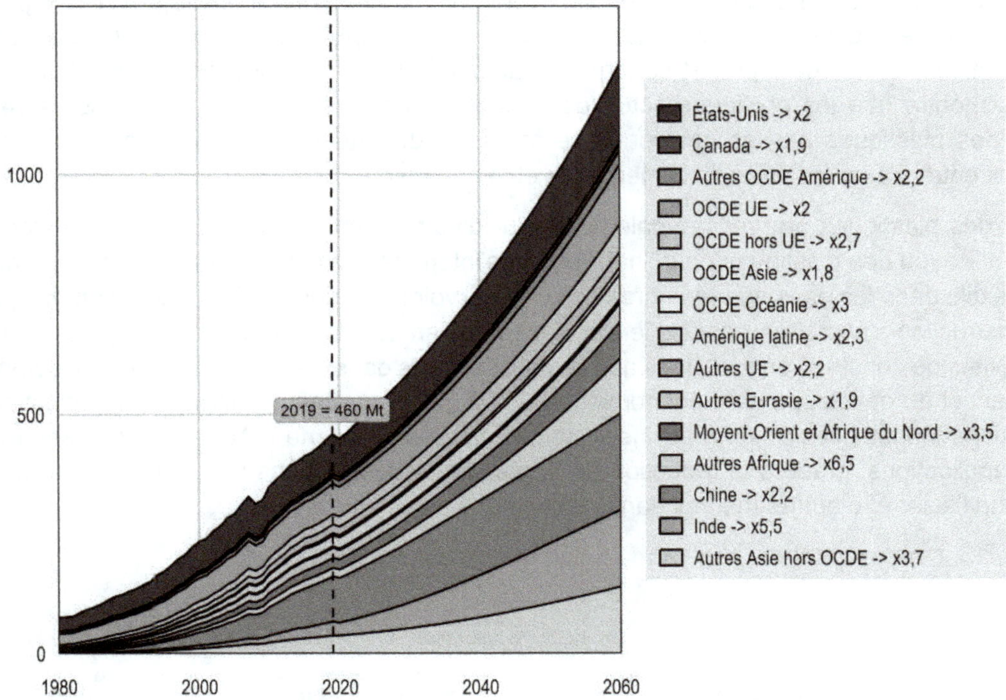

Note : Les chiffres présentés à droite du diagramme quantifient la croissance de l'utilisation des plastiques entre 2019 (année figurée par la ligne verticale en pointillés) et 2060, pour chaque région (par exemple, « x2 » indique un doublement de l'utilisation des plastiques). Veuillez consulter le tableau A A.2 figurant à l'annexe A pour obtenir de plus amples détails sur les regroupements régionaux du modèle ENV-Linkages.
Source : Modèle ENV-Linkages de l'OCDE.

StatLink https://stat.link/q54tba

3.1.3. Les emballages et les transports seront à l'origine d'une grande partie de l'augmentation de l'utilisation des plastiques

Il est primordial de comprendre l'évolution de l'utilisation des plastiques par application pour comprendre l'évolution de la demande des différents polymères. Le modèle ENV-Linkages cartographie l'utilisation des plastiques par polymère et par application aux secteurs représentés dans le modèle[2]. Par exemple, comme le PVC (polychlorure de vinyle) est principalement utilisé pour des applications du secteur de la construction, il est lié au secteur de la construction dans le modèle, tandis que le PP (polypropylène) est utilisé pour les emballages, entre autres applications, et est associé à plusieurs secteurs, dont les produits alimentaires et les services aux entreprises. En règle générale, les polymères sont utilisés dans de nombreuses applications, et ces applications sont également liées à de nombreux secteurs économiques, sauf si elles sont très spécialisées, comme dans la construction.

Ensemble, les emballages, la construction et les véhicules (ce qui inclut les véhicules de toutes les catégories de transport, ainsi que le matériel de transport autre et les revêtements du secteur maritime liés à la production et à l'entretien des navires) représentent actuellement plus de 60 % de l'utilisation totale des plastiques (Graphique 3.3, partie A). D'ici 2060, l'utilisation des plastiques devrait augmenter pour l'ensemble des applications, par suite de la hausse des niveaux de production dans tous les secteurs de l'économie (Graphique 3.3, partie B). C'est l'utilisation des plastiques pour la fabrication de véhicules qui enregistre la plus forte augmentation, reflétant une hausse de la demande de matériel de transport parallèlement au développement des économies (voir la section 3.2.3). Le développement de la numérisation et de l'électrification entraîne également une hausse de l'utilisation des plastiques pour les produits électriques et électroniques.

Le secteur des services affiche une intensité d'utilisation des plastiques relativement faible (quantité de plastique par unité de production), mais sous l'effet de la « servicisation » des économies, sa part dans l'utilisation des plastiques progressera. En témoigne l'accroissement des produits en plastique fréquemment utilisés dans les secteurs des services, comme celui des emballages et des produits de consommation (p. ex., contenants alimentaires pour la vente à emporter, produits médicaux et de soins, matériel artistique, cartes de crédit et bagages). L'augmentation de l'utilisation des plastiques pour les emballages montre que les politiques actuelles ne sont pas suffisantes pour neutraliser la hausse de l'utilisation des plastiques par les principaux secteurs qui dépendent des emballages, notamment les services aux entreprises, les produits alimentaires et le commerce.

L'utilisation des plastiques progresse également pour d'autres applications, quoique dans une moindre mesure. L'utilisation des plastiques pour l'habillement s'intensifie, du fait de la hausse de la production de l'industrie textile dans les pays non membres de l'OCDE (voir la section 3.2.3). L'utilisation des plastiques dans la construction s'accroît, en particulier dans les pays en développement et émergents, étant donné que les activités de construction sont liées aux investissements dans les infrastructures, qui constituent un aspect essentiel du développement économique (OCDE, 2019[1]). Enfin, l'utilisation des plastiques pour les applications industrielles et les machines (incluse dans la catégorie « Autre ») progresse moins que les autres applications, grâce à la réduction de la part de l'industrie dans l'économie et au maintien de l'utilisation de l'acier et d'autres métaux dans ce secteur.

Graphique 3.3. L'augmentation la plus marquée de l'utilisation des plastiques d'ici à 2060 sera observée dans le secteur des transports

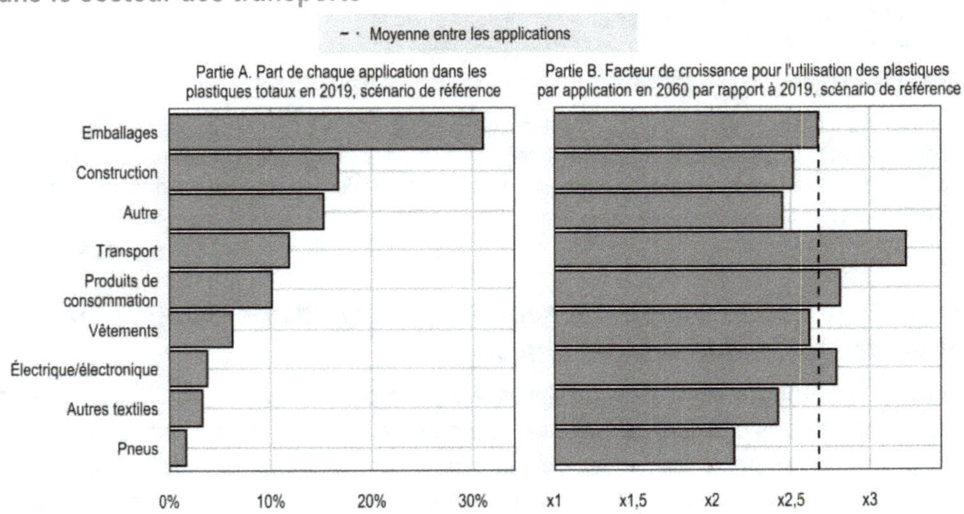

Note : Les applications qui concernent les équipements de protection individuelle en lien avec le COVID-19 et les produits de soins personnels ne sont pas pris en compte dans ce graphique car la quantité de plastique utilisée est trop faible pour que le calcul soit pertinent.
Source : Modèle ENV-Linkages de l'OCDE.

StatLink https://stat.link/omhi8p

L'utilisation des plastiques devrait également augmenter pour l'ensemble des polymères (Graphique 3.4), étant donné que les intrants employés pour les différentes applications sont également en hausse. Les liens entre les différents polymères et applications est assez complexe, car les mêmes polymères peuvent être utilisés de diverses manières dans plusieurs applications, et certains polymères représentent en réalité une grande diversité de plastiques qui sont regroupés dans une seule catégorie du fait qu'ils partagent certaines caractéristiques. L'utilisation des polymères pour les emballages devrait augmenter significativement d'ici à 2060. L'utilisation du polyéthylène basse densité (PEBD, dont le polyéthylène basse densité linéaire ou PEBDL) employé dans les emballages, notamment, triple par rapport à 2019, et celle de polyéthylène haute densité (PEHD) et de polyéthylène téréphtalate (PET), également employé dans les emballages, est multipliée par plus de deux. Le polychlorure de vinyle (PVC), qui est également utilisé dans la construction, voit son utilisation multipliée par 2,6. De même, l'utilisation des fibres, qui sont employées pour les textiles, devrait tripler. L'utilisation des polymères pour la fabrication de véhicules, et notamment de polypropylène, devrait également croître notablement.

Graphique 3.4. L'utilisation de plastiques augmentera considérablement, tous polymères confondus, d'ici à 2060

Utilisation des plastiques par polymère et par application, progression entre 2019 et 2060, en millions de tonnes (Mt), scénario de *Référence*

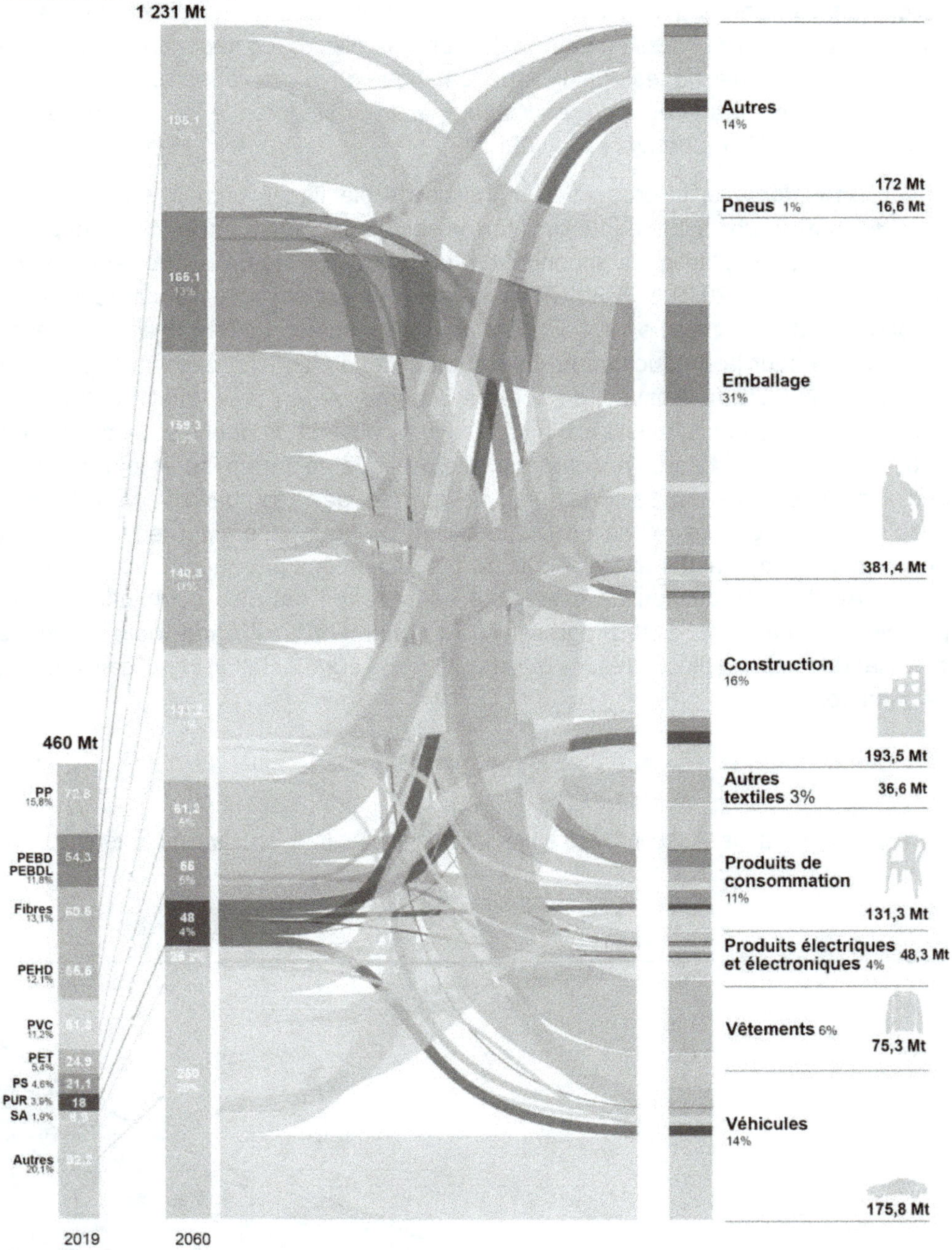

Note :

PEHD = polyéthylène haute densité ; PEBD = polyéthylène basse densité ; PEBDL = polyéthylène basse densité linéaire ; PET = polyéthylène téréphtalate ; PP = polypropylène ; PS = polystyrène ; PUR = polyuréthane ; PVC = polychlorure de vinyle ; SA signifie ABS, ASA, SAN (ABS = acrylonitrile butadiène styrène, ASA = acrylonitrile styrène acrylate et SAN = styrène acrylonitrile).

Le chiffre ne comprend pas l'utilisation pour les équipements de protection individuelle (masques et autres protections liées à la pandémie de COVID-19), dont le volume a été négligeable en 2019.

Source : Modèle ENV-Linkages de l'OCDE.

StatLink https://stat.link/k9xe21

3.1.4. Les plastiques non recyclés d'origine fossile resteront prédominants à l'horizon 2060

Le modèle ENV-Linkages distingue la production et l'utilisation des plastiques primaires de celles des plastiques secondaires (plastiques fabriqués à partir de matériaux recyclés). Les plastiques primaires comprennent les plastiques d'origine fossile et les plastiques biosourcés, qui forment un groupe relativement restreint de plastiques, présentant des caractéristiques similaires à celles des plastiques d'origine fossile, mais qui sont fabriqués à partir de biomasse telle que le maïs, la canne à sucre, le blé ou les résidus d'autres procédés. Les estimations relatives aux plastiques secondaires se fondent sur les données disponibles sur les plastiques dont l'étiquette indique qu'ils peuvent être recyclés. Elles tiennent également compte des pertes au cours du processus, par exemple lorsque les plastiques sont collectés pour être recyclés, mais qu'ils ne peuvent pas l'être[3].

Dans le scénario de *Référence*, la production mondiale de plastiques primaires et celle de plastiques secondaires suivent une courbe ascendante similaire, la seconde augmentant légèrement plus rapidement que la première. La part des plastiques secondaires, un indicateur clé de la circularité, devrait doubler, passant de 6 % à 12 % entre 2019 et 2060 (Graphique 3.5). Il est possible d'encourager l'utilisation des plastiques secondaires de deux manières. Tout d'abord, l'augmentation du recyclage peut accroître l'offre de rebuts à disposition pour la production de plastiques secondaires. Cet effet de stimulation par l'offre sera examiné dans le chapitre 4. Ensuite, du côté de la demande, il y a un effet d'entraînement dû à la demande croissante de plastiques, ainsi qu'à la hausse des coûts de production des plastiques primaires. Le scénario de *Référence* suppose qu'aucune nouvelle politique ne sera mise en place pour décourager l'utilisation des plastiques primaires, de sorte que ce levier n'est pas très puissant. Néanmoins, la part des plastiques secondaires progresse même en l'absence de politique plus vigoureuse, car la quantité de rebuts disponible augmente, maintenant les coûts de production des plastiques secondaires à un niveau relativement bas. Ainsi, la production de plastiques secondaires est plus compétitive face à celle de plastiques primaires. Cependant, cette progression est nettement insuffisante pour compenser la forte hausse de la demande totale de plastiques, ce qui aboutit à une augmentation significative de la production de plastiques primaires.

Graphique 3.5. Les plastiques primaires représenteront encore la majeure partie de la production en 2060

Production de plastiques primaires et secondaires en millions de tonnes (Mt), scénario de *Référence*, 1950-2060

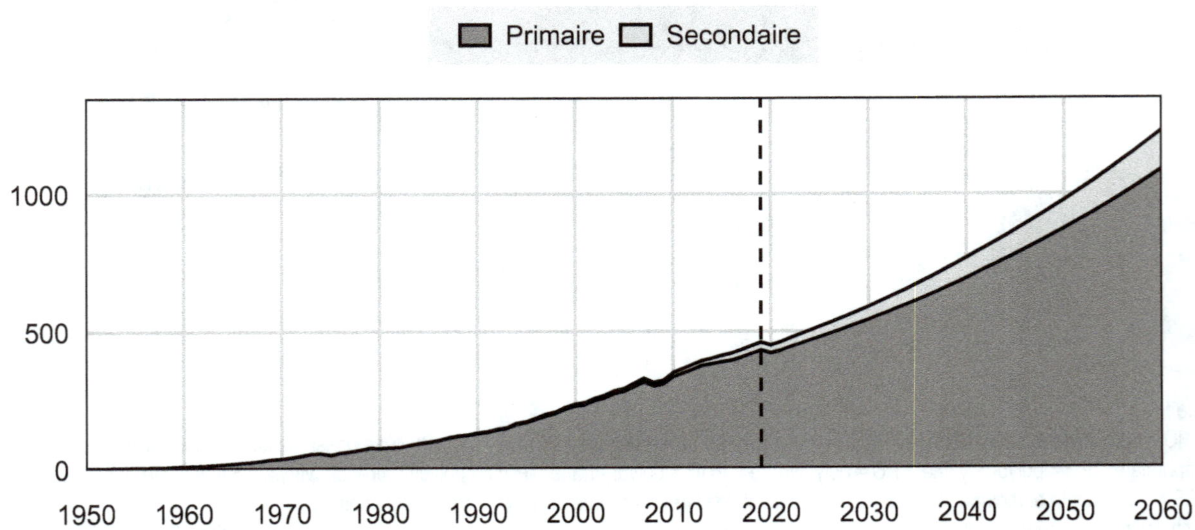

Note : 2019 (ligne en pointillés).

Source : Modèle ENV-Linkages de l'OCDE.

StatLink https://stat.link/lp4sg7

En raison de l'utilisation croissante des plastiques, la production de plastiques biosourcés devrait également croître dans le scénario de *Référence*, mais à un rythme moins rapide que celui de la production totale de plastiques, et sa part restera marginale (autour de 0,5 % en 2060). Les conséquences environnementales de la hausse de l'utilisation des bioplastiques ne sont pas faciles à calculer. Si la production de plastiques biosourcés est plus sobre en carbone que celle des plastiques d'origine fossile, elle s'appuie sur des cultures qui nécessitent des surfaces agricoles importantes. Une augmentation de la demande de plastiques biosourcés pourrait accroître la surface de terres arables nécessaire, entraînant potentiellement la conversion de forêts et donc une hausse des émissions (voir le chapitre 6).

Étant donné que les combustibles fossiles restent la principale matière première utilisée pour la production de plastiques, les rôles du mix énergétique et des prix des énergies fossiles dans le scénario de *Référence* sont importants. Les projections du scénario de *Référence* se fondent sur le mix énergétique indiqué dans le scénario « Politiques actuelles » des *Perspectives énergétiques mondiales* de l'Agence internationale de l'énergie (AIE, 2018[2]). Dans le scénario de *Référence* du modèle ENV-Linkages, le prix du pétrole devrait plus que doubler entre 2019 et 2060. Cependant, les projections relatives à l'utilisation des plastiques ne varieraient que légèrement dans un scénario où le prix du pétrole serait supérieur ou inférieur, en partie en raison de l'évolution des prix à la production, mais aussi de l'évolution de la consommation (Encadré 3.1).

Outre la substitution entre différents types de plastiques, le plastique peut également être remplacé par d'autres matériaux, selon le secteur et le produit. Par exemple, le papier et le bois sont de plus en plus utilisés pour fabriquer des produits à usage unique tels que les assiettes jetables, ou pour transformer des produits à usage unique en produits réutilisables, comme c'est le cas par exemple pour les bouteilles d'eau réutilisables en métal, qui remplacent celles en plastique à usage unique. Cependant, il n'existe pas encore de solution de remplacement facile à obtenir pour tous les produits en plastique. Par exemple, il sera plus difficile de trouver des substituts au plastique dans la production de matériel électronique, où la seule solution à l'heure actuelle est de fabriquer du plastique à partir d'algues. Malheureusement, il n'existe pas suffisamment d'informations ou de données pour créer des projections à l'horizon 2060 pour ces types de produits de remplacement. Toutefois, le cadre de modélisation ENV-Linkages prend en compte dans quelle mesure les différents matériaux progressent en réponse à l'évolution des prix des produits et de la demande. Dans le scénario de Référence, l'utilisation des plastiques devrait augmenter plus rapidement que celle de la plupart des autres matériaux (Encadré 3.2), ce qui montre que l'économie dépend de plus en plus des plastiques.

Encadré 3.1. Les prix des combustibles fossiles ont peu d'impact sur l'utilisation des plastiques à long terme

Le pétrole et le gaz sont les principales matières premières utilisées comme produit de base pour les plastiques. Par exemple, Plastics Europe (2005[3]) estime qu'il faut 750 grammes de pétrole et 670 grammes de gaz pour produire un kilogramme de bouteilles en PET. Dans ce contexte, on effectue une analyse des incertitudes pour comprendre l'impact des prix des combustibles fossiles sur l'utilisation et les prix des plastiques, et donc sur la fiabilité des projections relatives à l'utilisation des plastiques présentées dans ce rapport. Le Graphique 3.6 illustre les répercussions d'autres scénarios d'évolution des prix du pétrole et du gaz (qui vont jusqu'à une hausse ou une baisse de 15 %) sur le PIB et sur l'utilisation et les prix des plastiques[1].

L'utilisation des plastiques suit alors la modification de l'activité économique globale provoquée par la fluctuation du prix des énergies fossiles : si le prix des plastiques augmente, leur utilisation diminue. Bien que les combustibles fossiles soient la principale ressource naturelle utilisée dans la production de plastiques, la modification des prix de ces combustibles a un effet limité sur l'utilisation et les prix des plastiques : l'utilisation des plastiques enregistre une variation de moins de 2 %, et le prix des plastiques, de moins de 1 %. Cet effet limité, qui peut sembler contre-intuitif, s'explique par le fait que les énergies fossiles ne sont qu'un intrant de la production de plastiques, qui repose en grande partie sur l'apport de travail et de capital, ainsi que sur les produits chimiques.

Les répercussions sur les plastiques secondaires sont plus faibles que sur les plastiques primaires, étant donné que la production de plastiques primaires d'origine fossile dépend directement du gaz et du pétrole. Néanmoins, les plastiques primaires et secondaires étant en concurrence sur le même marché, les plastiques secondaires ne peuvent dévier que de manière limitée, les producteurs de ces plastiques n'ayant pas d'influence sur les prix du marché des plastiques.

Graphique 3.6. La modification des prix des combustibles fossiles a peu d'impact sur la production de plastiques à long terme

Écarts par rapport au scénario de *Référence*, 2060

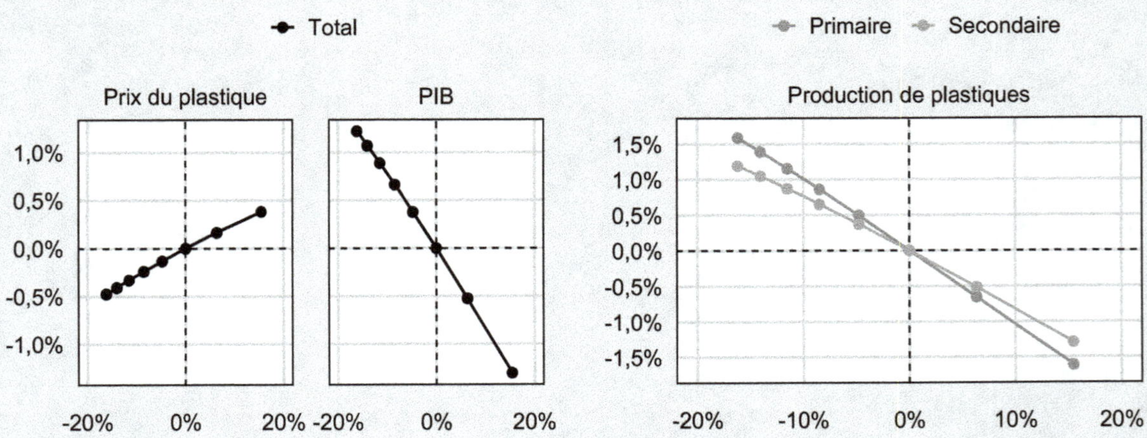

Note : L'axe horizontal indique l'ampleur du choc sur les prix du gaz et du pétrole par rapport au scénario de *Référence*.
1 Dans les autres scénarios sur les prix du pétrole, une brusque variation des prix du pétrole est modélisée comme une modification du prix des ressources naturelles.
Source : Modèle ENV-Linkages de l'OCDE.

StatLink https://stat.link/ka5shx

Encadré 3.2. Les plastiques progressent davantage que la plupart des autres matières premières

Il est possible de comparer l'augmentation de l'utilisation des plastiques à celle des autres matières premières employées dans l'économie en utilisant la méthodologie mise au point dans le rapport *Global Material Resources Outlook to 2060* de l'OCDE (2019[1]). Les taux de croissance des matières dépendent des processus économiques auxquels elles sont liées. L'augmentation de l'utilisation des plastiques devrait être plus rapide que celles de l'ensemble des autres matières, à l'exception du bois d'œuvre et autres bois (Graphique 3.7), qui sont employés à la fois dans les activités industrielles et dans la construction.

Graphique 3.7. L'utilisation des plastiques dépasse celle de la plupart des autres matières premières dans le scénario de *Référence*

Taux de variation en 2060 par rapport à 2019

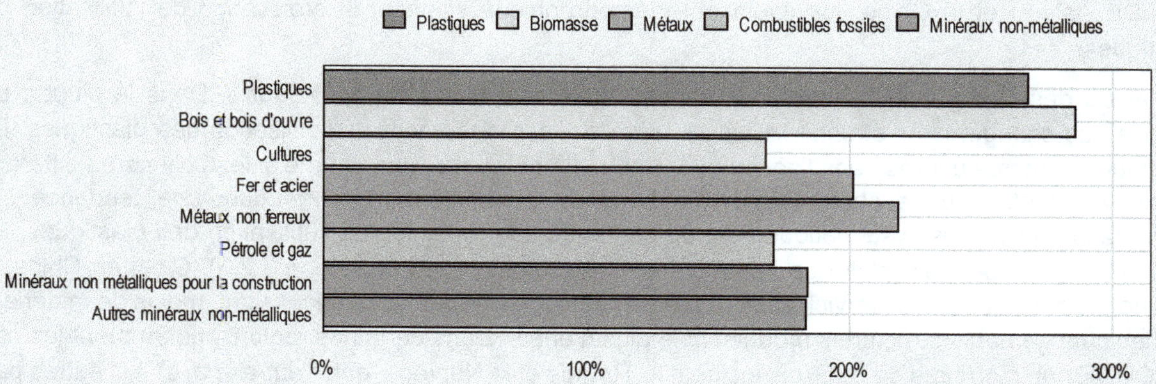

Note : Les résultats présentés ici sont différents de ceux du rapport *Global Material Resources Outlook to 2060* de l'OCDE (2019[1]), étant donné que le scénario de *Référence* inclut les effets de la pandémie de COVID-19.
Source : Modèle ENV-Linkages de l'OCDE.

StatLink https://stat.link/kzw5t9

3.2. Les déterminants de l'utilisation des plastiques varient selon les régions

3.2.1. La croissance démographique et les changements structurels et technologiques déterminent l'utilisation des plastiques dans certaines régions

Les effets des quatre déterminants socioéconomiques des plastiques (présentés dans le Graphique 3.1) varient d'une région à l'autre (Graphique 3.8), en fonction des caractéristiques de leur économie et des évolutions socioéconomiques régionales prévues (chapitre 2). Les différences importantes entre les déterminants de l'utilisation des plastiques selon les régions soulignent la nécessité d'adapter les mesures visant à réduire les répercussions environnementales des plastiques aux caractéristiques des économies régionales.

La croissance économique est le principal moteur de l'utilisation des plastiques et entraîne une hausse de la consommation de plastiques dans l'ensemble des régions. Ce n'est pas le cas de la croissance démographique. Dans la plupart des régions, la croissance démographique ne reflète qu'une petite part de l'augmentation totale de l'utilisation des plastiques. Cet effet est important en Afrique subsaharienne (Autres Afrique), qui est la région affichant la croissance démographique la plus rapide (voir également la section 3.2.2). Cependant dans les régions où la population est en baisse, ce qui inclut de nombreux pays d'Europe de l'Est (qui font partie de « Autres UE »), le Japon, la Corée (qui font tous les deux partie de « OCDE Asie ») et la Chine, les évolutions démographiques limitent la croissance de l'utilisation des plastiques.

Les effets des changements structurels varient également d'une région à l'autre. Dans la plupart des régions, les changements structurels aident à limiter l'accroissement de l'utilisation des plastiques. Les plastiques sont très utilisés dans l'agriculture, l'industrie et les services (même si les polymères diffèrent). Si elle a un effet sur le changement climatique et la pollution atmosphérique, une tendance à la servicisation ne va pas systématiquement de pair avec une réduction de l'utilisation des plastiques. Les répercussions dépendent plutôt de la structure de l'économie (voir la section 3.2.3). C'est en Chine, où l'économie est en cours de servicisation et se réoriente vers des secteurs nécessitant moins de matériaux, que les changements structurels produisent le plus d'effets. Dans certaines régions, notamment les pays de l'OCDE non membres de l'UE (qui incluent la Turquie et la Norvège, entre autres pays), les autres pays de l'UE (qui incluent certains pays d'Europe de l'Est tels que la Bulgarie, la Croatie et la Roumanie), l'Eurasie (qui inclut la Fédération de Russie) et l'Afrique subsaharienne, les changements structurels peuvent provoquer une hausse de l'utilisation des plastiques. Dans ces régions, le développement économique entraîne un essor des secteurs qui dépendent des plastiques, engendrant ainsi une augmentation de l'utilisation des plastiques. Si l'effet des changements technologiques limite l'augmentation de l'utilisation des plastiques dans l'ensemble des régions, cet effet est particulièrement marqué dans les régions où les changements structurels stimulent l'utilisation des plastiques. Par conséquent, dans ces régions, le développement économique conduit à l'adoption de technologies améliorées qui font diminuer l'intensité d'utilisation des plastiques, mais également à un accroissement de la production dans les secteurs qui consomment de grandes quantités de plastiques.

Graphique 3.8. Les déterminants de l'utilisation des plastiques varient selon les régions

Contribution relative des différents effets à la hausse globale de l'utilisation annuelle des plastiques entre 2019 et 2060, en millions de tonnes (Mt), scénario de *Référence*

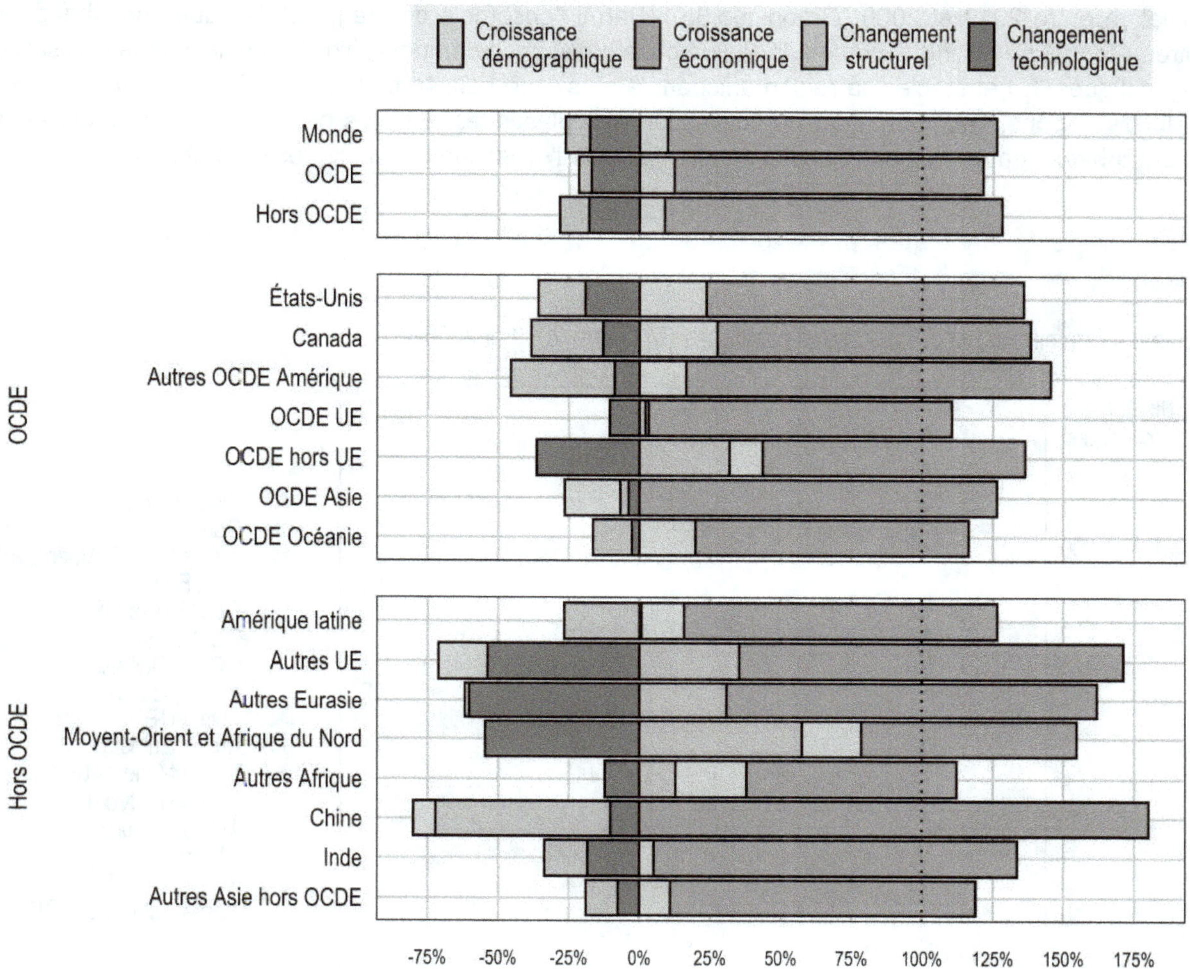

Notes :

La somme des quatre effets est égale à 100 %.

La barre *Croissance démographique* représente une projection où l'utilisation de plastiques croît à la même vitesse que la population et où l'utilisation régionale des plastiques par habitant reste au même niveau qu'en 2019.

La barre *Croissance économique* représente une projection où l'utilisation de plastiques croît à la même vitesse que le PIB et où l'intensité régionale d'utilisation des plastiques (la quantité de plastique par unité de production) reste au même niveau qu'en 2019.

La barre *Changements structurels* indique la contribution des changements structurels à la réduction de l'utilisation mondiale des plastiques en distinguant les taux de croissance par secteur.

La barre *Changements technologiques* illustre la contribution des améliorations technologiques à la réduction de l'utilisation mondiale des plastiques en différenciant les taux de croissance des plastiques employés dans la production sectorielle. Les changements technologiques incluent non seulement les avancées technologiques, mais aussi une diffusion plus large des technologies existantes.

Source : Modèle ENV-Linkages de l'OCDE.

StatLink https://stat.link/7eikcd

3.2.2. L'évolution de la population et des revenus entraîne une convergence limitée de l'utilisation des plastiques par habitant entre les régions

Les effets de la croissance démographique sur l'utilisation des plastiques reflètent l'évolution prévue de la population entre 2019 et 2060 (Graphique 3.9). Parmi l'ensemble des régions, l'Afrique subsaharienne (Autres Afrique) se distingue comme la région où la croissance démographique stimule le plus l'utilisation des plastiques. En effet, c'est la région affichant la plus forte hausse de la population (chapitre 2). Dans les autres régions, l'augmentation de l'utilisation des plastiques est plus bien forte que la croissance démographique, entraînant une hausse substantielle de l'utilisation de plastiques par habitant.

Graphique 3.9. La population influe fortement sur l'utilisation des plastiques en Afrique subsaharienne

Population (en millions) et utilisation des plastiques (Mt) entre 2019 et 2060

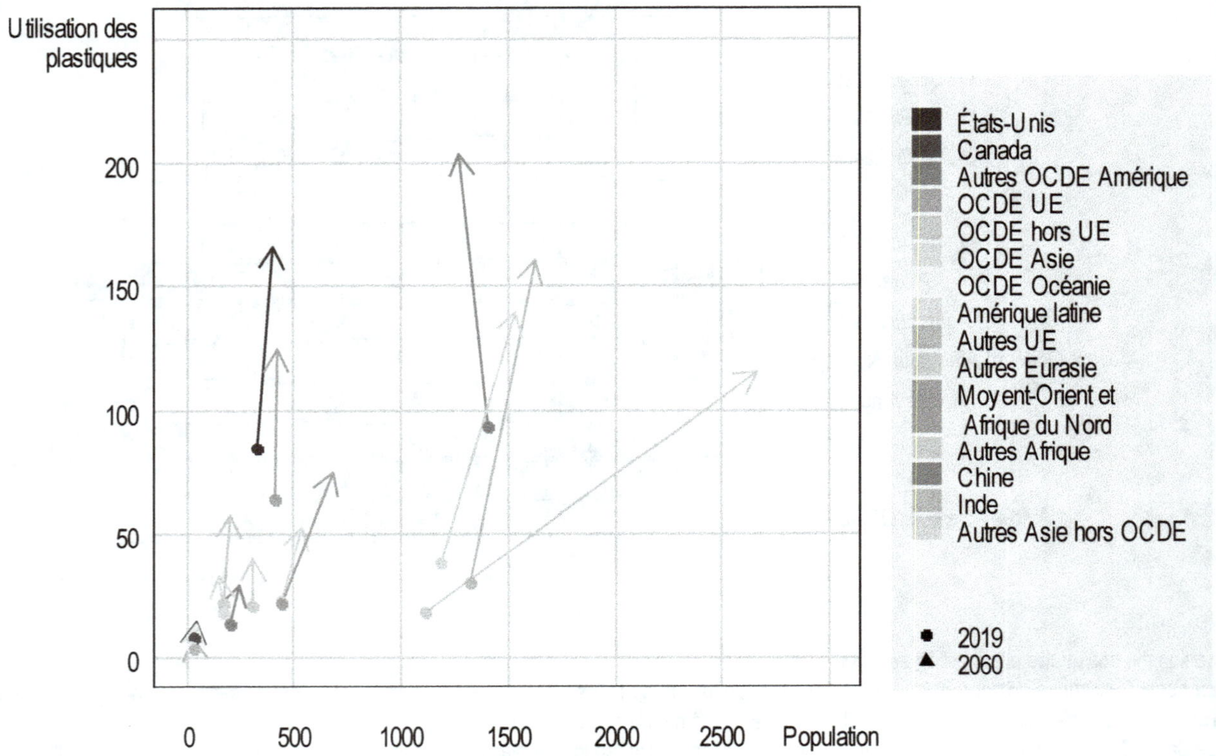

Source : Modèle ENV-Linkages de l'OCDE.

StatLink https://stat.link/rp6c9x

Malgré la croissance économique, la forte croissance démographique en Afrique subsaharienne permettra également à cette région d'afficher la plus faible utilisation de plastiques par personne en 2060 (Graphique 3.10). En moyenne, l'utilisation de plastiques par habitant devrait rester plus élevée dans les pays membres de l'OCDE que dans les pays non membres de l'OCDE. Dans les pays non membres de l'OCDE, l'utilisation de plastiques par habitant devrait être multipliée par plus de deux entre 2019 et 2060, mais les niveaux de 2060 devraient rester inférieurs à ceux enregistrés dans les pays membres de l'OCDE en 2019. Il n'y a donc qu'une convergence très limitée de l'utilisation de plastiques par habitant entre les pays membres de l'OCDE et ceux non membres.

Graphique 3.10. Les niveaux de revenus régionaux influent sur l'utilisation de plastiques par habitant

Utilisation de plastiques par personne (kg/habitant) et facteurs de croissance entre 2019 et 2060, scénario de *Référence*

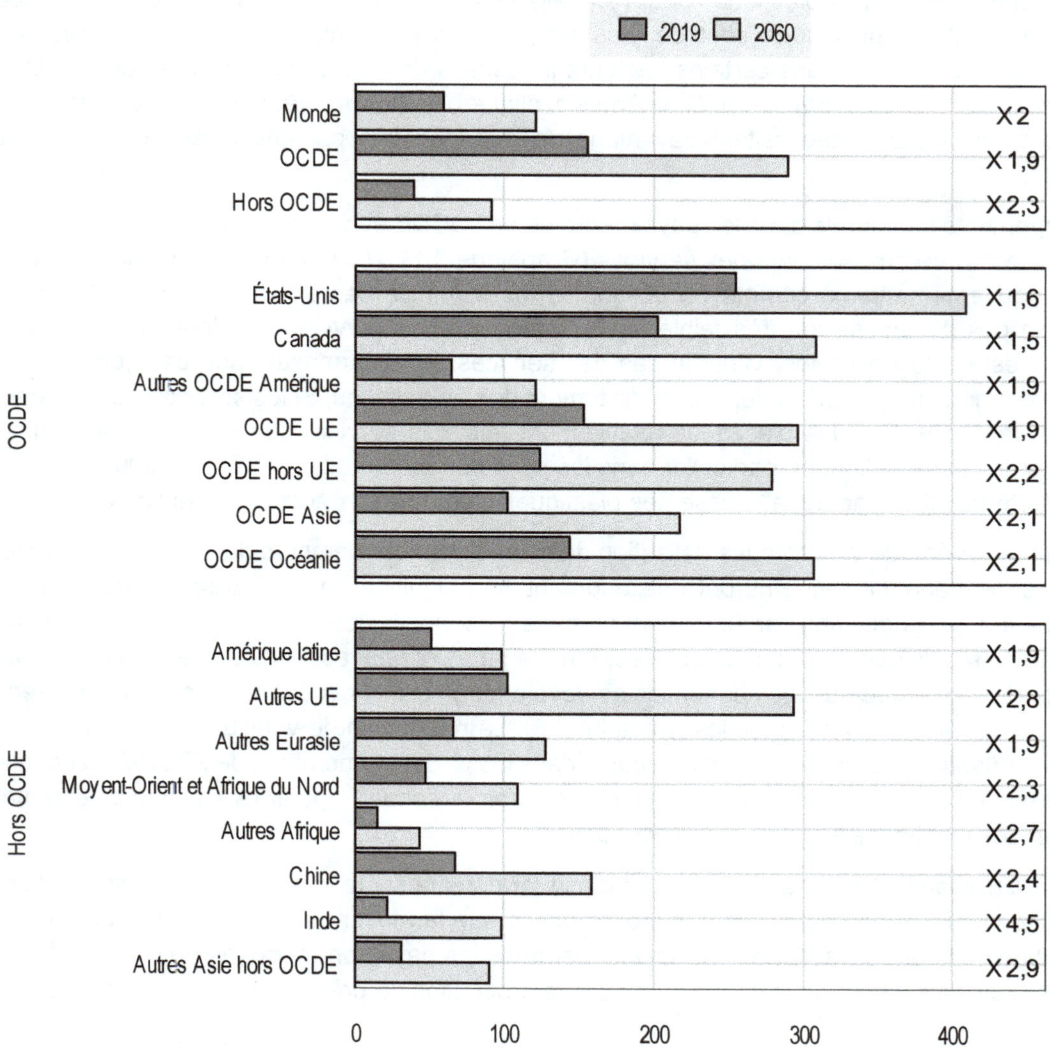

Note : Les chiffres présentés à droite du graphique quantifient la croissance de l'utilisation de plastiques entre 2019 et 2060 pour chaque région (p. ex., « x2 » correspond à un doublement de l'utilisation de plastiques).
Source : Modèle ENV-Linkages de l'OCDE.

StatLink https://stat.link/qpczbw

3.2.3. *L'intensité d'utilisation des plastiques évolue en fonction des changements structurels et technologiques*

Malgré la hausse de l'utilisation des plastiques, l'intensité d'utilisation des plastiques à l'échelle mondiale, c'est-à-dire la quantité de plastique nécessaire pour produire un dollar de PIB, devrait diminuer de 16 % entre 2019 et 2060.Cette évolution est le résultat d'une modification des niveaux de production sectoriels et régionaux, ainsi que d'une amélioration de l'efficacité de la production. L'intensité d'utilisation des plastiques des économies régionales dépend de l'évolution de la structure de l'économie, qui détermine si la production augmente dans les secteurs consommant de grandes quantités de plastique ou au contraire dans ceux sobres en plastique, ainsi que de l'évolution des technologies de production, qui influent sur l'intensité d'utilisation des plastiques de chaque secteur.

D'après l'évolution prévue des technologies, l'intensité d'utilisation des plastiques devrait diminuer dans la plupart des secteurs d'ici 2060, dans les pays membres de l'OCDE comme dans ceux non membres (Graphique 3.11). Il y a quelques exceptions, tels que les produits alimentaires dans les pays membres de l'OCDE, qui dépendent des plastiques pour l'emballage, ainsi que le secteur de la construction dans ces mêmes pays, où les plastiques sont de plus en plus utilisés. L'intensité d'utilisation des plastiques augmente ou reste stable dans certains secteurs industriels des pays non membres de l'OCDE (p. ex., Autres activités de fabrication). Ce phénomène s'explique plus par une réorientation, au sein du secteur, vers des produits précis nécessitant davantage de plastique que par une baisse de l'efficacité de la production.

Les changements structurels dans les pays membres de l'OCDE et de ceux non membres entraînent une dépendance accrue aux secteurs des services (Graphique 3.11). Ces derniers incluent les secteurs des services gouvernementaux, comme l'éducation et les soins de santé (Autres services), où l'intensité d'utilisation des plastiques est très faible, mais également des services qui dépendent des plastiques même si c'est de façon limitée. C'est le cas des services aux entreprises, une catégorie qui inclut les services commerciaux, lesquels dépendent fortement des emballages. Si les services aux entreprises ont une intensité d'utilisation des plastiques relativement faible, la servicisation entraîne une augmentation importante de la production, en particulier dans les pays non membres de l'OCDE (+300 %). Cet effet est l'un des facteurs à l'origine de la hausse des plastiques d'emballage décrite à la section 3.1.3.

La hausse du niveau de vie et l'industrialisation dans les pays non membres de l'OCDE, notamment ceux d'Afrique subsaharienne, entraîneront une augmentation significative de l'utilisation des plastiques, la consommation se traduisant par une forte demande de plastiques pour la construction et de biens (semi-)durables (tels que les voitures ou l'électroménager). Cet effet est particulièrement observable dans les transports : à mesure que les économies se développent, elles ont davantage recours aux services de transport et aux véhicules automobiles (Encadré 3.3). La production de véhicules automobiles nécessite de grandes quantités de plastiques, en particulier dans les pays non membres de l'OCDE. Par conséquent, la progression de la part de ce secteur dans l'économie conduit également à une augmentation de l'utilisation des plastiques à l'échelle de l'économie.

L'intensité d'utilisation des plastiques devrait diminuer dans le secteur textile, qui repose sur l'emploi de fibres[4]. Cependant, si ce secteur devrait croître moins que la moyenne de l'économie dans les pays de l'OCDE, il devrait considérablement se développer dans les pays non membres de l'OCDE, faisant ainsi augmenter l'utilisation des fibres employées dans la production de prêt-à-porter à l'échelle mondiale.

Graphique 3.11. La croissance de la production est rapide dans certains secteurs qui s'appuient sur les plastiques

Intensité d'utilisation des plastiques en grammes de plastique par unité de production sectorielle en USD (g/USD) et croissance sectorielle, scénario de *Référence*

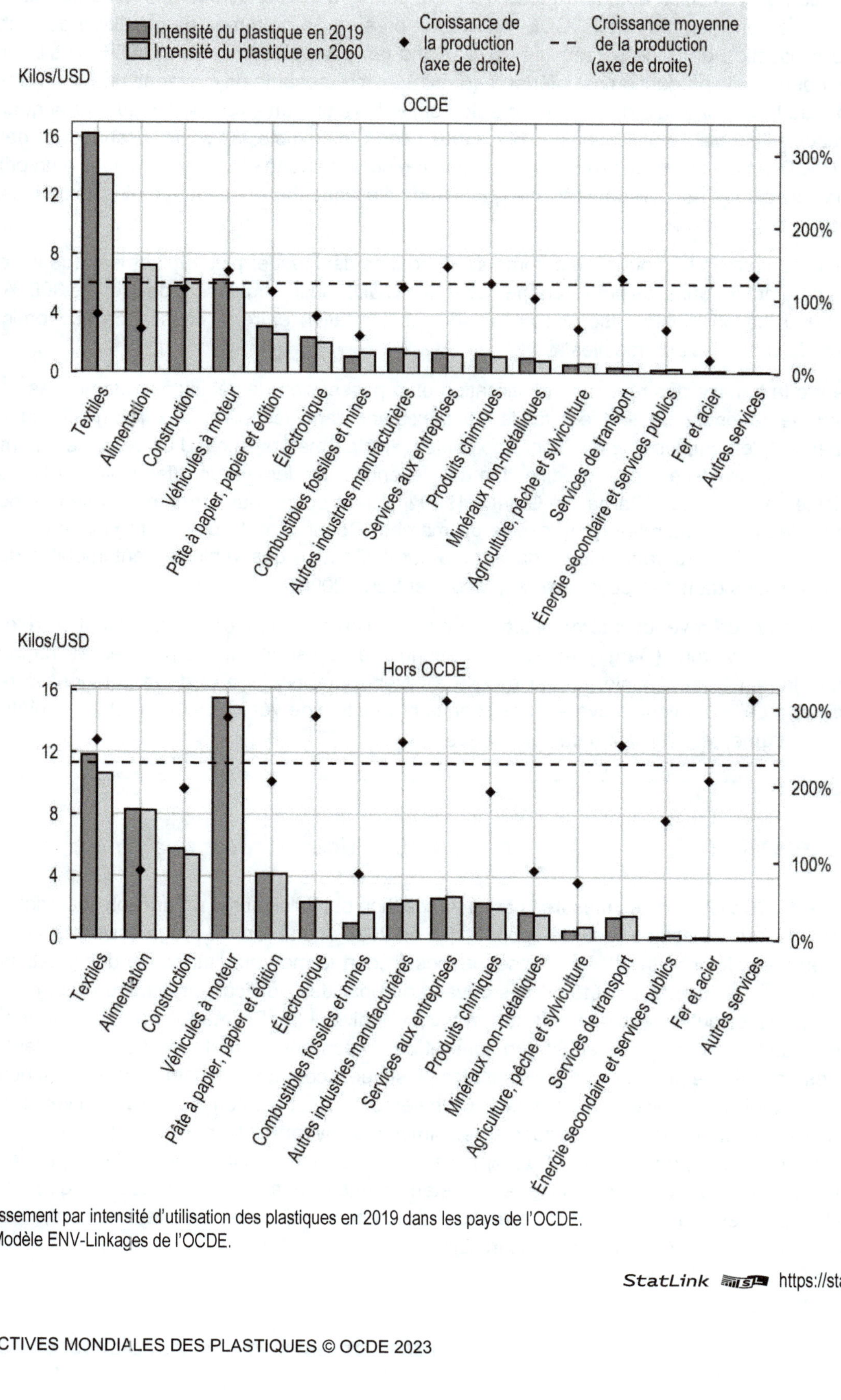

Note : Classement par intensité d'utilisation des plastiques en 2019 dans les pays de l'OCDE.
Source : Modèle ENV-Linkages de l'OCDE.

StatLink https://stat.link/65jvyl

Encadré 3.3. La hausse de l'utilisation des transports dans les pays en développement a un effet sur l'utilisation des plastiques

La production de véhicules automobiles est l'un des secteurs qui consomment le plus de plastiques. Dans les pays non membres de l'OCDE, on utilisait près de 15 grammes de plastique pour chaque dollar de production dans ce secteur en 2019. Dans les pays membres de l'OCDE, l'utilisation de plastique par unité de production est inférieure (6 g/USD) et représente en moyenne une part nettement plus faible de la valeur totale d'un véhicule automobile. Il s'agit d'un exemple typique où la qualité du produit modifie l'intensité d'utilisation des plastiques : dans l'ensemble, les voitures fabriquées dans les pays de l'OCDE ont un positionnement haut de gamme sur le marché et se vendent donc à un prix plus élevé que les voitures qui utilisent la même quantité de plastique mais qui, étant moins luxueuses, sont proposées à un prix inférieur.

En outre, le secteur de la production automobile devrait se développer plus rapidement que les autres secteurs, notamment dans les pays non membres de l'OCDE où il progressera de près de 300 % entre 2019 et 2060. La principale raison de cet essor est la relation entre la croissance économique et l'utilisation de véhicules automobiles.

Le lien entre la hausse des revenus et l'utilisation et la possession de véhicules automobiles dépend du niveau de revenus. Le lien est faible ou inexistant dans les pays aux premiers stades de développement, lorsque les revenus sont trop faibles pour permettre l'achat d'un véhicule automobile. Dans les pays à revenu élevé, la modification des revenus a également un effet limité sur l'utilisation des véhicules automobiles (Dargay et Gately, 1999[4]), étant donné que les gens possèdent déjà un véhicule du fait de la saturation progressive du marché. Cependant, le prix de remplacement d'une voiture et le prix du carburant influent davantage sur l'utilisation des véhicules automobiles que les niveaux de revenus dans ces pays (Dargay, Madre et Berri, 2000[5]).

Pour des niveaux de revenus intermédiaires, la modification des revenus est fortement corrélée à la possession d'une voiture (Dargay et Gately, 1999[4]). Par conséquent, les pays et les régions qui passent de la catégorie à faible revenu à celle à revenu intermédiaire et de la catégorie à revenu intermédiaire à celle à revenu élevé sont ceux où la production de véhicules automobiles croît le plus, faisant ainsi augmenter l'utilisation des plastiques.

3.3. Le COVID-19 modifie l'utilisation des plastiques à court et à long terme

La pandémie de COVID-19 et les mesures prises en réaction ont influé sur la production sectorielle à court terme, avec une forte baisse de l'activité économique en 2020 et une reprise progressive prévue dans les années à venir (voir le chapitre 2). Les conséquences à court terme pour l'utilisation des plastiques sont variables. Certains plastiques ont été utilisés davantage pour des applications particulières, notamment pour les masques et autres équipements de protection individuelle. En réaction à un recul des achats réalisés en boutique au profit des achats en ligne et des repas pris au restaurant au profit des repas à emporter, les activités de production qui utilisent les plastiques, comme la construction et la fabrication de véhicules automobiles, ont également diminué. Globalement, l'effet est négatif, mais relativement faible : en 2020, l'utilisation mondiale des plastiques aurait diminué d'environ 10 Mt par rapport au niveau de 2019 (voir le chapitre 3 du rapport OCDE (2023[6])). Les répercussions économiques de la pandémie ont également des conséquences à plus long terme, étant donné que la croissance économique ne devrait reprendre que progressivement et que le niveau d'activité économique reste inférieur aux projections pré-COVID (voir les encadrés 2.2 et 2.4 du chapitre 2)[5].

Les répercussions à moyen et à long terme de la pandémie restent très incertaines. Tout d'abord, au moment de la rédaction de ce rapport, la reprise de l'économie et des systèmes de santé reste fragile, malgré l'augmentation des taux de vaccination dans de nombreux pays. Ensuite, on ne sait pas de quelle manière les fonds des programmes de relance gouvernementaux sont et seront dépensés, ni quel effet l'affection de ces fonds aura sur l'utilisation des plastiques. Enfin, les changements de comportement qui découlent des confinements, en particulier le recours accru au commerce en ligne, pourraient disparaître progressivement ou bien s'accélérer au fil du temps.

Néanmoins, en se fondant sur Dellink et al. (2021[7]), qui supposent que les plans de relance gouvernementaux ne sont pas explicitement orientés vers le recyclage ou les plastiques secondaires, et que les changements de comportement sont temporaires (auquel cas la demande renouera progressivement avec les projections pré-COVID), la modélisation prend en compte l'effet de la modification de l'activité économique aux niveaux régional et sectoriel sur l'utilisation des plastiques à l'avenir. Partant de ces hypothèses, le scénario de *Référence* estime que l'utilisation mondiale des plastiques restera inférieure aux projections pré-COVID dans les années à venir (Graphique 3.12). D'ici à 2025, les effets immédiats des premières mesures de confinement devraient avoir disparu, mais les répercussions économiques se font encore durement ressentir. Ainsi, selon les projections, l'utilisation des plastiques a augmenté pour atteindre des niveaux bien supérieurs à ceux de 2019, mais malgré le retour des taux de croissance économique aux niveaux des projections pré-COVID, dans l'ensemble, les niveaux d'utilisation restent inférieurs de 3 % aux projections pré-COVID. Cependant, en valeur absolue, ces effets sont faibles. D'après les projections du scénario de *Référence*, l'utilisation mondiale des plastiques devrait atteindre 1 231 Mt à l'horizon 2060, contre 1 253 Mt si la pandémie n'avait pas eu lieu, une différence de moins de 2 %. Néanmoins, les courbes d'utilisation dépendront fortement de la vitesse réelle de la reprise après la pandémie de COVID-19 (Encadré 3.4).

Graphique 3.12. Globalement, la pandémie de COVID-19 entraîne une révision à la baisse des projections relatives à l'utilisation régionale des plastiques

Écarts par rapport aux projections pré-COVID, scénario de *Référence*

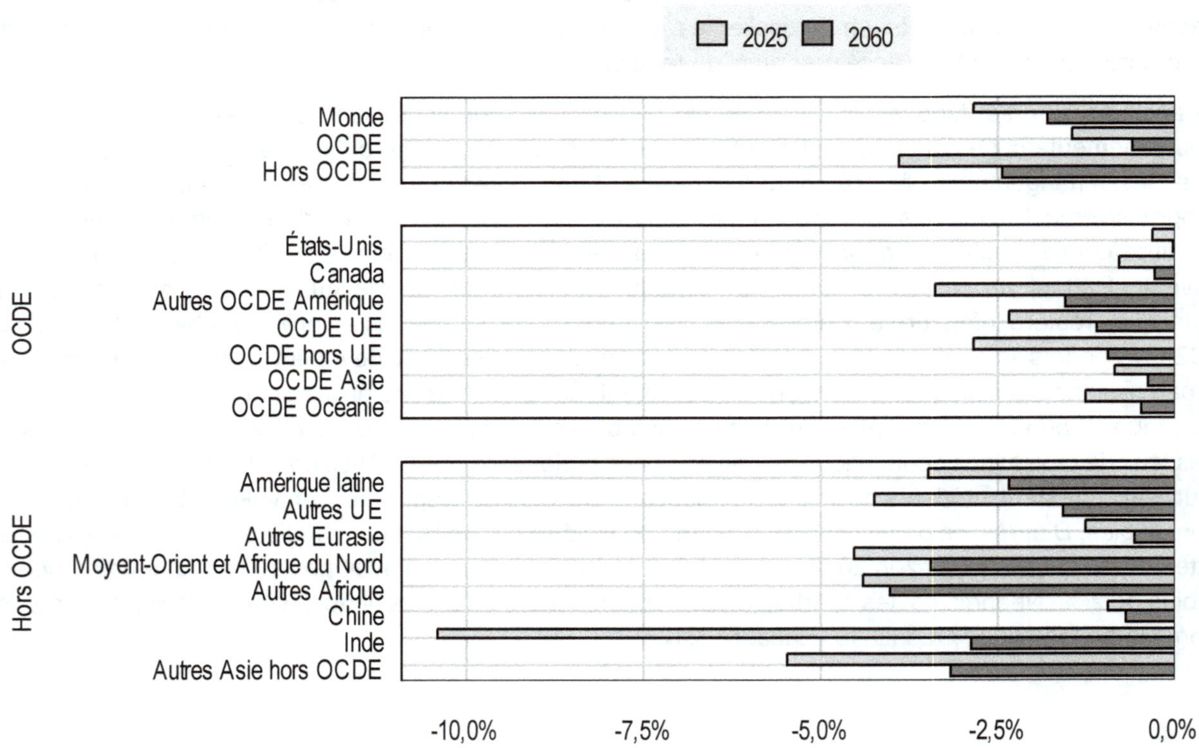

Source : Modèle ENV-Linkages de l'OCDE.

StatLink https://stat.link/nvkoad

L'effet différencié de la pandémie sur l'utilisation des plastiques selon les régions s'explique par la modification des activités économiques locales. Dans certains pays, notamment en Chine et aux États-Unis, le redressement après le COVID-19 devrait être rapide (OCDE, 2021[8]), et l'utilisation des plastiques à l'horizon 2025 est très proche des projections pré-COVID. Dans d'autres régions, plus particulièrement en Inde, les répercussions économiques négatives de la pandémie devraient se faire encore largement sentir en 2025, auquel cas l'utilisation des plastiques pourrait être 10 % inférieure à ce qu'elle aurait été sans la pandémie. D'ici à 2060, les taux de croissance de l'utilisation des plastiques devraient être rétablis dans l'ensemble des régions, et les niveaux devraient être inférieurs de quelques pourcents tout au plus aux projections pré-COVID.

Encadré 3.4. En quoi le rythme du redressement après la pandémie de COVID-19 influe-t-il sur l'utilisation des plastiques ?

Les incertitudes entourant les effets économiques de la pandémie de COVID-19 (présentés dans le chapitre 2) s'appliquent également à l'utilisation des plastiques. Les projections sont clairement influencées par les hypothèses concernant le rythme du redressement (Graphique 3.13 ; voir aussi l'annexe B). Le scénario de *Redressement lent* suppose que la pandémie aura des effets prolongés. Dans ce scénario, l'utilisation des plastiques se rétablit bien plus lentement, et ne commence à renouer avec les projections de référence pré-COVID qu'après 2030.

Graphique 3.13. Un redressement lent après la pandémie de COVID-19 maintiendra l'utilisation mondiale des plastiques à un niveau plus bas

Écarts par rapport aux projections de référence pré-COVID

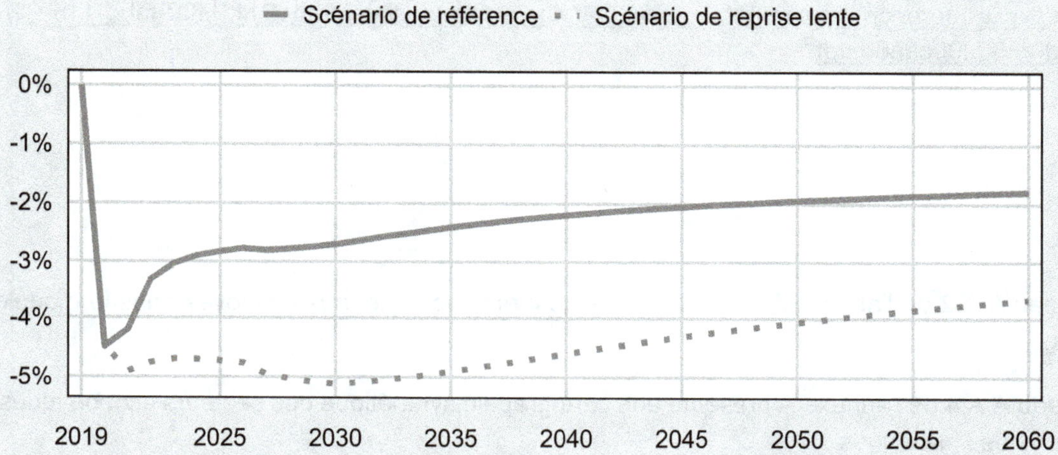

Source : Modèle ENV-Linkages de l'OCDE, en utilisant les projections économiques de Dellink et al. (2021[7]).

StatLink https://stat.link/mtayh9

Références

AIE (2018), *World Energy Outlook 2018*, Agence internationale de l'énergie, Paris, https://doi.org/10.1787/weo-2018-en. [2]

Dargay, J. et D. Gately (1999), « Income's effect on car and vehicle ownership, worldwide: 1960–2015 », *Transportation Research Part A: Policy and Practice*, vol. 33/2, pp. 101-138, https://doi.org/10.1016/s0965-8564(98)00026-3. [4]

Dargay, J., J. Madre et A. Berri (2000), « Car Ownership Dynamics Seen Through the Follow-Up of Cohorts: Comparison of France and the United Kingdom », *Transportation Research Record: Journal of the Transportation Research Board*, vol. 1733/1, pp. 31-38, https://doi.org/10.3141/1733-05. [5]

Dellink, R. et al. (2021), « Effets à long terme de la pandémie de COVID-19 et des mesures de relance sur les pressions environnementales : étude quantitative », *Documents de travail de l'OCDE sur l'environnement*, n° 176, Éditions OCDE, Paris, https://doi.org/10.1787/28ebe842-fr. [7]

OCDE (2023), *Perspectives mondiales des plastiques : Déterminants économiques, répercussions environnementales et possibilités d'action*, Éditions OCDE, Paris, https://doi.org/10.1787/5c7bba57-fr. [6]

OCDE (2021), *Perspectives économiques de l'OCDE, Volume 2021 Numéro 1*, Éditions OCDE, Paris, https://doi.org/10.1787/631c1b44-fr. [8]

OCDE (2019), *Global Material Resources Outlook to 2060: Economic Drivers and Environmental Consequences*, Éditions OCDE, Paris, https://doi.org/10.1787/9789264307452-en. [1]

Plastics Europe (2005), *Eco-profiles of the European Plastics Industry: Polyethylene Theraphlate (PET) (Bottle grade),*, http://www.inference.org.uk/sustainable/LCA/elcd/external_docs/petb_31116f00-fabd-11da-974d-0800200c9a66.pdf. [3]

Notes

[1] Le tableau A A.2 de l'annexe A explique les regroupements régionaux employés dans le modèle ENV-Linkages.

[2] Le tableau A A.4 de l'annexe A présente une cartographie synthétique des secteurs économiques et des applications des plastiques.

[3] L'utilisation et la production de plastiques pour 2019 ont été estimées en calculant la quantité de plastiques collectés pour être recyclés et en y soustrayant les plastiques perdus au cours du processus de recyclage (pendant le tri et la transformation). Les informations sur les pertes de plastiques ont été fournies par l'Université de Leeds. L'évolution des plastiques secondaires dans le scénario de référence a ensuite été soigneusement calibrée pour faire correspondre les déchets plastiques disponibles collectés pour le recyclage (moins les pertes) et la production secondaire par région jusqu'en 2060. Voir l'annexe A pour plus de détails sur la méthodologie et (OCDE, 2023[6]) pour une vue d'ensemble de l'utilisation de plastiques au cours de l'année de référence.

[4] Ce secteur consomme légèrement plus de plastiques dans les pays de l'OCDE que dans les pays non membres de l'OCDE. C'est le résultat d'hypothèses du modèle qui relient l'utilisation des fibres dans les textiles à l'apport de produits chimiques (le secteur qui crée les fibres). Étant donné que le modèle ne permet pas de faire la distinction entre les différents produits chimiques, l'apport en fibres est proportionnel à l'apport en produits chimiques dans le secteur textile.

[5] Par ailleurs, la réduction à court terme de l'utilisation des plastiques modifiera uniquement les flux de déchets à la fin de la durée de vie des produits. Ainsi, la diminution de l'utilisation de plastiques en 2020 entraînera une réduction des flux de déchets plastique prévus.

4 Projections sur les déchets plastiques à l'horizon 2060

La gestion des millions de tonnes de déchets plastiques produits chaque année est un problème urgent. Ce chapitre présente les projections sur les déchets plastiques dans le scénario de *Référence*, qui modélise les effets des politiques actuelles sur la production de déchets plastiques à l'horizon 2060. Il examine également la manière dont ces politiques impacteront la part des déchets plastiques recyclés, incinérés, mis en décharge ou mal gérés. Enfin, d'autres scénarios concernant l'action publique, le commerce et la reprise après la pandémie de COVID-19 sont modélisés afin d'explorer leurs répercussions sur les déchets plastiques et leur gestion.

Messages clés

- Dans l'hypothèse d'un maintien du statu quo, l'utilisation de plastique augmentera dans les décennies à venir et s'accompagnera d'une hausse des déchets plastiques à l'échelle mondiale, qui passeront de 353 Mt en 2019 à 1014 Mt en 2060. Les applications à courte durée de vie, telles que les emballages, seront à l'origine de cette augmentation, ainsi que le secteur de la construction dans les économies émergentes.
- La longue durée de vie de certaines applications des plastiques peut entraîner le maintien de déchets pendant plusieurs dizaines d'années. Par exemple, dans la construction, plus de 90 % des déchets présents jusqu'en 2040 proviendront de plastiques produits avant 2019.
- Même si toutes les régions verront leurs déchets plastiques augmenter, ils vont plus que quadrupler en Asie et en Afrique d'ici à 2060 en raison de la croissance démographique et de l'amélioration des conditions de vie. Cependant, les pays de l'OCDE continueront de produire bien plus de déchets plastiques par habitant que les pays non membres en 2060 (238 kg en moyenne contre 77 kg).
- La part du recyclage comme pratique de gestion des déchets devrait passer de 9 % en 2019 (33 Mt) à 17 % en 2060 (176 Mt). La mise en décharge (contrôlée) demeurera le moyen le plus courant de gérer les déchets plastiques, représentant 50 % de l'ensemble des déchets en 2060 (507 Mt). C'est dans les pays non membres de l'OCDE tentant d'abandonner le recours aux décharges sauvages que cette pratique augmentera le plus. La part des déchets plastiques incinérés reculera légèrement, à 18 %, car la hausse prévue des déchets plastiques concerne en grande partie des pays qui manquent de capacités d'incinération, tandis que cette méthode stagne en Europe, au Japon, en Corée, en Australie et en Nouvelle-Zélande, en raison de la saturation.
- Si les tendances actuelles du développement économique et l'adoption de politiques de gestion des déchets se poursuivent au même rythme, la part des déchets plastiques mal gérés (c'est-à-dire non gérés par recyclage, mise en décharge ou incinération) devrait chuter à 15 % d'ici à 2060 (contre 22 % en 2019), mais leur quantité augmentera cependant pour atteindre 153 Mt.
- Si les pratiques actuelles en matière de gestion des déchets ne s'améliorent pas, la quantité de déchets plastiques mal gérés devrait atteindre près de 270 Mt à l'horizon 2060, les déchets augmentant davantage dans les pays ayant des systèmes de gestion des déchets moins développés. Cela met en évidence la nécessité de partager les bonnes pratiques et les technologies existantes afin d'aider les pays en développement rapide à améliorer leurs systèmes de gestion des déchets pour pouvoir faire face à leur augmentation.
- Les scénarios commerciaux mettent l'accent sur la manière dont les mesures politiques relatives aux mouvements transfrontaliers de déchets plastiques peuvent modifier radicalement la structure des échanges et donc avoir des répercussions importantes à la fois sur les possibilités de recyclage au niveau régional et sur les rejets de plastique dans l'environnement. Pour parvenir à une utilisation plus circulaire des plastiques, les politiques commerciales et environnementales doivent aller de pair afin d'éviter que des déséquilibres ne se soldent par des taux de recyclage réduits ou une augmentation de la pollution.

4.1. Les déchets plastiques devraient presque tripler d'ici 2060

4.1.1. *L'augmentation des déchets plastiques est principalement due aux produits à courte durée de vie*

L'économie des plastiques est loin d'être circulaire aujourd'hui, produisant un volume considérable de déchets qui finissent dans l'environnement. La plupart de ces déchets plastiques sont collectés avec d'autres matériaux sous la forme de déchets municipaux solides (DMS), qui contiennent une part importante de plastiques. Les estimations de déchets du modèle ENV-Linkages incluent les DMS ainsi que les microbilles, les déchets provenant des marquages routiers et les déchets industriels, parmi lesquels les déchets issus de la construction et des activités de transport.

La dynamique des déchets plastiques se distingue de celle de l'utilisation de plastiques car il y a un décalage entre le moment de l'utilisation et la production de déchets, qui dépend de la durée de vie du produit (voir Chapitre 2, OCDE (2023[1])). Par exemple, en moyenne, les plastiques utilisés dans les transports ne deviennent des déchets qu'après 13 ans, alors que la durée de vie de certains plastiques dans la construction peut atteindre 35 ans. En revanche, d'autres applications, telles que les produits de consommation et les emballages, ont une durée de vie très courte.

Selon le scénario de *Référence*, le volume des déchets plastiques devrait augmenter considérablement dans les prochaines décennies, passant de 353 Mt en 2019 à 1014 Mt en 2060 (Graphique 4.1). Dans ce scénario, le développement socioéconomique continu et la croissance économique, y compris la reprise après la pandémie de COVID-19 (Chapitre 2), entraînent une augmentation rapide de l'utilisation de plastique (Chapitre 3). Une tendance importante se dessine, à savoir que les économies émergentes et en développement rattrapent les pays à revenu élevé, induisant une augmentation plus rapide de l'utilisation de plastiques dans ces pays.

Graphique 4.1. Les déchets plastiques devraient presque tripler d'ici 2060

Déchets plastiques par application en millions de tonnes (Mt), scénario de *Référence*

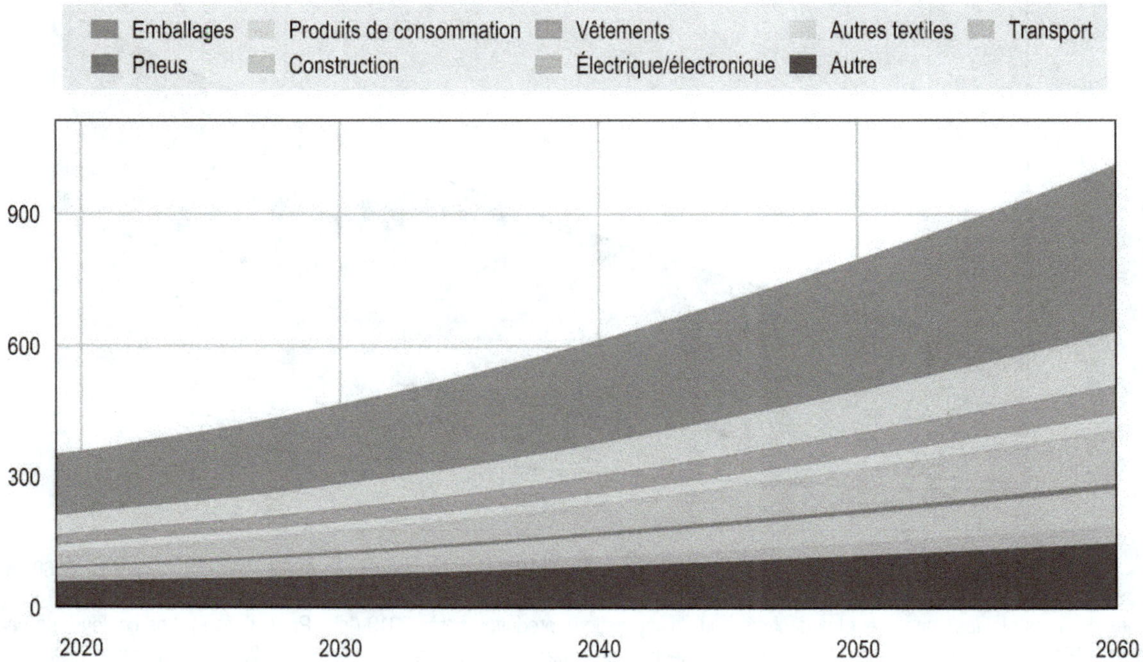

Source : modèle ENV-Linkages de l'OCDE.

StatLink https://stat.link/59g7pu

Parallèlement à la hausse de l'utilisation de plastiques, les déchets augmentent pour toutes les applications, mais pas au même rythme. Ceux qui proviennent de produits à courte durée de vie, tels que les emballages, les produits de consommation et les textiles, devraient augmenter considérablement, mais leur part dans le total des déchets devrait légèrement baisser, de 63 % en 2019 à 59 % en 2060, les déchets augmentant plus vite pour d'autres applications, par exemple les véhicules automobiles.

L'une des évolutions majeures concerne la forte augmentation de l'utilisation de plastiques pour la construction. Les économies en croissance investissent dans les infrastructures et la construction (OCDE, 2019[2]), ce qui entraîne une progression rapide de l'utilisation de matières plastiques durables ayant une longue durée de vie. Ces longues durées de vie impliquent un décalage entre la production et la fin de vie en tant que déchet (Graphique 4.2). En effet, les déchets « historiques », c'est-à-dire issus d'applications produites avant 2019, jouent un rôle très important dans les produits durables tels que ceux utilisés dans l'industrie automobile et la construction. Pour ce qui est des emballages, presque tous les déchets produits après 2019 viennent de plastiques produits en 2019 ou après, tandis que dans la construction, plus de 90 % des déchets plastiques présents jusqu'en 2040 proviendront de plastiques produits avant 2019. Ce décalage entre l'utilisation de plastiques et la génération des déchets plastiques implique une accumulation de plastiques dans l'économie, ce qui continue de créer des flux de déchets au-delà de 2060 (voir Encadré 4.1).

Graphique 4.2. Le décalage dans le temps entre l'utilisation de plastiques et les déchets plastiques varie en fonction de l'application

Déchets plastiques historiques et projections par application en millions de tonnes (Mt), scénario de *Référence*

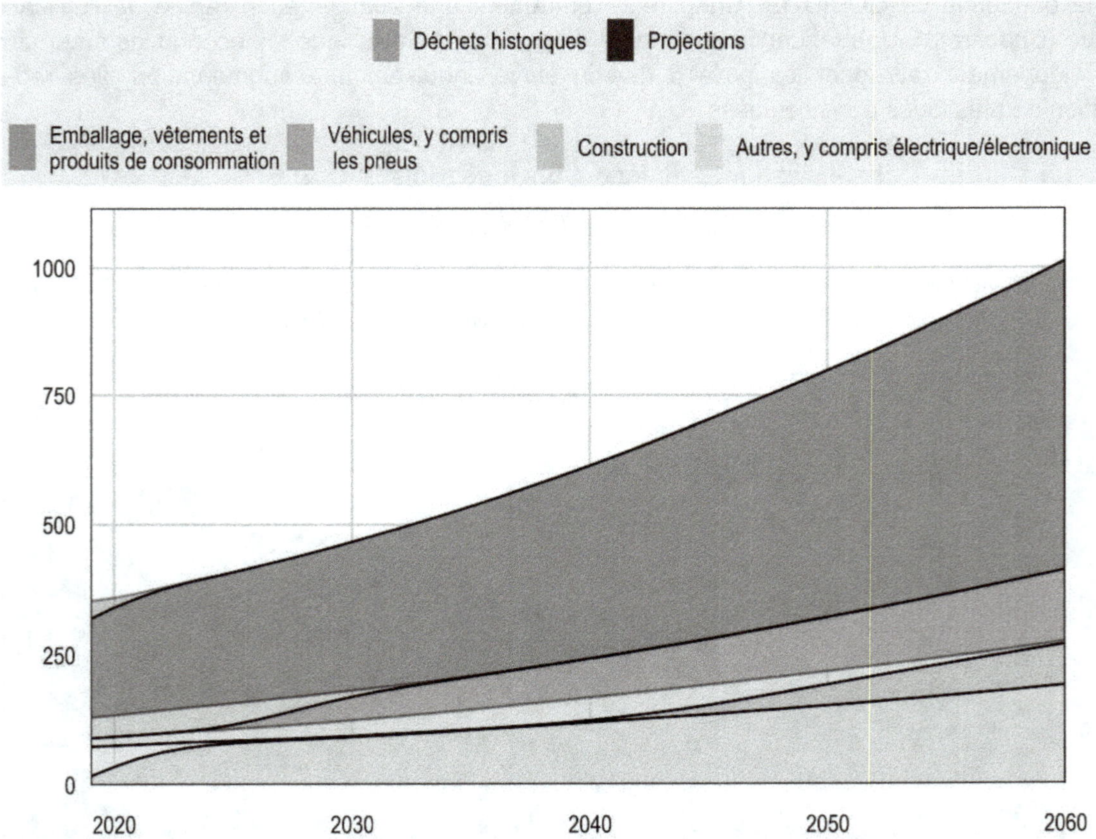

Note : les couleurs pleines concernent les déchets issus d'applications produites après 2019 (ici « Projections »). Les couleurs un peu plus nuancées, délimitées par les lignes noires, renvoient aux déchets provenant d'applications produites avant 2019 (ici « Déchets historiques »).
Source : modèle ENV-Linkages de l'OCDE.

StatLink https://stat.link/retj85

Encadré 4.1. Les plastiques à longue durée de vie contribueront aux niveaux de déchets même au siècle prochain

Dans les projections ENV-Linkages, les déchets présentés pour chaque année comprennent les nouveaux déchets issus des produits utilisés et mis au rebut au cours de l'année en question ainsi que les déchets provenant des biens produits par le passé mais pas encore éliminés. Même si le modèle se fonde sur des projections à l'horizon 2060, ENV-Linkages calcule également les flux de déchets concernant les plastiques produits jusqu'en 2060 mais toujours en cours d'utilisation après cette date. Ces stocks de plastiques se transformeront inévitablement en déchets à un moment donné après 2060. Ainsi, même si la production de plastiques s'arrêtait complètement après 2060, il resterait une certaine quantité de déchets plastiques « captifs », correspondant à l'utilisation de plastiques avant 2060 et qui seraient éliminés après cette date. Pour les applications à courte durée de vie telles que les emballages, ces déchets plastiques captifs ne subsisteront pas longtemps après 2060, mais pour les applications à longue durée de vie ces flux de déchets se matérialiseront sur plusieurs dizaines d'années, voire jusqu'au siècle prochain pour certains d'entre eux (Graphique 4.3). Au total, ces flux de déchets postérieurs à 2060 s'élèvent à environ 9 gigatonnes (Gt), soit approximativement un quart des 33 Gt de déchets plastiques éliminés entre l'apparition des premiers produits en plastique en 1950 et 2060.

Graphique 4.3. Les applications des plastiques ayant une longue durée de vie retardent la production de déchets et entraînent l'accumulation de plastiques dans l'économie

Déchets plastiques « captifs » en millions de tonnes (Mt), scénario de *Référence*

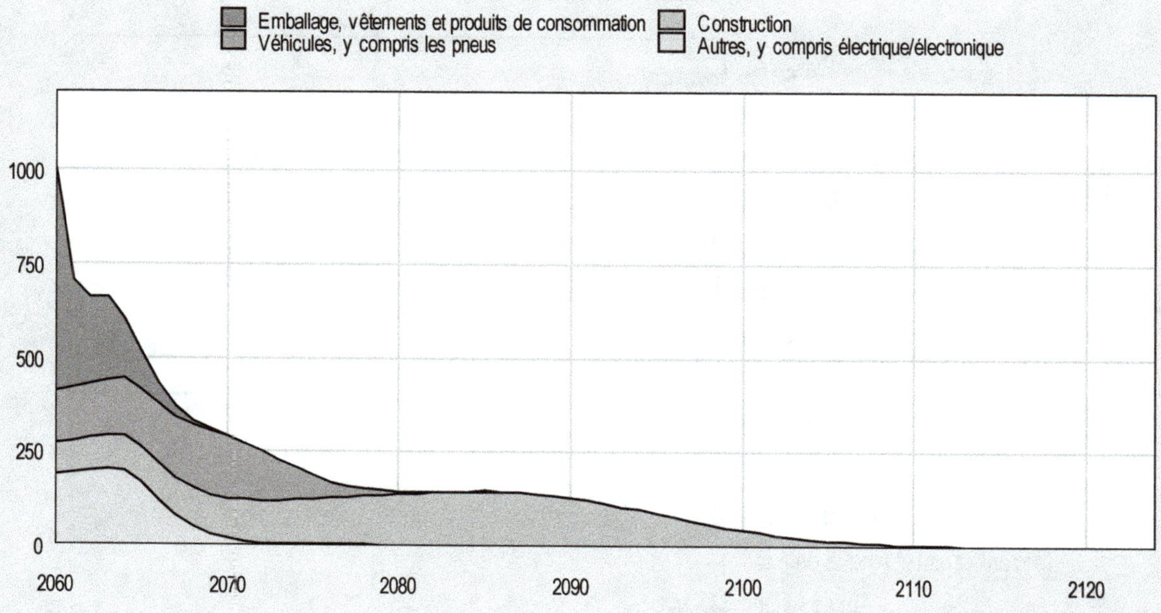

Note : les projections sur les déchets plastiques après 2060 correspondent aux plastiques produits avant 2060 et toujours en cours d'utilisation à cette date. Ces plastiques dont la fin de vie va au-delà de l'horizon temporel de la modélisation sont appelés ici déchets plastiques « captifs ».
Source : modèle ENV-Linkages de l'OCDE.

StatLink https://stat.link/e8gy5l

4.1.2. *L'Afrique et l'Asie connaîtront la plus forte augmentation de déchets plastiques*

Si les volumes de déchets plastiques sont censés s'accroître dans toutes les régions, c'est dans les pays non membres de l'OCDE que cette augmentation sera la plus forte (Graphique 4.4), en particulier sous l'effet de la croissance économique dans les économies émergentes d'Afrique et d'Asie. Alors que les pays de l'OCDE ont été à l'origine d'approximativement la moitié de l'ensemble des déchets plastiques en 2019, leur part mondiale devrait diminuer à un tiers en 2060, ce malgré un doublement prévu de leur production de déchets plastiques, de 172 Mt en 2019 à 358 Mt en 2060. Les pays non membres de l'OCDE augmentent conjointement leur production de déchets plastiques de 181 Mt à 657 Mt. Une grande partie de cet accroissement jusqu'en 2060 aura déjà lieu avant 2030, notamment dans les économies connaissant actuellement une croissance rapide comme la République populaire de Chine (ci-après « la Chine »), dont la part dans les déchets mondiaux devrait passer de 19 % à 21 %. Après 2030, la part de la Chine dans les déchets mondiaux diminue quelque peu (à 18 % en 2060), la croissance se concentrant particulièrement en Inde ainsi que dans les autres pays d'Asie non membres de l'OCDE et en Afrique.

Graphique 4.4. L'Afrique et l'Asie connaîtront la plus forte augmentation de déchets plastiques

Déchets plastiques par région en millions de tonnes (Mt), scénario de *Référence*

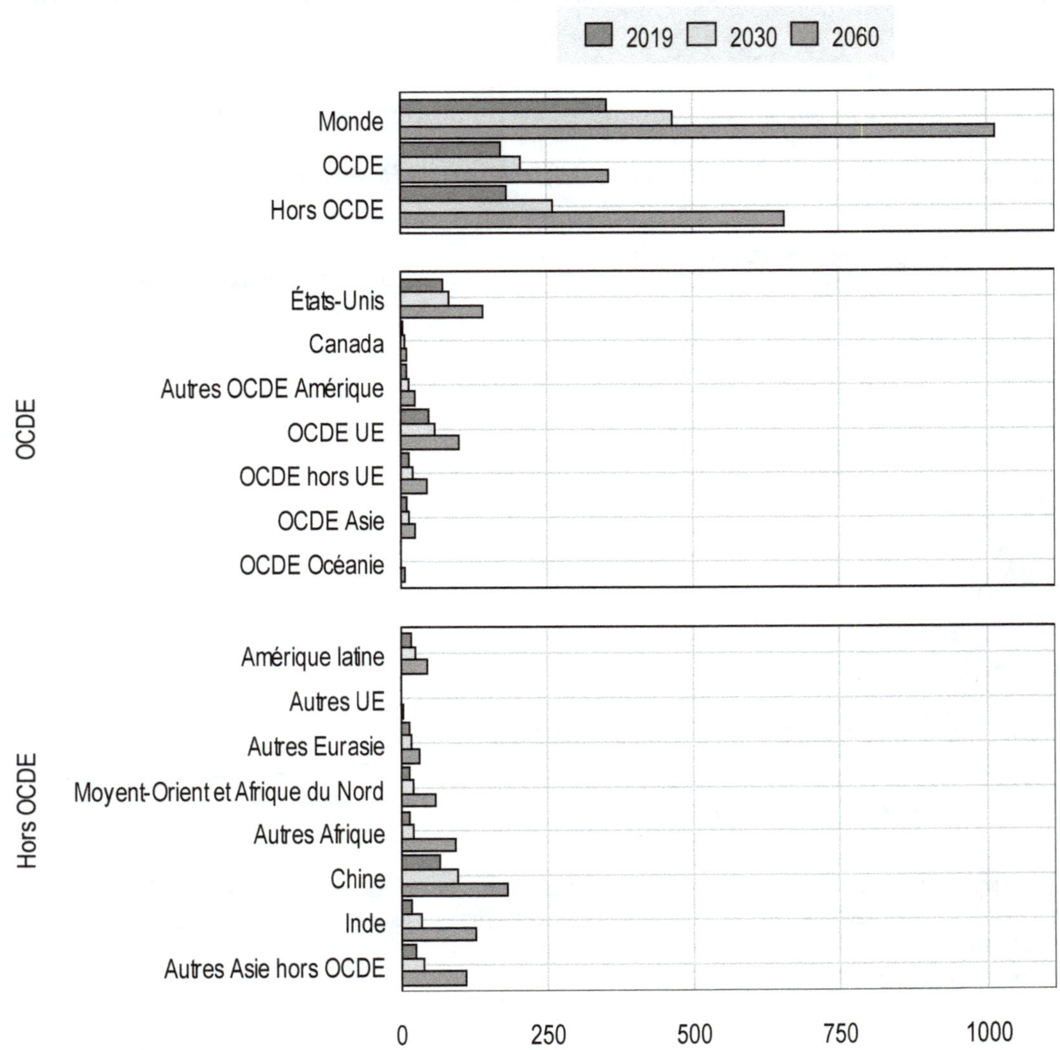

Source : modèle ENV-Linkages de l'OCDE.

StatLink https://stat.link/n2sfp3

La quantité moyenne de déchets plastiques produits par chaque personne à l'échelle mondiale devrait doubler d'ici à 2060 par rapport aux niveaux de 2019 (Tableau 4.1). Les taux d'accroissement les plus élevés de déchets moyens par habitant s'observent dans des régions utilisant aujourd'hui relativement peu de plastique, notamment l'Afrique et l'Asie. Même si l'augmentation la plus forte de quantité de déchets plastiques par habitant concerne les pays non membres de l'OCDE, ceux-ci partent de niveaux bien plus bas. C'est pourquoi leurs quantités moyennes de déchets par habitant devraient encore être nettement inférieurs à ceux des pays de l'OCDE en 2060.

Tableau 4.1. Les pays de l'OCDE resteront les plus grands producteurs de déchets plastiques par habitant en 2060

Déchets plastiques par région en kilogrammes par habitant, scénario de *Référence*

	2019	2030	2060	Évolution 2060 (indice 1 en 2019)
Monde	46	55	100	2,2
OCDE	126	144	238	1,9
États-Unis	221	240	350	1,6
Canada	178	188	268	1,5
Autres OCDE Amérique	58	63	108	1,9
OCDE UE	122	142	239	2
OCDE hors UE	94	115	221	2,4
OCDE Asie	69	86	173	2,5
OCDE Océanie	62	83	168	2,7
Hors OECD	29	37	76	2,6
Amérique latine	43	52	86	2
Autres UE	75	108	241	3,2
Autres Eurasie	53	57	100	1,9
Moyen-Orient et Afrique du Nord	38	43	86	2,3
Autres Afrique	15	15	35	2,3
Chine	47	67	143	3
Inde	14	24	79	5,6
Autres Asie hors OCDE	21	29	71	3,4

Source : modèle ENV-Linkages de l'OCDE.

4.2. Malgré une meilleure gestion des déchets, les déchets mal gérés vont presque doubler d'ici 2060

4.2.1. *Le devenir des déchets plastiques en fin de vie*

Ce qu'il advient des plastiques en fin de vie diffère selon les régions, et dépend des capacités de gestion des déchets et des réglementations. Le modèle ENV-Linkages distingue quatre catégories de gestion des déchets[1].

- Recyclage : déchets collectés pour être recyclés, traités et utilisés pour la production de plastiques secondaires. Ce flux de déchets exclut les résidus issus des processus de recyclage (voir Encadré 4.2), qui sont éliminés par le biais d'autres catégories de gestion des déchets.
- Incinération : déchets incinérés dans une installation industrielle de pointe, avec ou sans valorisation énergétique.

- Mise en décharge : déchets éliminés moyennant leur enfouissement contrôlé, dans le respect des prescriptions sanitaires, environnementales et de sécurité les plus avancées.
- Mauvaise gestion : tous les autres déchets. Cette catégorie comprend les déchets collectés qui sont ensuite brûlés à ciel ouvert, rejetés dans les milieux aquatiques ou abandonnés dans des décharges non contrôlées ou sauvages. Elle inclut également les déchets non pris en charge dans un système de collecte, comme par exemple les marquages routiers. Cette catégorie englobe aussi les déchets sauvages non collectés, c'est-à-dire les dépôts sauvages ou l'abandon de détritus par des individus, et qui ne sont pas ramassés par le balayage des rues ou d'autres actions de nettoyage. Elle n'inclut pas les déchets collectés et éliminés par l'une des autres catégories.

Encadré 4.2. Les quantités de déchets faisant l'objet d'un traitement final diffèrent des quantités collectées

La gestion des déchets est une chaîne d'actions consécutives. Les déchets sont d'abord collectés, puis triés en vue d'un traitement spécifique. Au cours de ce processus, des résidus de recyclage sont produits et doivent être éliminés (Encadré 4.3). De même, les déchets sauvages peuvent être collectés par le biais du balayage des rues ou d'autres actions de nettoyage avant d'être partiellement réaffectés à d'autres catégories de gestion des déchets. Le Graphique 4.5 présente la manière dont le traitement des déchets à des fins de recyclage et le nettoyage des dépôts sauvages influencent la répartition entre les différents modes de gestion des déchets. Ce chapitre se concentre sur le traitement final des déchets, car il s'agit de l'élément le plus important pour l'évaluation de la charge environnementale des déchets plastiques.

Graphique 4.5. Les déchets collectés pour le recyclage et les flux de déchets sauvages sont en partie incinérés, mis en décharge ou mal gérés

Déchets plastiques par traitement en Mt, année 2060

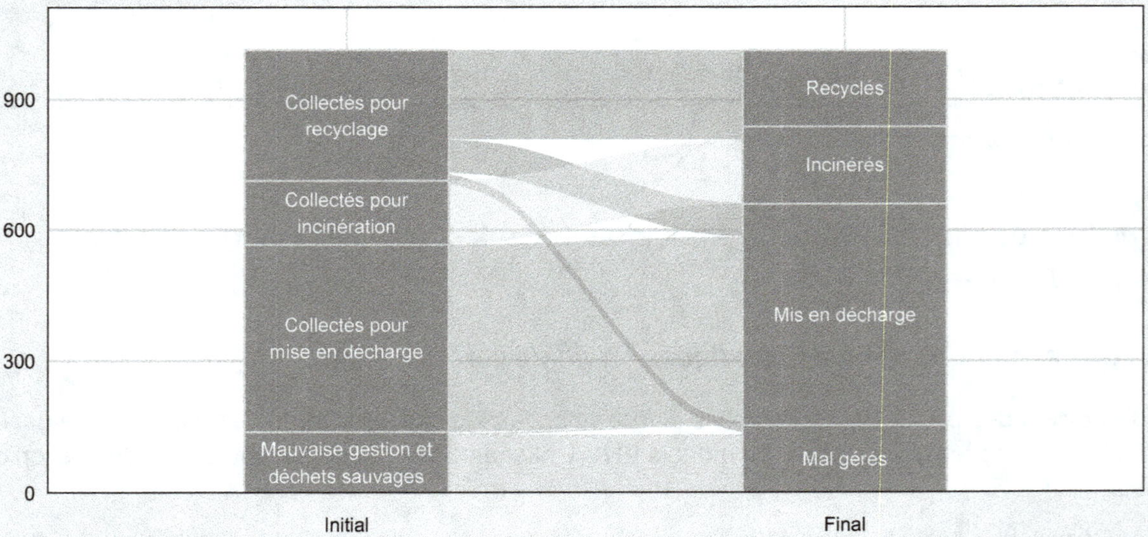

Source : modèle ENV-Linkages de l'OCDE.

StatLink https://stat.link/d3gb5s

Le modèle ENV-Linkages présente des projections des parts futures des déchets recyclés, incinérés, mis en décharge et mal gérés à l'horizon 2060. Pour ce faire, il s'appuie sur une combinaison d'hypothèses et sur des analyses de régressions transnationales qui permettent d'évaluer le lien entre les catégories de gestion des déchets et le produit intérieur brut (PIB) par habitant (voir Annexe A). L'une des hypothèses sous-jacentes est que la part des déchets plastiques collectés pour le recyclage continue à croître d'ici à 2060, et ce, au même rythme moyen qu'au cours des 40 dernières années. Une autre hypothèse importante est que les pays au revenu croissant investissent dans l'amélioration de la collecte et du traitement des déchets ainsi que du nettoyage des dépôts sauvages, faisant ainsi diminuer la part totale des déchets mal gérés.

Il existe des différences notables entre les régions en matière de gestion des déchets, qui reflètent les tendances passées et les engagements des pays. Par exemple, le recyclage devrait fortement augmenter dans les régions OCDE UE et OCDE Pacifique ainsi qu'en Chine à la suite d'engagements politiques marqués. La part de l'incinération devrait reculer dans les pays de l'OCDE UE et dans ceux de l'OCDEPacifique qui ont déjà des taux d'incinération élevés. En revanche, dans des régions comme le Moyen-Orient et l'Afrique ou l'Amérique latine, la part de l'incinération devrait s'accroître, tout en restant bien inférieure à celle des autres régions. La part de la mise en décharge diminue dans plusieurs régions, notamment en OCDE UE et OCDE Pacifique, en raison de l'augmentation du recyclage et de l'incinération. À l'inverse, la part de la mise en décharge devrait augmenter dans les pays non membres de l'OCDE grâce à l'amélioration de la gestion élémentaire des déchets et du recul progressif de la mauvaise gestion des déchets. Cependant, la part des déchets plastiques mal gérés demeure importante dans les pays non membres de l'OCDE.

Graphique 4.6. La gestion des déchets s'améliore plus sensiblement dans les pays non membres de l'OCDE

Parts des déchets plastiques par catégorie de gestion des déchets, scénario de *Référence*

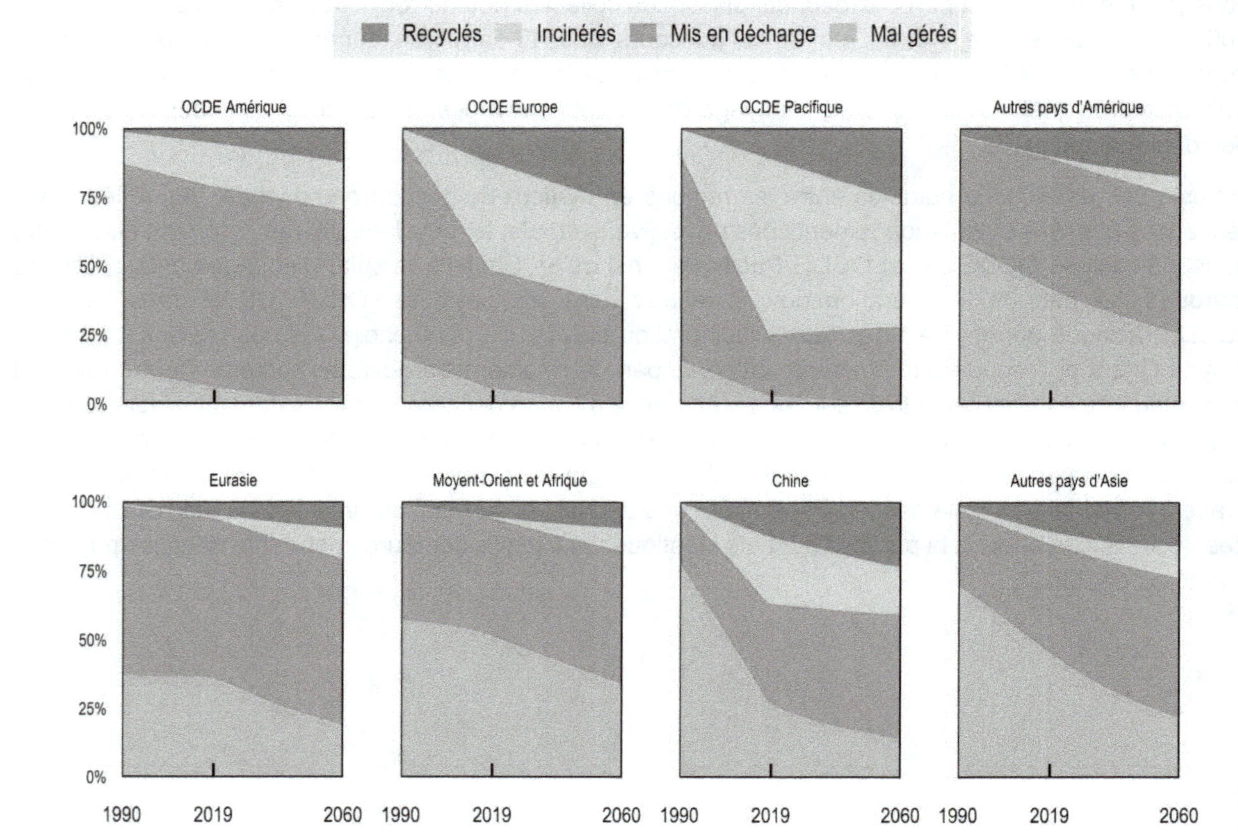

Note : Par souci de simplicité, ce graphique présente une version plus agrégée des régions du modèle ENV-Linkages. OCDE Amérique regroupe les États-Unis, le Canada, le Mexique et OCDE Amérique latine (Chili et Colombie). OCDE Europe regroupe les pays de l'UE et hors UE membres de l'OCDE. OCDE Pacifique regroupe fOCDE Asie (Japon et Corée) et OCDE Océanie (Australie et Nouvelle-Zélande). Eurasie regroupe Autres UE and Autres Eurasie. Moyen-Orient et Afrique regroupe Moyen-Orient et Afrique du Nord et Autres Afrique. Enfin, Autres Asie regroupe l'Inde et Autres Asie hors OCDE. Voir Tableau A A.2 de l'Annexe A pour une description détaillée des régions utilisées dans ENV-Linkages.
Source : modèle ENV-Linkages de l'OCDE.

StatLink https://stat.link/xp0uvt

4.2.2. *La part des déchets mal gérés devrait être plus faible en 2060, mais leur quantité plus élevée*

Selon le scénario de *Référence*, le recyclage devrait connaître l'augmentation la plus importante, passant de 33 Mt en 2019 à 176 Mt en 2060 (Graphique 4.7). Ainsi, la part des déchets plastiques recyclés est quasiment multipliée par deux, atteignant 17 % de l'ensemble des déchets produits, contre 9 % en 2019. Il s'agit d'un indicateur clé de la circularité, conjointement avec la part des plastiques secondaires dans la production totale de plastiques présentée au Chapitre 3, ce qui montre qu'au fil du temps, l'économie du plastique devient plus circulaire à l'échelle mondiale.

L'incinération et la mise en décharge connaissent également une augmentation constante, la mise en décharge devant rester la catégorie de gestion des déchets la plus courante, même si sa part varie fortement selon les régions en fonction de la pénurie des terres[2]. La quantité de déchets plastiques mis en décharge triple, passant de 174 Mt en 2019 à 507 Mt en 2060, tandis que les déchets incinérés passent de 67 Mt à 179 Mt. À l'échelle planétaire, la part de la mise en décharge demeure stable, à environ 50 %, alors que l'incinération représente un peu moins de 20 % de l'élimination des déchets plastiques en 2060.

La mauvaise gestion des déchets devrait progresser plus lentement que les autres devenirs en fin de vie. Cela est dû à l'absorption d'une plus grande part des déchets par le recyclage et au fait que les pays émergents investissent une partie de leur revenu supplémentaire dans l'amélioration des installations de gestion des déchets et la collecte des déchets sauvages. Par conséquent, la part des déchets mal gérés passe de 22 % en 2019 à 15 % en 2060. Cependant, la quantité de déchets mal gérés continue de progresser sous l'effet de l'augmentation des déchets, avec un quasi-doublement de 79 Mt en 2019 à 153 Mt en 2060.

Graphique 4.7. La mise en décharge contrôlée restera le mode de gestion des déchets le plus répandu

Déchets plastiques par catégorie de gestion des déchets en millions de tonnes (Mt), scénario de *Référence*

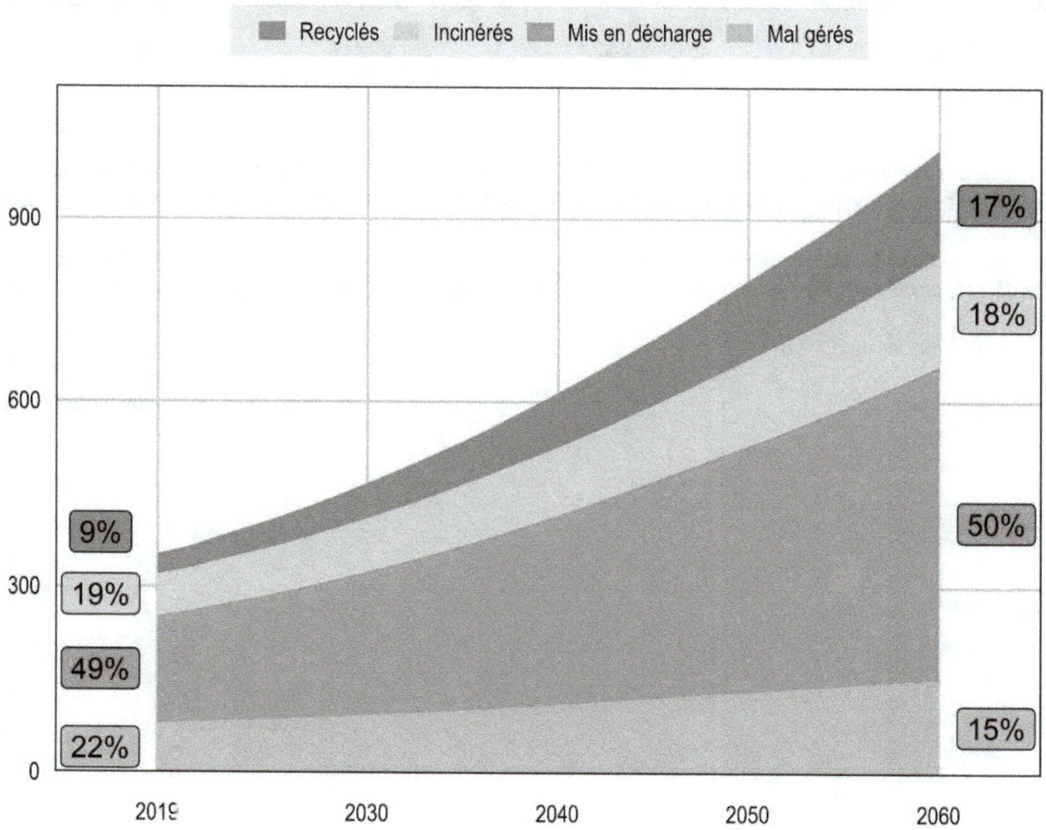

Note : Les chiffres à gauche et à droite indiquent la part de chaque devenir en 2019 et 2060 respectivement.
Source : modèle ENV-Linkages de l'OCDE.

StatLink https://stat.link/yuo02h

La hausse de la quantité de déchets et l'amélioration de la gestion des déchets contribuent à la forte augmentation du volume de déchets recyclés (Graphique 4.8). L'amélioration de la gestion des déchets tient compte de l'évolution de la part de déchets plastiques collectés pour être recyclés ainsi que de la part des résidus de recyclage devant être éliminés (Roosen et al., 2020[3]), comme expliqué dans l'Encadré 4.3.

Graphique 4.8. La hausse des déchets plastiques et une meilleure gestion des déchets entraînent l'augmentation des déchets recyclés

Facteurs entraînant l'augmentation des déchets plastiques recyclés en millions de tonnes (Mt) entre 2019 et 2060, scénario de *Référence*

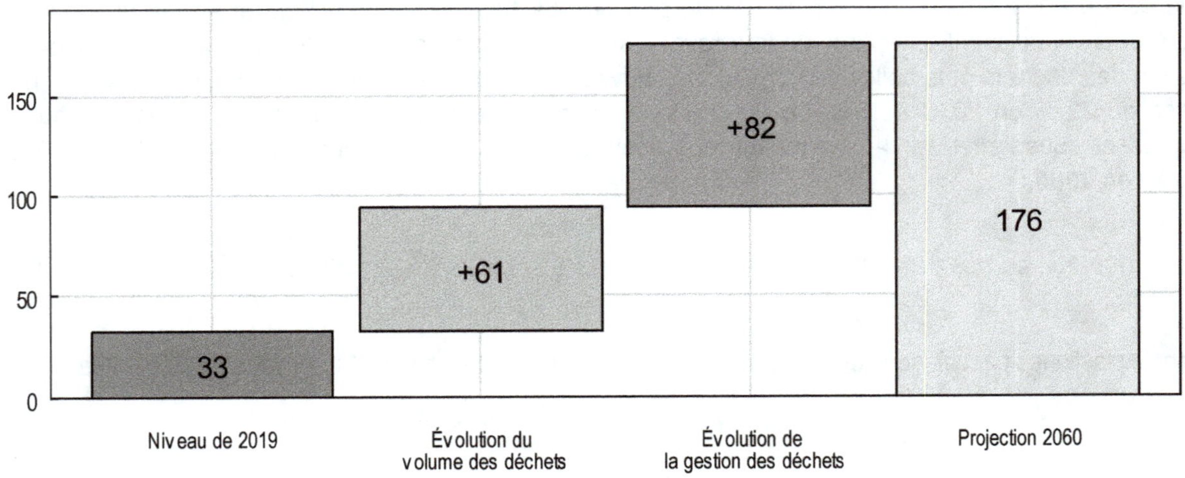

Note :
Évolution du volume des déchets représente une projection hypothétique qui suppose que toutes les parts de gestion demeurent fixes à leur niveau de 2019. Il est donc estimé que les déchets plastiques collectés pour être recyclés augmentent à la même vitesse que la totalité des déchets plastiques.
Évolution de la gestion des déchets représente l'évolution des parts de gestion des déchets, reflétant un équilibre entre des parts plus importantes de déchets produits dans les économies émergentes et en développement et l'amélioration des systèmes de gestion des déchets dans tous les pays.
Source : modèle ENV-Linkages de l'OCDE.

StatLink https://stat.link/sqz675

Encadré 4.3. Une grande part des déchets collectés pour le recyclage est perdue au cours du processus

Le pourcentage de déchets collectés pour le recyclage passe de 15 % en 2019 à 30 % en 2060 dans le modèle, c'est-à-dire de 55 Mt à 302 Mt (Tableau 4.2). Cette part est supposée croître de façon linéaire en suivant les tendances passées (Geyer, Jambeck et Law, 2017[4]), entraînant un doublement dans la plupart des régions d'ici à 2060. Cependant, tous les déchets collectés pour le recyclage ne sont pas recyclés dans les faits. Par exemple, de nombreuses matières plastiques techniquement recyclables ne sont pas collectées en quantité suffisante pour permettre une séparation et un retraitement économiquement viables. Ces « matières non ciblées », tout comme les impuretés et les mélanges de polymères difficiles à trier, finiront en résidus de recyclage devant être éliminés. En 2019, ces résidus représentaient près de 40 % des déchets plastiques collectés pour être recyclés. Les pays de l'OCDE ont généralement des niveaux relativement élevés de résidus de recyclage en raison de la collecte publique à grande échelle des déchets recyclables et du tri moins informel des déchets. À l'inverse, les taux de résidus des pays non membres de l'OCDE sont plus faibles du fait de la collecte sélective des produits recyclables à haute valeur ajoutée et du tri de qualité effectué par les ramasseurs de déchets informels (OCDE, 2023[1]).

Trois facteurs principaux influencent la part mondiale de ces résidus au fil du temps (voir Annexe A).

- L'augmentation des quantités de déchets plastiques permet des économies d'échelle, et une plus grande expérience entraîne des effets d'apprentissage, ce qui réduit les résidus de recyclage (effet technologique).
- À l'inverse, plus la collecte inclut de types de plastiques de faible valeur, plus les résidus de recyclage augmentent (effet de développement).
- La croissance des revenus modifie les modes de consommation. Les applications comme les emballages contiennent des polymères assez faciles à recycler, tandis que les polymères des applications telles que le transport ou l'électronique sont plus difficiles à recycler. Par conséquent, les régions qui connaissent une forte croissance des activités de transport (voir Section 3.1.3 du Chapitre 3) se retrouveront globalement avec un taux moyen plus élevé de résidus de recyclage provenant des déchets plastiques (effet de consommation).

À l'échelle planétaire, les trois tendances s'annulent plus ou moins mutuellement, de sorte que, globalement, le pourcentage de résidus de recyclage provenant des déchets plastiques collectés restera approximativement inchangé (40 % en 2019 contre 42 % en 2060). Cependant, l'effet technologique domine dans les pays de l'OCDE (ce qui réduit les taux de perte), alors qu'en dehors de l'OCDE l'effet de développement et l'effet de consommation sont plus forts (ce qui augmente les taux de perte).

Tableau 4.2. La part des résidus de recyclage diminue dans les pays de l'OCDE, mais augmente dans les pays non membres de l'OCDE

		Monde	OCDE	Non-OCDE
2019	Collecte pour le recyclage (Mt)	55 Mt	27 Mt	28 Mt
	Recyclé (%) / résidus (%)	60 % / 40 %	56 % / 44 %	65 % / 35 %
2060	Collecte pour le recyclage (Mt)	302 Mt	108 Mt	194 Mt
	Recyclé (%) / résidus (%)	58 % / 42 %	64 % / 36 %	55 % / 45 %

Source : modèle ENV-Linkages de l'OCDE, d'après Cottom et al. (2022[5]).

L'amélioration de la gestion des déchets réduit la quantité totale de déchets mal gérés, ce qui compense en partie l'augmentation des déchets plastiques (Graphique 4.9). Les améliorations des systèmes de gestion des déchets devraient être concentrées dans les économies émergentes et en développement, qui sont également les régions où les déchets plastiques augmentent le plus rapidement (voir Section 4.2.2).

Graphique 4.9. L'augmentation des déchets plastiques mal gérés n'est que partiellement compensée par la meilleure gestion des déchets

Facteurs entraînant l'augmentation du total des déchets mal gérés en millions de tonnes (Mt) entre 2019 et 2060, scénario de *Référence*

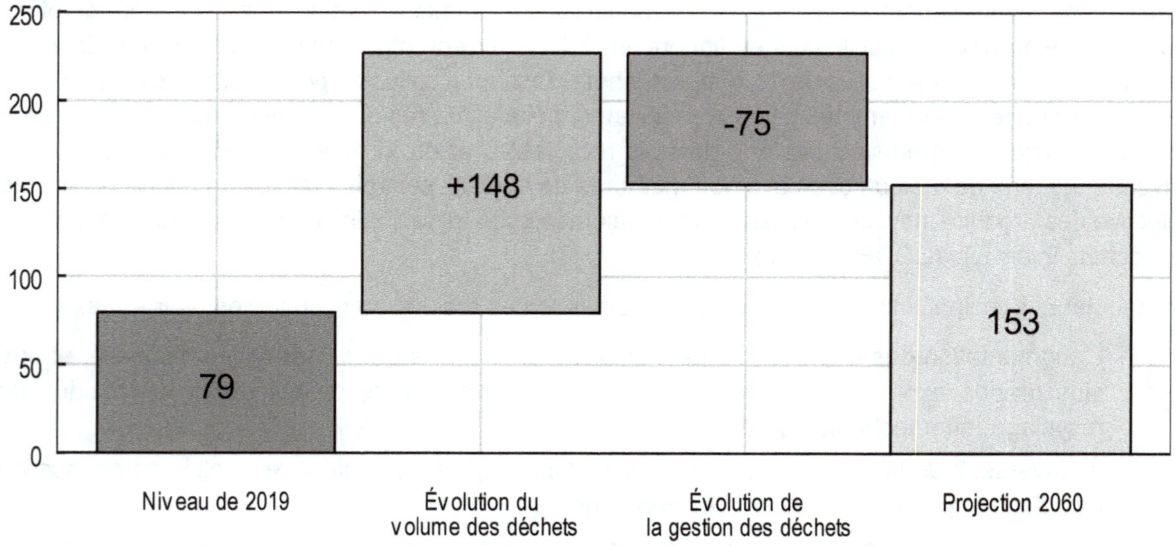

Note :
Évolution du volume des déchets représente une projection hypothétique qui suppose que toutes les parts de gestion demeurent fixes à leur niveau de 2019. Il est donc estimé que les déchets plastiques mal gérés sont donc censés augmentent à la même vitesse que la totalité des déchets plastiques.
Évolution de la gestion des déchets représente l'évolution des parts de la gestion des déchets, reflétant un équilibre entre des parts plus importantes de déchets produits dans les économies émergentes et en développement et l'amélioration des systèmes de gestion des déchets dans tous les pays.
Source : modèle ENV-Linkages de l'OCDE.

StatLink https://stat.link/8639t7

Les projections sur l'utilisation des plastiques et leurs déchets exposées dans ce chapitre reposent sur des choix et des hypothèses de modélisation qui diffèrent en partie de ceux utilisés jusqu'à présent dans la littérature. Elles complètent les projections sur les plastiques des publications existantes, confirmant certaines estimations et contestant d'autres (Encadré 4.4).

Encadré 4.4. La portée élargie des projections de l'OCDE explique les différences avec les études existantes

Les projections à long terme sur l'utilisation des plastiques, les déchets plastiques et les déchets mal gérés présentées dans ce chapitre et dans le précédent sont comparables à celles d'études antérieures (Tableau 4.3). On observe toutefois quelques différences, qui s'expliquent par les données et la méthodologie utilisées.

Selon Geyer et al. (2017[4]), la consommation mondiale de plastique en 2050 devrait être supérieure aux projections du modèle ENV-Linkages. Cette différence est due à deux facteurs principaux. Tout d'abord, le modèle ENV-Linkages se fonde sur des estimations de l'utilisation des plastiques pour l'année de référence (2015) de Ryberg et al. (2019[6]), qui donnent davantage de détails par région et par secteur. Par ailleurs, tandis que les travaux de Geyer et al. (2017[4]) extrapolent principalement les tendances historiques, le modèle ENV-Linkages prend également en considération les changements structurels et les progrès technologiques, censés faire reculer l'utilisation de plastique dans l'avenir. Comme l'indique le chapitre 3, en l'absence d'évolutions structurelles et technologiques, les projections sur l'utilisation des plastiques (et les déchets qui en résultent) seraient approximativement 16 % plus élevées en 2060.

Tout comme les travaux de Geyer et al. (2017[4]) et de Ryberg et al. (2019[6]), le modèle ENV-Linkages inclut les fibres (13 % de l'utilisation totale de plastique) ; en outre, comme Geyer et al. (2017[4]), il va au-delà des déchets plastiques provenant de sources municipales en tenant compte également des déchets produits par l'industrie et la construction (33 % de l'ensemble des déchets plastiques). Cela entraîne des différences à la fois en ce qui concerne l'utilisation de plastiques et les déchets plastiques par rapport aux projections qui excluent les fibres et/ou ne prennent en considération que les déchets municipaux.

Malgré une portée élargie, les projections du modèle ENV-Linkages relatives aux déchets mal gérés sont inférieures à celles de Lebreton et Andrady (2019[7]) ainsi que de Lau et al. (2020[8]). À la suite de Ryberg et al. (2019[6]) et des tendances concernant les déchets municipaux solides mises en évidence par Kaza et al. (2018[9]), le modèle ENV-Linkages fait l'hypothèse d'un pourcentage nettement inférieur de déchets mal gérés dans les projections. Par ailleurs, les projections du modèle ENV-Linkages prennent en considération les effets potentiels des politiques actuelles et des améliorations marginales sur la gestion des déchets dans les décennies à venir. Sans ces politiques, le volume de déchets mal gérés serait plus élevé (voir Section 4.3).

Tableau 4.3. Comparaison des projections avec les études existantes

		2015/2016 (Mt)	2025 (Mt)	2040 (Mt)	2050 (Mt)	2060 (Mt)
Utilisation mondiale de plastique	Geyer, Jambeck et Law (2017)[a]	380			1100	1371
	Ryberg et al. (2019)[a]	388				
	ENV-Linkages [a]	**413**	**516**	**766**	**976**	**1231**
Déchets plastiques mondiaux	Geyer, Jambeck et Law (2017)[a]	302			902	
	Ryberg et al (2019)[b]	161				
	Lebreton et Andrady (2019)[b]	181	230	300		380
	Lau et al. (2020)[b]	220		420		
	ENV-Linkages [a]	**308**	**409**	**615**	**799**	**1014**
Total des déchets plastiques mal gérés à l'échelle mondiale	Jambeck et al. (2015)[b]	37	70			
	Ryberg et al. (2019)[b]	41				
	Lebreton et Andrady (2019)[b]	80	95	155		213
	Lau et al. (2020)[b]	91		240		
	ENV-Linkages [a]	**74**	**86**	**111**	**132**	**153**

Note : les valeurs de Geyer, Jambeck et Law (2017[4]) ont été mises à jour à partir de valeurs cumulées. Toutes les autres valeurs annuelles indiquées sont présentées comme dans les études respectives. Lorsque les valeurs annuelles ne sont pas explicitement indiquées, elles ne figurent pas dans le tableau.

a. Tous plastiques confondus.

b. Déchets municipaux solides uniquement.

Sources : Jambeck et al. (2015[10]), Geyer, Jambeck et Law (2017[4]), Lebreton et Andrady (2019[7]), Lau et al. (2020[8]), modèle ENV-Linkages de l'OCDE. Le rapport de Lau et al. (2020[8]) constitue l'article scientifique à la base du rapport « Breaking the Plastic Wave » (The Pew Charitable Trust ; SYSTEMIQ, 2020[11]).

4.2.3. *Les améliorations de la gestion des déchets en Afrique et en Asie joueront un rôle majeur pour limiter les déchets mal gérés*

Dans les décennies à venir, la gestion des déchets évoluera différemment dans les pays membres et non membres de l'OCDE. Dans les pays de l'OCDE, les déchets recyclés augmenteront considérablement. Les taux de recyclage passeront de 9 % en 2019 à 17 % en 2060 (Graphique 4.10). Si le volume des déchets plastiques mis en décharge et incinérés augmentera, leur contribution relative restera stable au fil du temps. La part de déchets mal gérés dans les pays de l'OCDE est déjà faible (6 % en 2019) et devrait encore diminuer, à 1,3 % d'ici 2060, ce qui s'explique par une baisse de la quantité de déchets mal gérés, de 10 Mt en 2019 à 4 Mt en 2060.

La gestion des déchets évoluera plus sensiblement dans les pays non membres de l'OCDE. Les déchets recyclés augmenteront, bien qu'à un rythme plus lent que dans les pays de l'OCDE. Les taux de recyclage passeront de 10 % en 2019 à 16 % en 2060. Plus les pays s'enrichissent, plus les parts de déchets mis en décharge et incinérés devraient s'accroître. Cependant, la part de l'incinération dans les pays non membres de l'OCDE représente toujours moins de la moitié de celle des pays de l'OCDE, reflétant le coût élevé des investissements dans cette catégorie de gestion des déchets. Même si les améliorations sensibles apportées aux infrastructures de gestion des déchets et à la collecte des dépôts sauvages permettent de faire baisser la part des déchets mal gérés, leur quantité annuelle devrait tout de même doubler, passant de 79 Mt en 2019 à 153 Mt en 2060.

Graphique 4.10. Seuls 17 % des déchets plastiques mondiaux devraient être recyclés d'ici 2060

Déchets plastiques en millions de tonnes (Mt) et parts (%) des déchets plastiques par catégorie de gestion des déchets, scénario de *Référence*

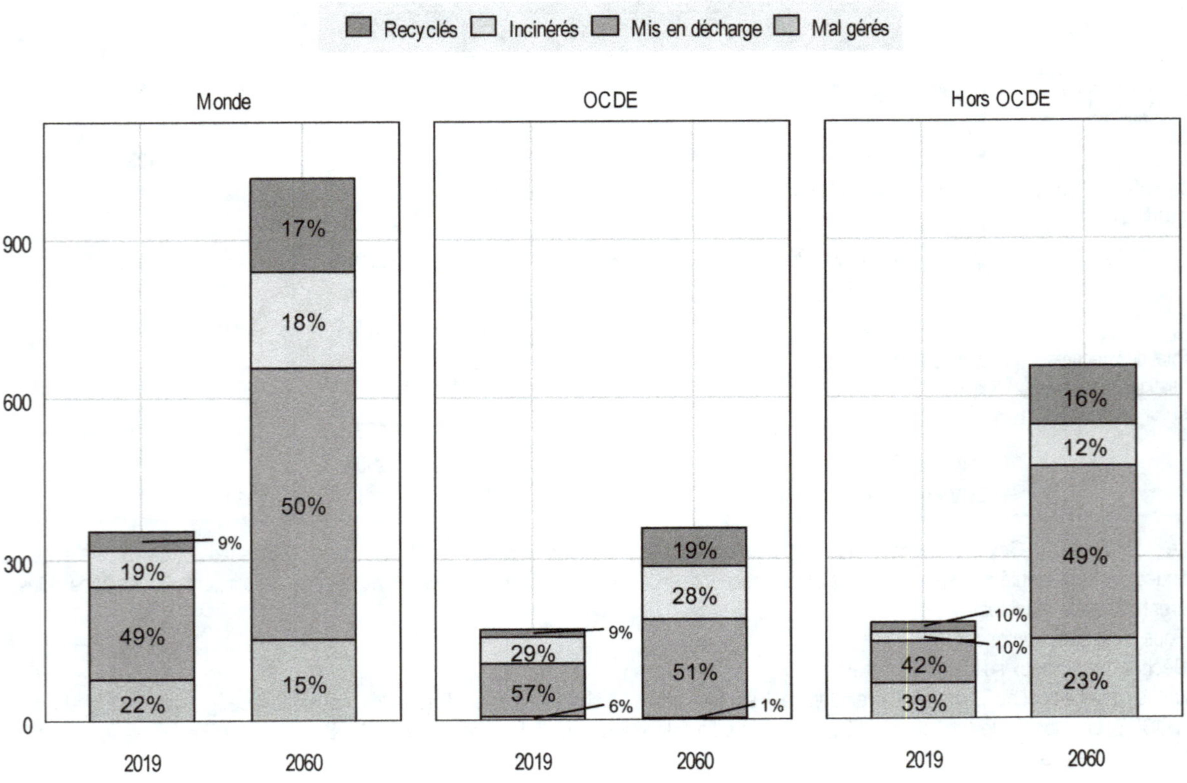

Source : modèle ENV-Linkages de l'OCDE.

StatLink https://stat.link/aise6l

L'Afrique et l'Asie sont principalement à l'origine de la hausse des déchets mal gérés dans les pays non membres de l'OCDE (Graphique 4.11). La croissance économique dans ces régions engendre une forte augmentation des déchets, mais les systèmes de gestion des déchets n'évoluent pas assez vite pour empêcher l'accroissement considérable du volume de déchets mal gérés. Les projections concernant les quantités de déchets mal gérés mettent en évidence le besoin urgent de renforcer l'action publique au niveau national et de stimuler davantage la coopération internationale.

Graphique 4.11. La mauvaise gestion des déchets plastiques demeure un problème majeur dans la plupart des régions hors OCDE

Parts (%) des déchets plastiques en millions de tonnes (Mt) par catégorie de gestion des déchets, scénario de *Référence*

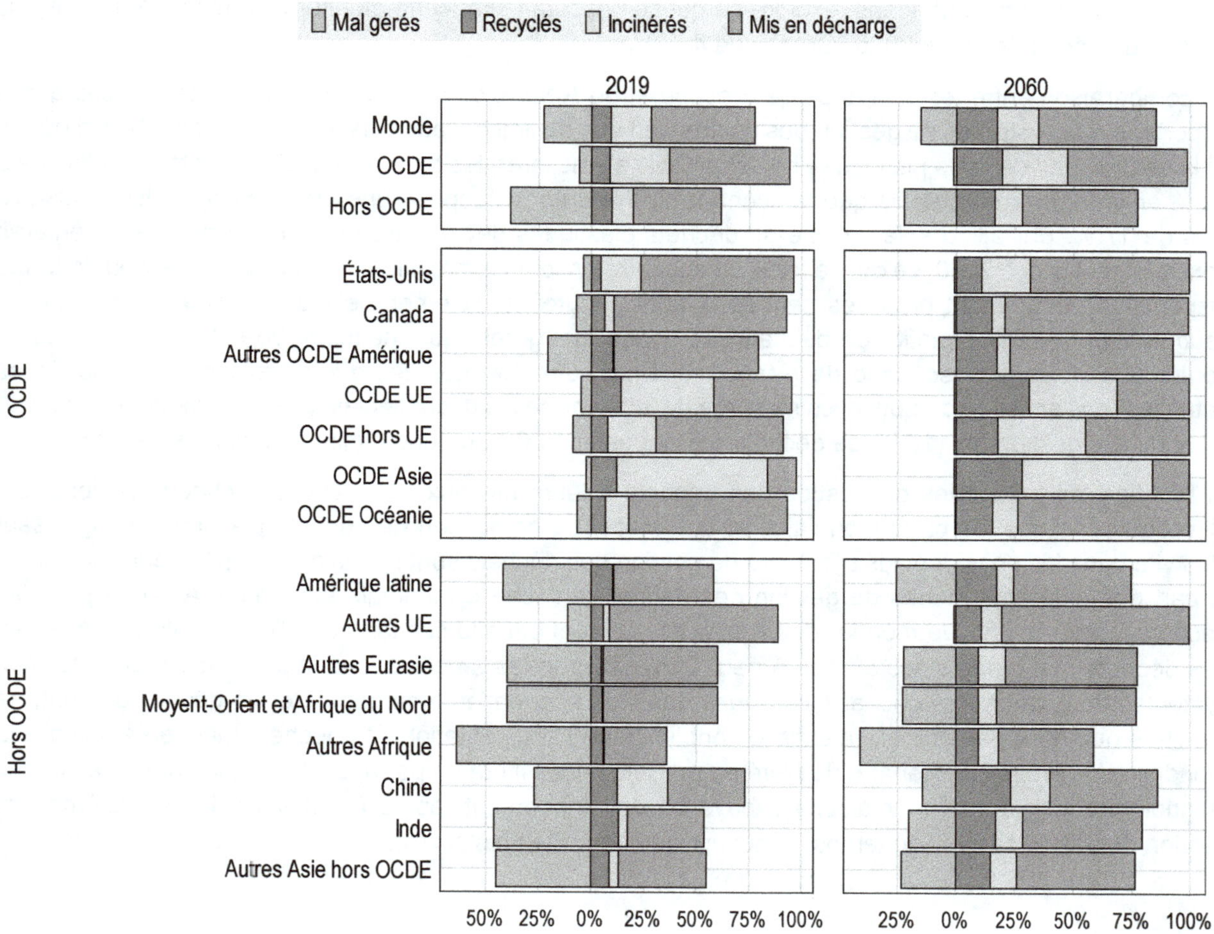

Source : modèle ENV-Linkages de l'OCDE.

StatLink https://stat.link/km3540

4.3. Les projections relatives aux déchets plastiques dépendent d'incertitudes majeures entourant la gestion des déchets, le commerce et les taux de reprise après la pandémie

4.3.1. *La gestion des déchets est censée continuer à s'améliorer, mais si ce n'était pas le cas ?*

L'évolution de la gestion des déchets dans le scénario de *Référence* tient compte des effets attendus des politiques actuelles et des tendances existantes en matière d'améliorations de la gestion des déchets. Cela explique pourquoi la quantité de déchets mal gérés augmente beaucoup moins rapidement que la consommation et la production totales de déchets plastiques. Pour comprendre l'incidence de ces hypothèses concernant la gestion des déchets, le scénario de *Blocage* , dans lequel les politiques de gestion des déchets sont figées, explore ce qui se passerait si aucune amélioration n'était apportée à la gestion des déchets après 2025 (Graphique 4.12)[3].

La comparaison entre les scénarios de *Blocage* et de *Référence* montre l'importance des améliorations apportées aux systèmes de gestion des déchets en vue de limiter l'accroissement des déchets mal gérés. Si la gestion des déchets plastiques ne devait plus s'améliorer, les taux de recyclage resteraient limités à 10 % environ en 2060, tandis que le scénario de *Référence* suppose une progression continue jusqu'à plus de 17 %. Par ailleurs, le volume de déchets plastiques devant être mis en décharge augmenterait sensiblement d'ici à 2060, ce qui ne ferait qu'accroître encore les pressions s'exerçant sur le peu de terres disponibles, notamment près des centres urbains. Toutefois, l'élément le plus important est peut-être l'augmentation de la quantité de déchets plastiques mal gérés, qui atteindrait 269 Mt à l'horizon 2060, contre 153 Mt dans le scénario de *Référence*. En d'autres termes, les effets prolongés des politiques actuelles (en l'absence de nouvelles mesures de lutte contre les déchets plastiques) permettraient d'éviter la mauvaise gestion de 116 Mt de déchets plastiques en 2060, soit une diminution de plus de 40 %.

Si l'on fige les catégories de gestion des déchets à leurs niveaux de 2025 dans chaque région, cela n'implique pas que les parts mondiales soient fixées. La production de déchets plastiques progressant plus vite dans les pays dont les systèmes de gestion des déchets sont moins développés, leur poids dans la part des différents modes de gestion des déchets à l'échelle mondiale augmente. Ainsi, la part des déchets incinérés dans le monde recule progressivement dans le scénario de *Blocage*, alors que la part des déchets mal gérés s'accroît peu à peu. Cela souligne les améliorations importantes à apporter aux systèmes de gestion des déchets plastiques dans les économies émergentes et en développement, ne serait-ce que pour parvenir au ralentissement limité de l'augmentation des déchets mal gérés à l'échelle mondiale que prévoit le scénario de *Référence*. Cela nécessitera un partage des bonnes pratiques et des technologies existantes pour aider les pays en développement rapide à améliorer leurs systèmes de gestion des déchets au fil du temps, à mesure que leur revenu s'accroît.

Graphique 4.12. Les politiques actuelles ralentissent considérablement l'augmentation des déchets plastiques mal gérés

Déchets plastiques par catégorie de gestion des déchets en millions de tonnes (Mt), scénario de *Référence*

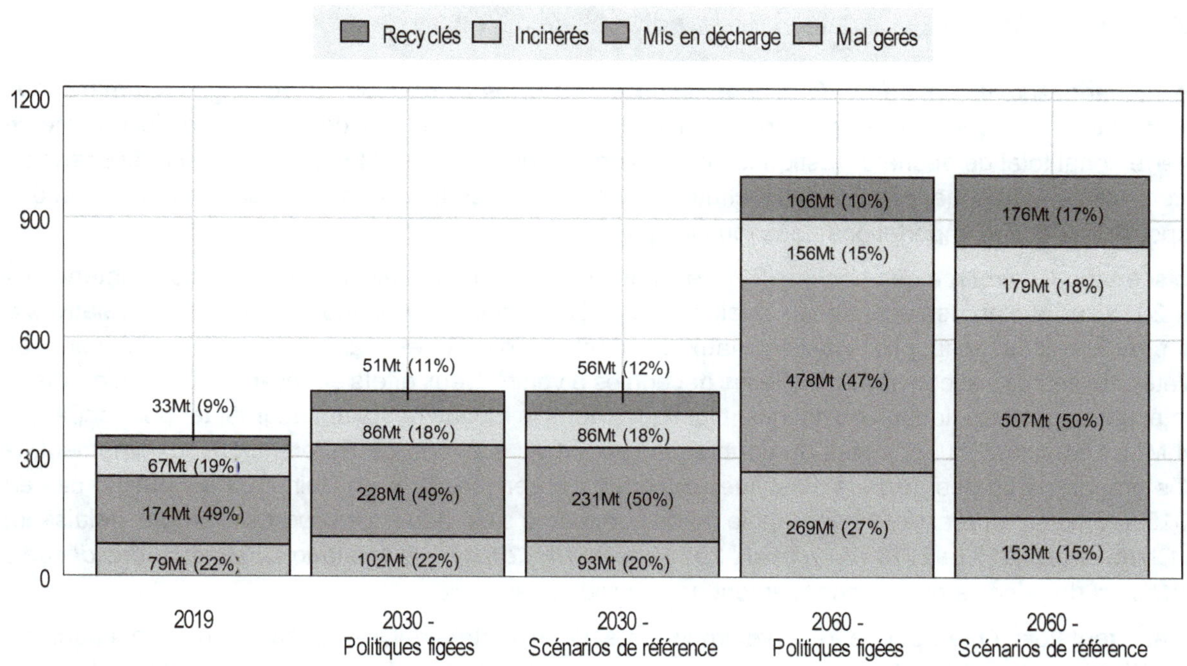

Source : modèle ENV-Linkages de l'OCDE.

StatLink https://stat.link/ysbox2

4.3.2. *Le commerce des déchets est censé se poursuivre à des niveaux faibles, mais si ce n'était pas le cas ?*

Le commerce des déchets et rebuts plastiques consiste à envoyer les matières dans des pays présentant un avantage comparatif dans le recyclage du plastique. Cela permet de tirer profit des économies d'échelle ainsi que d'un traitement efficace et moins cher dans le pays de destination, d'obtenir des intrants pour des plastiques secondaires de qualité et de remplir les conteneurs (lorsque des marchandises sont expédiées d'une destination à une autre, ils peuvent être vides au retour) (Yamaguchi, 2021[12] ; OCDE, 2020[13] ; Kellenberg, 2012[14]). Cependant, les conséquences négatives potentielles du commerce des déchets plastiques suscitent des inquiétudes, ce qui a conduit de nombreux pays à reconsidérer leurs politiques et pratiques commerciales ces dernières années (Yamaguchi, 2021[12]). Ces préoccupations sont liées aux échanges motivés par les différences de réglementations et de normes environnementales, au commerce illicite des déchets ainsi qu'à la pollution causée par des capacités de gestion des déchets insuffisantes dans le pays de destination, à l'origine de rejets dans l'environnement.

Par conséquent, l'environnement réglementaire international du commerce transfrontalier de déchets plastiques a considérablement évolué ces dernières années (OCDE, 2019[2]). Depuis 2015, le commerce des déchets plastiques recule, en partie parce que la Chine, suivie par plusieurs autres nations, a imposé des restrictions sur les importations de déchets (Shi, Zhang et Chen, 2021[15] ; Velis, 2014[16]). De plus, la Convention de Bâle, qui réglemente le commerce des déchets plastiques, a été amendée en raison des préoccupations suscitées par certaines incidences environnementales du plastique (Secrétariat de la Convention de Bâle, 2020[17]). La manière dont ces échanges commerciaux évolueront dans les années à venir est incertaine et variable selon les régions (Encadré 4.5). Alors que le scénario de *Référence* part du principe que la structure actuelle du commerce des déchets se maintiendra, cette section examine deux autres scénarios de référence extrêmes : (1) le scénario *Aucun commerce de déchets*, dans lequel des mesures politiques rigoureuses font cesser tous les échanges de déchets plastiques ; (2) le scénario *Commerce des déchets 2015*, qui envisage un retour à la structure des échanges de 2015.

Encadré 4.5. Et si les flux commerciaux de déchets plastiques évoluaient différemment ?

Le scénario *Aucun commerce de déchets* suppose qu'après 2019, tous les échanges internationaux de déchets plastiques entre les régions cessent[1]. Dans le scénario de *Référence*, le commerce interrégional total de déchets plastiques en 2060 devrait atteindre 10,9 Mt. Dans cet autre scénario de référence hypothétique, cette quantité chute à 0,1 Mt, ce qui se traduit bien sûr par une réduction des exportations et des importations dans tous les pays.

Le scénario *Commerce des déchets 2015* examine ce qui se passerait si les changements intervenus en 2015 sur le plan des échanges n'avaient pas eu lieu. Dans ce scénario, les projections relatives à la structure des échanges interrégionaux de déchets plastiques partent des flux commerciaux bilatéraux de 2015 et couvrent ensuite les décennies à venir[2]. Deux effets en ressortent. Premièrement, les échanges interrégionaux de déchets plastiques dans le monde devraient augmenter pour dépasser 24 Mt à l'horizon 2060, soit plus du double par rapport au scénario de *Référence*. Deuxièmement, la plus grande partie des déchets plastiques exportés est censée partir en Chine, ce qui était le cas en 2015. Même si, en réalité, la géographie de ce commerce s'est déplacée progressivement, délaissant la Chine entre 2015 et 2019 (Wen et al., 2021[18] ; OCDE, 2023[1]), le scénario *Commerce des déchets 2015* part du principe que ce changement ne se produit pas.

Il faut toutefois émettre une réserve importante dans cette analyse, à savoir que le cadre de modélisation ne représente que le commerce entre les 15 régions du modèle et qu'il exclut tous les échanges à l'intérieur de ces régions. Ainsi, par exemple, le commerce entre l'un des pays de la région OCDE UE et un pays de la région UE hors OCDE est inclus, mais les échanges intrarégionaux entre les 22 pays de l'UE membres de l'OCDE sont exclus. Par conséquent, le total des volumes échangés est nettement plus faible que lorsqu'il est mesuré à l'échelle nationale : le volume des échanges mondiaux était égal à 14 Mt en 2015 et à 7,5 Mt en 2019 (OCDE, 2023[1]), tandis que le volume des échanges interrégionaux selon le cadre de la modélisation s'élève à 8,7 Mt en 2015 et à 4,9 Mt en 2019, c'est-à-dire qu'approximativement un tiers du commerce total est agrégé (caché) dans les flux intrarégionaux du modèle. Néanmoins, la comparaison des autres scénarios commerciaux possibles avec le scénario de *Référence* donne une idée de la fourchette plausible des volumes de déchets plastiques échangés dans les décennies à venir ainsi que de leur incidence sur le volume des déchets mal gérés et des rebuts disponibles pour la production de plastiques secondaires.

1. La modélisation part du principe que des échanges entre les deux régions modélisées, OCDE UE et UE hors OCDE, restent possibles.
2. Le scénario inclut une situation contrefactuelle entre 2015 et 2021, c'est-à-dire que tous les flux commerciaux postérieurs à 2015 sont ajustés.

La mesure dans laquelle l'évolution du commerce des déchets plastiques influe sur les volumes de déchets mal gérés et de rebuts disponibles à l'échelle mondiale dépend des systèmes de gestion des déchets des pays exportateurs et importateurs. Bien qu'une large part des volumes échangés concerne des matières recyclables et peut donc contribuer aux rebuts disponibles pour la production de plastiques secondaires, certains déchets importés seront mal gérés et finalement rejetés dans l'environnement. Dans le droit fil des *Perspectives mondiales des plastiques : Déterminants économiques, répercussions environnementales et possibilités d'action* de l'OCDE (OCDE, 2023[1]), le cadre de modélisation postule que la moitié des déchets plastiques échangés peut être recyclée et que l'autre moitié finit dans les flux de déchets nationaux, c'est-à-dire que ces déchets sont incinérés, mis en décharge ou mal gérés, en fonction du système de gestion des déchets dans le pays de destination (voir Annexe A).

Étant donné les faibles volumes de déchets échangés entre les régions, les améliorations de la gestion des déchets dans le scénario de *Référence* et l'hypothèse selon laquelle une part importante des déchets échangés peut être recyclée, la suppression du commerce des déchets plastiques dans le scénario *Aucun commerce de déchets* ne modifie que légèrement la quantité totale de déchets mal gérés en 2060 par rapport au scénario de *Référence* (diminution de moins d'un demi pour cent, soit moins de 1 Mt), la plupart des baisses se produisant dans les économies d'Asie non membres de l'OCDE (Graphique 4.13)[4].

Le scénario *Commerce des déchets 2015*, qui suppose des volumes d'échanges plus élevés, prévoit une légère augmentation des déchets mal gérés à l'échelle mondiale à l'horizon 2060 (Graphique 4.13). La progression en Chine fait plus que compenser la diminution dans les autres économies d'Asie non membres de l'OCDE. Étant donné que les systèmes de gestion des déchets ont tendance à être plus développés en Chine que dans les autres économies d'Asie non membres de l'OCDE, l'effet net à l'échelle mondiale sur les déchets mal gérés est faible, soit une hausse de moins de 1 Mt par rapport au scénario de *Référence*. Ainsi, même si les volumes échangés entre les régions doublent par rapport au scénario de *Référence*, le volume mondial de déchets mal gérés devrait rester inchangé.

Par conséquent, l'évolution des régimes d'échanges de déchets plastiques dans la fourchette indiquée par ces deux scénarios, en prenant pour hypothèse le recyclage de la moitié des déchets échangés, influencera la structure des échanges. Toutefois, ce n'est que si les politiques commerciales et environnementales vont de pair et que les déchets importés sont gérés correctement que les conséquences en matière de rejets seront limitées[5]. Des modifications plus radicales de la structure des échanges, comme les exportations illimitées de déchets plastiques vers des pays dont les systèmes de gestion des déchets sont moins développés (décharge sauvage), entraîneraient une augmentation significative des rejets de plastique. Un tel scénario viendrait cependant contredire les évolutions récentes.

Graphique 4.13. Les autres scénarios envisagés en matière de commerce des déchets ont une incidence limitée sur les déchets plastiques mal gérés et les rebuts disponibles à l'échelle mondiale, masquant les évolutions régionales

Écarts par rapport au scénario de *Référence* en 2060, scénarios relatifs au commerce des déchets

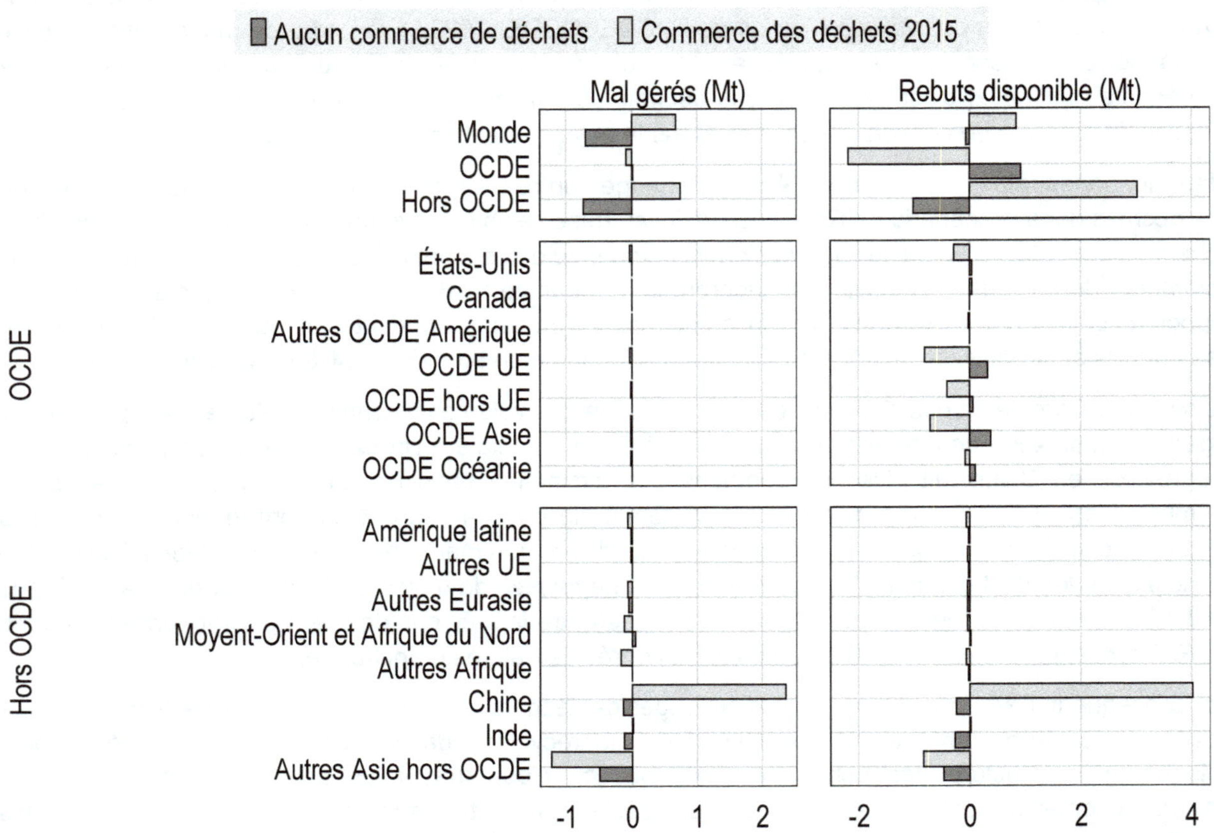

Source : modèle ENV-Linkages de l'OCDE.

StatLink https://stat.link/cf47js

Si l'on veille au recyclage effectif des matières recyclables importées et à ce qu'elles ne soient pas détournées vers des décharges à ciel ouvert ou d'autres traitements de mauvaise gestion, l'augmentation des importations de déchets plastiques peut permettre d'accroître les stocks nationaux de rebuts disponibles pour la production de plastiques secondaires. Dans le scénario *Aucun commerce de déchets*, les matières recyclables ne sont plus exportées, donc les pays qui exportent des déchets plastiques dans le scénario de *Référence*, englobant la plupart des pays de l'OCDE, augmentent leurs rebuts nationaux. Les importateurs (qui incluent la plupart des pays non membres de l'OCDE) sont confrontés à une diminution des rebuts disponibles pour la production de plastiques secondaires. L'effet à l'échelle mondiale est proche de zéro : les matières ne disparaissent pas, mais sont traitées dans les pays exportateurs, où les installations de recyclage sont au moins aussi avancées que dans les pays importateurs. Cependant, étant donné qu'il s'agit d'un scénario de référence où aucune mesure ambitieuse n'est mise en œuvre pour stimuler la production secondaire, il est possible que les rebuts supplémentaires dans les pays de l'OCDE ne soient pas transformés en davantage de plastiques secondaires, mais que cela ne fasse qu'augmenter les taux de perte liés au processus de recyclage (et donc les résidus de recyclage) lorsque les rebuts sont éliminés. Les contraintes liées aux capacités de recyclage peuvent en outre impliquer l'élimination de plus de matières recyclables à court terme jusqu'à ce que de nouvelles capacités de recyclage soient disponibles.

La disponibilité des rebuts à l'échelle mondiale est en corrélation avec le commerce des déchets plastiques. Lorsque les flux commerciaux se déplacent vers des régions disposant de systèmes de gestion des déchets moins développés et, plus particulièrement, présentant des taux de recyclage plus faibles, moins de rebuts sont récupérés dans le flux des déchets. Le scénario alternatif *Commerce des déchets 2015*, qui ramène la structure des flux commerciaux à leurs tendances de 2015, semble indiquer que les évolutions intervenues entre 2015 et 2019 ont peut-être effectivement induit une diminution des rebuts disponibles à l'échelle mondiale. Dans ce scénario, plus de déchets sont exportés vers la Chine, qui a des taux de recyclage assez élevés et sait mieux transformer les déchets pour réutiliser les vieux plastiques (Graphique 4.13). Cette hausse compense largement la diminution des rebuts réutilisables produits par les autres économies émergentes d'Asie. Un tel accroissement des rebuts disponibles dans le monde n'est pas proportionnel au volume de déchets échangés, car les exportations plus élevées des pays de l'OCDE font baisser les rebuts disponibles dans ces pays. Cependant, lorsque les matières sont exportées depuis un pays de l'OCDE ayant des taux de recyclage plus faibles que la Chine, l'exportation vers ce pays permet de récupérer davantage de rebuts que si les échanges étaient restreints et donc de recycler plus de matières plastiques.

Même si les scénarios de cette analyse sont très stylisés, ils mettent en lumière la manière dont les politiques relatives aux mouvements transfrontaliers de déchets plastiques peuvent modifier radicalement la structure des échanges, ce qui a des répercussions importantes à la fois sur les possibilités de recyclage au niveau régional et sur les rejets de plastique dans l'environnement. Plus précisément, si les échanges de matières plastiques devaient s'ouvrir pour envoyer encore plus de déchets plastiques vers des pays disposant de moindres capacités de gestion des déchets, cela risquerait d'augmenter davantage les rejets de plastique dans l'environnement. Il est donc important de garder à l'esprit que les politiques commerciales peuvent modifier radicalement la situation des déchets plastiques en un laps de temps relativement court (ce qui fut le cas lors de l'introduction des interdictions d'importation de la Chine ainsi que lors des amendements de la Convention de Bâle sur les déchets plastiques), alors que le renforcement des capacités de recyclage et de gestion des déchets est un processus à long terme, qui nécessite des plans d'investissement et de développement ainsi que des cadres inclusifs permettant de travailler avec le secteur informel dans certains pays. Pour parvenir à une utilisation plus circulaire des plastiques, les politiques commerciales et environnementales doivent aller de pair et être coordonnées afin d'éviter que d'éventuelles asymétries n'entraînent des taux de recyclage réduits ou une augmentation des rejets dans l'environnement.

4.3.3. *La reprise après la pandémie de COVID-19 pourrait prendre plus longtemps que prévu*

Comme indiqué au Chapitre 3 des *Perspectives mondiales des plastiques : Déterminants économiques, répercussions environnementales et possibilités d'action* de l'OCDE (OCDE, 2023[1]), on estime que la pandémie de COVID-19 a entraîné une réduction de l'utilisation mondiale de plastiques à court terme. Cette baisse découle du ralentissement économique, qui a eu un effet plus important que la hausse de l'utilisation de plastiques pour les équipements de protection individuelle.

Dans les décennies à venir, tandis que les effets de la pandémie de COVID-19 devraient s'estomper, celle-ci entraînera néanmoins une réduction des déchets plastiques mondiaux dans le scénario de *Référence* par rapport aux projections relatives aux déchets antérieures à la pandémie (Graphique 4.14). L'incidence sur la production de déchets plastiques en 2025 est beaucoup moins importante que celle sur l'utilisation de plastiques (Chapitre 2), une part considérable de ceux-ci perdurant de nombreuses années. Il existe toutefois des préoccupations concernant la grande part de plastiques utilisés pour les équipements de protection individuelle, notamment les masques, qui sont abandonnés comme détritus ou rejetés dans l'environnement (OCDE, 2023[1]). Les différences régionales en matière d'évolution des déchets plastiques reflètent globalement celle de l'utilisation des plastiques.

Graphique 4.14. Les effets de la pandémie de COVID-19 sur l'utilisation de plastique et les déchets plastiques restent notables même en 2060

Écarts par rapport aux projections antérieures à la pandémie de COVID-19 en taux de variation (%), scénario de *Référence*

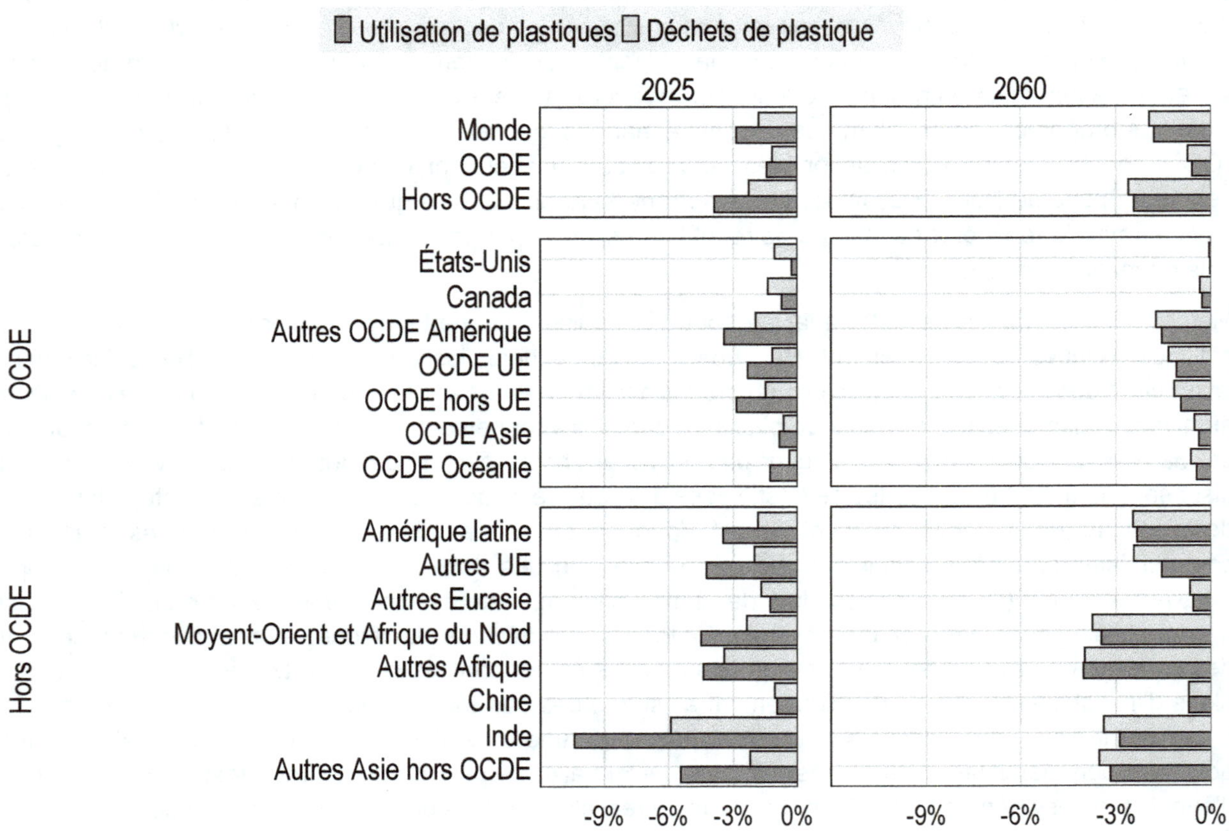

Source : modèle ENV-Linkages de l'OCDE.

StatLink https://stat.link/7u3osl

Au fil du temps, les effets sur les déchets plastiques rattrapent les effets sur l'utilisation de plastique et, à l'horizon 2060, la réduction des deux est du même ordre. Les projections du scénario de *Référence* de l'utilisation et des déchets plastiques restent inférieures aux projections antérieures à la pandémie dans presque tous les pays, ce qui résulte du recul de l'activité économique à long terme[6]. Les hypothèses concernant la vitesse de la reprise après la pandémie se répercutent en outre sur les projections relatives aux déchets (Encadré 3.4).

Les facteurs sectoriels spécifiques, notamment les différentes durées de vie des applications des plastiques, influent sur la rapidité avec laquelle la pandémie se répercute sur les volumes de déchets plastiques prévus (Graphique 4.15)[7]. Considérés conjointement (« Total » dans le Graphique 4.15), les effets les plus importants se produisent vers 2035 avant de cesser progressivement. Le type de polymère utilisé a également une incidence. Dans certains cas, notamment celui du polyéthylène téréphtalate (PET), le délai des effets sur les déchets plastiques est très court et suit largement les retombées économiques, tandis que le polychlorure de vinyle (PVC), par exemple, a un effet plus graduel, étant donné que les diverses applications faisant appel au PVC (p. ex. dans le secteur de la construction) ont tendance à avoir des durées de vie beaucoup plus longues. En ce qui concerne les applications, il y a un énorme décalage temporel entre les déchets plastiques provenant des emballages et ceux issus de la construction. Les effets de la durée de vie des plastiques sont bien plus visibles dans les projections pour les applications que pour les polymères, ce qui met en évidence que la plupart de ceux-ci sont utilisés dans de multiples applications, dont certaines ont une durée de vie plus longue que d'autres.

Graphique 4.15. L'incidence du COVID-19 sur les déchets plastiques varie selon les polymères et les applications

Écarts par rapport aux projections de la production de déchets plastiques antérieures à la pandémie de COVID-19 en taux de variation (%), scénario de *Référence*

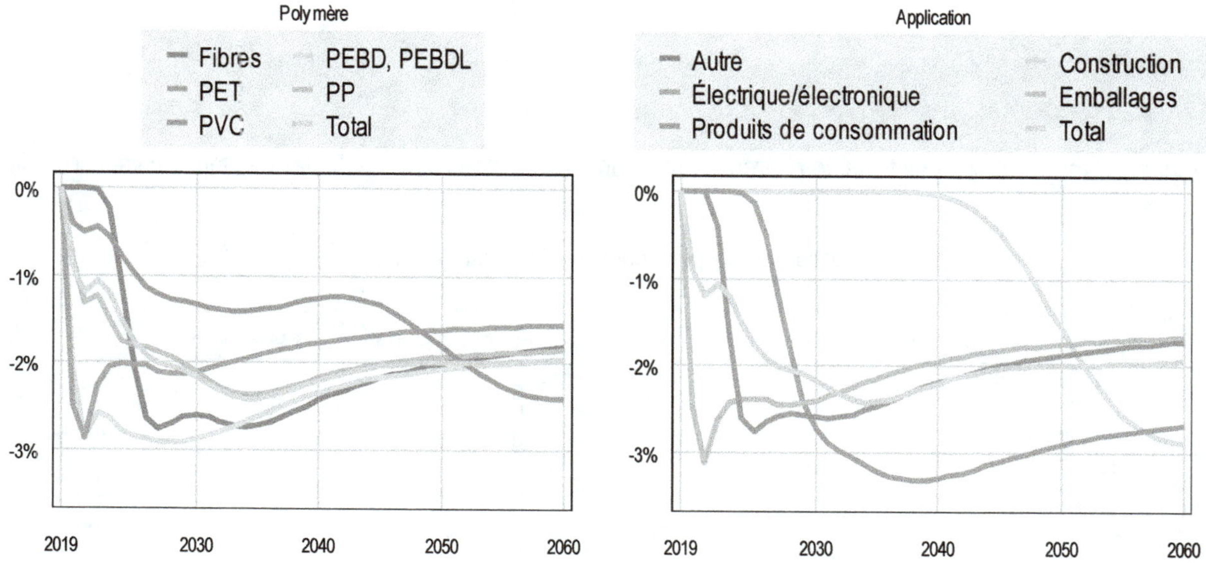

Note : PET = polyéthylène téréphtalate ; PVC = polychlorure de vinyle ; PEbd = polyéthylène basse densité ; PEbdl = polyéthylène basse densité linéaire ; PP = polypropylène. Cette évaluation se fonde uniquement sur les effets de la pandémie de COVID-19 sur l'utilisation des plastiques et ignore tout changement induit par la pandémie dans la composition des déchets, par exemple un passage durable aux plastiques à usage unique.
Source : modèle ENV-Linkages de l'OCDE.

StatLink https://stat.link/fvsa13

Encadré 4.6. Quelle serait l'incidence d'une reprise lente après le COVID-19 sur l'utilisation de plastiques et les déchets plastiques ?

Les hypothèses concernant le rythme de la reprise déterminent le délai et le niveau de stabilisation de l'utilisation de plastique et des déchets plastiques par rapport aux projections réalisées avant la crise du COVID-19, c'est-à-dire le moment où les taux de croissance auront complètement retrouvé les niveaux correspondant aux projections de référence antérieures à la pandémie. Un scénario de *Reprise lente* a été modélisé afin d'explorer cette hypothèse (voir Annexe B). Les conséquences sur les déchets plastiques mondiaux se stabilisent à environ 2 % sous les niveaux prépandémiques dans le scénario de *Référence* à l'horizon 2060 et à 4 % en dessous approximativement dans le scénario de *Reprise lente*. Dans les deux cas, les effets liés au COVID-19 sur les déchets plastiques se font sentir beaucoup plus tard que ceux sur l'utilisation de plastiques ; dans le scénario de *Référence*, ils se rejoignent vers 2035, mais ce délai s'allonge jusqu'en 2045 si la reprise est lente.

Graphique 4.16. Une reprise lente après le COVID-19 pourrait réduire l'utilisation de plastiques et les déchets plastiques de 4 % à l'échelle mondiale en 2060

Écarts par rapport aux projections de référence antérieures à la pandémie de COVID-19 en taux de variation (%)

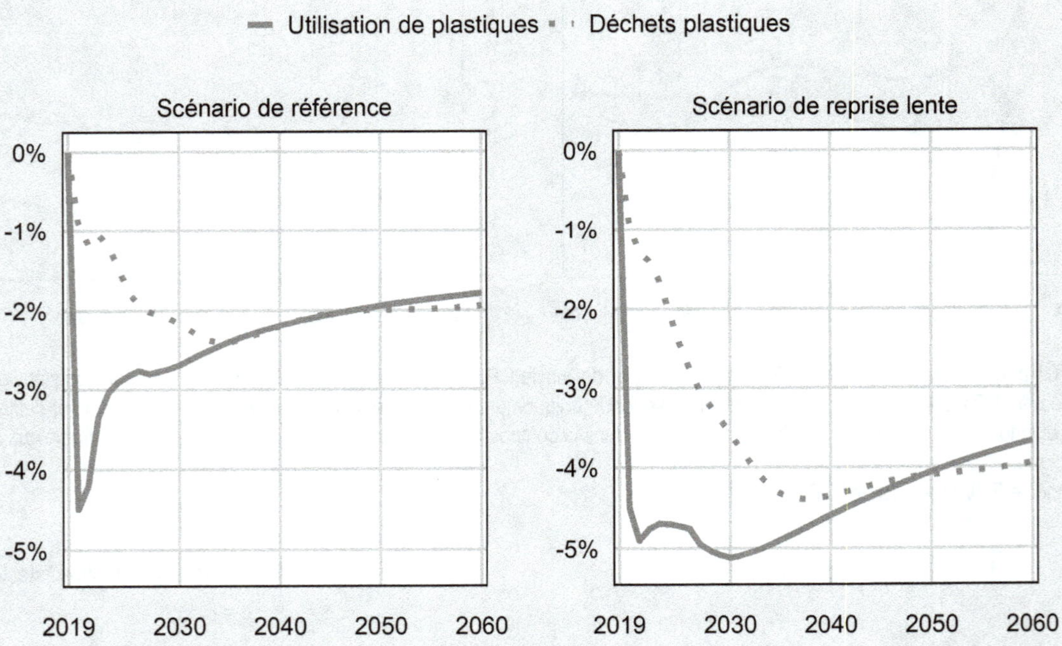

Note : Le léger pic en 2023 dans la projection sur la production de déchets plastiques du scénario de *Référence* est lié à un rebond rapide du recours au PET, dont la durée de vie est très courte (Graphique 4.15).
Source : modèle ENV-linkages de l'OCDE, d'après les projections économiques de Dellink et al. (2021[19]).

StatLink https://stat.link/j8yqpt

Références

Cottom, J. et al. (2022), « Spatio-temporal quantification of plastic pollution origins and transportation (SPOT) » University of Leeds, Royaume-Uni, https://plasticpollution.leeds.ac.uk/toolkits/spot/. [5]

Dellink, R. et al. (2021), « Effets à long terme de la pandémie de COVID-19 et des mesures de relance sur les pressions environnementales : étude quantitative », *Documents de travail de l'OCDE sur l'environnement*, n° 176, Éditions OCDE, Paris, https://doi.org/10.1787/28ebe842-fr. [19]

Geyer, R., J. Jambeck et K. Law (2017), « Production, use, and fate of all plastics ever made », *Science Advances*, vol. 3/7, p. e1700782, https://doi.org/10.1126/sciadv.1700782. [4]

Jambeck, J. et al. (2015), « Plastic waste inputs from land into the ocean », *Science*, vol. 347/6223, pp. 768-771, https://doi.org/10.1126/science.1260352. [10]

Kaza, S. et al. (2018), *What a Waste 2.0: A Global Snapshot of Solid Waste Management to 2050*, Banque mondiale, Washington, D.C., https://doi.org/10.1596/978-1-4648-1329-0. [9]

Kellenberg, D. (2012), « Trading wastes », *Journal of Environmental Economics and Management*, vol. 64/1, pp. 68-87, https://doi.org/10.1016/j.jeem.2012.02.003. [14]

Lau, W. et al. (2020), « Evaluating scenarios toward zero plastic pollution », *Science*, vol. 369/6510, pp. 1455-1461, https://doi.org/10.1126/science.aba9475. [8]

Lebreton, L. et A. Andrady (2019), « Future scenarios of global plastic waste generation and disposal », *Palgrave Communications*, vol. 5/1, p. 6, https://doi.org/10.1057/s41599-018-0212-7. [7]

OCDE (2023), *Perspectives mondiales des plastiques : Déterminants économiques, répercussions environnementales et possibilités d'action*, Éditions OCDE, Paris, https://doi.org/10.1787/5c7bba57-fr. [1]

OCDE (2020), *OECD workshop on international trade and circular economy – summary report*, Éditions OCDE, Paris, https://www.oecd.org/env/workshop-trade-circular-economy-summary-report.pdf. [13]

OCDE (2019), *Global Material Resources Outlook to 2060: Economic Drivers and Environmental Consequences*, Éditions OCDE, Paris, https://doi.org/10.1787/9789264307452-en. [2]

Roosen, M. et al. (2020), « Detailed Analysis of the Composition of Selected Plastic Packaging Waste Products and Its Implications for Mechanical and Thermochemical Recycling », *Environmental Science & Technology*, vol. 54/20, pp. 13282-13293, https://doi.org/10.1021/acs.est.0c03371. [3]

Ryberg, M. et al. (2019), « Global environmental losses of plastics across their value chains », *Resources, Conservation and Recycling*, vol. 151, p. 104459, https://doi.org/10.1016/j.resconrec.2019.104459. [6]

Secrétariat de la Convention de Bâle (2020), *Basel Convention Plastic Waste Amendments*, http://www.basel.int/Implementation/Plasticwaste/PlasticWasteAmendments/Overview/tabid/8426/Default.aspx. [17]

Shi, J., C. Zhang et W. Chen (2021), « The expansion and shrinkage of the international trade network of plastic wastes affected by China's waste management policies », *Sustainable Production and Consumption*, vol. 25, pp. 187-197, https://doi.org/10.1016/j.spc.2020.08.005. [15]

The Pew Charitable Trust ; SYSTEMIQ (2020), *Breaking The Plastic Wave: A Comprehensive Assessment of Pathways Towards Stopping Ocean Plastic Pollution*, https://www.systemiq.earth/wp-content/uploads/2020/07/BreakingThePlasticWave_MainReport.pdf. [11]

Velis, C. (2014), *Global recycling markets – plastic waste: A story for one player – China. Report prepared by FUELogy on behalf of ISWA Globalisation and Waste Management Task Force*, International Solid Waste Association, Vienne, https://doi.org/10.13140/RG.2.1.4018.4802. [16]

Wen, Z. et al. (2021), « China's plastic import ban increases prospects of environmental impact mitigation of plastic waste trade flow worldwide », *Nature Communications*, vol. 12/1, https://doi.org/10.1038/s41467-020-20741-9. [18]

Yamaguchi, S. (2021), « International trade and circular economy - Policy alignment », *Documents de travail de l'OCDE sur les échanges et l'environnement*, n° 2021/02, Éditions OCDE, Paris, https://doi.org/10.1787/ae4a2176-en. [12]

Notes

[1] De plus amples informations sur la modélisation de la gestion des déchets figurent à l'annexe A.

[2] La mise en décharge s'accompagne d'une demande accrue de décharges adaptées, ce qui accentue la pression pesant sur l'utilisation des terres. Cependant, en tenant compte de la densité des terres dans la projection de la part de la mise en décharge dans la région, les augmentations les plus importantes en matière de surface requise pour l'enfouissement concernent des régions disposant d'un espace relativement vaste. Néanmoins, la mise en décharge a souvent lieu près des centres-villes, ce qui pourrait tout de même poser problème. Par ailleurs, les conséquences environnementales de l'utilisation accrue des terres pour la gestion des déchets n'ont pas pu être prises en considération dans l'analyse.

[3] En particulier, dans ce scénario hypothétique, la part des différentes catégories de gestion des déchets est maintenue constante après 2025, ce qui permet un décalage de trois ans pour tenir compte de l'incidence continue des politiques actuelles.

[4] L'évolution des déchets mal gérés à l'échelle mondiale dépend de la différence relative des parts de la mauvaise gestion entre les exportateurs et les importateurs : les déchets sont toujours traités, mais pas au même endroit.

[5] Les répercussions environnementales des autres méthodes de traitement des déchets ont également leur importance : par exemple, si les déchets exportés sont mis en décharge plutôt qu'incinérés dans le pays de destination, il n'y a pas de valorisation énergétique et il existe également un risque potentiel de pollution.

[6] Même si les taux de croissance du PIB se redressent pleinement, les niveaux de PIB restent quelque peu inférieurs dans les projections du scénario de *Référence* ; voir (Dellink et al., 2021[19]).

[7] Même si le scénario de *Référence* présenté dans ce rapport inclut les effets du COVID-19 sur l'activité économique, le manque de données robustes n'a pas permis de le relier aux conséquences sur des types particuliers de plastiques, à l'exception des plastiques utilisés pour les masques faciaux et les autres équipements de protection individuelle (voir Chapitre 3 dans (OCDE, 2023[1])).

5 Projection sur les rejets de plastiques dans l'environnement à l'horizon 2060

Les rejets de plastiques dans les milieux naturels ont de nombreuses répercussions sur l'environnement et la santé humaine et préoccupent particulièrement les responsables politiques. L'utilisation de plastiques et la production de déchets associée devant tripler d'ici 2060, ce chapitre vient donc présenter les tendances attendues en matière de rejets dans les milieux terrestres et aquatiques d'après le scénario de *Référence,* selon lequel aucune nouvelle mesure n'est prise. Ce chapitre quantifie également des tendances projetées concernant la pollution atmosphérique par les microplastiques issus de l'usure des pneus et des freins.

Messages clés

- Les rejets de plastiques dans les milieux terrestres et aquatiques sont conséquents et en hausse. En 2019, 22 millions de tonnes (Mt) de plastiques ont été déversés dans l'environnement dans le monde. Le scénario de *Référence* prévoit un doublement de cette quantité qui passera à 44 Mt à l'horizon 2060. Cette projection est très incertaine, les estimations basse et haute allant de 34 à 55 Mt.
- La part des plastiques rejetés provenant des pays de l'OCDE est divisée par deux et tombe à 6 % en 2060, les projections suggérant que la part de ces pays dans les rejets de macroplastiques passera de 11 % en 2019 à 2 % en 2060. Cependant la contribution des pays de l'OCDE aux rejets de microplastiques reste importante, bien qu'elle diminue de 35 % en 2019 à 28 % en 2060. Pour ce qui est des pays non membres de l'OCDE, en raison de la conjugaison de la croissance démographique et économique et de systèmes de gestion des déchets moins avancés, il est attendu que ces pays contribuent sensiblement à la hausse des rejets de macroplastiques et microplastiques, notamment en Asie et en Afrique.
- Les déchets mal gérés (déchets non éliminés de façon adaptée) constituent de loin la principale source de macroplastiques rejetés, puisqu'ils représentaient 86 % de tous les rejets de plastiques en 2019. Bien qu'ils resteront la principale source de rejets jusqu'en 2060, les rejets provenant d'activités maritimes et les rejets de microplastiques devraient rapidement s'accroître dans les décennies à venir ; il est donc nécessaire de s'attaquer également à flux.
- Les fuites de plastiques dans les milieux aquatiques (ruisseaux, cours d'eau, lacs et océans) dues à la mauvaise gestion des déchets devraient augmenter de 91 % à l'horizon 2060, pour atteindre 11,6 Mt par an cette année-là contre 6,1 Mt par an en 2019. Les autres sources de rejets, notamment les activités maritimes et les microplastiques, vont plus que doubler. Bien qu'il y ait une nette tendance à la hausse, il existe une grande incertitude concernant la quantité rejetée, laquelle se situerait entre 6,2 Mt et 16,8 Mt.
- Ce flux continu de déchets plastiques accroît le stock cumulé de plastiques présents dans les milieux aquatiques, jusqu'à un volume vertigineux de 493 Mt d'ici 2060, soit plus du triple du volume calculé pour 2019. Les macroplastiques se décomposent très lentement en microplastiques dans l'environnement, ce qui génère un volume annuel de microplastiques limité à moins d'1 Mt en 2060. Cependant, le phénomène va se poursuivre au-delà de 2060, ce qui signifie que le flux de microplastiques dans les mers et océans sera incessant.
- D'ici 2060, 145 Mt de plastiques se seront accumulés dans les océans. Les océans devraient subir un flux annuel de 4 Mt de déchets plastiques mal gérés provenant des cours d'eau et des littoraux d'ici 2060, soit plus du double des flux en 2019, qui se montaient à 1,7 Mt. Il apparaît clairement que des mesures ambitieuses et d'envergure mondiale sont nécessaires pour réduire à zéro les nouveaux rejets nets de plastique dans les océans, tel que défini par le G20 dans la Vision d'Osaka pour les océans, avec pour objectif final de mettre un terme à la pollution plastique, comme prévu dans la Résolution 5/14 de l'ANUE.

5.1. Les rejets de plastiques dans le milieu naturel sont associés à un vaste ensemble de menaces pour l'environnement et pour la santé humaine

Les rejets de plastiques, c'est-à-dire les fuites de plastique dans l'environnement, ainsi que l'accumulation de plastiques dans l'environnement, représentent une menace croissante pour les écosystèmes et la santé humaine. La présence de plastiques est désormais observée dans tous les grands bassins océaniques, sur les plages, dans les cours d'eau, les lacs, ainsi que dans les milieux terrestres et dans l'atmosphère (OCDE, 2021[1]). Même les environnements sauvages comme l'Arctique ou des régions montagneuses reculées sont contaminés par les plastiques (Obbard et al., 2014[2] ; Allen et al., 2019[3]).

Dans leur majorité, les matériaux plastiques qui pénètrent dans les milieux naturels y perdureront un long moment. Les éléments de grandes dimensions (habituellement appelés macroplastiques) comme les bouteilles ou les filets de pêche (OCDE, 2021[4]) peuvent également se dégrader lentement et se décomposer en microplastiques (particules, fragments ou fibres de moins de 5 mm de diamètre[1]), voire en nanoplastiques[2], ce qui accroît la probabilité d'une exposition et donc le risque pour les écosystèmes et la santé humaine (Andrady, 2011[5]). L'élimination des plastiques présents dans l'environnement peut être une tâche difficile et coûteuse (voir la section 8.4.2 au chapitre 8), voire impossible dans certains cas (par exemple, celui des microplastiques ou des débris présents dans les profondeurs des océans et dans les sédiments).

Les conséquences sur la faune de la pollution aquatique par les plastiques ont été amplement signalées. Les plastiques sont nocifs pour de nombreuses espèces (p. ex., les mollusques, tortues, poissons, oiseaux et mammifères marins) qui les ingèrent ou se prennent dedans. Les animaux pris dans des objets plastiques peuvent avoir des difficultés pour se nourrir, respirer, se déplacer et éviter des prédateurs, tandis que ceux qui ingèrent des plastiques peuvent s'étouffer, souffrir de troubles digestifs ou mourir de faim. Des éléments d'information attestent qu'au moins 550 espèces sauvages sont touchées par les étranglements ou par l'ingestion de débris plastiques, ce qui a des conséquences néfastes sur la biodiversité, l'équilibre des écosystèmes et la pérennité des activités de pêche (Kühn, Bravo Rebolledo et van Franeker, 2015[6]).

En raison de leur petite taille, les microplastiques sont particulièrement susceptibles d'être ingérés par des espèces aquatiques, soit directement ou soit en se nourrissant d'autres espèces contaminées. Des microplastiques ont été retrouvés dans le système digestif de plusieurs espèces marines et d'eau douce (OCDE, 2021[1]). L'ingestion de particules peut provoquer des blessures physiques qui génèrent des inflammations et du stress, obstruent le système digestif et réduisent la fréquence et l'efficacité de l'alimentation (SAPEA, 2019[7]). Des expérimentations menées en laboratoire ont démontré que l'exposition aux microplastiques peut provoquer une perte d'efficacité de l'alimentation, l'inanition, une croissance réduite, un affaiblissement physique et une hausse du taux de mortalité (Wright, Thompson et Galloway, 2013[8]). Les êtres humains peuvent également être exposés aux microplastiques, par exemple en consommant des aliments ou boissons contaminés, ou par inhalation.

On craint également que les matériaux plastiques puissent contribuer à exposer la faune et les humains à des produits chimiques potentiellement dangereux. Les effets possibles sur la santé de l'exposition aux produits chimiques dangereux sont la cancérogénicité, les répercussions sur la santé reproductive, la toxicité développementale et la mutagenèse (l'apparition de mutations génétiques). Certains additifs utilisés lors de la production, tels que le bisphénol A, les polychlorobiphényles (PCB), les phtalates et les retardateurs de flammes bromés sont suspectés d'être des perturbateurs endocriniens, c'est-à-dire qu'ils perturberaient le fonctionnement de la thyroïde (OMS, 2019[9]). Les plastiques peuvent également exercer la fonction de réceptacles et de moyens de transport pour les produits chimiques et les polluants organiques persistants (POP) qui s'accumulent à la surface des plastiques présents dans l'eau. En général, l'exposition des organismes à ces produits chimiques est très variable, car elle dépend des concentrations en polluants et des circonstances locales (GESAMP, 2015[10]).

Évaluer les risques pour les écosystèmes et la santé humaine imputables aux rejets de plastiques nécessite de mieux cerner les niveaux de rejets actuels et projetés. À l'heure actuelle, les estimations des quantités de plastiques rejetés dans l'environnement et répartis dans les milieux terrestre, aquatique et atmosphérique s'appuient essentiellement sur des hypothèses, faute de connaissances suffisantes sur les éléments qui conditionnent les rejets, comme par exemple la mobilité des plastiques rejetés, les conditions météorologiques et la vitesse de dégradation. Afin d'améliorer ces connaissances, quatre groupes de recherche ont été mobilisés dans le cadre des travaux de l'OCDE sur les plastiques (voir Encadré 5.1).

Encadré 5.1. Comment les rejets de plastiques ont-ils été quantifiés dans les Perspectives mondiales des plastiques ?

Le modèle ENV-linkages de l'OCDE est utilisé dans l'étude pour établir des projections économiques (Chapitre 2) et les relier à l'utilisation des plastiques (Chapitre 3) et à la production de déchets, et distingue différents modes de gestion des déchets (Chapitre 4). Cette information relative à la croissance économique, à l'utilisation des plastiques et à la production de déchets, tirée du modèle, sert ensuite de donnée d'entrée à des modèles externes qui calculent les rejets dans l'environnement. Les estimations des rejets de plastiques présentées dans ce rapport combinent les travaux de quatre groupes de recherche qui se sont réparti des aspects complémentaires :

- des experts de l'Université technique du Danemark (DTU), qui ont mené les recherches rapportées dans l'étude de Ryberg et al. (2019[11]), ont quantifié les rejets de plastiques dans l'environnement ;
- des experts de l'Université de Leeds ayant contribué à l'article de Lau et al. (2020[12])ont quantifié les rejets de macroplastiques dans les milieux terrestres et aquatiques ;
- Laurent Lebreton, qui a contribué aux estimations des rejets figurant dans Borrelle et al., (2020[13])a quantifié les rejets de plastiques dans les milieux aquatiques et leur mobilité dans ces milieux ;
- Nikolaos Evangeliou, de l'Institut norvégien pour la recherche atmosphérique (NILU), qui a mené l'étude Evangeliou et al. (2020[14]), a quantifié les émissions directes de microplastiques dans l'air résultant de l'usure des freins et des pneus.

Dans ces Perspectives, comme dans les premières *Perspectives mondiales des plastiques : Déterminants économiques, répercussions environnementales et possibilités d'action* (2022[15]), les estimations des rejets de plastiques dans l'environnement proviennent des estimations combinées de la DTU et de l'Université de Leeds et sont fournies sous forme d'interval (estimations basse, centrale et haute). La DTU apporte des estimations des rejets de macroplastiques dus à la mauvaise gestion des déchets (déchets municipaux solides, ou DMS, déchets non DMS et déchets sauvages) et aux activités maritimes, ainsi que des estimations des microplastiques. L'Université de Leeds fournit uniquement des estimations des rejets dus à la mauvaise gestion des déchets. Pour ce qui est de la mauvaise gestion des déchets (responsable de l'essentiel des rejets), les estimations centrales sont déduites en calculant la moyenne des deux estimations fournies par la DTU et par l'Université de Leeds. Les estimations haute et basse correspondent alors à la valeur la plus haute ou la plus basse parmi celles fournies par les deux universités. En ce qui concerne les rejets liés aux activités maritimes et les microplastiques, les valeurs fournies par la DTU sont considérées comme l'estimation centrale.

Les rejets dans le milieu aquatique sont quantifiés à partir de la projection centrale. Dans la section 5.3, qui porte sur les rejets dans le milieu aquatique, afin de tenir compte des incertitudes qui entourent l'estimation des émissions au niveau régional, les intervalles de confiance fournis sont calculés comme suit : à partir de l'estimation centrale des émissions, les probabilités basse et haute d'émissions sont calculées respectivement en déduisant ou en ajoutant l'écart type des probabilités d'émissions basse et haute par pays (figurant dans Borrelle et al. (2020[13])) en pondérant selon la taille de la population.

L'annexe A décrit l'approche retenue pour estimer les rejets actuels, lesquels sont également présentés dans le document de l'OCDE *Perspectives mondiales des plastiques : Déterminants économiques, répercussions environnementales et possibilités d'action* (2022[15]) , et futurs.

Bien que le choix de combiner plusieurs approches permette d'exploiter des expertises de pointe sur le sujet, les résultats obtenus doivent être interprétés avec précaution, car certains paramètres utilisés dans les modélisations sont toujours sujets à une forte incertitude.

5.2. Les rejets de plastiques dans l'environnement devraient doubler à l'horizon 2060

La quantité annuelle mondiale de plastiques rejetés dans l'environnement devrait doubler, passant de 22 millions de tonnes (Mt) en 2019 à 44 Mt en 2060 (Graphique 5.1) dans le scénario de *Référence*. Selon ce scénario, la poursuite du développement socioéconomique et de la croissance économique, notamment la relance après la pandémie de COVID-19 (Chapitre 2), contribue à une augmentation rapide de l'utilisation des plastiques (Chapitre 3) et de la production de déchets plastiques (Chapitre 4). Une importante tendance observée est que les économies émergentes et en développement rattrapent les pays à revenu élevé.

Faute de connaissances solides relatives à certains facteurs critiques, comme la part de déchets mal gérés déversée dans l'environnement, les estimations sont associées à des intervalles d'incertitude larges qui dépendent des hypothèses retenues, l'estimation la plus haute atteignant presque 55 Mt et la plus basse descendant à 34 Mt en 2060 (16 Mt à 28 Mt en 2060). Malgré cette incertitude, les projections montrent que, selon le scénario de *Référence*, les rejets de plastiques vont croître et venir s'ajouter au volume de plastique qui s'est déjà accumulé dans l'environnement. La suite de cette section porte sur l'estimation centrale figurant au Graphique 5.1.

Graphique 5.1. Selon toutes les estimations, les rejets mondiaux de plastiques s'accroissent, seule l'ampleur de la hausse varie

Rejets de plastiques dans l'environnement en millions de tonnes (Mt), scénario de *Référence*

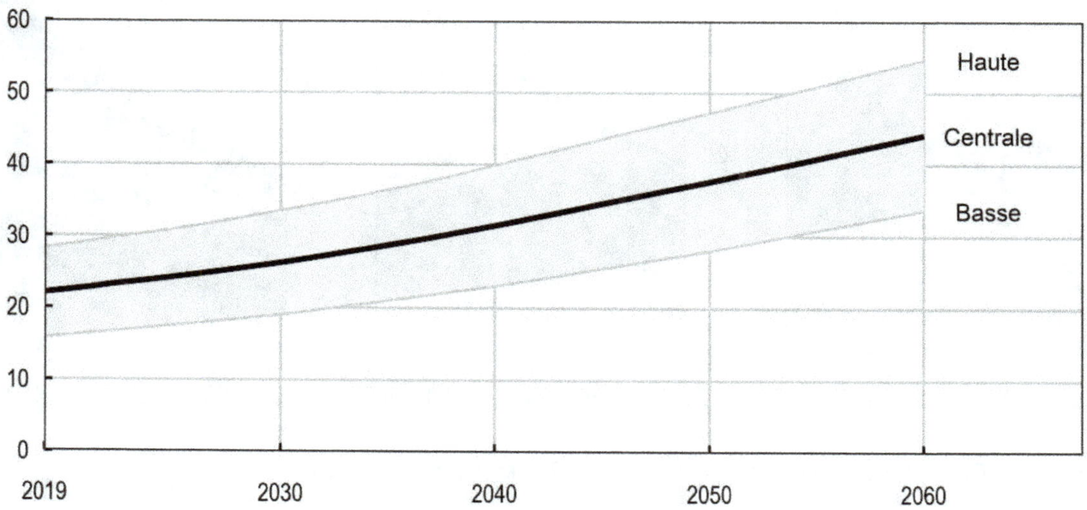

Source : Modèle de l'OCDE ENV-Linkages, d'après Ryberg et al. (2019[11]) (estimation haute) et Cottom et al. (2022[16]) (estimation basse).

StatLink https://stat.link/y24w1i

Les rejets de macroplastiques et de microplastiques devraient doubler entre 2019 et 2060 (Graphique 5.2). Les rejets annuels de macroplastiques augmentent, passant de 19,4 Mt en 2019 à 38,4 Mt en 2060, tandis que les rejets de microplastiques doublent pour atteindre 5,8 Mt en 2060.

Le taux de croissance ne sera pas le même dans toutes les régions. La hausse mondiale des rejets de plastiques est en grande partie portée par des pays non membres de l'OCDE et sera la conséquence de la hausse du volume de déchets mal gérés traitée au chapitre 4. Tandis que les pays de l'OCDE connaissent une baisse de leurs rejets annuels de plastiques, de 3,2 Mt en 2019 à 2,5 Mt en 2060, les rejets des pays non membres de l'OCDE vont plus que doubler, passant de 18,9 Mt à 41,6 Mt (Graphique 5.2). La région qui connaît la plus forte hausse des rejets est l'Afrique sub-saharienne (Autres Afrique), région dans laquelle les systèmes de traitement des déchets n'évoluent pas assez vite pour répondre aux changements socioéconomiques qui déterminent l'usage de plastiques et la production de déchets. Les rejets augmentent également fortement en Asie, où la plus forte hausse est observée en Inde et dans la région Autres pays d'Asie non membres de l'OCDE[3].

Tandis que la part des pays de l'OCDE dans les rejets mondiaux de macroplastiques diminue, de 11 % en 2019 à 2 % en 2060, ces pays représentent toujours une forte part des rejets de microplastiques (28 % en 2060 contre 35 % en 2019). Les rejets de microplastiques connaissent une hausse conséquente à la fois dans les pays membres et non membres de l'OCDE, ce qui suggère que les rejets de microplastiques constituent un problème croissant pour l'ensemble de la planète.

Graphique 5.2. Les rejets de macroplastiques et microplastiques vont doubler, malgré des différences régionales

Rejets de plastiques dans l'environnement par région en millions de tonnes par an (Mt), scénario de *Référence*

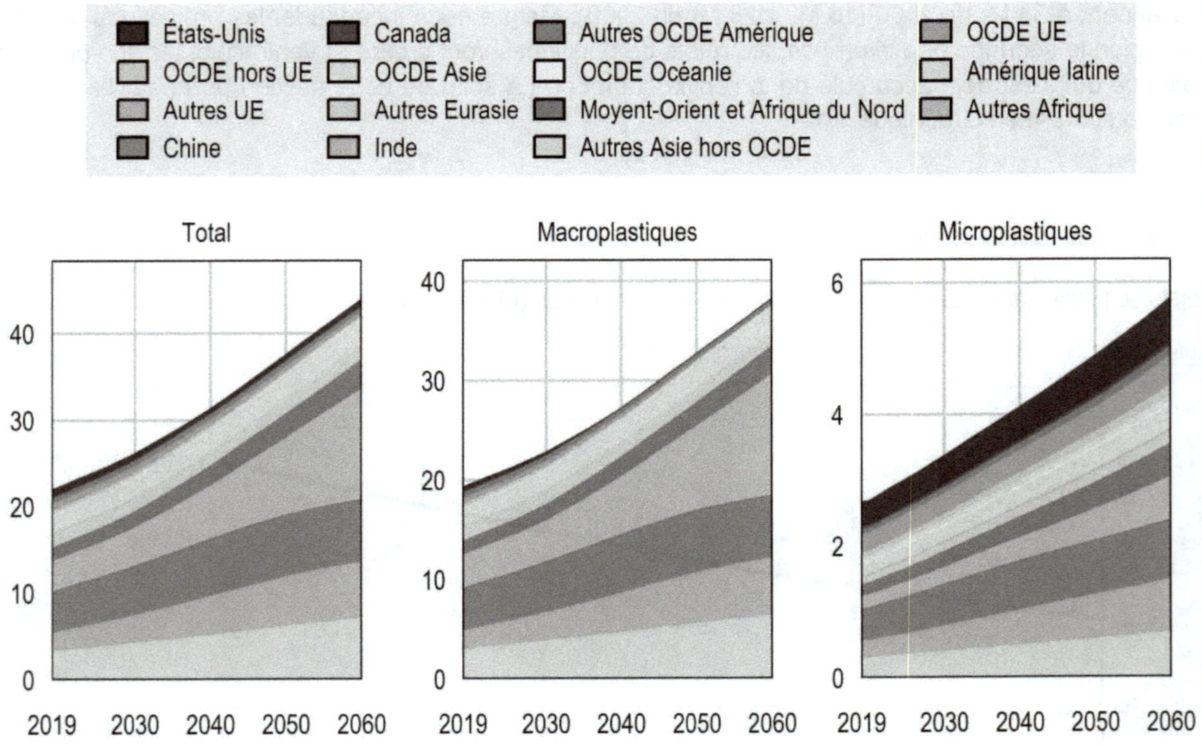

Source : Modèle de l'OCDE ENV-Linkages, d'après Ryberg et al. (2019[11]) et Cottom et al. (2022[16]).

StatLink https://stat.link/sftcho

Les déchets mal gérés représentent de loin la principale source de rejets de macroplastiques dans l'environnement (OCDE, 2022[15]) ; ils représentent 99 % des macroplastiques rejetés d'ici 2060 (Graphique 5.3) et proviennent principalement de pays non membres de l'OCDE (Chapitre 4). Dans les pays non membres de l'OCDE, les rejets annuels dus à la mauvaise gestion des déchets, sans compter les déchets sauvages, doublent pour atteindre 35,4 Mt en 2060, comparé à 0,1 Mt en 2060 dans les pays de l'OCDE. Les déchets sauvages sont la source de rejets de macroplastiques dans l'environnement qui croît le plus vite, pour atteindre un volume annuel mondial de plus de 2,3 Mt en 2060. Les rejets provenant des activités maritimes (principalement des filets de pêche, mais aussi des cordages synthétiques appelés dolly ropes[4]) sont la seule source de rejets macroplastiques incluse dans le périmètre de l'étude qui ne provient pas de déchets mal gérés ; leur volume est multiplié par plus de deux à l'échelle mondiale, pour atteindre 0,6 Mt en 2060, dont 17 % proviennent de pays de l'OCDE.

Si les rejets de macroplastiques dans l'environnement peuvent être limités en se concentrant sur la mauvaise gestion des déchets, les rejets de microplastiques sont un problème plus complexe et généralisé qui devient de plus en plus prégnant dans toutes les régions. Les principales sources de rejets de microplastiques identifiées pour 2060 sont les boues d'épuration[5] (30 %), l'abrasion des pneus (24 %) et les poussières microplastiques[6] (19 %) :

- Les rejets de microplastiques provenant des boues d'épuration devraient plus que doubler dans les pays de l'OCDE, passant de 0,4 Mt en 2019 à 0,9 Mt en 2060. Cependant, ces rejets vont quintupler dans les pays non membres de l'OCDE en raison du développement de stations de traitement des eaux usées dans de nombreux pays, et devraient atteindre 0,8 Mt en 2060. En conséquence, si les pays de l'OCDE constituent 72 % des rejets mondiaux pour cette catégorie en 2019, leur part devrait tomber à environ 50 % en 2060. Certes, le développement de stations d'épuration des eaux usées permettra d'éviter le rejet direct de microplastiques dans les cours d'eau, néanmoins il faudra également gérer les boues d'épuration produites (qui contiennent des microplastiques et d'autres produits chimiques)[7].
- Les rejets de microplastiques provenant de l'abrasion des pneus et des freins devraient doubler à l'échelle mondiale, en raison d'une hausse attendue du transport routier. Dans beaucoup de pays non membres de l'OCDE, cette croissance est plus forte, car le développement économique porte la hausse de la demande en transports (Chapitre 3). Par ailleurs, en plus de rejeter des microplastiques dans les milieux terrestre et aquatique, l'abrasion des pneus et des freins libère également des microplastiques dans l'atmosphère (voir section ci-dessous).
- Les poussières microplastiques devraient croître dans le monde de 0,8 Mt par an en 2019 à 1,1 Mt en 2060. Plus de 90 % des rejets relevant de cette catégorie (1 Mt) devraient provenir de pays non membres de l'OCDE.

Graphique 5.3. Les rejets de plastiques proviennent de sources très diverses

Rejets de plastiques dans l'environnement en millions de tonnes par an (Mt), scénario de *Référence*

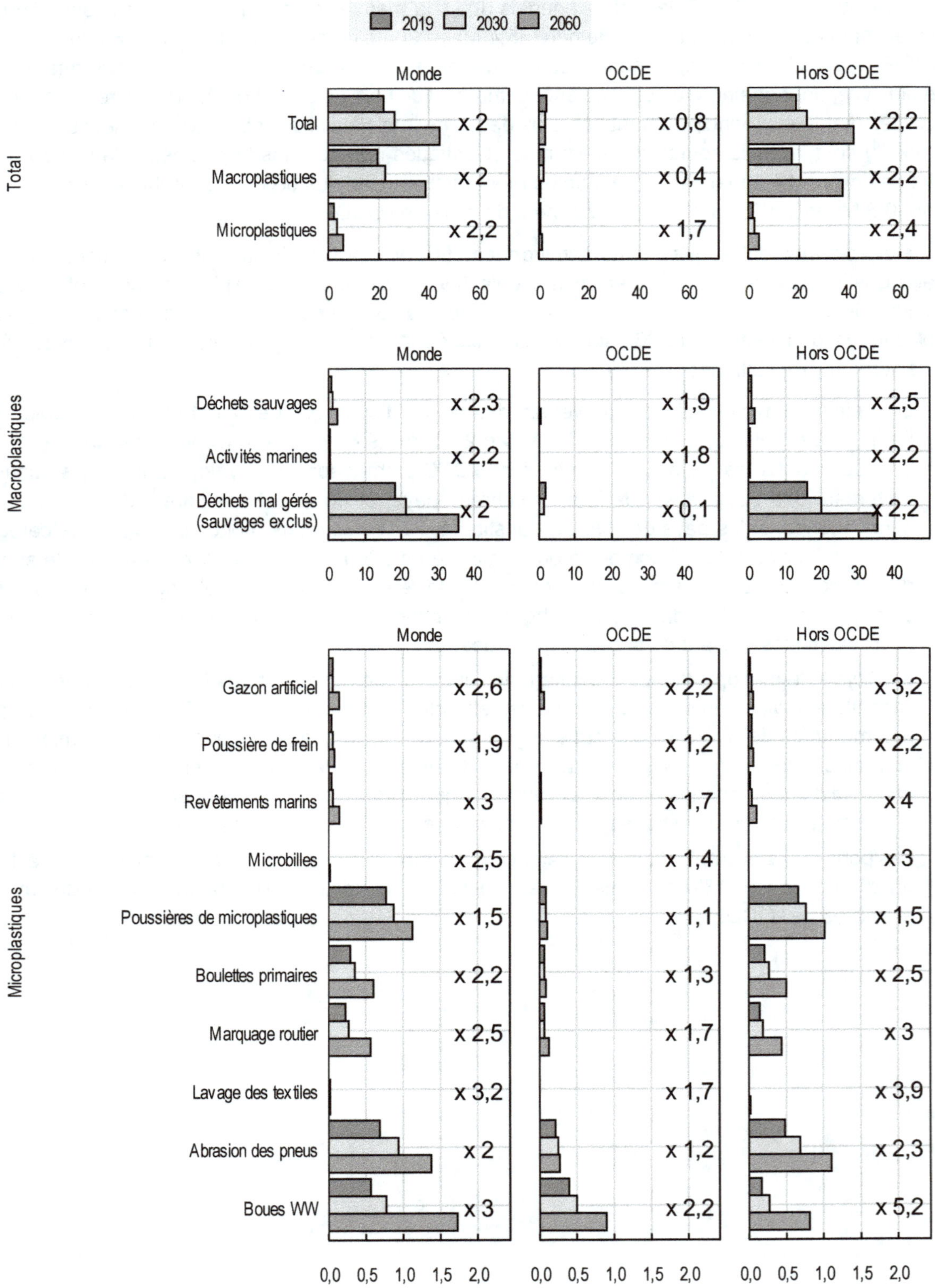

Note : Les chiffres à droite de chaque graphique montrent l'ampleur de la hausse entre 2019 et 2060.
Source : Modèle de l'OCDE ENV-Linkages, d'après Ryberg et al. (2019[11]) et Cottom et al. (2022[16]).

StatLink https://stat.link/2daynf

L'évolution des volumes de macroplastiques et de microplastiques au fil du temps est fortement liée aux évolutions socioéconomiques. À mesure que les revenus et l'usage de plastiques augmentent, les rejets de plastiques par habitant connaissent une hausse constante au niveau mondial, passant de 2,9 kg par habitant (/hab) en 2019 à 4,3 kg/hab en 2060 (Graphique 5.4). Cette hausse est en grande partie due à la croissance dans les pays non membres de l'OCDE dans lesquels les rejets de plastiques par habitant passent de 3 kg/hab en 2019 à 4,8 kg/hab en 2060. La situation diffère dans les pays de l'OCDE : les rejets de plastiques par habitant commencent par décliner, passant de 2,3 kg/hab en 2019 à 1,6 kg/hab en 2050, puis repartent à la hausse pour atteindre 1,7 kg/hab en 2060. La baisse observée jusqu'en 2050 provient de la forte diminution des rejets de macroplastiques due à l'élimination presque totale des déchets mal gérés (tandis que les rejets de microplastiques continuent d'augmenter). Cependant, après 2050, la croissance démographique et économique porte la hausse des déchets macroplastiques sauvages et des rejets de microplastiques, en raison d'un usage accru des plastiques, ce qui explique que les rejets totaux se stabilisent et repartent même légèrement à la hausse jusqu'en 2060. Cette évolution vient souligner que les politiques en faveur de la baisse des rejets de plastiques dans l'environnement ne doivent pas se limiter à la gestion des déchets et doivent tenir compte également des volumes de plastiques produits et mis au rebut.

À mesure que les pays se développent et améliorent leurs systèmes de gestion des déchets, le rapport entre les rejets de plastiques et le PIB diminue, passant de 0,24 g/USD (gramme par USD) en 2019 à 0,17 g/USD en 2060. Il est certes attendu que ce rapport diminue dans toutes les régions, mais la mauvaise gestion des déchets restant une source majeure de rejets de plastiques dans les pays non membres de l'OCDE, ceux-ci ne rattraperont pas les pays de l'OCDE en l'absence de mesures supplémentaires. Le rapport moyen dans les pays de l'OCDE est divisé par plus de deux, passant de 0,06 g/USD en 2019 à 0,02 g/USD en 2060, tandis qu'il est divisé par deux dans les pays non membres de l'OCDE, passant de 0,53 g/USD à 0,33 g/USD, principalement en raison de l'évolution des rejets de macroplastiques. Les rejets de microplastiques par dollar généré diminuent légèrement, d'une part à cause du lien étroit qui relie les rejets de microplastiques et l'usage du plastique, et d'autre part à cause de la lente diminution de l'intensité d'utilisation de plastiques de l'économie (voir la section 3.2.3 au chapitre 3).

Avec l'amélioration des systèmes de gestion des déchets, les rejets de plastiques se dissocient de l'utilisation des plastiques, comme l'indique le ratio entre les rejets et l'utilisation de plastiques (Graphique 5.4). Au niveau mondial, ce rapport passe de 4,8 % en 2019 à 3,6 % en 2060. Il diminue tant dans les pays de l'OCDE que dans les pays non membres, malgré des différences de niveaux. Le ratio devrait diminuer davantage pour les pays de l'OCDE, passant de 1,5 % à 0,6 %, grâce à l'absence presque totale de déchets mal gérés d'ici la fin de la période de projection. En revanche, le ratio pour les pays non membres de l'OCDE diminue aussi, mais de 7,6 % à 5,3 %, ce qui confirme l'importance d'une amélioration des pratiques de gestion des déchets partout dans le monde et notamment dans les pays à revenu faible ou moyen.

Dans l'ensemble, les projections montrent que la tendance en matière de rejets de macroplastiques et microplastiques change à mesure que les économies se développent et améliorent leurs systèmes de gestion des déchets. L'évolution des rejets de macroplastiques suit la courbe environnementale de Kuznets (Grossman et Krueger, 1995[17]) (Graphique 5.5, partie supérieure) : au début les rejets augmentent, puis commencent à baisser à partir de niveaux de revenus plus élevés. Au départ, l'augmentation de l'utilisation de plastiques et de la production de déchets domine et provoque une augmentation des rejets. Cependant, à mesure que les pays se développent, elle s'accompagne d'une demande accrue de meilleurs systèmes de gestion des déchets et d'une volonté de combattre les incidences environnementales visibles comme les fuites de macroplastiques. Ainsi, les pays investissent dans de meilleures infrastructures de gestion des déchets, ce qui conduit à une baisse du pourcentage de déchets mal gérés et donc des rejets de macroplastiques. Les rejets de microplastiques devraient augmenter en parallèle du PIB par habitant, pour tous les niveaux et toutes les régions (Graphique 5.5, partie inférieure), bien qu'on observe un effet de saturation aux niveaux de revenus les plus élevés. Les microplastiques ne sont pas aussi visibles que les macroplastiques, il est donc moins probable que des initiatives de lutte contre ces rejets soient promues.

Graphique 5.4. Tandis que les rejets de plastiques par habitant sont en hausse, les taux de rejets se dissocient du PIB et du volume de plastiques utilisé

Scénario de *Référence* à l'horizon 2060

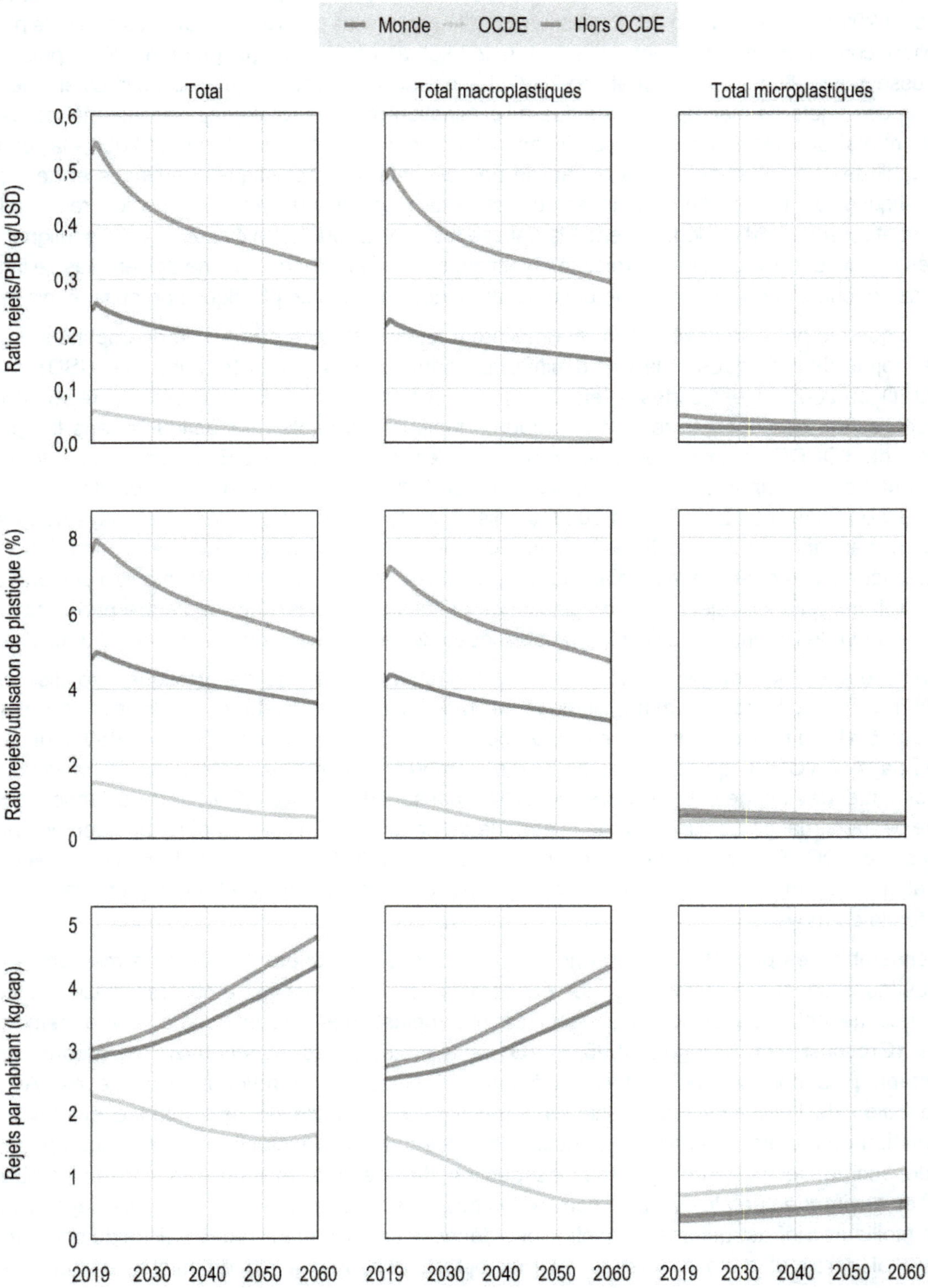

Source : Modèle de l'OCDE ENV-Linkages, d'après Ryberg et al. (2019[11]) et Cottom et al. (2022[16]).

StatLink https://stat.link/8e56nk

Graphique 5.5. Les rejets de macroplastiques et de microplastiques dans l'environnement suivent des trajectoires différentes en fonction de l'augmentation du revenu par habitant

Rejets par habitant (en kg, axe des ordonnées) en fonction du PIB par habitant (en USD, axe des abscisses), scénario de *Référence*

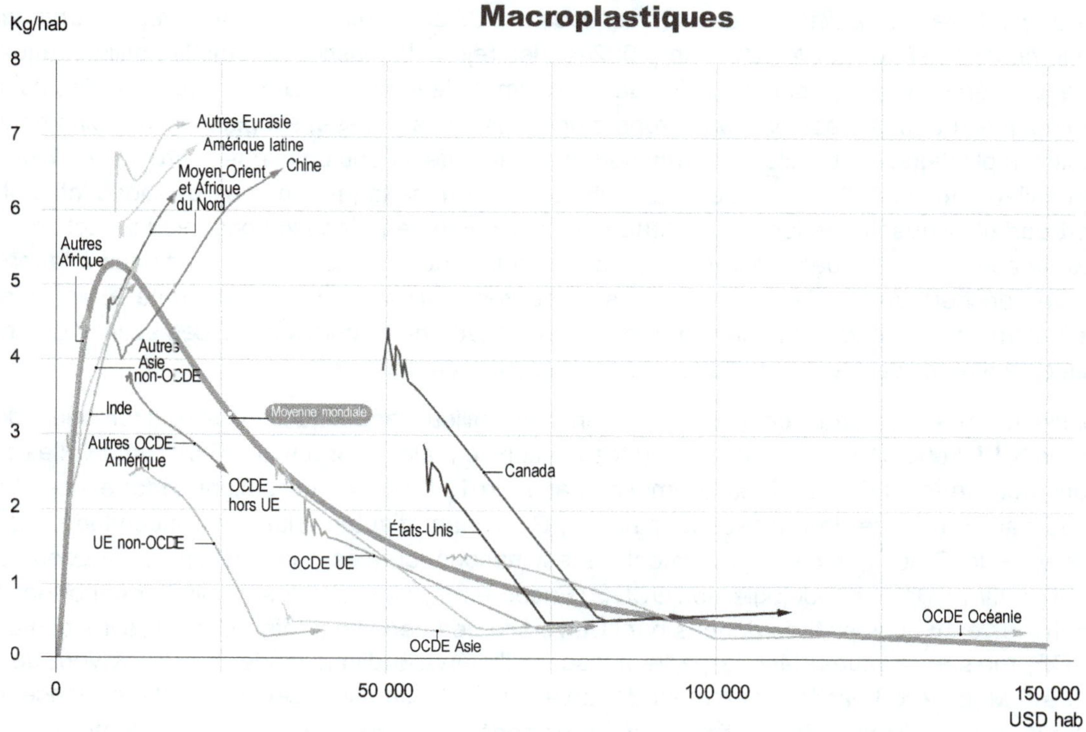

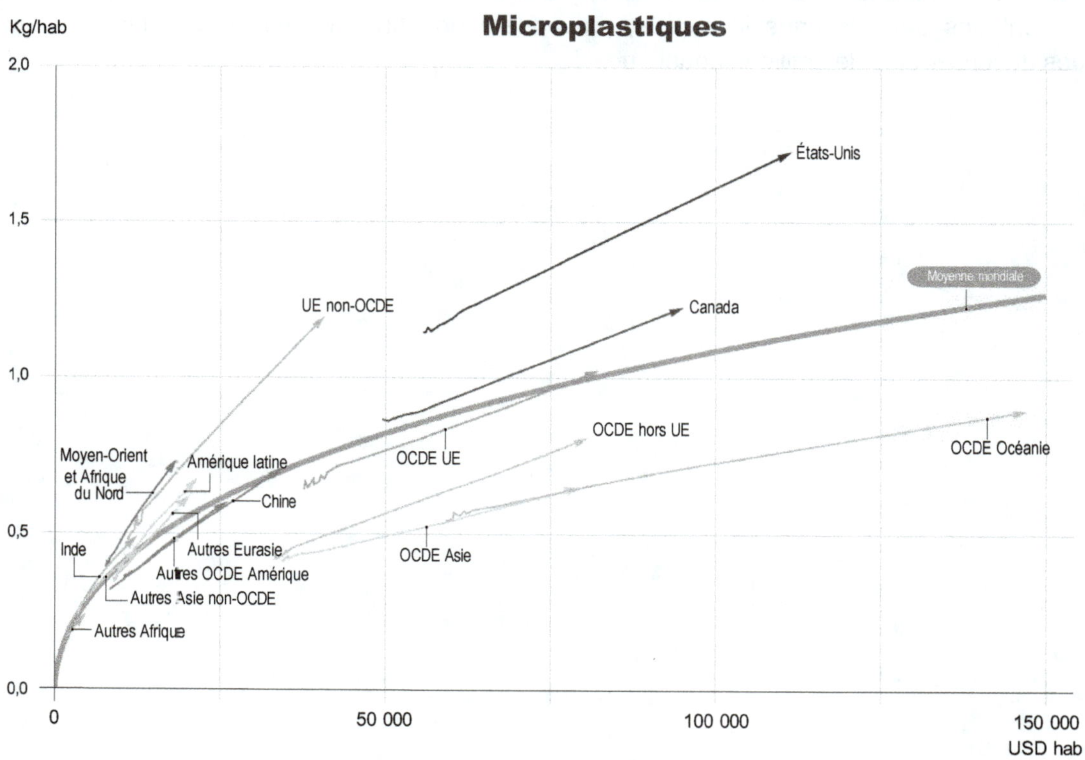

Note : les points de données de chaque couleur représentent l'évolution d'une région entre 2019 et 2060, la flèche pointant vers 2060.
Source : Modèle de l'OCDE ENV-Linkages, d'après Ryberg et al. (2019[11]) et Cottom et al. (2022[16]).

5.3. Les rejets de plastiques dans les milieux aquatiques devraient presque doubler d'ici 2060

Tandis que certains plastiques rejetés restent sur les sols (rejets terrestres), d'autres atteignent les milieux aquatiques : ruisseaux, cours d'eau, lacs, mers et océans. Comme expliqué en détail dans la section 2.5.1 des *Perspectives mondiales des plastiques : Déterminants économiques, répercussions environnementales et possibilités d'action* (2022[15]), les rejets de plastiques dans les milieux aquatiques dépendent d'éléments géographiques tels que la proximité de cours d'eau et de littoraux, des conditions météorologiques et des caractéristiques propres des plastiques (masse, souplesse). Certains polymères et produits en plastique sont facilement transportés et présentent donc un risque accru de finir leur course dans un milieu aquatique. De plus, des éléments locaux comme la présence de barrages influent sur le transport des plastiques dans les cours d'eau et leur déversement dans les océans. La section ci-après porte sur le comportement des macroplastiques, en partant de l'estimation des rejets dus à la mauvaise gestion des déchets et aux déchets sauvages présentée dans la section précédente. Étant donné les multiples éléments à prendre en considération et l'incertitude qu'ils comportent, ces estimations ne sont données qu'à titre indicatif et doivent être interprétées avec précaution.

Les rejets annuels mondiaux de plastiques dans les milieux aquatiques devraient presque doubler, passant de 6,1 Mt en 2019 à 11,6 Mt en 2060 (estimation centrale du Graphique 5.6). L'intervalle est large, l'estimation basse étant de 6,2 Mt et l'estimation haute de 16,8 Mt, ce qui souligne la forte incertitude qui s'explique par le manque de données empiriques. Soulignant d'autant plus cette incertitude, les points indiqués dans le Graphique 5.6 représentent les estimations fournies par l'Université de Leeds afin de vérifier et confirmer la méthodologie de l'OCDE (Encadré 5.1) ainsi que les résultats qui portent sur les rejets dans les eaux. Les chiffres donnés par l'Université de Leeds sont inférieurs à l'estimation centrale de l'OCDE, mais sont situés dans la partie basse de l'intervalle d'incertitude, puisqu'ils vont de 4,1 Mt en 2019 à 8 Mt en 2060. Indépendamment de la valeur de l'estimation, cependant, la tendance indique que la hausse de l'utilisation de plastiques, contrebalancée seulement en partie par la lente amélioration du traitement des déchets dans le monde, provoquera une hausse nette des volumes annuels de plastiques déversés dans les milieux aquatiques.

Graphique 5.6. Les rejets mondiaux dans les milieux aquatiques pourraient au moins doubler d'ici 2060

Rejets de plastiques dans les milieux aquatiques en millions de tonnes par an (Mt), scénario de *Référence*

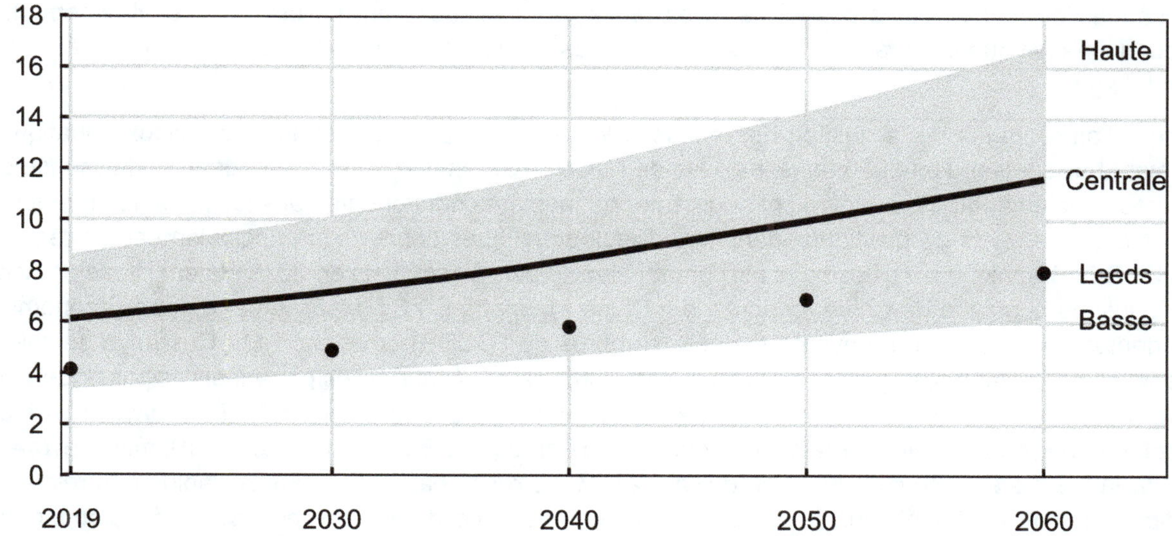

Note : Les courbes haute et basse correspondent à des niveaux de probabilité d'émissions faible et haut (voir l'Encadré 5.1). Les points correspondent aux estimations de l'Université de Leeds.
Source : Modèle de l'OCDE ENV-Linkages, d'après Lebreton et Andrady (2019[18]), Lebreton, Egger et Slat (2019[19]) et Cottom et al. (2022[16]).

StatLink https://stat.link/q5jyif

Quelques études passées ont également réalisé des projections concernant les rejets de plastiques dans l'eau. Lau et al. (2020[12]) ont estimé qu'un scénario sans changement et sans intervention politique après 2020 conduirait à déverser environ 29 Mt par an dans les eaux en 2040. Pour Borrelle et al. (2020[13]), sans changements structurels ou mesures supplémentaires ambitieuses, entre 20 et 90 Mt de plastiques seront rejetés dans les milieux aquatiques d'ici 2030. Bien que comparer ces estimations avec l'estimation centrale de l'OCDE présentée au Graphique 5.6 soit difficile en raison des différences de définitions, d'hypothèses et de méthodologies, l'estimation de l'OCDE pour les rejets annuels dans les milieux aquatiques semble sensiblement plus basse.

Une première raison à cette différence est que le modèle ENV-Linkages part d'une quantité estimée de déchets mal gérés inférieure (voir l'Encadré 4.5 au chapitre 4). Pour Lau et al. (2020[12]), la quantité estimée de déchets mal gérés en 2040 est plus du double de la quantité projetée par le modèle ENV-Linkages pour la même année (voir le tableau 4.3 au chapitre 4). Cette différence est directement liée à la modélisation plus détaillée de l'évolution du traitement des déchets dans le modèle ENV-Linkages (voir au chapitre 4). Si la quantité de déchets mal gérés est moindre, celui des plastiques rejetés aussi. Deuxièmement, le modèle ENV-Linkages s'appuie sur une analyse approfondie du destin des déchets mal gérés (OCDE, 2022[15]) qui subdivise ces déchets en quatre catégories : les déchets déposés dans des décharges sauvages, brûlés à ciel ouvert, rejetés dans un environnement terrestre ou dans un milieu aquatique. L'analyse semble montrer que seuls environ 8 % des déchets mal gérés finissent leur course dans un milieu aquatique, un chiffre inférieur aux 12 % retenus par Lau et al. (2020[12]). Troisièmement, pour estimer les rejets dans l'eau, le modèle ENV-Linkages s'est concentré sur les macroplastiques, en raison de l'importance de cette catégorie dans les rejets et de la disponibilité de modèles préliminaires et de données. Les microplastiques ne sont pas couverts, mais représentent une préoccupation croissante au sujet de laquelle davantage de recherches sur les risques et sur les mesures à prendre sont nécessaires. Il est évident qu'ajouter les rejets de microplastiques à l'estimation des rejets dans l'eau accroîtra le volume total. Les estimations avancées dans ce chapitre sont donc probablement plutôt basses que hautes.

Au bout du compte, l'estimation du volume des rejets de plastiques est secondaire par rapport au message intrinsèque délivré par toutes ces études : les rejets de plastiques sont un problème environnemental majeur qui ne fait que s'aggraver. Pour les responsables politiques et autres décideurs de la société, il est urgent d'agir.

Grâce à l'amélioration de la gestion des déchets, les rejets de plastiques dans les milieux aquatiques devraient baisser jusqu'en 2060 dans les pays de l'OCDE (Graphique 5.7)[8]. Cependant, en l'absence de mesures supplémentaires, ils devraient augmenter de manière conséquente dans les pays non membres de l'OCDE. Les rejets de plastiques dans les milieux aquatiques concernent principalement les régions hors OCDE (Graphique 5.7). Les pays qui contribuaient le plus à ces rejets en 2019 étaient situés en Asie, la République populaire de Chine (ci-après la « Chine ») émettant 1,3 Mt, suivie par d'autres économies émergentes en Asie (Autres pays d'Asie non membres de l'OCDE) émettant 1 Mt. Ces pays devraient devenir les deuxièmes plus gros contributeurs d'ici 2060 avec 2,4 Mt émises par an, suivis par l'Inde et la Chine qui devraient émettre respectivement 2 et 1,7 Mt par an d'ici 2060. Les pays d'Afrique subsaharienne (Autres Afrique) étaient responsables de presque 0,8 Mt de rejets en 2019, mais devraient prendre la première place d'ici 2060, produisant 2,9 Mt de rejets par an. La hausse rapide des rejets de plastiques sur le continent africain correspond à la croissance démographique et au développement économique associés à des systèmes de gestion des déchets insuffisants.

Graphique 5.7. D'ici 2060, les pays non membres de l'OCDE seront les principaux émetteurs de plastiques dans les milieux aquatiques

Rejets de plastiques dans les milieux aquatiques par région en millions de tonnes (Mt), scénario de *Référence*

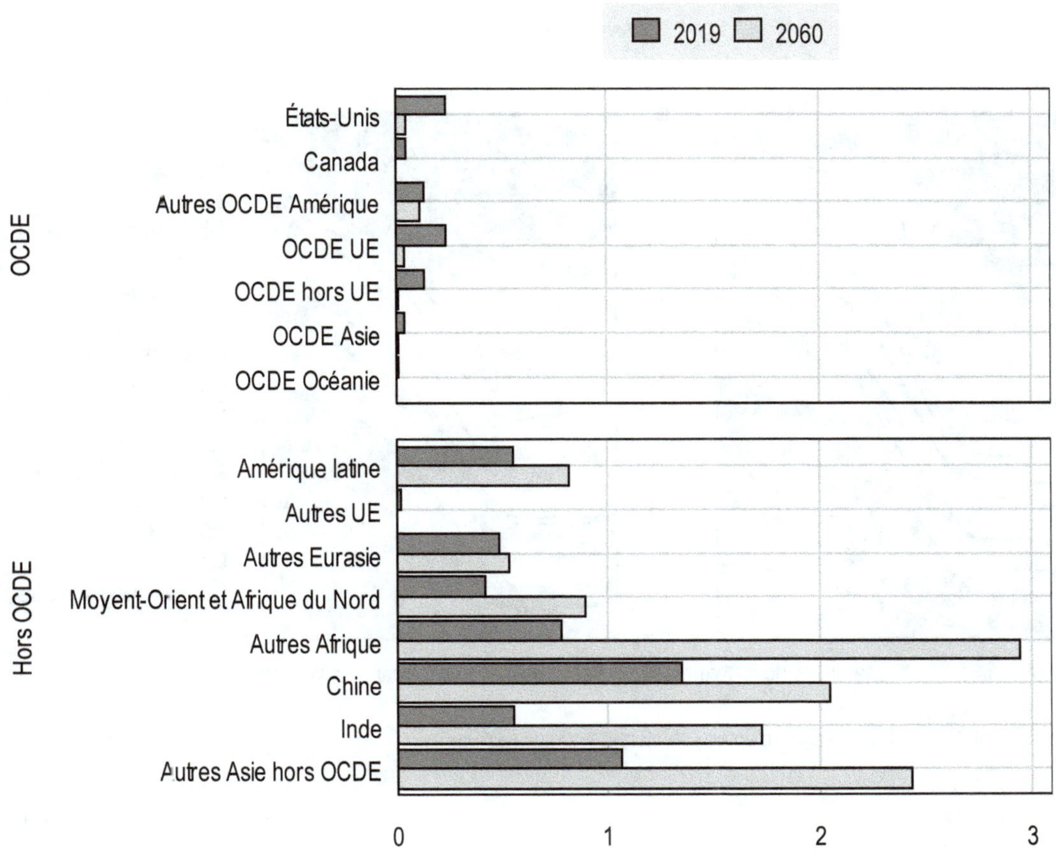

Source : Modèle de l'OCDE ENV-Linkages, d'après Lebreton et Andrady (2019[18]).

StatLink https://stat.link/e24mpk

Les projections pour les décennies à venir suggèrent nettement que l'origine géographique des principaux déversements régionaux de plastiques dans les eaux douces et dans les milieux marins va se déplacer (Graphique 5.8). Les économies avancées comme les États-Unis et les pays européens de l'OCDE étaient les principaux responsables des rejets de plastiques jusqu'aux années 1990. Depuis 2000, la contribution des pays asiatiques et africains a fortement augmenté, portée par la demande croissante en plastiques dans les économies en développement. D'ici 2060, plus de 66 % des plastiques qui se seront accumulés dans les milieux aquatiques devraient avoir pour origine quatre régions : l'Afrique subsaharienne (Autres Afrique), la Chine, l'Inde et d'autres pays asiatiques en développement. D'ici 2060, la Chine devrait devenir le premier pays rejetant des plastiques dans les eaux douces, tandis que d'autres économies émergentes en Asie (Autres pays d'Asie non membres de l'OCDE) deviendront les principaux émetteurs de plastiques dans les milieux marins. Cette distinction peut s'expliquer par le fait qu'il est plus probable que des plastiques rejetés atteignent les océans depuis des nations insulaires dont les populations vivent principalement sur le littoral, et par l'existence des moussons associées à un plus grand risque de rejets directs dans l'océan.

Graphique 5.8. Les contributions régionales aux rejets de plastiques dans les milieux aquatiques se déplacent

Part en pourcentage des rejets mondiaux de plastiques dans les eaux douces et dans les océans, scénario de *Référence*

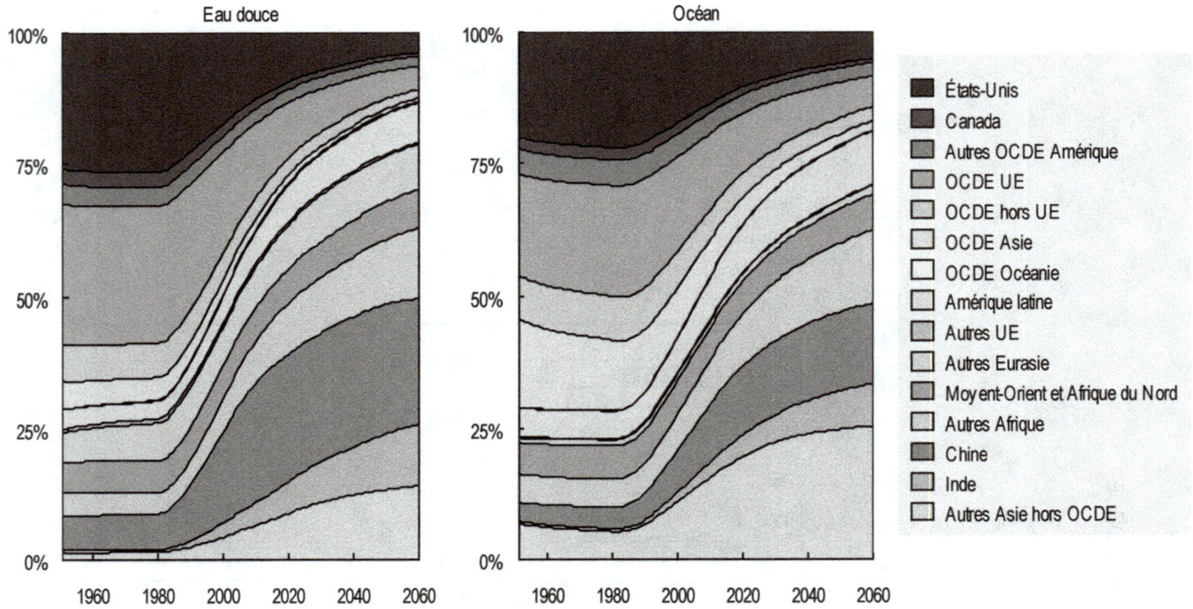

Source : Modèle de l'OCDE ENV-Linkages, d'après Lebreton et Andrady (2019[18]).

StatLink https://stat.link/560lgm

Une fois que les plastiques atteignent un milieu aquatique, leur destin dépend de leurs caractéristiques propres et de celles de l'environnement. Seuls 5 % des plastiques rejetés dans les milieux aquatiques arrivent directement dans l'océan depuis le littoral (Graphique 5.9). La plupart des plastiques sont déversés dans les eaux douces, c'est-à-dire les cours d'eau et les lacs. Lorsqu'ils sont plus denses que l'eau, ils coulent généralement rapidement (ces plastiques représentent 50 % du total des plastiques rejetés dans les milieux aquatiques). Les autres flottent à la surface (soit parce qu'ils sont moins denses que l'eau, soit parce qu'ils contiennent de l'air) et risquent d'être transportés en aval (ce qui représente 44 % des plastiques rejetés dans les milieux aquatiques). Par exemple, les emballages, qui utilisent de grandes quantités de polymères légers (p. ex., le PE et le PP), ou encore les produits plastiques moins denses (comme les bouteilles) faits de polymères plus lourds (p. ex., le PET), sont beaucoup plus susceptibles d'achever leur course dans la « soupe de plastiques » des océans. Chacun de ces flux vers les milieux aquatiques devrait s'accroître sensiblement d'ici 2060.

Graphique 5.9. Seule une petite fraction des plastiques rejetés atteint l'océan depuis le littoral

Rejets de plastiques dans les milieux aquatiques en millions de tonnes par an (Mt), scénario de *Référence*

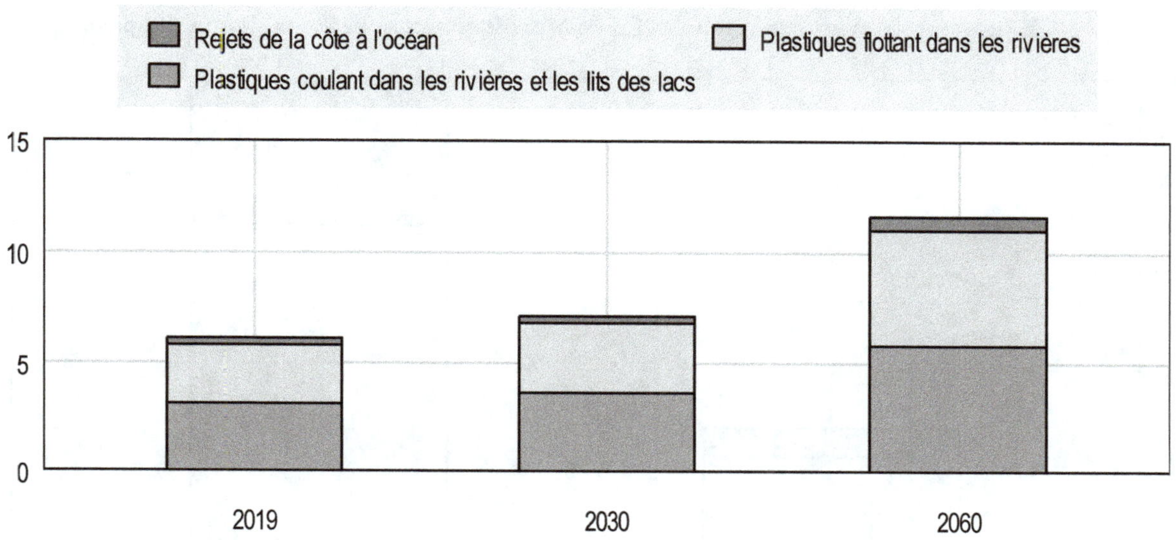

Source : Modèle de l'OCDE ENV-Linkages, d'après Lebreton et Andrady (2019[18]).

StatLink https://stat.link/78ql6d

Les plastiques s'accumulent dans les milieux aquatiques depuis le début de la production de masse de plastiques dans les années 1950. Jusqu'à 2019, on estime que 140 Mt de plastiques ont été déversés dans les milieux aquatiques dans le monde (Graphique 5.10). De ce total, seuls 22 % avaient atteint l'océan, en raison de la grande part de plastiques qui coule au fond des cours d'eau et des lacs et de la lenteur du transport aval des plastiques flottants. Une bien plus large part (78 %) se trouvait toujours dans les écosystèmes d'eau douce. [9] Le scénario de *Référence* prévoit presque un doublement des rejets de plastiques dans les milieux aquatiques à l'échelle mondiale entre 2019 et 2060, ce qui laisse présager le pire pour ces écosystèmes : un volume vertigineux de 493 Mt de plastiques se sera accumulé d'ici 2060, dont 29 % auront atteint les océans.

Graphique 5.10. Les eaux douces renferment plus de plastiques rejetés que les océans

Rejets de plastiques accumulés dans les milieux aquatiques en millions de tonnes (Mt), scénario de *Référence*

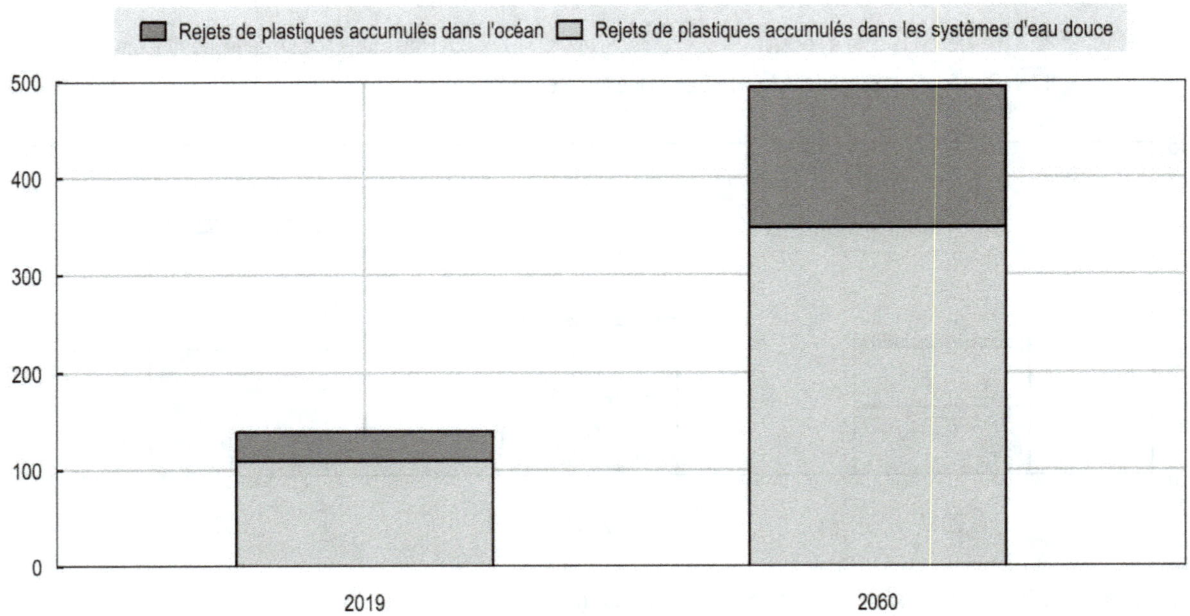

Source : Modèle de l'OCDE ENV-Linkages, d'après Lebreton et Andrady (2019[18]).

StatLink https://stat.link/qmxy56

La faible vitesse de déplacement des plastiques dans les cours d'eau signifie que les plastiques qui s'y sont accumulés flottent toujours vers les océans des décennies après leur entrée dans le milieu aquatique. De plus, une partie de ces déchets se décompose lentement en microplastiques qui sont plus susceptibles d'être ingérés par des espèces aquatiques, ce qui accroît les risques environnementaux. Le

Graphique 5.11 résume une partie des phénomènes qui ont cours dans les milieux aquatiques. On estime que le flux total annuel de macroplastiques dans l'océan était de 1,7 Mt en 2019, chiffre qui devrait monter à 4,0 Mt à l'horizon 2060. La dégradation des macroplastiques en microplastiques est un processus lent, dont le volume annuel est estimé à 0,3 Mt pour 2019 et 0,8 Mt en 2060 ; la plupart de la dégradation se produit dans les grands stocks accumulés dans les cours d'eau. Cependant, ces phénomènes sont fortement influencés par les charactéristiques locales qui regroupent les conditions météorologiques, la morphologie des cours d'eau et les processus de dégradation biologique. Or, on comprend actuellement peu ces influences, ce qui rend particulièrement ardue toute tentative de modélisation du phénomène global ; les erreurs dans chacun de ces chiffres pourraient donc être notables. Néanmoins, il apparaît clairement que des mesures supplémentaires sont nécessaires pour atteindre l'objectif du G20 de ramener à zéro les rejets nets de plastique dans les océans, tel que défini dans la Vision d'Osaka pour les océans, avec pour objectif final de mettre un terme à la pollution plastique, comme prévu dans la Résolution 5/14 de l'ANUE.

Graphique 5.11. Les flux de macroplastiques vers les cours d'eau et les lacs sont largement plus importants que les flux vers les océans

Rejets de plastiques en millions de tonnes par an (Mt), scénario de *Référence*

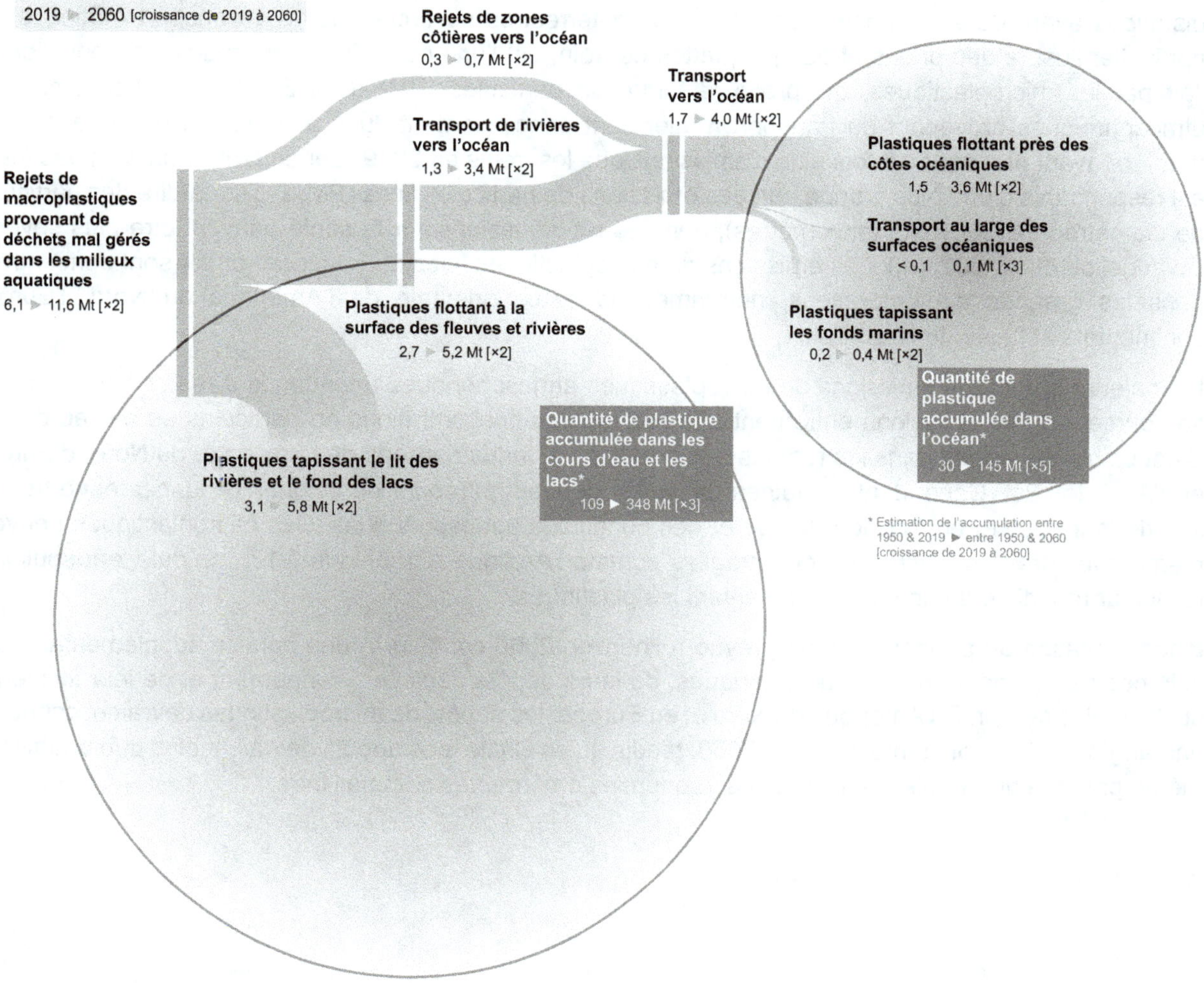

Source : Modèle de l'OCDE ENV-Linkages, d'après Lebreton et Andrady (2019[18]).

5.4. La hausse attendue des transports provoquera une augmentation des microplastiques dans l'atmosphère

Certains microplastiques sont rejetés dans l'atmosphère et peuvent être transportés sur de longues distances avant de se déposer dans des milieux terrestres ou aquatiques. Le transport routier, et en particulier l'usure des pneus et des plaquettes de frein, est l'une des principales sources de pollution de l'air par les microplastiques, qui prend la forme de particules (PM) (OCDE, 2022[15]). Les émissions atmosphériques provenant du transport routier sont principalement dues à l'abrasion des pneus, cette dernière ayant provoqué 16 fois plus d'émissions que les freins en 2019. Cependant, l'abrasion des freins est responsable d'une plus grande part des émissions de particules fines ($PM_{2.5}$, c'est-à-dire des particules de diamètre inférieur à 2,5 micromètres), dont les répercussions sur la santé peuvent être plus sévères (Evangeliou et al., 2020[14]). Les émissions de microplastiques liées au transport routier sont concentrées dans les grandes agglomérations, notamment la partie orientale de l'Amérique du Nord, l'Europe continentale et l'Asie du Nord-Est.

La majeure partie des émissions de microplastiques atmosphériques a tendance à rester à proximité de sa source, où ces émissions entraînent une hausse des concentrations en particules au niveau du sol. C'est ce qui se produit dans les régions très peuplées et industrialisées de l'Amérique du Nord, d'Europe et d'Asie de l'Est. Cependant, certaines particules peuvent parcourir de longues distances et se trouver loin de leur source, en fonction du lieu et des conditions atmosphériques. Ces microplastiques peuvent même atteindre des environnements fragiles comme l'Arctique (Graphique 5.12), ce qui vient souligner l'ampleur mondiale du défi que représentent les plastiques.

L'augmentation du transport routier prévue à l'horizon 2060 conduira à une hausse supplémentaire des volumes de microplastiques atmosphériques, de leurs dépôts dans l'environnement et de leur incidence sur la qualité de l'air. En Amérique du Nord et en Europe, les dépôts de microplastiques devraient connaître une augmentation constante jusqu'en 2060, tandis qu'en Chine, ces dépôts devraient plus que doubler, et même presque quadrupler dans d'autres économies émergentes comme l'Inde.

Graphique 5.12. Les dépôts de microplastiques atmosphériques issus de l'abrasion des pneus et des freins vont augmenter

Dépôt de microplastiques atmosphériques, scénario de *Référence*

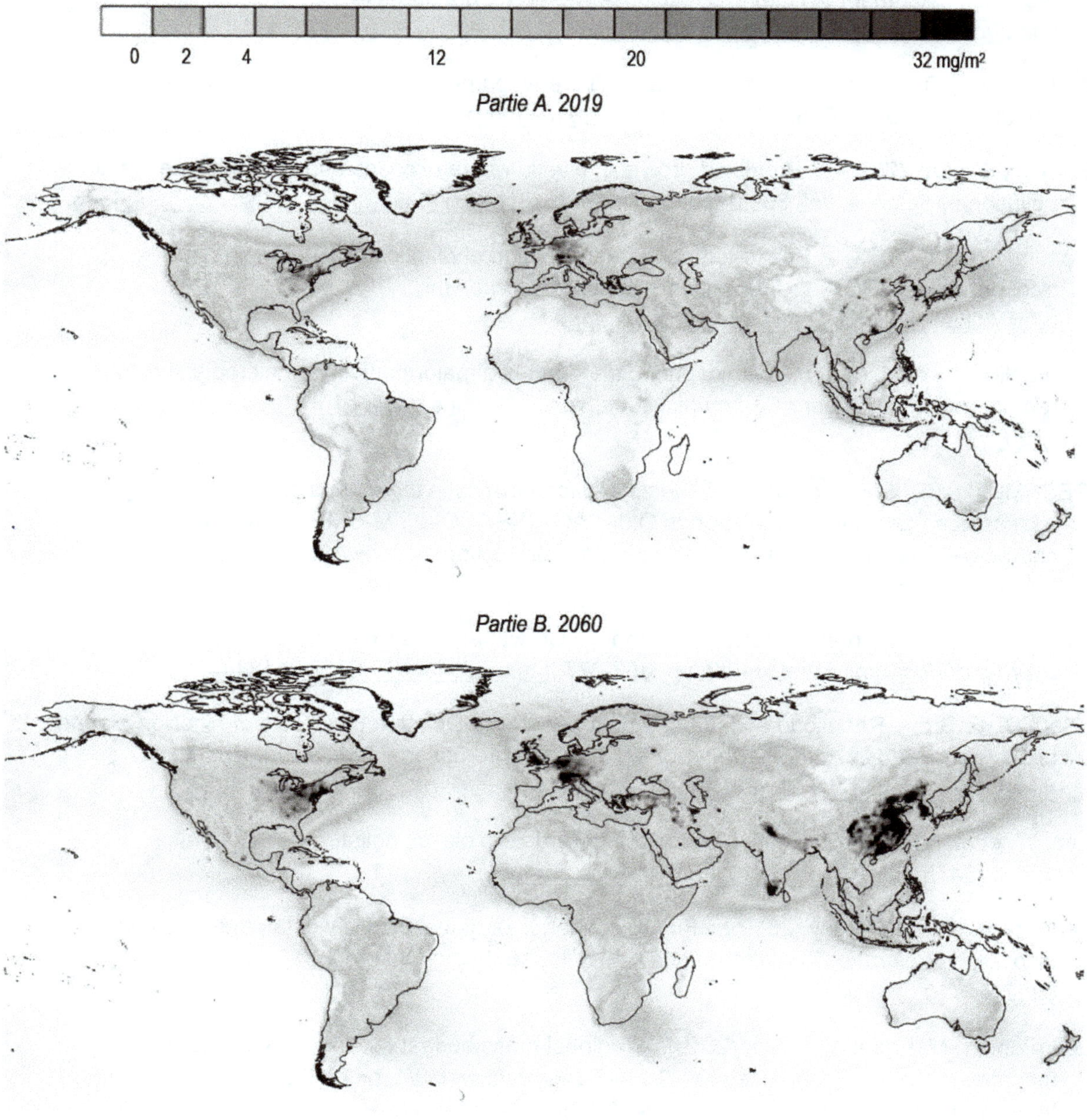

Source : modèle ENV-Linkages de l'OCDE, d'après Evangeliou et al. (2020[14]).

Références

Allen, S. et al. (2019), « Atmospheric transport and deposition of microplastics in a remote mountain catchment », *Nature Geoscience*, vol. 12/5, pp. 339-344, https://doi.org/10.1038/s41561-019-0335-5. [3]

Andrady, A. (2011), « Microplastics in the marine environment », *Marine Pollution Bulletin*, vol. 62/8, pp. 1596-1605, https://doi.org/10.1016/j.marpolbul.2011.05.030. [5]

Borrelle, S. et al. (2020), « Predicted growth in plastic waste exceeds efforts to mitigate plastic pollution », *Science*, vol. 369/6510, pp. 1515-1518, https://doi.org/10.1126/science.aba3656. [13]

Cottom, J. et al. (2022), « Spatio-temporal quantification of plastic pollution origins and transportation (SPOT) » University of Leeds, Royaume-Uni, https://plasticpollution.leeds.ac.uk/toolkits/spot/. [16]

Evangeliou, N. et al. (2020), « Atmospheric transport is a major pathway of microplastics to remote regions », *Nature Communications*, vol. 11/1, https://doi.org/10.1038/s41467-020-17201-9. [14]

GESAMP (2015), *Sources, fate and effects of microplastics in the marine environment: a global assessment*, Groupe mixte d'experts OMI-FAO-UNESCO-OMM-OMS-AIEA-ONU-PNUE chargé d'étudier les aspects scientifiques de la protection de l'environnement marin, http://www.imo.org. [10]

Grossman, G. et A. Krueger (1995), « Economic Growth and the Environment », *The Quarterly Journal of Economics*, vol. 110/2, pp. 353-377, https://doi.org/10.2307/2118443. [17]

Kühn, S., E. Bravo Rebolledo et J. van Franeker (2015), « Deleterious Effects of Litter on Marine Life », dans *Marine Anthropogenic Litter*, Springer International Publishing, Cham, https://doi.org/10.1007/978-3-319-16510-3_4. [6]

Lau, W. et al. (2020), « Evaluating scenarios toward zero plastic pollution », *Science*, p. eaba9475, https://doi.org/10.1126/science.aba9475. [12]

Lebreton, L. et A. Andrady (2019), « Future scenarios of global plastic waste generation and disposal », *Palgrave Communications*, vol. 5/1, p. 6, https://doi.org/10.1057/s41599-018-0212-7. [18]

Lebreton, L., M. Egger et B. Slat (2019), « A global mass budget for positively buoyant macroplastic debris in the ocean », *Scientific Reports*, vol. 9/1, p. 12922, https://doi.org/10.1038/s41598-019-49413-5. [19]

Obbard, R. et al. (2014), « Global warming releases microplastic legacy frozen in Arctic Sea ice », *Earth's Future*, vol. 2/6, pp. 315-320, https://doi.org/10.1002/2014EF000240. [2]

OCDE (2022), *Perspectives mondiales des plastiques: Déterminants économiques, répercussions environnementales et possibilités d'action*, Éditions OCDE, Paris, https://doi.org/10.1787/5c7bba57-fr. [15]

OCDE (2021), *Policies to Reduce Microplastics Pollution in Water: Focus on Textiles and Tyres*, Éditions OCDE, Paris, https://doi.org/10.1787/7ec7e5ef-en. [1]

OCDE (2021), « Towards G7 action to combat ghost fishing gear: A background report prepared for the 2021 G7 Presidency of the United Kingdom », *OECD Environment Policy Papers*, n° 25, Éditions OCDE, Paris, https://doi.org/10.1787/a4c86e42-en. [4]

OMS (2019), *Microplastics in drinking water.* [9]

Ryberg, M. et al. (2019), « Global environmental losses of plastics across their value chains », *Resources, Conservation and Recycling*, vol. 151, p. 104459, https://doi.org/10.1016/j.resconrec.2019.104459. [11]

SAPEA (2019), *A scientific perspective on micro-plastics in nature and society*, https://doi.org/10.26356/microplastics. [7]

Wright, S., R. Thompson et T. Galloway (2013), « The physical impacts of microplastics on marine organisms: A review », *Environmental Pollution*, vol. 178, pp. 483-492, https://doi.org/10.1016/j.envpol.2013.02.031. [8]

Notes

[1] On subdivise parfois les microplastiques en trois catégories : 1) les microplastiques primaires, c'est-à-dire conçus pour avoir un diamètre inférieur à 5 mm ; 2) les microplastiques secondaires générés par abrasion lors de l'utilisation de produits synthétiques, par exemple les particules issues des frottements des pneus ; 3) les microplastiques tertiaires qui se forment par fragmentation de macroplastiques déjà rejetés dans l'environnement.

[2] Les nanoplastiques ont une taille inférieure à 1 ou 100 nm, en fonction de la définition retenue (OCDE, 2021[1]).

[3] Voir la liste des régions utilisées dans le modèle ENV-Linkages au tableau A A.2 de l'annexe A.

[4] Les dolly ropes sont des franges noires, oranges ou bleues en polyéthylène utilisées dans la pêche au chalut de fond, une méthode de pêche qui consiste à tirer des filets lestés sur les fonds marins.

[5] Parmi les microplastiques extraits dans les stations de traitement des eaux usées, une partie peut pénétrer de nouveau dans l'environnement lors de l'épandage des boues d'épuration sur les sols agricoles. L'importance relative de ce phénomène varie selon les pays et dépend de l'efficacité du processus de traitement des eaux usées pour retenir les microplastiques ainsi que de la méthode d'élimination des boues d'épuration. Les autres microplastiques sont éliminés par incinération ou enfouissement, méthodes avec lesquelles aucun rejet dans l'environnement n'a été observé. Pour plus de détails concernant les hypothèses retenues quant au destin des microplastiques contenus dans les eaux usées, consulter l'annexe B.

[6] Le terme poussières microplatiques renvoie à la libération non intentionnelle et non contrôlée de microplastiques par divers produits au cours de leur vie, sous l'effet de l'abrasion due à la météorisation ou à des activités humaines directes. Dans ce modèle, cinq sources ont été retenues : les poussières textiles des ménages, les peintures intérieures et extérieures, la construction en extérieur et la démolition, et l'abrasion des semelles de chaussures. Cette liste n'est pas exhaustive, mais elle tient compte des sources de poussières microplastiques documentées dans la littérature scientifique.

[7] Les microplastiques qui arrivent dans les eaux usées proviennent de diverses sources : l'abrasion des pneus (24 % de la masse totale), les poussières microplastiques (21 %), le gazon artificiel (20 %), les granulés entrant dans la production de plastiques (16 %), les marquages routiers (10 %) et les microfibres textiles (5 %).

[8] En novembre 2021, le Canada a réalisé des estimations préliminaires de la production de plastiques, de déchets plastiques et de rejets, disponibles sur demande. L'information est disponible en cliquant sur le lien https://www150.statcan.gc.ca/n1/daily-quotidien/211109/dq211109e-eng.htm. Les résultats sont différents de ceux obtenus par le modèle de l'OCDE ENV-Linkages pour le Canada, mais les différences sont globalement faibles si l'on tient compte des incertitudes qui entourent plusieurs paramètres clés.

[9] Il convient de noter que le modèle ne tenait compte d'aucun mécanisme d'élimination, une part de ces déchets accumulés pourraient en réalité avoir été récupérée à l'heure actuelle.

6 Projections sur les répercussions environnementales du cycle de vie des plastiques à l'horizon 2060

Le cycle de vie complet des plastiques, de leur production à leur élimination, a des répercussions diverses sur l'environnement et sur la santé. Le chapitre ci-après étudie l'évolution de ces répercussions d'ici 2060 selon le scénario de *Référence*, c'est-à-dire en l'absence de toute nouvelle mesure. Il présente une modélisation des émissions de gaz à effet de serre liées à chaque étape du cycle de vie des plastiques et les compare à deux scénarios prévoyant l'utilisation de plastiques biosourcés. Les incidences environnementales du cycle de vie de sept polymères fréquents sont également évaluées à l'aide de projections jusqu'en 2060 des répercussions touchant à la toxicité pour l'homme avec un effet cancérogène, à l'acidification, à l'eutrophisation et au changements d'utilisation des sols.

Messages clés

- D'ici 2060, la baisse de l'intensité des émissions de gaz à effet de serre (GES) associée à la production de plastiques ne compense pas la forte augmentation des émissions due à l'utilisation de plastiques et à la production de déchets plastiques en hausse. Dans l'ensemble, les émissions des plastiques au long du cycle de vie devraient croître de 1,8 Gt éq. CO_2 en 2019 à 4,3 Gt éq. CO_2 en 2060 et passer de 3,7 % à 4,5 % des émissions mondiales.
- Les dispositions visant à promouvoir les plastiques biosourcés peuvent réduire les émissions de GES liées à la production de plastiques, mais suscitent des préoccupations quant à l'accroissement de la demande en terres agricoles pour cultiver la biomasse nécessaire, ce qui pourrait conduire à une perte de zones naturelles. Une modélisation des effets de l'augmentation de la part de marché des plastiques biosourcés à 5 % d'ici 2060 n'a permis d'observer qu'une faible incidence sur les émissions de GES. Trouver des moyens de réduire le besoin en matières premières agricoles pourrait sensiblement améliorer le potentiel des plastiques biosourcés pour ce qui a trait à l'atténuation des émissions mondiales de GES dues aux plastiques.
- À l'aide d'une analyse du cycle de vie (ACV) des plastiques, il est démontré que la production et la gestion des déchets de sept polymères couramment utilisés ont des répercussions néfastes étendues sur l'environnement et sur la santé humaine, notamment en matière d'utilisation des sols, de formation d'ozone, d'eutrophisation, d'écotoxicité, de toxicité et d'acidification. Ces répercussions vont toutes doubler ou tripler d'ici 2060, l'utilisation des sols et l'eutrophisation étant les incidences qui augmentent le plus, principalement à cause de la production des plastiques. Maîtriser la hausse de l'utilisation des plastiques est urgent pour limiter ces répercussions néfastes.

6.1. Les plastiques et déchets plastiques contribuent au changement climatique

6.1.1. Les émissions de gaz à effet de serre imputables aux plastiques d'origine fossile devraient plus que doubler d'ici 2060

Les plastiques génèrent des émissions de gaz à effet de serre (GES) tout au long de leur cycle de vie, depuis leur production qui consiste à transformer des matières premières fossiles au moyen de procédés à forte intensité énergétique, jusqu'à la gestion des déchets qui nécessite de l'énergie et génère des émissions directes. D'après le modèle de l'OCDE ENV-Linkages, en 2019, les émissions totales de GES imputables aux plastiques d'origine fossile s'élevaient à 1,8 gigatonnes d'équivalent dioxyde de carbone (Gt éq. CO_2), soit 3,7 % des émissions mondiales[1]. En raison de la hausse de l'utilisation de plastiques et de la production de déchets prévue dans le scénario de *Référence*, ces émissions devraient plus que doubler d'ici 2060, pour atteindre 4,3 Gt éq. CO_2 (Graphique 6.1), soit 4,5 % des émissions mondiales de GES en 2060. Alors que le secteur des plastiques connaît à peu près le même taux de croissance que la moyenne de l'économie sur la période étudiée, la croissance du secteur des services (relativement peu intensif en émissions) est supérieure à la moyenne ; ce dernier représente donc une grande part de l'économie. Dans le même temps, quelques secteurs très fortement émetteurs comme la sidérurgie et la métallurgie, l'exploitation des minerais non métalliques, les industries extractives et la production animale devraient connaître une croissance inférieure à la moyenne (chapitre 2). Ceci explique pourquoi le pourcentage des émissions imputables aux plastiques augmente sur la période étudiée.

La production de polymères et leur transformation en produits représentent environ 90 % des émissions imputables au cycle de vie des plastiques d'origine fossile, tant en 2019 qu'en 2060. Néanmoins, le niveau d'émissions dépend du polymère (OCDE, 2023[1]). Les plus gros émetteurs sont les fibres utilisées dans les textiles et l'habillement, suivies du polypropylène (PP) qui est utilisé dans une large palette d'applications, notamment les emballages alimentaires et les pièces moulées des véhicules. La production de polyéthylène basse densité (PEBD), qui est utilisé par exemple dans les sacs en plastique ou dans les flacons distributeurs, représente le troisième plus gros niveau d'émissions. La hausse des émissions entre 2019 et 2060 est largement portée par ces polymères.

Les émissions en fin de vie représentent le reste des émissions du cycle de vie (environ 10 %) et varient fortement en fonction des modes d'élimination. L'incinération représente plus de 70 % du total des émissions en fin de vie, à la fois en 2019 et en 2060, le recyclage étant le deuxième émetteur à cette étape. Cependant, le recyclage sert à produire des plastiques secondaires qui remplacent les plastiques primaires et permettent donc de réduire les émissions globales de GES. Le niveau d'émissions de GES évitées grâce au recyclage et à la production de plastiques secondaires dépend du polymère et de la région (principalement du mix énergétique utilisé par le secteur du recyclage dans la région). En moyenne, toutefois, la réduction des émissions de GES dans l'ensemble des régions se monte à au moins 1,8 tonne éq. CO_2 par tonne de polymère produit, soit une réduction de plus des deux tiers par rapport à la production d'un plastique primaire équivalent. Il n'est pas tenu compte des effets des rejets de plastiques sur les émissions de GES, mais une étude récente (Shen et al., 2020[2]) s'appuyant sur des données expérimentales de Royer et al. (2018[3]) a permis d'estimer que la dégradation dans l'environnement et la mise en décharge non contrôlée provoquent des émissions de méthane à hauteur d'environ 2 Mt éq. CO_2 par an.

Graphique 6.1. Les émissions de gaz à effet de serre imputables aux plastiques d'origine fossile devraient plus que doubler d'ici 2060

Émissions de GES imputables au cycle de vie des plastiques en gigatonnes d'équivalent CO_2 (Gt éq. CO_2), scénario de *Référence*

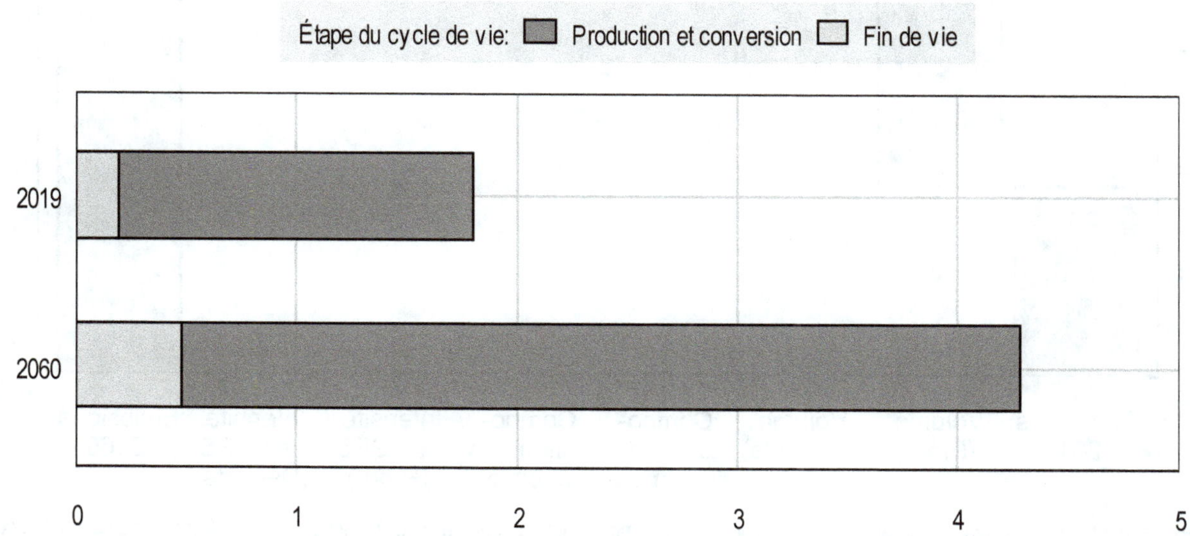

Note : la fin de vie comprend le recyclage, l'incinération, la mise en décharge et les déchets mal gérés.
Source : modèle ENV-Linkages de l'OCDE.

StatLink https://stat.link/tagvzo

La forte hausse des émissions de GES entre 2019 et 2060 est portée par divers facteurs (Graphique 6.2). L'augmentation de la production et de la transformation des plastiques d'origine fossile représente la majeure partie des nouvelles émissions (+2,4 Gt éq. CO_2) et celle des déchets représente une hausse supplémentaire de 0,4 Gt éq. CO_2. L'évolution attendue des polymères utilisés et de la gestion des déchets (notamment le recyclage) ont un effet presque négligeable. Le seul élément en mesure d'atténuer sensiblement les émissions au fil du temps dans le scénario de *Référence* est la réduction de l'intensité en GES de la production et de la transformation des plastiques (environ -0,3 Gt éq. CO_2) et, dans une moindre mesure, celle des déchets (-0,1 Gt éq. CO_2).

Ces résultats semblent indiquer que la manière la plus directe d'atténuer les émissions de GES liées au cycle de vie des plastiques est de ralentir la croissance mondiale de l'utilisation des plastiques et de la production de déchets plastiques. Les autres possibilités d'atténuation sont : accroître la disponibilité et l'utilisation de plastiques secondaires ; décarboner la production et la transformation ; améliorer les procédés de traitement des déchets, entre autres en remplaçant progressivement les combustibles fossiles par l'électricité et en décarbonant la production d'électricité.

Graphique 6.2. La hausse de l'utilisation des plastiques et de la production de déchets porte l'augmentation des émissions de GES imputables aux plastiques

Éléments contribuant à l'évolution des émissions de GES imputables au cycle de vie des plastiques entre 2019 et 2060 en gigatonnes d'équivalent CO_2 (Gt éq. CO_2), scénario de *Référence*

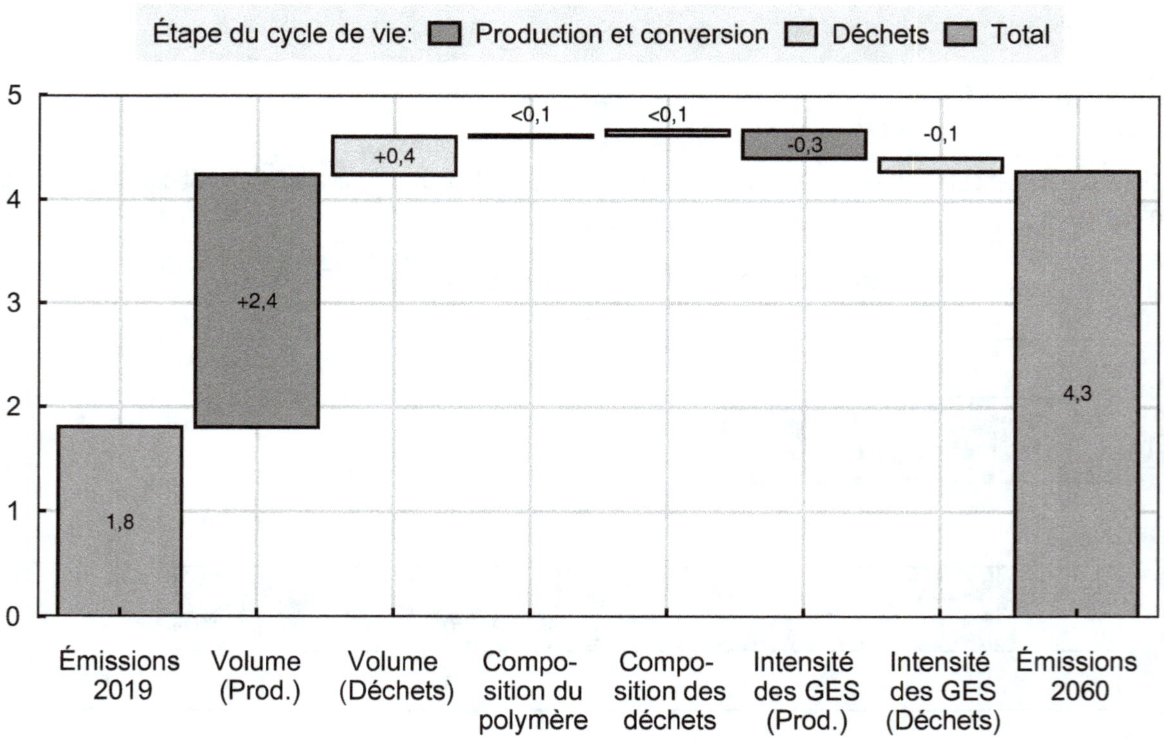

Note : Ce graphique en cascade représente les émissions de GES imputables au cycle de vie des plastiques en 2019 (barre de gauche) et ces mêmes émissions en 2060 (barre de droite). Les barres intermédiaires montrent la contribution des différents éléments à l'évolution des émissions au long du cycle de vie des plastiques entre 2019 et 2060. On entend par « production » les émissions générées par la production de polymères bruts, tandis que la « transformation » concerne les émissions liées à la transformation des plastiques en produits. On entend par « déchets » les émissions liées à la fin de vie des plastiques (incinération, recyclage ou mise en décharge). Le détail des barres par élément est le suivant (de gauche à droite, consulter l'annexe A pour les détails) :

1. La barre « Volume (production) » montre l'évolution des émissions imputables à l'utilisation totale de plastiques jusqu'en 2060, dans l'hypothèse où les coefficients d'émissions et leur composition sont identiques à ceux de 2019.

2. La barre « Volume (déchets) » montre l'évolution des émissions imputables au total des déchets plastiques produits jusqu'en 2060, dans l'hypothèse où les coefficients d'émissions et leur composition sont identiques à ceux de 2019.
3. La barre « Composition des polymères » ajoute l'effet des évolutions attendues dans la composition des plastiques utilisés entre 2019 et 2060.
4. La barre « Composition des déchets » ajoute l'effet de l'évolution prévue dans la composition des traitements en fin de vie entre 2019 et 2060, notamment le passage des plastiques primaires aux plastiques secondaires et les changements en matière d'incinération (sans tenir compte de l'incidence des procédés de valorisation énergétique).
5. Les barres « Intensité en GES » ajoutent les évolutions des coefficients d'émission entre 2019 et 2060 (dues aux changements dans la structure de production envisagés dans le modèle ENV-Linkages), à la fois du côté de la production et de la transformation (« Prod. ») et du côté des déchets (« Déchets »).
Source : modèle ENV-Linkages de l'OCDE.

StatLink https://stat.link/3s1k4g

Ces projections sont, comme dans tout exercice de ce type, soumises à des incertitudes. Dans le modèle ENV-Linkages, le scénario de *Référence* part de l'hypothèse d'une baisse progressive de l'intensité en GES de la production, en raison de la hausse des prix des combustibles fossiles par rapport au prix de l'électricité. Cette hypothèse est importante au vu de la dépendance de la production de plastiques vis-à-vis des combustibles fossiles et des marchés mondiaux de ces combustibles (voir l'Encadré 6.1). Le modèle ENV-Linkages suppose en outre qu'une amélioration générale de l'efficacité énergétique aura lieu pendant les années étudiées, sans prendre en considération d'éventuelles percées technologiques qui modifieraient radicalement les émissions des plastiques au long du cycle de vie. Cette hypothèse est plausible pour les technologies matures dont le profil d'émissions est peu susceptible de changer, mais elle peut être contestée pour les technologies émergentes. Par exemple, le recyclage chimique pourrait remplacer ou compléter le recyclage mécanique, ce qui modifierait sensiblement les émissions de GES dues au recyclage (Civancik-Uslu et al., 2021[4]). Cependant, ces technologies émergentes n'en sont par définition qu'à leurs débuts ; leur capacité à améliorer l'efficacité et leur pénétration sur le marché sont donc encore trop incertaines pour en quantifier de manière fiable l'évolution dans les décennies à venir.

Encadré 6.1. Les émissions imputables au cycle de vie des plastiques sont étroitement liées aux prix des combustibles fossiles

La production de plastiques utilise des combustibles fossiles (pétrole et gaz) comme matières premières, mais aussi comme source d'énergie dans le processus de fabrication (soit directement par combustion sur le site, soit indirectement, car ces combustibles contribuent à la production d'électricité). La variation des prix des combustibles fossiles peut donc affecter la production de plastiques et les émissions de GES qui en découlent. Deux scénarios sont comparés au scénario de *Référence* (Graphique 6.3) : l'un dans lequel les prix du pétrole et du gaz sont bas (environ 15 % inférieurs à ceux prévus dans le scénario de *Référence* en 2060), l'autre dans lequel les prix sont élevés (environ 15 % supérieurs). L'encadré 3.1 au chapitre 3 décrit les deux scénarios en détail.

Graphique 6.3. Une hausse des prix des combustibles fossiles réduit significativement les émissions de GES imputables aux plastiques

Éléments contribuant à l'évolution des émissions de GES imputables au cycle de vie des plastiques comparé au scénario de *Référence* en gigatonnes d'équivalent CO_2 (Gt éq. CO_2), en 2060

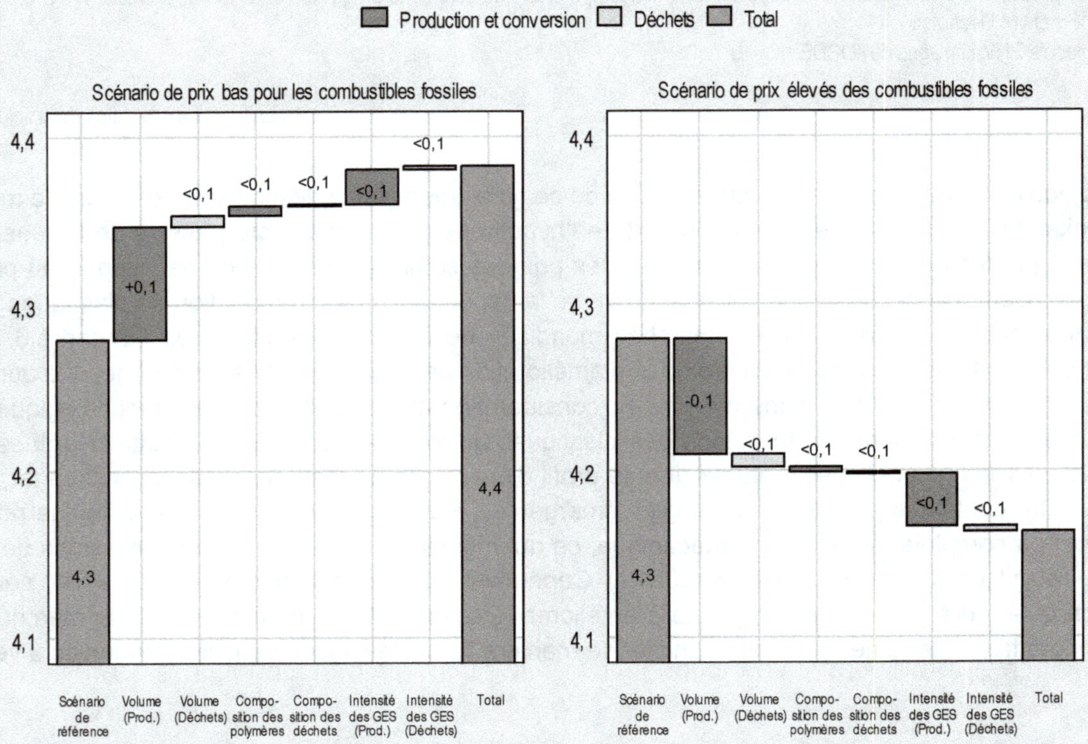

Note : Ce graphique en cascade représente les émissions de GES imputables au cycle de vie des plastiques dans le scénario de *Référence* (barre de gauche) et ces mêmes émissions suivant un autre scénario de prix des combustibles fossiles (barre de droite). Les barres intermédiaires montrent la contribution des différents éléments à l'évolution des émissions au long du cycle de vie des plastiques entre chaque scénario et le scénario de *Référence*. On entend par « production » les émissions générées par la production de polymères bruts, tandis que la « transformation » concerne les émissions liées à la transformation des plastiques en produits. On entend par « déchets » les émissions liées à la fin de vie des plastiques (incinération, recyclage ou mise en décharge).

Le détail des barres par élément est le suivant (de gauche à droite, consulter l'annexe A pour les détails) :

1. La barre « Volume (production) » montre l'évolution des émissions imputables à l'utilisation totale de plastiques, dans l'hypothèse où les coefficients d'émissions et leur composition sont identiques à ceux retenus dans le scénario de *Référence*.
2. La barre « Volume (déchets) » montre l'évolution des émissions imputables au total des déchets plastiques produits, dans l'hypothèse où les coefficients d'émissions et leur composition sont identiques à ceux retenus dans le scénario de *Référence*.
3. La barre « Composition des polymères » ajoute l'effet des évolutions attendues dans la composition des plastiques utilisés.
4. La barre « Composition des déchets » ajoute l'effet de l'évolution prévue dans la composition des traitements en fin de vie, notamment le passage des plastiques primaires aux plastiques secondaires et les changements en matière d'incinération (sans tenir compte de l'incidence des procédés de valorisation énergétique).
5. Les barres « Intensité en GES » ajoutent les évolutions des coefficients d'émission (dues aux changements dans la structure de production envisagés dans le modèle ENV-Linkages), à la fois du côté de la production et de la transformation (« prod. ») et du côté des déchets (« déchets »).

Source : modèle ENV-Linkages de l'OCDE.

StatLink https://stat.link/fl39kr

Dans l'ensemble, une baisse des prix des combustibles fossiles conduit à une hausse de 2,4 % des émissions dues au cycle de vie des plastiques par rapport au scénario de *Référence*. Les prix des combustibles fossiles influent sur les émissions dues au cycle de vie des plastiques de deux manières principales : en changeant le volume de production et l'intensité en GES de la production (Graphique 6.1). Une baisse des cours des combustibles fossiles provoque une baisse du prix des plastiques, car les matières premières fossiles et l'énergie sont moins chères, ce qui pousse la demande. Les combustibles fossiles à faible coût génèrent également une hausse du PIB (voir le chapitre 3), ce qui accroît la demande de tous types de biens, dont les plastiques. En outre, le moindre coût des combustibles fossiles favorise aussi l'utilisation de ces énergies comme source d'électricité, par rapport à d'autres sources souvent moins intensives en émissions, ce qui accroît d'autant l'intensité en GES de la production et du recyclage des plastiques. Des mécanismes identiques entrent en jeu lorsque les prix des combustibles fossiles augmentent, mais avec l'effet inverse, ce qui mène à une baisse des émissions dues au cycle de vie des plastiques de 115 Mt éq. CO_2 en 2060 par rapport au scénario de *Référence* (-2,7 %).

L'évolution des prix des combustibles fossiles peut aussi influer sur des émissions non liées aux plastiques. Au niveau mondial, une baisse des prix des combustibles fossiles génère plus d'activité économique (environ +1 % de PIB, voir le chapitre 3) et une hausse de l'intensité en GES des activités économiques, ce qui qui provoque une hausse globale des émissions d'environ 4,7 %, soit deux fois le pourcentage de hausse des émissions imputables au cycle de vie des plastiques. En conséquence, la part des émissions liées au cycle de vie des plastiques diminue légèrement, passant de 4,5 % dans le scénario de *Référence* à 4,4 %. À l'inverse, la hausse des prix des combustibles fossiles fait baisser les émissions globales de 4,1 % et accroît légèrement la part des émissions liées au plastique dans les émissions globales, jusqu'à 4,6 %.

6.1.1. Les plastiques biosourcés ne peuvent réduire les émissions de GES que si la réaffectation des terres est évitée

Les plastiques biosourcés sont fabriqués à partir de biomasse telle que le maïs, la canne à sucre, le blé ou les résidus d'autres procédés. Leur production génère donc moins de gaz à effet de serre que celle des plastiques d'origine fossile. Dans le scénario de *Référence*, l'usage des plastiques biosourcés[2] devrait croître, mais rester limité. La part de marché des plastiques biosourcés devrait rester d'environ 0,5 % en 2060, l'utilisation des plastiques fabriqués à partir de matières premières biosourcées passant d'environ 2 Mt en 2019 à 6 Mt en 2060.

Les effets environnementaux nets du remplacement des plastiques d'origine fossile par les plastiques biosourcés ne sont pas faciles à mettre en évidence, comme expliqué dans l'encadré 2.2 au chapitre 2 des *Perspectives mondiales des plastiques : Déterminants économiques, répercussions environnementales et possibilités d'action* de l'OCDE (2023[1]). Il convient notamment de noter que toute demande supplémentaire de terres pour cultiver la matière première des plastiques biosourcés peut mener à un changement d'affectation des terres, par exemple à une déforestation qui peut générer des émissions de GES significatives ainsi qu'une perte de biodiversité, une eutrophisation et une acidification (conséquences appelées effets indirects de l'affectation des terres). La fabrication de plastiques biosourcés requiert par ailleurs souvent l'utilisation d'additifs dont la production contribue également aux émissions de GES et à d'autres incidences sur l'environnement (Zimmermann et al., 2020[5]).

La section ci-après compare l'évolution des plastiques biosourcés dans le scénario de *Référence* à celle observée dans deux autres scénarios (scénario *Dirigé* et scénario d'*Efficience*). Selon ces scénarios, les décideurs politiques prennent des mesures supplémentaires pour atteindre une part de marché de 5 % de plastiques biosourcés dans cinq régions économiques qui représentent ensemble 60 % de la production mondiale de plastiques biosourcés : la République populaire de Chine (ci-après la « Chine »), les États-Unis, l'UE, le Brésil et la Thaïlande. Une part de marché de 5 % dans ces régions équivaut donc à une part de 3 % du marché mondial. La différence entre le scénario *Dirigé* et le scénario d'*Efficience* est la manière d'atteindre cette hausse de la part de marché des plastiques biosourcés. Dans le scénario *Dirigé*, l'objectif est atteint en taxant la consommation de plastiques d'origine fossile et en subventionnant l'utilisation de plastiques biosourcés. Dans le scénario d'*Efficience*, il est atteint grâce à des investissements technologiques qui permettent d'accroître la productivité des facteurs de production de matières premières agricoles et de réduire la surface agricole nécessaire à la production de plastiques biosourcés (Tableau 6.1). Ces améliorations reflètent la mise à niveau des technologies qui améliorent l'efficience d'utilisation de la biomasse, par exemple au moyen de circuits technologiques basés sur des matières premières non alimentaires (p. ex., les algues, les plantes vivaces ou les déchets) ou d'approches permettant l'utilisation en cascade et les circuits fermés (p. ex., les bioraffineries intégrées). Pour les comparer, il est fait recours au modèle d'équilibre général calculable dit CGE-Box (Britz et van der Mensbrugghe, 2018[6]) et à des recherches passées de Escobar et Britz (2021[7]) (voir l'annexe B pour les détails méthodologiques).

Tableau 6.1. Diverses mesures peuvent accroître la part de marché des plastiques biosourcés, mais les conséquences environnementales sont variables

Détails	*Scénario Dirigé*	*Scénario d'Efficience*
	Description	
Objectif de part de marché des plastiques biosourcés dans les cinq régions sélectionnées*	5 %	Plus large pour le Brésil (17,6 %) et la Thaïlande (6,3 %) qui cultivent la canne à sucre (la matière première présentant le meilleur rapport coût-efficacité). Environ 4 % pour la Chine, les États-Unis et les pays européens de l'OCDE
Objectif mondial de part de marché des plastiques biosourcés	3 %	3 %
Facteurs utilisés pour accroître la part de marché des plastiques biosourcés	Combinaison de taxes sur les énergies fossiles et de subventions aux plastiques biosourcés.	Investissements technologiques pour réduire la matière première et les surfaces agricoles nécessaires à la production de plastiques biosourcés. Le PIB mondial est maintenu à niveau constant au moyen de taxes sur les plastiques d'origine fossile.
	Résultats (par rapport au scénario de Référence)	
Incidence sur le PIB mondial par rapport au scénario de *Référence*	-0,02 %	0 %
Incidence sur la production mondiale de plastiques primaires	-2,0 %	-2,8 %
Incidence sur la surface agricole mondiale	+0,3 %	+0,1 %
Incidence sur les émissions de GES mondiales imputables à l'utilisation des plastiques, y compris les effets indirects de l'utilisation des terres	+0,2 %	-1,1 %

* Les cinq régions sont la Chine, les États-Unis, l'UE, le Brésil et la Thaïlande.
Source : Modèle CGE-Box (Britz et van der Mensbrugghe, 2018[6]), fondé sur le modèle de l'OCDE ENV-Linkages, scénario de *Référence*.

Dans les deux scénarios, la production de plastiques biosourcés s'accroît aux dépens des plastiques d'origine fossile. L'effet est plus important dans le scénario d'*Efficience*, car celui-ci correspond à l'utilisation de technologies qui accroissent l'efficience de la production des plastiques biosourcés et donc leur compétitivité. Ce scénario provoque un déplacement régional de la production de plastiques biosourcés, alors que le scénario *Dirigé* ne vise que l'objectif de 5 % de production biosourcée dans chacune des régions sélectionnées. Dans les deux scénarios, l'incidence économique de l'accroissement de la part des plastiques biosourcés est très faible. Ces légères baisses du PIB sont dues à la contraction du secteur des combustibles fossiles tandis que les facteurs de production sont déplacés vers la production agricole et animale qui ont une valeur ajoutée moindre.

La demande accrue en plastiques biosourcés fait augmenter la demande mondiale en matières premières agricoles, ce qui mène à une hausse des surfaces cultivées (Graphique 6.4, partie A). Cette hausse se fait aux dépens des terres gérées par l'Homme (pâturages et plantations forestières, partie B du Graphique 6.4) et des autres terres (forêts naturelles, partie C du Graphique 6.4). Par ailleurs, un effet supplémentaire apparaît : avec la hausse de la demande en terres agricoles, le prix des denrées agricoles augmente ainsi que celui de l'alimentation animale, ce qui pousse les éleveurs dans les régions de l'Arctique, d'Asie centrale et tropicales pour arriver à une production plus extensive, ce qui génère une utilisation accrue des terres pour les pâturages. La pression sur les aires naturelles vient donc à la fois de la production agricole et animale. La surface agricole mondiale augmente le plus dans le scénario *Dirigé*, en particulier aux États-Unis et dans l'UE, mais également dans les grandes régions productrices de céréales comme le Canada, l'Australie et la Nouvelle-Zélande qui exportent leurs céréales à l'international, principalement vers la Chine et l'UE (Graphique 6.4, partie A).

Graphique 6.4. Changements d'affectation des terres dans le cas d'une hausse de la part de marché des plastiques biosourcés

Changement d'affectation des terres (changement en pourcentage entre 2015 et 2060), scénario de *Référence*

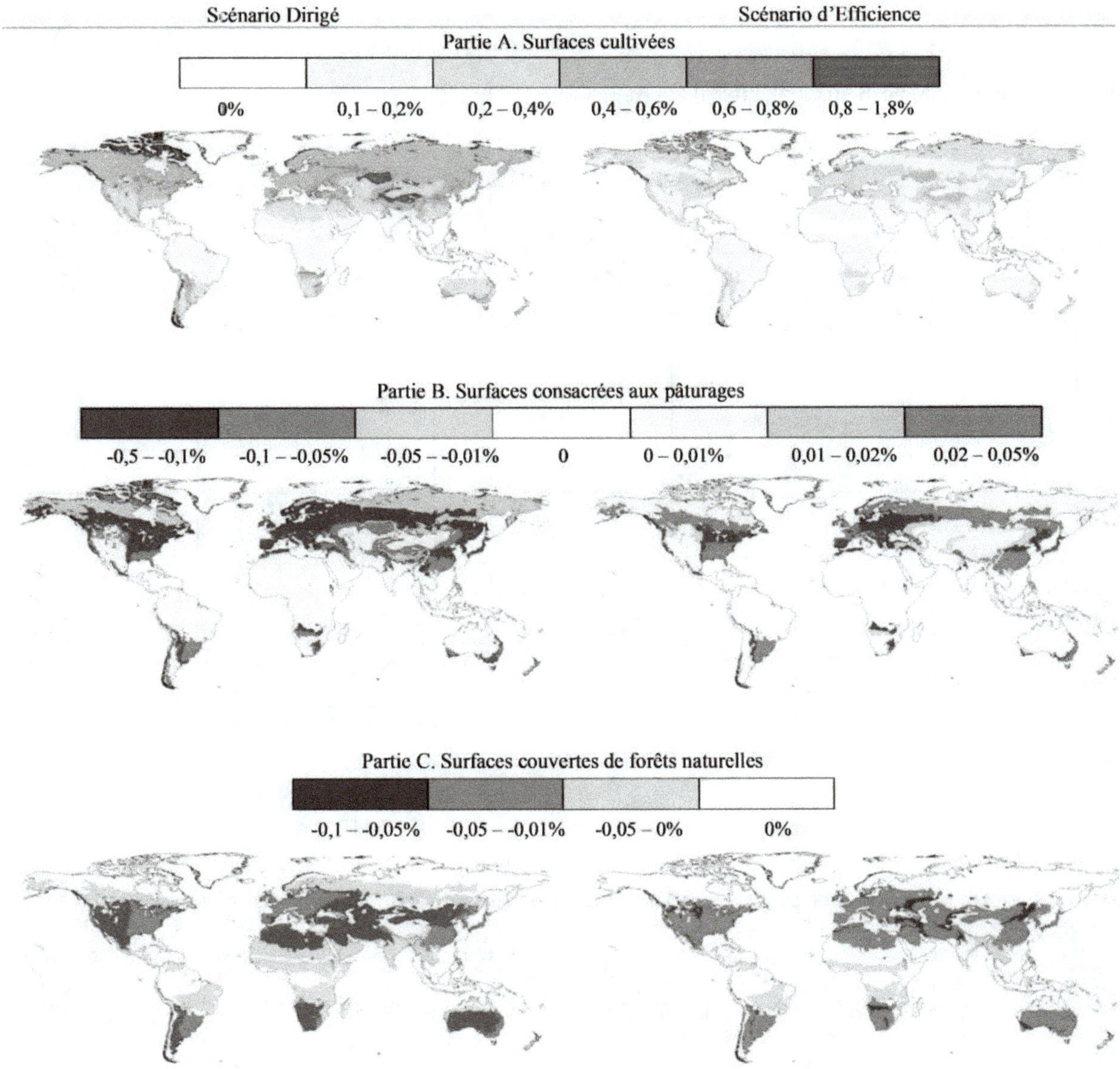

Source : Modèle CGE-Box de Britz et van der Mensbrugghe (2018[6]).

L'incidence globale sur les émissions de GES mondiales est faible. Dans le scénario *Dirigé*, on observe une faible hausse nette des émissions, tandis que dans le scénario d'*Efficience* on note une baisse nette légèrement plus importante (Graphique 6.5). Dans les deux scénarios (*Dirigé* et d'*Efficience*), la principale hausse des émissions de GES provient du changement d'affectation des terres et la principale baisse provient de la baisse des émissions de CO_2 imputable au remplacement des plastiques d'origine fossile. On note également une légère hausse des émissions dans les deux scénarios, due à l'utilisation accrue d'engrais dans la production agricole. Dans le scénario *Dirigé*, la hausse des émissions dues à l'utilisation des terres (43 Mt éq. CO_2 d'ici à 2060) devrait largement compenser la réduction des émissions obtenue grâce à la baisse de production de plastiques d'origine fossile et à la réduction de production de combustibles fossiles qui en découle (40 Mt éq. CO_2). Au contraire, dans le scénario d'*Efficience*, les émissions de GES diminuent globalement (Graphique 6.5). Dans ce scénario, la réduction des émissions directes d'éq. CO_2 imputables à la production de plastiques (44 Mt éq. CO_2) est proche de celle observée dans le scénario *Dirigé*, cependant les émissions de GES dues à l'augmentation de l'utilisation des terres se limitent à 15 Mt éq. CO_2 à l'échelle mondiale et proviennent principalement de la diminution des aires naturelles[3].

Graphique 6.5. Le scénario d'*Efficience* mène à une diminution des émissions de GES

Émissions annuelles de GES en gigatonnes d'équivalent CO_2 (Gt éq. CO_2) en 2060

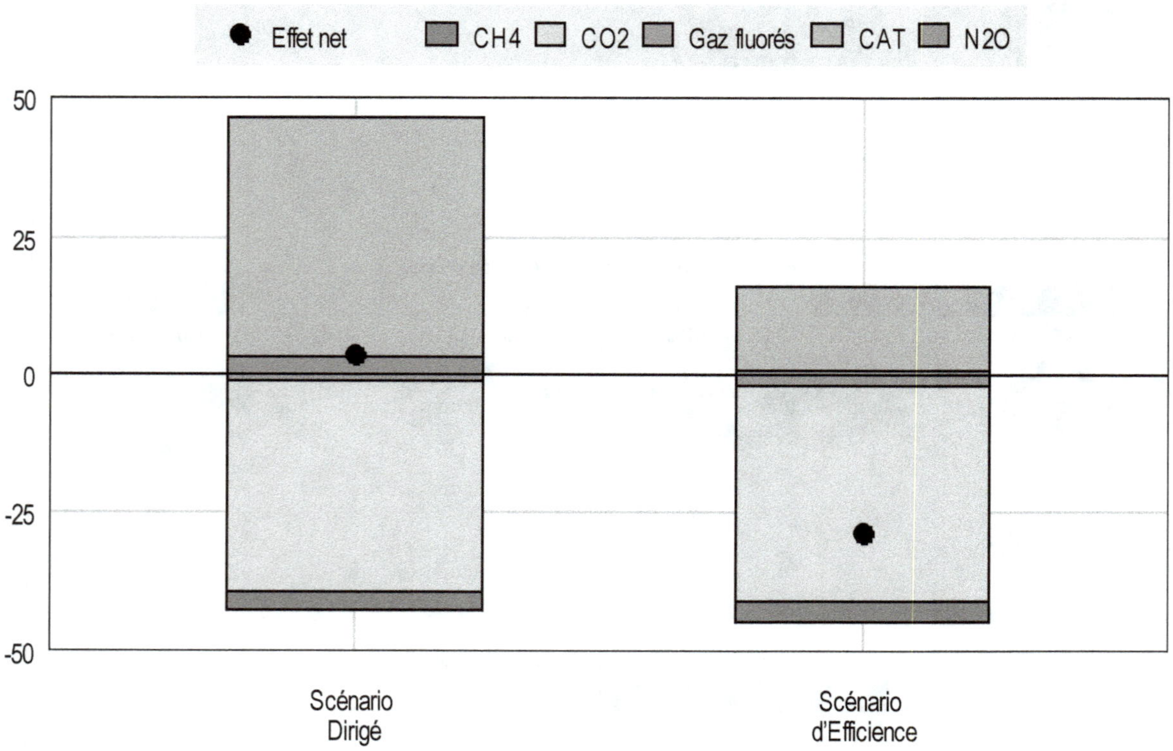

Note : CH_4 = méthane ; CO_2 = dioxyde de carbone ; Gaz fluorés = gaz à effet de serre fluoré ; CAT = changement d'affectation des terres ; N_2O = oxyde nitreux.
Les émissions annuelles de gaz à effet de serre dues aux changement d'affectation des terres sont calculées en supposant que le carbone reste séquestré pendant 30 ans.
Source : Modèle CGE-Box (Britz et van der Mensbrugghe, 2018[6]), fondé sur le modèle de l'OCDE ENV-Linkages.

StatLink https://stat.link/3uqv5s

Cette analyse met en exergue l'importance de concevoir avec précaution toute mesure visant à promouvoir les plastiques biosourcés, afin d'en réduire les conséquences sur l'utilisation des terres et sur les émissions de GES. L'incidence globale sur l'environnement de la montée en puissance des plastiques biosourcés ne peut être positive que si cette dernière est associée à des engagements mondiaux et à des mesures réglementaires appliquées localement qui parviennent à limiter la réaffectation de zones naturelles en terres agricoles. Enfin, la recherche de procédés de production de plastiques biosourcés plus efficients, permettant de réduire le volume de matières premières agricoles utilisé, pourrait améliorer significativement le potentiel d'atténuation des émissions mondiales de GES.

6.2. Les répercussions environnementales du cycle de vie des plastiques sont multiples et significatives

En dehors des rejets de plastiques dans l'environnement et des émissions de GES, il existe diverses autres pressions sur l'environnement et sur la santé humaine imputables au cycle de vie des plastiques. La section ci-après présente les résultats d'une analyse du cycle de vie (ACV) menée par le groupe de recherche Sustainable Systems Engineering de l'université de Gand[4] (voir la méthodologie à l'annexe A). L'ACV est une méthodologie reconnue qui permet d'évaluer les répercussions environnementales associées aux différentes étapes du cycle de vie d'un produit (Eunomia, 2020[8]). Elle comprend un inventaire approfondi de l'énergie et des matériaux nécessaires tout au long de la chaîne de valeur du produit, processus ou service, et permet d'en calculer les répercussions sur l'environnement.

L'analyse prend en considération la production mondiale de l'extraction de la matière premières à la sortie de l'usine et à la fin de vie pour sept polymères fréquemment utilisés : le polypropylène (PP), le polyéthylène haute densité (PEHD), le polyéthylène basse densité (PEBD), le polychlorure de vinyle (PVC), le polystyrène (PS), le polyéthylène téréphtalate (PET) et le polyuréthane (PUR), qui représentent ensemble 65 % du total des plastiques utilisés. Elle exclut les effets sur l'environnement liés à la fabrication ou à l'utilisation de produits dérivés de ces polymères. Elle ne tient pas compte non plus d'une quelconque évolution technologique à venir qui porterait sur la production de ces polymères. L'ACV prend en compte de nombreuses répercussions environnementales, notamment l'utilisation des terres, la formation d'ozone, l'eutrophisation, l'écotoxicité, la toxicité et l'acidification (voir leur description à l'annexe A).

Les incidences environnementales liées au cycle de vie des plastiques étant très diverses, toutes ne peuvent pas être calculées à partir des bases de données habituellement utilisées dans une ACV. Dans la base de données utilisée (Ecoinvent 3.6), seuls le PEHD (à partir des donnés du polyéthylène) et le PET disposent d'une information suffisante concernant le recyclage et couvrant les différentes catégories de répercussions environnementales. Par conséquent, le Graphique 6.6 présente les incidences environnementales de ces polymères aux deux étapes suivantes du cycle de vie :

- Production : le polymère peut être produit à partir de matière première ou secondaire.
- Fin de vie : le polymère peut faire l'objet d'un recyclage mécanique, d'une incinération sans valorisation énergétique, d'une mise en décharge contrôlée ou non contrôlée, ou être brûlé à ciel ouvert.

Le cycle de vie le plus circulaire, dans lequel les plastiques secondaires sont recyclés en fin de vie, obtient les meilleurs scores dans presque toutes les catégories d'incidence environnementale, pour les deux polymères (Graphique 6.6). Néanmoins, ce cycle de vie circulaire a toujours de fortes répercussions sur l'utilisation des terres et sur l'eutrophisation des eaux douces et des mers. Ces répercussions proviennent principalement de l'énergie utilisée pour préparer, traiter et transporter les plastiques dans le circuit (voir aussi les émissions de GES imputables au cycle de vie des plastiques dans le cas du recyclage, présentées à dans la section 6.1.1). L'eutrophisation est due à des émissions comme celles des oxydes d'azote (NO_x) produits lors de la combustion d'énergie, des améliorations dans la production d'énergies propres et dans l'efficacité énergétique pourraient donc réduire davantage l'incidence environnementale des plastiques ayant un cycle de vie circulaire. L'incidence sur l'utilisation des terres est portée par les volumes relativement élevés de biomasse qui entrent dans la composition du mix énergétique des pays présentant les plus hauts taux de recyclage. Comme mentionné dans la section 6.1.1, la recherche visant à limiter l'affectation des terres à la biocarburants et autres matières biosourcés pourrait améliorer considérablement l'empreinte environnementale de ces plastiques circulaires.

Dans la transition vers une économie circulaire, la plupart des plastiques sont encore produits à partir de plastiques primaires et le recyclage augmente en parallèle de manière continue. Malheureusement, pour la plupart des catégories de répercussions, les plastiques primaires recyclés obtiennent des scores inférieurs à ceux des plastiques secondaires recyclés et même inférieurs à ceux des plastiques primaires enfouis ou incinérés. De fait, l'énergie nécessaire pour collecter, trier et pré-traiter les plastiques en fin de vie est prise en compte, mais l'avantage d'utiliser des plastiques secondaires ne l'est pas. Ceci souligne l'importance de mettre en place un recyclage de haute qualité et de fermer la boucle des matériaux utilisés.

Les plastiques primaires enfouis obtiennent un meilleur score que les plastiques incinérés pour la plupart des catégories de répercussions, sauf pour l'utilisation des terres et l'eutrophisation des mers. En toute logique, l'incidence sur l'utilisation des terres est due aux terrains nécessaires au fonctionnement des décharges. L'eutrophisation est plus importante avec la mise en décharge qu'avec l'incinération, car la base de données Ecoinvent ne comprend pas d'émissions directement eutrophisantes pour les écosystèmes marins provenant de plastiques incinérés ou brûlés. On notera également que l'énergie extraite par incinération dans les usines de valorisation énergétique et les avantages environnementaux qui en découlent ne sont pris en compte que via leur participation au mix énergétique total, ils ne sont pas affectés à la catégorie « incinération ». Par conséquent, les résultats de l'incinération ne sont représentatifs que de l'incinération sans récupération d'énergie.

Graphique 6.6. Le cycle de vie des plastiques est associé à diverses pressions sur l'environnement et la santé humaine

Répercussions du cycle de vie des plastiques par million de tonnes (Mt) de polymère en 2060, scénario de *Référence*

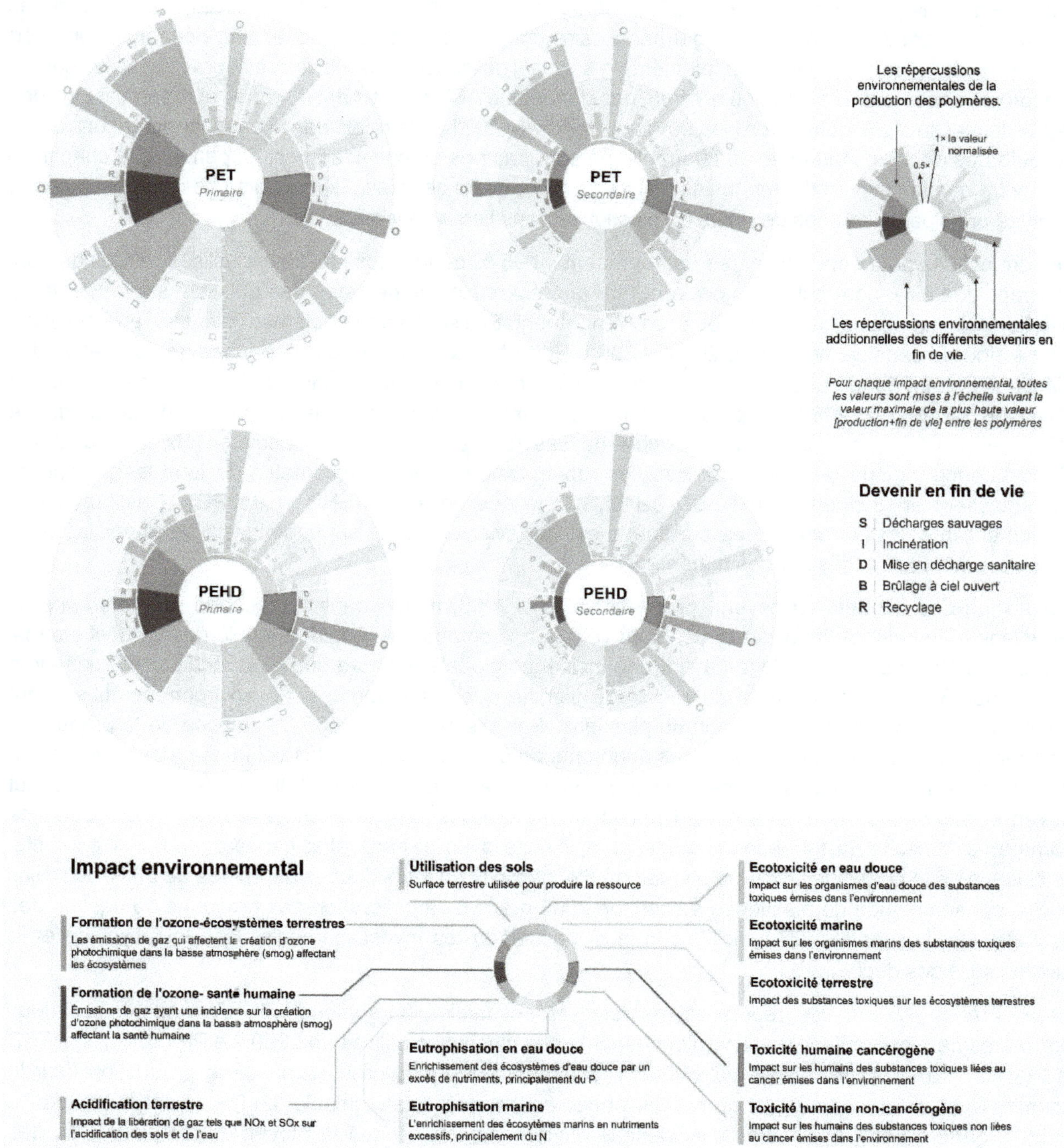

Source : modèle ENV-Linkages de l'OCDE, fondé sur des résultats de l'université de Gand.

Sans surprise, les plastiques mis en décharge non contrôlée et brûlés présentent des effets environnementaux plus néfastes que les méthodes abouties de gestion des déchets, la mise en décharge contrôlée et l'incinération. Cependant, ils obtiennent un score légèrement meilleur que les décharges contrôlées et l'incinération dans les catégories environnementales pour lesquelles les avantages d'une infrastructure adaptée sont faibles en raison de la demande énergétique nécessaire pour gérer correctement les déchets. Par exemple, l'utilisation des terres est semblable dans les décharges contrôlées et sauvages, mais l'énergie nécessaire pour construire et exploiter une décharge contrôlée génèrera de légers impacts supplémentaires sur l'utilisation des terres ailleurs dans la chaîne d'approvisionnement. Étant donné la rareté des données d'ACV concernant les voies et répercussions des rejets de plastiques (Boulay, Verones et Vázquez-Rowe, 2021[9]), le rejets dans l'environnement dus à une collecte des déchets inadaptée ou informelle ne sont pas pris en considération. Cependant, le chapitre 5 démontre que la mise en décharges sauvages et, de manière générale, la mauvaise gestion des déchets, sont les principales sources de rejets de plastiques dans l'environnement.

Les projections pour sept polymères qui représentent 65 % de tous les plastiques utilisés (Graphique 6.7 et Graphique 6.8) montrent quels peuvent être les répercussions néfastes des plastiques sur une vaste palette de domaines liés à la santé et à l'environnement. Elle soulignent également que ces répercussions vont s'alourdir sensiblement entre 2019 et 2060. Cette tendance est due à la hausse de l'utilisation des plastiques, étant donné que l'utilisation totale des sept polymères va presque tripler (soit une croissance d'environ 170 %) d'ici 2060 (chapitre 3). Le PEBD connaît la plus forte croissance (il triple), tandis que le PEHD et le PET connaissent la plus faible hausse (soit une croissance d'environ 150 % d'ici 2060). Conséquence logique de ces tendances, les répercussions environnementales de tous les polymères s'alourdissent et l'incidence du PEBD est plus forte que celle du PEHD et du PET. Ces tendances confirment que limiter l'usage des plastiques est un levier essentiel qui contribuera à relever les défis environnementaux posés par ces matériaux.

La gestion des déchets va devenir plus efficace d'ici 2060, même dans le scénario de *Référence*, le recyclage et les dispositifs d'élimination sûrs vont donc contribuer à réduire les volumes de déchets mal gérés. Les plastiques secondaires ayant une incidence globale moindre que leurs équivalents primaires (Graphique 6.6), l'accroissement du recyclage signifie que les répercussions environnementales vont augmenter moins vite que l'utilisation du plastique. Par exemple, d'ici 2060, l'incidence de la production de plastiques sur l'acidification des terres augmente de 5 % de moins que les volumes produits, en raison de la part de marché croissante des plastiques secondaires. De plus, la limitation de la combustion à ciel ouvert et des décharges sauvages et l'amélioration de la gestion des déchets réduisent les incidences comme l'écotoxicité, la formation d'ozone et la toxicité avec et sans effet cancérogène. Par exemple, l'incidence de la phase de fin de vie en matière d'écotoxicité en eaux douces augmente de 33 % de moins que la consommation de plastiques à l'horizon 2060 grâce à l'amélioration des pratiques de gestion des déchets. Ces résultats soulignent l'importance d'accélérer les investissements dans le recyclage et la gestion sûre des déchets.

Le PET et le PS ont des répercussions relativement faibles (Graphique 6.7). Cependant, ces deux polymères ne représentent chacun qu'environ 5 % des plastiques utilisés en 2060. Le PP (16 %), le PEBD (13 %), le PEHD (11 %) et le PVC (11 %) représentent une plus grosse part de la production (voir le chapitre 3) et ont donc une plus grande incidence environnementale globale. Le PP, le polymère le plus produit, génère par tonne moins d'incidences environnementales que la moyenne des polymères des autres catégories. À l'inverse, seuls 4 % de tous les plastiques sont en PUR mais, parmi les sept polymères, celui-ci contribue assez fortement à l'eutrophisation, à l'acidification et à la formation d'ozone. Cependant, il est difficile de comparer les répercussions environnementales de ces polymères ou d'en tirer des conclusions sur les effets potentiels d'un remplacement de certains polymères, car chacun est utilisé dans des applications différentes.

Graphique 6.7. Sans nouvelles actions, les répercussions de sept polymères plastiques communs sur l'environnement et la santé deviennent considérables en 2060.

Total des répercussions du cycle de vie des plastiques par polymère, scénario de *Référence*

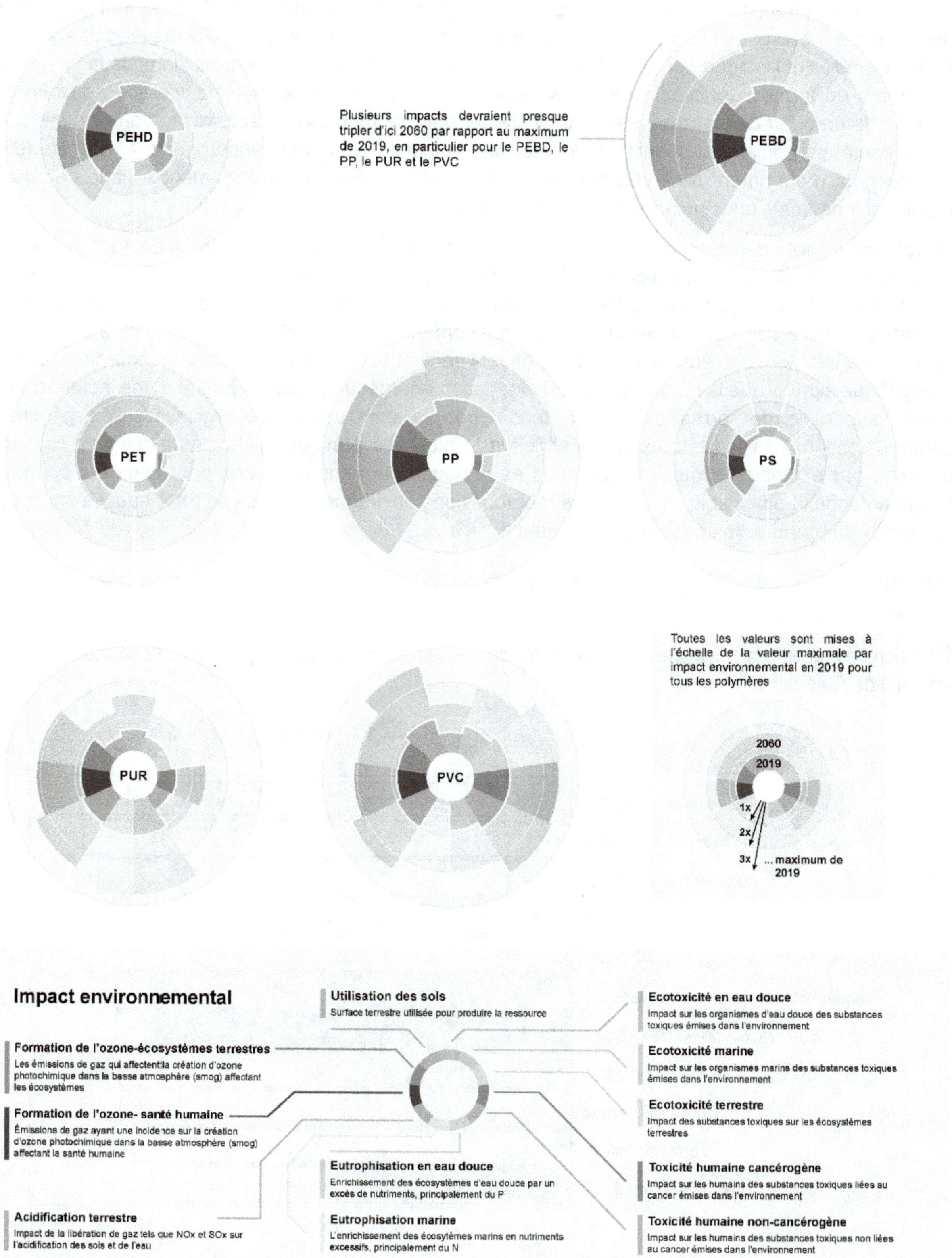

Source : modèle ENV-Linkages de l'OCDE, fondé sur des résultats de l'université de Gand.

La production est un facteur clé expliquant les résultats de la plupart des catégories de répercussions (Graphique 6.6 et Graphique 6.8). Jusqu'en 2060, la production est responsable de plus de 85 % des incidences sur la formation d'ozone, l'acidification, la toxicité humaine sans effet cancérogène et la superficie de terres exploitées. Cependant, pour l'écotoxicité dans les eaux douces, l'étape de fin de vie contribue pour plus de 40 % aux répercussions du cycle de vie, à cause des déchets mal gérés et, dans une moindre mesure, de l'incinération. Ce sont en particulier les incidences plutôt élevées des déchets de PUR mal gérés et l'incinération du PET qui expliquent le haut niveau de répercussions de la fin de vie des plastiques en termes de toxicité dans les eaux douces. De la même manière, l'étape de la fin de vie représente un quart des incidences d'écotoxicité terrestre et un tiers de l'écotoxicité dans les mers. Cette étape contribue également pour 39 % à la toxicité humaine avec effet cancérogène, en raison de l'effet des déchets (notamment de PVC) mal gérés. Le PUR contribue aussi fortement à cette catégorie de répercussions, mais principalement à cause de sa production.

L'évolution globale des répercussions environnementales qui ressort de l'étude va de +132 % d'ici 2060 par rapport à 2019 – soit un indice de 2,32 en 2060 – à +171 % – soit un indice de 2,71 – en fonction de l'incidence observée (Graphique 6.8). L'augmentation globale la plus forte est observée pour les indicateurs liés à l'énergie nécessaire à l'accroissement du pourcentage recyclé d'ici à 2060, laquelle provoque également des émissions de GES (voir la section 6.1.1). Le recours aux bioénergies dans le mix énergétique signifie que la hausse de la consommation énergétique s'accompagne d'une incidence accrue sur la superficie de terres exploitées, tandis que la combustion d'énergies fossiles génère plus d'eutrophisation. Les indicateurs qui bénéficient le plus des pratiques plus circulaires des gestion des déchets, par exemple l'écotoxicité dans les eaux douces et dans les mers, sont ceux qui connaissent l'augmentation la plus faible. Au final, ces répercussions environnementales en forte hausse soulignent la nécessité de prendre des mesures adéquates.

Graphique 6.8. Toutes les répercussions environnementales traitées dans l'analyse vont plus que doubler d'ici 2060

Évolution des répercussions totales du cycle de vie des plastiques en 2060 par rapport à 2019 (indice 1 en 2019), scénario de *Référence*

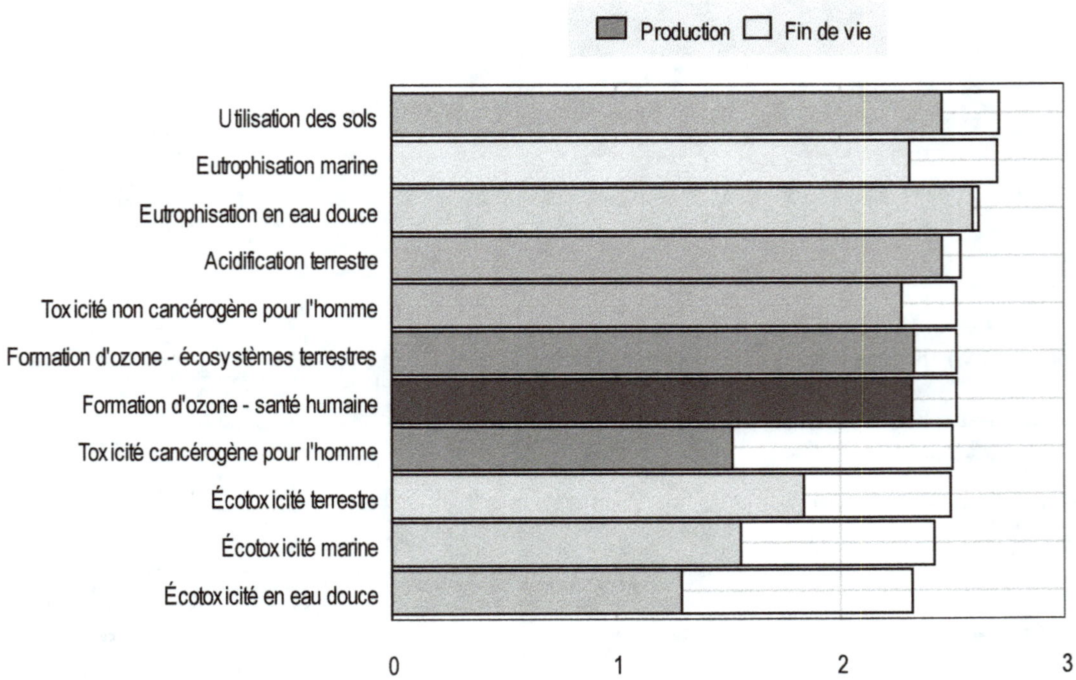

Source : modèle ENV-Linkages de l'OCDE, fondé sur des résultats de l'université de Gand.

StatLink https://stat.link/94ri27

Références

Boulay, A., F. Verones et I. Vázquez-Rowe (2021), « Marine plastics in LCA: current status and MarILCA's contributions », *The International Journal of Life Cycle Assessment*, vol. 26/11, pp. 2105-2108, https://doi.org/10.1007/s11367-021-01975-1. [9]

Britz, W. et D. van der Mensbrugghe (2018), « CGEBox: A Flexible, Modular and Extendable Framework for CGE Analysis in GAMS », *J Glob Econ Anal*, vol. 3/2, pp. 106-177. [6]

Civancik-Uslu, D. et al. (2021), « Moving from linear to circular household plastic packaging in Belgium: Prospective life cycle assessment of mechanical and thermochemical recycling », *Resources, Conservation and Recycling*, vol. 171, p. 105633, https://doi.org/10.1016/j.resconrec.2021.105633. [4]

Escobar, N. et W. Britz (2021), « Metrics on the sustainability of region-specific bioplastics production, considering global land use change effects », *Resources, Conservation and Recycling*, vol. 167, p. 105345, https://doi.org/10.1016/j.resconrec.2020.105345. [7]

Eunomia (2020), *Plastics: Can Life Cycle Assessment Rise to the Challenge? How to critically assess LCA for policy making*, Eunomia, Bristol. [8]

IPCC (1995), *Climate Change 1995: A report of the Intergovernmental Panel on Climate Change - IPCC Second Assessment*. [10]

OCDE (2023), *Perspectives mondiales des plastiques : Déterminants économiques, répercussions environnementales et possibilités d'action*, Éditions OCDE, Paris, https://doi.org/10.1787/5c7bba57-fr. [1]

Royer, S. et al. (2018), « Production of methane and ethylene from plastic in the environment », *PLOS ONE*, vol. 13/8, https://doi.org/10.1371/journal.pone.0200574. [3]

Shen, M. et al. (2020), « (Micro)plastic crisis: Un-ignorable contribution to global greenhouse gas emissions and climate change », *Journal of Cleaner Production*, vol. 254, p. 120138, https://doi.org/10.1016/j.jclepro.2020.120138. [2]

Zimmermann, L. et al. (2020), « Are bioplastics and plant-based materials safer than conventional plastics? In vitro toxicity and chemical composition », *Environment International*, vol. 145, p. 106066, https://doi.org/10.1016/j.envint.2020.106066. [5]

Notes

[1] Le modèle ENV-Linkages s'appuie sur l'intensité énergétique et l'intensité de facteurs des différents secteurs économiques, combinées à l'intensité d'émissions de leurs procédés, pour estimer les émissions de GES imputables à l'économie. Cette approche générale est complétée par des informations relatives aux facteurs d'émissions au long du cycle de vie des plastiques. Les gaz à effet de serre sont ensuite agrégés à partir de ces calculs et sur la base du potentiel de réchauffement planétaire sur 100 ans qui figure dans le 2e Rapport d'évaluation du GIEC (IPCC, 1995[10]).

[2] Les plastiques biosourcés sont fabriqués à partir de biomasse telle que le maïs, la canne à sucre, le blé ou les résidus d'autres procédés. Leur production génère moins de gaz à effet de serre que celle des plastiques d'origine fossile.

[3] Ces résultats dépendent des hypothèses retenues pour la modélisation, notamment celles qui concerne la facilité avec laquelle les entreprises arrivent à remplacer les plastiques d'origine fossile par les plastiques biosourcés. Les changements d'utilisation des terres dépend des prix, ce qui peut influer sur les résultats relatifs à l'utilisation des terres et aux émissions de GES. Si la réaffectation des terres était très réactive à l'évolution des prix, les émissions de GES augmenteraient, car les terres agricoles s'étendraient aux dépens des zones naturelles. Un niveau accru de substitution des plastiques d'origine fossile par les plastiques biosourcés aurait pour conséquence une hausse supérieure de l'utilisation de ces derniers, ainsi qu'une augmentation de la surface agricole mondiale et des émissions de GES.

[4] L'analyse utilise le logiciel Simapro v 9.1, la version 3.6 de la base de données Ecoinvent et des méthodes de détermination de seuil et d'évaluation de l'impact du cycle de vie : Recipe 2016 Midpoint (H) v 1.04 et Cumulative Energy Demand (CED) v 1.11.

Partie II Scénarios d'action pour infléchir la courbe des plastiques

7 Le scénario d'Action régionale

Les mesures destinées à freiner la demande de plastiques, à allonger la durée de vie des produits grâce à leur réparation et à leur réutilisation, ainsi qu'à améliorer la gestion et la recyclabilité des déchets peuvent contribuer à réduire les rejets de plastiques dans l'environnement. Le présent chapitre examine le scénario d'*Action régionale*, qui prévoit la mise en œuvre d'un ensemble de mesures destinées à accroître la circularité des plastiques et à atténuer leurs répercussions sur l'environnement. Il s'agit d'une combinaison de mesures budgétaires et réglementaires qui ciblent toutes les phases du cycle de vie des plastiques, mais dont le degré d'ambition varie selon que les pays sont ou non membres de l'OCDE.

Messages clés

- Le scénario d'*Action régionale* associe des mesures destinées à restreindre la demande et la production de plastiques, à augmenter le recyclage et à fermer les voies de rejet des plastiques en fin de vie. Ces mesures assurent la poursuite de la croissance économique sans accroître les rejets de plastiques dans l'environnement. Elles sont plus exigeantes pour les pays de l'OCDE que pour les pays non membres.
- Leur application à l'échelle de la planète devrait faire baisser de près de 20 % l'utilisation mondiale de plastiques par rapport aux projections du scénario de *Référence*, soit de 1 231 millions de tonnes (Mt) à 1 018 millions de tonnes (Mt) à l'horizon 2060. Ce recul est en grande partie obtenu par la taxation de l'utilisation de plastiques.
- Les déchets plastiques devraient baisser de façon similaire en termes relatifs et ne représenter que 837 Mt par an à l'horizon 2060, au lieu de 1 014 Mt dans le scénario de *Référence*. L'augmentation des taxes sur les plastiques à usage unique permet une réduction rapide des déchets à court terme, qui ralentit par la suite à mesure que la durée de vie des plastiques s'allonge.
- L'ensemble de mesures du scénario d'*Action régionale* dynamise le marché des plastiques secondaires (recyclés) en stimulant aussi bien la demande de débris de matières plastiques que l'offre de plastiques recyclés. À l'échelle mondiale, la part des déchets recyclés passe de 17 % à 40 %, et celle des plastiques secondaires dans le volume total de production passe de 12 % dans le scénario de *Référence* à 29 % dans celui d'*Action régionale*.
- Toutes les mesures du scénario d'*Action régionale* contribuent à réduire les déchets mal gérés (c'est-à-dire ceux qui ne sont pas éliminés de manière appropriée) ; à l'échelle mondiale, les volumes de déchets mal gérés devraient être en 2060 de 26 % moins élevés qu'en 2019 et de 63 % inférieurs à leur niveau attendu en 2060 dans le scénario de *Référence*, s'établissant à 59 Mt en 2060, au lieu des 153 Mt prévus pour cette même année dans le scénario de *Référence*. La diminution des déchets mal gérés résulte principalement des améliorations de la gestion des déchets dans les pays non membres de l'OCDE.
- Le scénario d'*Action régionale* cible essentiellement les rejets de macroplastiques dans l'environnement, qui devraient être en 2060 de 62 % plus faibles que dans le scénario de *Référence* (leur volume tombant à 15 Mt en 2060, contre 38 Mt dans le scénario de *Référence*). Les rejets de microplastiques devraient également diminuer dans le scénario d'*Action régionale*, quoique de 4 % seulement par rapport au scénario de *Référence* (tombant à 5,6 Mt, au lieu de 5,8 Mt), ce qui met en lumière la nécessité d'un plus grand nombre de mesures ciblant les rejets de microplastiques.
- Les rejets annuels de plastiques dans les milieux aquatiques seront en 2060 de 60 % inférieurs à leur niveau dans le scénario de *Référence*. Ces progrès notables n'empêcheront pas pour autant la persistance des rejets de plastiques dans les milieux marins dans les décennies à venir.Ainsi, le stock de ces rejets sera quasiment multiplié par trois d'ici 2060.
- Les conséquences macroéconomiques du scénario d'*Action régionale* sont limitées : leur coût représente 0,3 % du PIB mondial à l'horizon 2060 (un peu plus de 1 400 milliards USD à l'échelle mondiale). On observe toutefois d'importants écarts selon les régions, puisque la République populaire de Chine (ci-après « Chine ») bénéficie d'une situation légèrement plus favorable avec un coût inférieur à 0,1 %, alors que celui-ci atteint des niveaux plus élevés dans d'autres régions : 1,1 % en Afrique subsaharienne et 1,8 % dans les pays de l'Union européenne non membres de l'OCDE. Les plastiques sont liés à beaucoup d'activités

économiques, aussi leur abandon progressif peut-il s'avérer particulièrement coûteux dans certains cas.

- Les plastiques constituent un intrant essentiel pour de nombreuses activités économiques, et une panoplie de mesures efficiente devra donc viser à réduire l'utilisation de plastiques tout en assurant une bonne gestion des déchets plastiques résiduels.
- Cette combinaison de mesures impliquera des coûts d'investissement dans le traitement des déchets d'un montant important, mais d'un ordre de grandeur inférieur à celui des coûts macroéconomiques. Les investissements supplémentaires nécessaires pour atteindre les objectifs du scénario d'*Action régionale* s'élèveront au total à 320 milliards USD de 2020 à 2060. Dans les pays de l'OCDE, la quasi-totalité de ces investissements est consacrée à l'augmentation des capacités de recyclage (160 milliards USD). Dans les pays non membres de l'OCDE, 100 milliards USD doivent être investis dans le recyclage et 60 milliards USD dans l'amélioration de la collecte des déchets en vue d'en permettre une élimination appropriée. Ces coûts s'ajoutent aux coûts de gestion des déchets plastiques prévus dans le scénario de *Référence* ; au niveau mondial, les investissements nécessaires en 2060 représentent 20 % de l'ensemble des coûts de gestion des déchets pour la même année.
- Malgré ces retombées bénéfiques, l'utilisation de plastiques et le volume de déchets plastiques devraient être multipliés par plus de deux entre 2019 et 2060 dans le scénario d'*Action régionale*. Bien que cette combinaison de de mesures puisse permettre un découplage partiel entre, d'une part, l'utilisation de plastiques et le volume des déchets plastiques et, d'autre part, la croissance économique, les stocks de plastiques accumulés dans l'environnement continueront néanmoins à grossir.

7.1. Le scénario d'*Action régionale* prévoit un large éventail de mesures, variables selon les régions

Les résultats du scénario de *Référence* décrits dans la Partie I mettent en évidence comment les évolutions socioéconomiques, l'activité économique (chapitre 2), l'utilisation de plastiques (chapitre 3), les déchets plastiques (chapitre 4) et les rejets de plastiques (chapitre 5) sont étroitement liés. Ces liens peuvent être affaiblis, voire rompus, grâce à une utilisation plus circulaire des plastiques – c'est-à-dire ne utilisation accrue de plastiques recyclés – et à une amélioration de notre mode de gestion des déchets plastiques résiduels. Pour y parvenir, il faudra avoir recours à un vaste ensemble de mesures.

Ce chapitre étudie les conséquences d'un scénario d'*Action régionale* qui prévoit la mise en œuvre d'une combinaison de mesures visant à réduire les rejets de plastiques dans l'environnement et à accroître la circularité de l'utilisation des plastiques tout au long de leur cycle de vie. Cette combinaison de mesures repose sur la feuille de route présentée dans les *Perspectives mondiales des plastiques : Déterminants économiques, répercussions environnementales et possibilités d'action* (OCDE, 2023[1]) ; elle couvre toutes les étapes du cycle de vie des plastiques, depuis leur production, leur utilisation et leur réutilisation jusqu'à la gestion des déchets qui en sont issus – y compris le recyclage. Cette feuille de route propose une approche progressive qui peut être mise en œuvre au fil du temps afin d'atteindre des objectifs de plus en plus ambitieux.

Graphique 7.1. Feuille de route pour une utilisation plus circulaire des plastiques

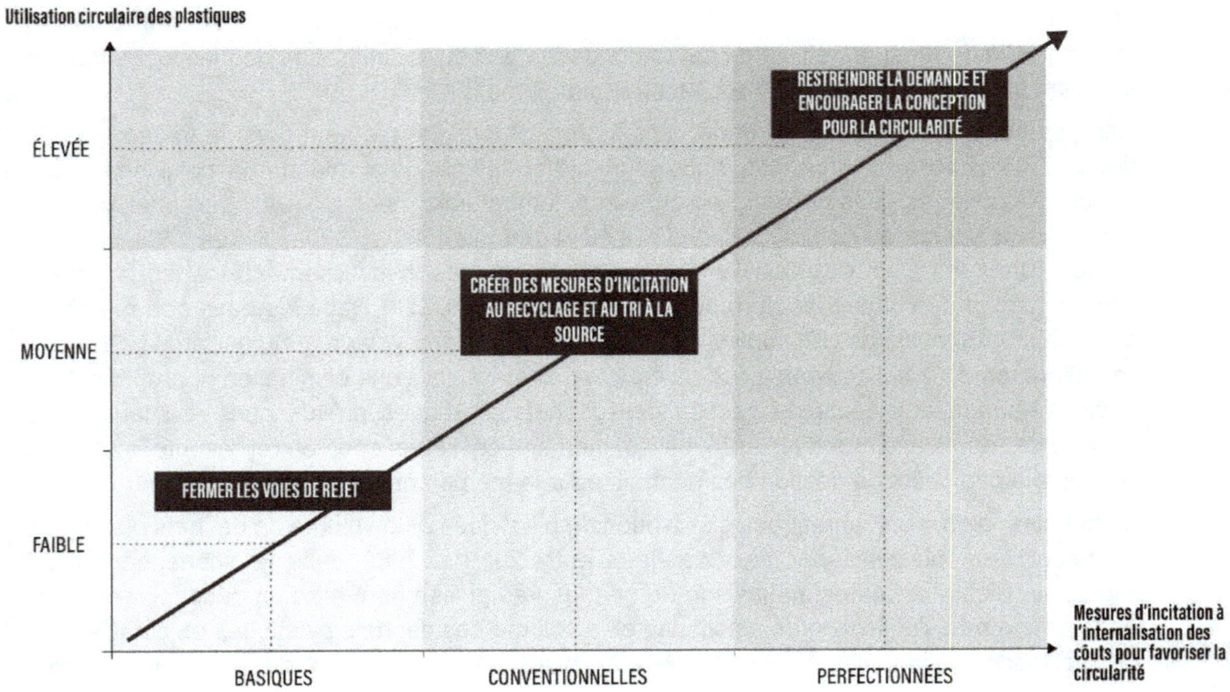

Source : (OCDE, 2023[1])

Le scénario d'*Action régionale* modélise le déploiement à compter de 2022 (ou dans certains cas à partir de 2030) des principaux instruments proposés dans la feuille de route, tout en tenant compte des différences dans les capacités de mise en œuvre des régions ainsi que de la complexité d'accroître les ambitions de l'action publique. On ne peut par exemple pas s'attendre à ce que tous les pays mettent en place des systèmes avancés de responsabilité élargie des producteurs (REP) (Encadré 7.1). Par ailleurs, l'Union européenne a déjà pris des mesures législatives pour appliquer des taxes sur les plastiques, elle est donc mieux placée que d'autres pays pour les durcir dans un bref délai. On ne peut pas non plus s'attendre à ce que les pays qui présentent actuellement de très faibles taux de recyclage atteignent les mêmes objectifs que ceux qui disposent déjà d'installations de recyclage de grande capacité, comme par exemple l'Union européenne et les pays du Pacifique membres de l'OCDE (Corée et Japon). En revanche, certains progrès technologiques, tels qu'une meilleure conception favorisant davantage la durabilité et la réparabilité, peuvent se propager à l'échelle mondiale après avoir atteint une certaine maturité.

Dans ce scénario d'*Action régionale*, les pays de l'OCDE prennent des mesures ambitieuses, alors que celles adoptées par les pays non membres de l'OCDE sont plus modestes. Ces mesures visent à réduire sensiblement les rejets de plastiques dans l'environnement, mais elles ne les éliminent pas totalement. Le chapitre 8 examine une combinaison de mesures plus ambitieux qui vise à atteindre une réduction accrue au niveau mondial des rejets de plastiques dans l'environnement.

L'ensemble de mesures du scénario d'*Action régionale* comprend divers instruments d'action, regroupés en trois grands piliers (Graphique 7.2). Les différentes mesures sont destinées à œuvrer conjointement, et non indépendamment les unes des autres (voir l'annexe B pour les détails de la modélisation) :

- **Restreindre la production et la demande de plastiques et améliorer la conception pour favoriser la circularité** :
  - Une taxe sur les emballages plastiques, qui augmente de manière linéaire pour passer de 0 USD/tonne en 2021 à 1 000 USD/tonne d'ici 2030 dans l'Union européenne (UE), d'ici 2040 dans le reste de la zone OCDE et d'ici 2060 dans les pays qui ne sont pas membres de l'OCDE (ni de l'UE)[1]. Elle demeure constante par la suite.
  - Une taxe sur l'utilisation de tous les autres types de plastiques, mise en place après 2030 et d'un montant initial de 25 USD/tonne qui atteindra 750 USD/tonne d'ici 2040 dans les pays de l'OCDE et d'ici 2060 dans les pays non membres de l'OCDE. Elle demeure constante par la suite.
  - Des instruments de politiques publiques destinés à accroître la circularité et à encourager une conception qui favorise la durabilité et la réparabilité des produits en plastique. Ils sont censés assurer (i) un allongement de 10 % de la durée de vie des produits pour refléter leur durabilité, (ii) une diminution de 5-10 % de la demande intermédiaire (c'est-à-dire industrielle et commerciale) et de la demande finale de biens durables (c'est-à-dire à des biens autres que les consommables, qui ne sont pas totalement consommés en une utilisation) d'ici 2040 afin de tenir compte de leur plus longue durée de vie, (iii) une augmentation de la demande de services de réparation, calibrée de telle sorte que le volume global des dépenses des ménages et des administrations publiques ne soit pas modifié par cette mesure. Ces mesures sont appliquées à l'échelle mondiale.
- **Augmenter le recyclage :**
  - Des objectifs en matière de contenu recyclé, modélisés sous la forme d'une taxe sur les plastiques primaires assortie d'une subvention en faveur des plastiques secondaires, en guise de représentation de la réglementation permettant de parvenir au pourcentage souhaité de plastiques secondaires dans la production totale de plastiques. Les pays de l'OCDE visent à atteindre 40 % de contenu recyclé d'ici 2060, et les pays non membres de l'OCDE 20 %.
  - La responsabilité élargie des producteurs (REP ; voir Encadré 7.1), qui est mise en œuvre par l'ensemble des pays de l'UE, qu'ils soient ou non membres de l'OCDE, pour tous les emballages, les appareils électroniques, les véhicules automobiles et les vêtements ; les autres pays ne mettent pas en œuvre la REP.
  - Des objectifs de taux de recyclage spécifiques à chaque région : 60 % d'ici à 2030 et 70 % d'ici à 2060 pour l'UE et la région OCDE-Pacifique ; 60 % d'ici à 2060 pour les autres pays de l'OCDE et la Chine ; 40 % d'ici à 2060 pour les autres pays. Comme dans les cas de la REP, les besoins en investissements correspondants sont pris en compte dans le modèle.
- **Fermer les voies de rejet :**
  - Un investissement public dans la collecte des déchets mixtes et les décharges sanitaires ; cela permet aux pays de l'OCDE d'éliminer d'ici 2060 la totalité des déchets collectés mal gérés (jetés ou incinérés dans des décharges à ciel ouvert, par exemple), et aux pays non membres de l'OCDE de diviser par deux d'ici 2060 leur part de déchets mal gérés.
  - Des mesures destinées à améliorer le ramassage des déchets sauvages : les taux de ramassage des déchets sauvages augmentent plus rapidement en fonction des revenus et atteignent 90 % pour les pays à revenu élevé (contre 85 % dans le scénario de *Référence*).

Graphique 7.2. L'ensemble de mesures du scénario d'*Action régionale*

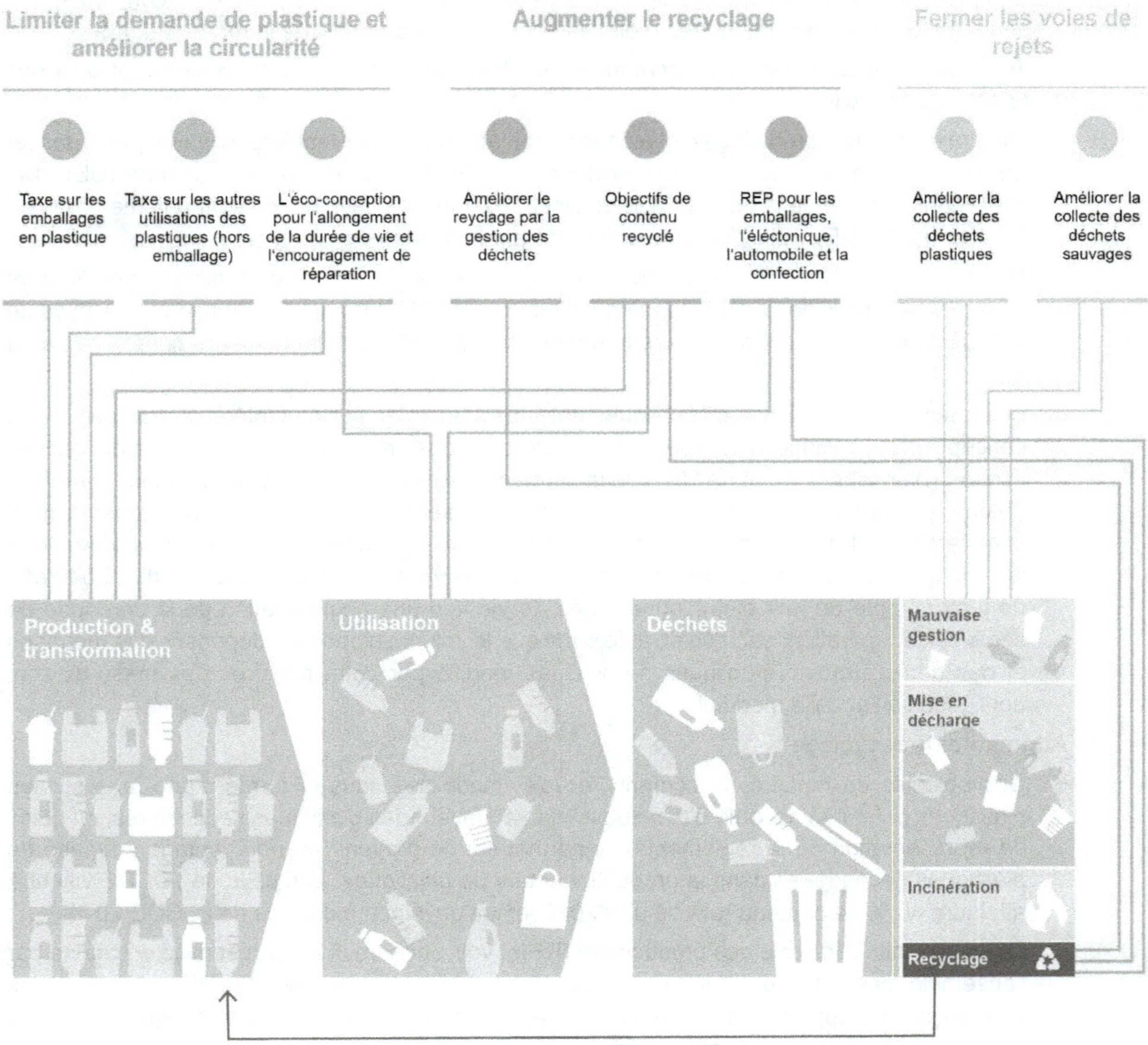

Encadré 7.1. Comment les effets des systèmes de responsabilité élargie des producteurs peuvent-elles être modélisées ?

La responsabilité élargie des producteurs (REP) est une approche où les producteurs se voient confier une importante responsabilité en matière de traitement ou d'élimination des produits après leur consommation. Cette responsabilité pourrait en principe les inciter à éviter les déchets à la source, à promouvoir une écoconception des produits et à contribuer à la réalisation des objectifs publics de recyclage et de gestion des matières.

La mesure relative à la REP du pilier « augmenter le recyclage » (Graphique 7.2) peut être modélisée au moyen d'une représentation stylisée dans un cadre d'équilibre général tel que ENV-Linkages :

1. L'augmentation des coûts de production est représentée par une taxe sur les plastiques utilisés comme intrants dont doivent s'acquitter les secteurs concernés. Tout comme les coûts courants des systèmes de REP (Laubinger et al., 2021[2]), le niveau de taxation augmente de manière linéaire pour atteindre 300 USD/tonne en 2030 dans l'ensemble des pays de l'UE qu'ils soient ou non membres de l'OCDE, et il demeure constant par la suite.
2. L'augmentation des volumes de déchets collectés en vue de leur recyclage est obtenue dans le modèle grâce à une subvention en faveur du secteur de la gestion des déchets – y compris les activités de recyclage – de sorte que la REP constitue un instrument neutre sur le plan budgétaire. La modélisation suppose ce faisant que l'administration publique tient un rôle d'intermédiaire indépendant entre les producteurs de déchets et ceux qui en assurent la gestion ; il s'agit en réalité d'une représentation approximative de la négociation directe entre les deux parties, qui ne devrait avoir des effets très limités sur les résultats de la modélisation.
3. Les taux de recyclage sont augmentés pour tenir compte du fait que la mesure cible le recyclage et non l'ensemble des opérations de gestion des déchets. La mesure est supposée accroître les taux de recyclage de 20 points de pourcentage d'ici 2060, sur la base des données disponibles concernant les effets des systèmes de REP sur les emballages plastiques dans trois pays européens (Watkins et al., 2017[3]; Commission européenne, 2014[4]).
4. L'investissement dans les installations de recyclage et dans la collecte des déchets en vue de leur recyclage est ajusté de manière à tenir compte de l'augmentation des taux de recyclage (voir la section 7.4.2).

7.2. Les mesures du scénario d'*Action régionale* limitent la croissance de l'utilisation de plastiques et celle des déchets plastiques

7.2.1. Tous les instruments du scénario contribuent à réduire les déchets mal gérés

Le scénario d'*Action régionale* réduit les quantités de plastiques à tous les stades de leur cycle de vie par rapport au scénario de *Référence*, et notamment l'utilisation de plastiques, la production de déchets et les volumes de déchets mal gérés (Graphique 7.3).

À l'échelle mondiale, l'utilisation de plastiques devrait diminuer de 18 % par rapport aux projections du scénario de *Référence*, pour tomber à 1 018 millions de tonnes (Mt) au lieu de 1 231 Mt en 2060 (partie A du Graphique 7.3). Cela représente tout de même plus qu'un doublement des quantités de plastiques utilisés entre 2019 (460 Mt) et 2060. Comme prévu, la plus grande partie de la baisse de l'utilisation de plastiques est obtenue par une restriction de la demande (qui évite l'utilisation de 175 Mt de plastiques), principalement par la taxation de l'utilisation de plastiques. L'utilisation de plastiques diminue également sous l'effet des mesures destinées à améliorer la conception des produits de manière à favoriser la circularité, comme par exemple l'allongement de la durée de vie des produits et l'augmentation de leur réutilisation. Ces mesures prolongent la durée de vie des biens durables et en réduisent ce faisant la demande. Les mesures prises en aval en vue d'améliorer la gestion des déchets plastiques, par exemple en augmentant le recyclage et en fermant les voies de rejet, n'ont guère d'effet sur la production et la consommation de plastiques, bien que l'augmentation du recyclage entraîne une diminution de la production de plastiques primaires au profit de celle de plastiques secondaires.

La production de déchets plastiques devrait enregistrer un recul similaire en pourcentage (-18 %), leur volume représentant 837 Mt à l'horizon 2060, au lieu de 1 014 Mt dans le scénario de *Référence* (partie B du Graphique 7.3). Comme tous les plastiques utilisés finissent en bout de course par devenir des déchets, ces réductions des déchets plastiques découlent de la baisse de l'utilisation de plastiques qui est entraînée principalement par les mesures visant à restreindre la demande de plastiques ; l'allongement de la durée de vie des plastiques retarde quant à elle la production de déchets.

Globalement, les trois piliers du scénario d'*Action régionale* devraient réduire de plus de moitié (-63 %) les déchets mal gérés, qui s'élèveraient à 59 Mt à l'horizon 2060, au lieu de 153 Mt dans le scénario de *Référence* (partie C du Graphique 7.3). Cela représente une baisse de 26 % par rapport aux 79 Mt de 2019. Les mesures destinées à restreindre la demande réduisent l'ampleur du problème de gestion des déchets et évitent 26 Mt de déchets mal gérés, mais elles ne contribuent pas à faire baisser la part de déchets mal gérés parmi les déchets plastiques totaux. Les mesures destinées à augmenter le recyclage permettent d'éviter 34 Mt supplémentaires ; tel est notamment le cas des mesures qui visent à améliorer la collecte et le tri des déchets afin d'accroître les taux de recyclage. En dernier lieu, les mesures destinées à fermer les voies de rejet par une gestion des déchets favorisant l'utilisation des décharges contrôlées plutôt que celle de décharges sauvages réduisent les déchets mal gérés de 34 Mt supplémentaires. Cependant, d'importantes interactions entrent en jeu ici : lorsque les quantités totales de déchets ont déjà été réduites par le pilier « restreindre la demande » et que la part de déchets recyclés a été augmentée grâce aux mesures du pilier « augmenter le recyclage », il n'existe que relativement peu de possibilités d'éviter également les déchets mal gérés en fermant les voies de rejet. Par ailleurs, si l'on se contentait de fermer les voies de rejet sans mettre en œuvre les mesures des autres piliers, il serait possible d'éviter 73 Mt de déchets mal gérés (Encadré 7.2), mais au prix d'investissements plus lourds dans le traitement des déchets. Le troisième pilier peut donc être d'une grande efficacité, mais le besoin d'investissements dans la gestion des déchets est plus limité lorsque les autres piliers sont également mis en œuvre.

L'utilisation de plastiques et les déchets plastiques n'en devraient pas moins plus que doubler à l'horizon 2060 dans le scénario d'*Action régionale* comparativement à leur niveau en 2019, malgré l'application de l'ensemble des mesures. Deux éléments essentiels entrent ici en ligne de compte. Premièrement, l'augmentation de la population et la croissance économique, tout comme le développement régional, impliquent une augmentation notable de l'utilisation de plastiques dans le scénario de *Référence*. Le scénario d'*Action régionale* assure un découplage partiel de l'utilisation de plastiques et de la croissance économique, mais il ne s'ensuit pas nécessairement une réduction de l'utilisation de plastiques en volume absolu. Deuxièmement, les plastiques sont un intrant important pour de nombreuses activités économiques, et il serait très difficile et coûteux d'éviter la totalité des déchets mal gérés au moyen de mesures agissant uniquement sur la demande en amont. Il est moins onéreux d'associer aux mesures visant à restreindre la demande d'autres instruments favorisant le recyclage et une bonne gestion des déchets résiduels.

Les déchets mal gérés seront probablement réduits par rapport aux niveaux de 2019, ce qui implique un découplage total entre les déchets mal gérés et l'activité économique. Cette diminution des déchets mal gérés entraîne une baisse des rejets de plastiques dans l'environnement, malgré une croissance ininterrompue de l'utilisation de plastiques et des quantités totales de déchets.

Graphique 7.3. Les effets conjugués des piliers du scénario d'*Action régionale* abaissent l'utilisation de plastiques, le volume des déchets et celui des déchets mal gérés à un niveau inférieur à celui prévu dans le scénario de *Référence*

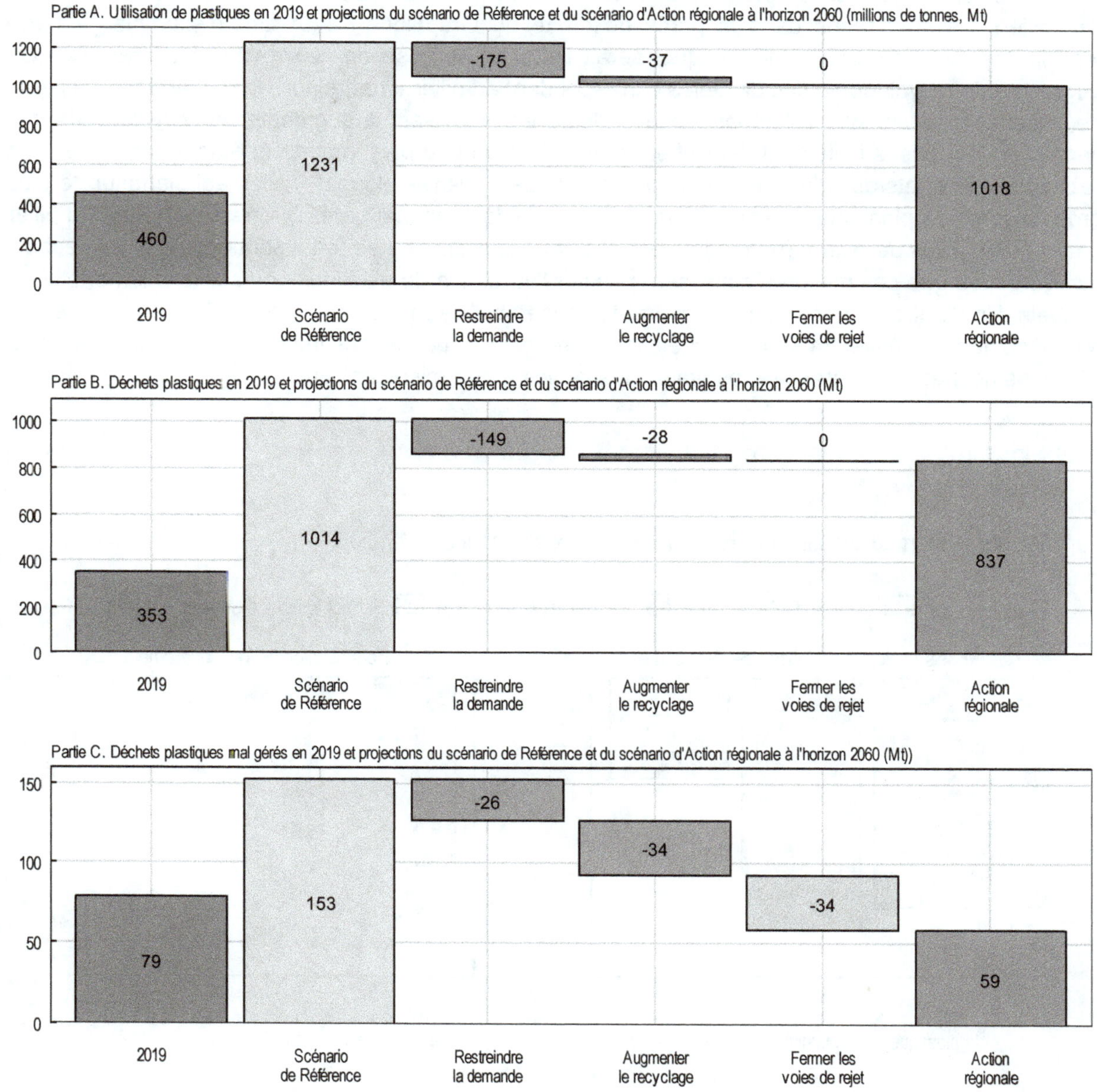

Source : Modèle ENV-Linkages de l'OCDE.

StatLink https://stat.link/7az9uy

Encadré 7.2. Les interactions entre les trois piliers de l'ensemble de mesures sont significatifs

Les chiffres présentés dans le Graphique 7.3 reposent sur l'hypothèse d'une mise en œuvre cumulative des piliers, ils sont repris dans la partie de droite du Graphique 7.4. À titre d'exemple, la barre « augmenter le recyclage » montre quel serait l'effet de la mise en œuvre des mesures visant à augmenter le recyclage en sus de celles correspondant au pilier « restreindre la demande ». La partie de gauche du Graphique 7.4 montre que si des mesures visant à augmenter le *recyclage* (barres vertes) étaient prises isolément, leur effet pourrait être un peu plus important, étant donné que – en l'absence des effets du pilier « restreindre la demande » (barres bleues) – elles agiraient sur de plus gros volumes de plastiques utilisés, de déchets, et de déchets mal gérés. Il en va de même du pilier « fermer les *voies de rejet* » (barres jaunes), bien que leur effet ne se ferait sentir que sur les déchets mal gérés, vu que ces mesures n'agissent pas sur l'utilisation de plastiques ou sur le volume total de déchets. En d'autres termes, dans le cadre de l'ensemble de mesures, le pilier « fermer les voies de rejet » contribue à éviter 34 Mt de déchets mal gérés, alors que les mesures de ce pilier réduiraient de 73 Mt les déchets mal gérés si elles étaient les seules à être mises en œuvre.

Graphique 7.4. L'effet conjugué des mesures est plus faible que la somme des effets des trois piliers mis en œuvre séparément

Variation par rapport au scénario de *Référence* en millions de tonnes (Mt), 2060

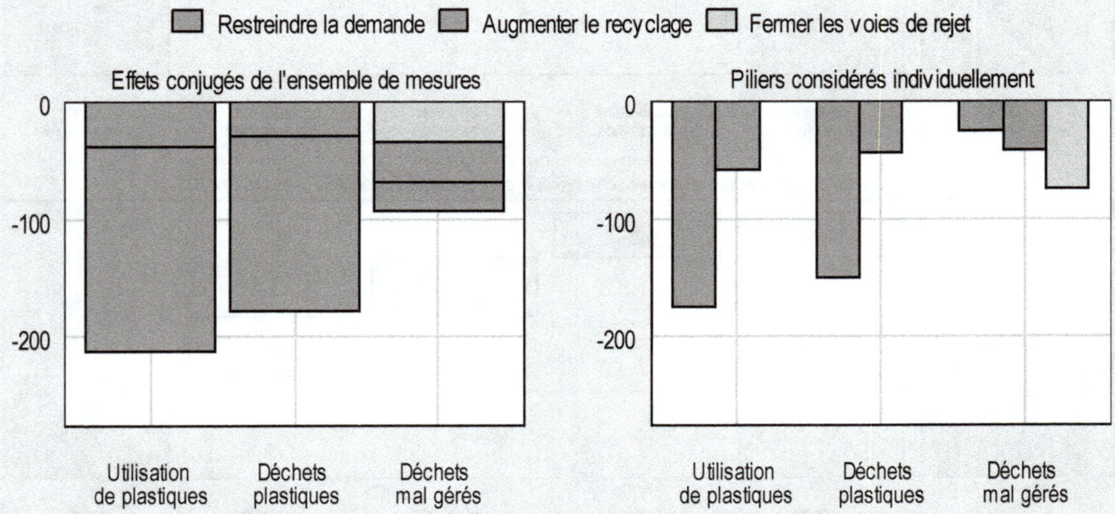

Source : Modèle ENV-Linkages de l'OCDE.

StatLink https://stat.link/klxd2w

7.2.2. La croissance de l'utilisation de plastiques ralentit

La mise en œuvre de l'ensemble de mesures du scénario d'*Action régionale* devrait, d'après les projections, freiner la croissance de l'utilisation de plastiques dans toutes les régions (Graphique 7.5). À l'horizon 2060, l'utilisation de plastiques devrait baisser de 16 % (69 Mt) par rapport au scénario de *Référence* dans les pays de l'OCDE, et de 18 % (144 Mt) dans les pays non membres de l'OCDE. Le profil temporel des réductions de l'utilisation de plastiques est toutefois différent : dans les régions de l'OCDE, les mesures prévues dans le scénario d'*Action régionale* s'inscrivent dans le court ou le moyen terme, et la plupart d'entre elles sont supposées être pleinement en place dès 2040. Par conséquent, l'utilisation de plastiques diminue dès 2040 de 14-17 % par rapport à son niveau dans le scénario de *Référence* (ce qui correspond à une légère augmentation en volume absolu, vu que l'utilisation de plastiques progresse sensiblement dans le scénario de *Référence*). Après 2040, aucun découplage supplémentaire n'a lieu et l'écart par rapport au scénario de *Référence* reste constant. Par contre, dans les pays non membres de l'OCDE, ces mesures sont mises en œuvre plus progressivement d'après les hypothèses retenues, ce qui entraîne une réduction plus lente mais aussi plus régulière de l'utilisation de plastiques par rapport au scénario de *Référence*. Les pays de l'Union européenne non membres de l'OCDE font toutefois exception, puisqu'ils sont supposés adopter la même taxe sur les emballages plastiques que les États de l'UE membres de l'OCDE, d'où d'importantes réductions de l'utilisation de plastiques à des fins d'emballage dans cette région.

Compte tenu de la croissance rapide de l'utilisation de plastiques dans le scénario de *Référence*, cela représente tout de même une augmentation en volume absolu de l'utilisation des plastiques par rapport à 2019, comme expliqué ci-dessus. À l'extérieur de la zone OCDE, les réductions les plus importantes par rapport au scénario de *Référence* sont attendues dans les régions à forte intensité d'utilisation de plastiques (voir le tableau 2.4 *in* OCDE (2023[1]))[2]. L'Afrique subsaharienne (« Autres Afrique ») et la région « Autres Eurasie » atteignent une réduction de 26 % et 24 %, respectivement, par rapport aux niveaux du scénario de *Référence*. Dans ces régions, l'utilisation d'un gros volume de plastiques par dollar de production implique qu'une taxe de 1 000 USD par tonne se traduit par une hausse relativement forte du prix des intrants plastiques nécessaires à la production, et entraîne par conséquent une plus forte substitution des intrants plastiques par d'autres produits (ainsi qu'une perte de compétitivité sur le marché mondial des intrants plastiques)[3]. Ces régions réduisent par conséquent leur utilisation de plastiques par rapport aux niveaux du scénario de *Référence* dans des proportions similaires à celles des pays de l'OCDE à l'horizon 2030, et dans de plus fortes proportions à l'horizon 2060.

Graphique 7.5. Les régions hors OCDE dont l'utilisation de plastiques est la plus intense enregistrent les plus fortes réductions de cette utilisation dans le scénario d'*Action régionale*

Pourcentage de variation de l'utilisation de plastiques par rapport au scénario de *Référence*, 2060

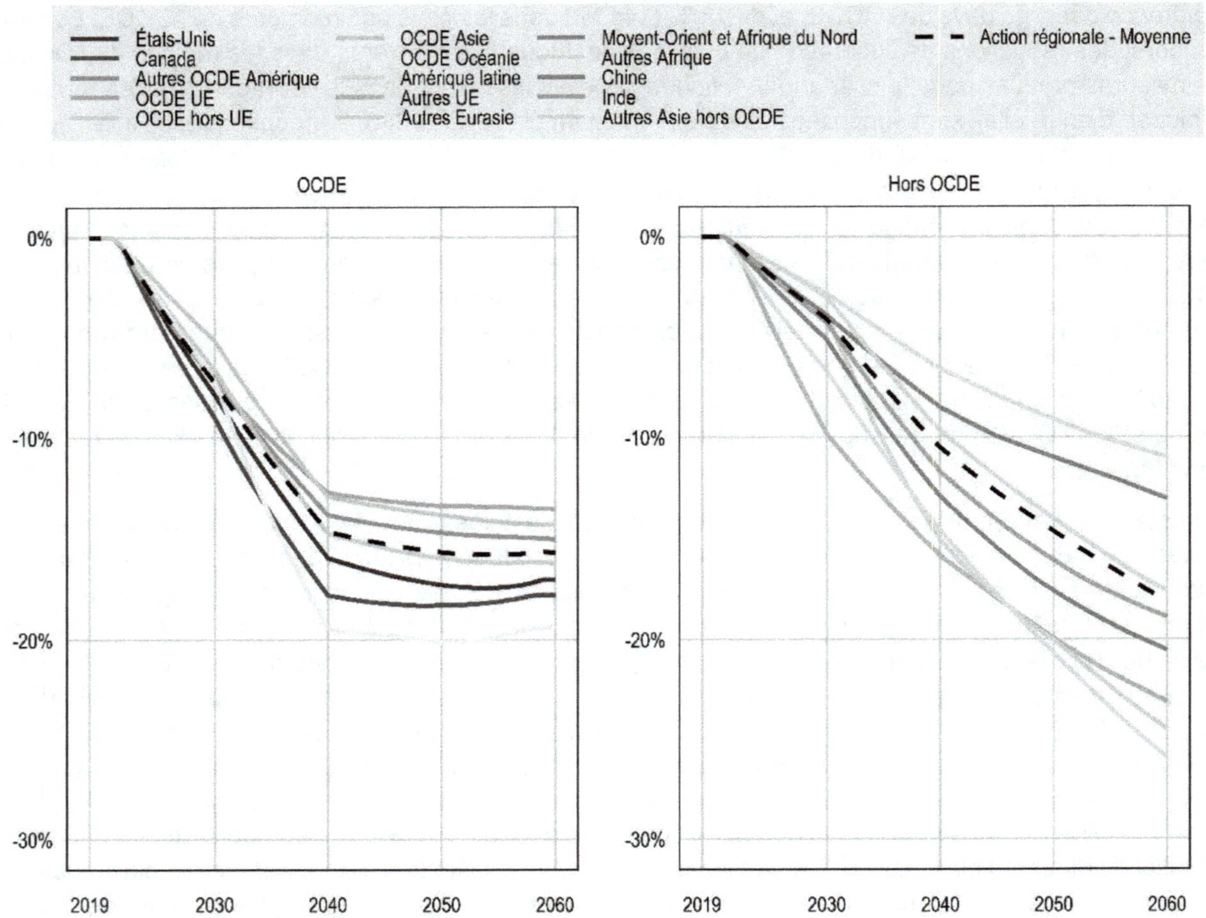

Source : Modèle ENV-Linkages de l'OCDE.

StatLink https://stat.link/s8m3w5

La mise en œuvre de l'ensemble de mesures provoque une hausse des prix des plastiques qui a pour effet de modifier les modes de production et de consommation. Ceci entraîne le remplacement du plastique par du papier ou du verre lorsque c'est possible et réalisable sur le plan économique. Par ailleurs, étant donné que les secteurs à forte intensité d'utilisation de plastiques (tels que celui de l'automobile) répercutent la hausse de leurs coûts de production sur les consommateurs, ceux-ci se détournent des produits de ces secteurs. La demande de plastiques diminue davantage dans les secteurs qui en consomment le plus (Graphique 7.6). Le secteur des services commerciaux, qui recouvre les activités du domaine de l'hébergement et de la restauration, du commerce de gros et de détail, de l'assurance et de l'immobilier, constitue un cas particulier. Il ne s'agit pas d'un secteur dont l'intensité d'utilisation de plastiques soit particulièrement importante, mais sa très grande taille entraîne la consommation de très grosses quantités de plastiques (surtout dans les services de restauration et les activités de commerce), et sa demande de plastiques devrait être en 2060 de 75 Mt (22 %) inférieure à son niveau dans le scénario de *Référence*. Le secteur automobile, la construction et les produits alimentaires (emballages inclus) viennent ensuite en termes de baisse de l'utilisation de plastiques. Dans le cas de l'automobile, les répercussions économiques sur les pays de l'OCDE devraient être relativement faibles, car les effets sur la compétitivité induisent un transfert de la production vers ces pays, étant donné que les plastiques n'y représentent qu'une part relativement modeste des coûts de production totaux de la construction automobile, par rapport au niveau observé dans les pays non membres de l'OCDE.

Graphique 7.6. Les services commerciaux contribuent le plus à la réduction de l'utilisation de plastiques dans le scénario d'*Action régionale*

Écart entre le scénario d'*Action régionale* et le scénario de *Référence* du point de vue de l'utilisation sectorielle de plastiques, en millions de tonnes (Mt), 2060

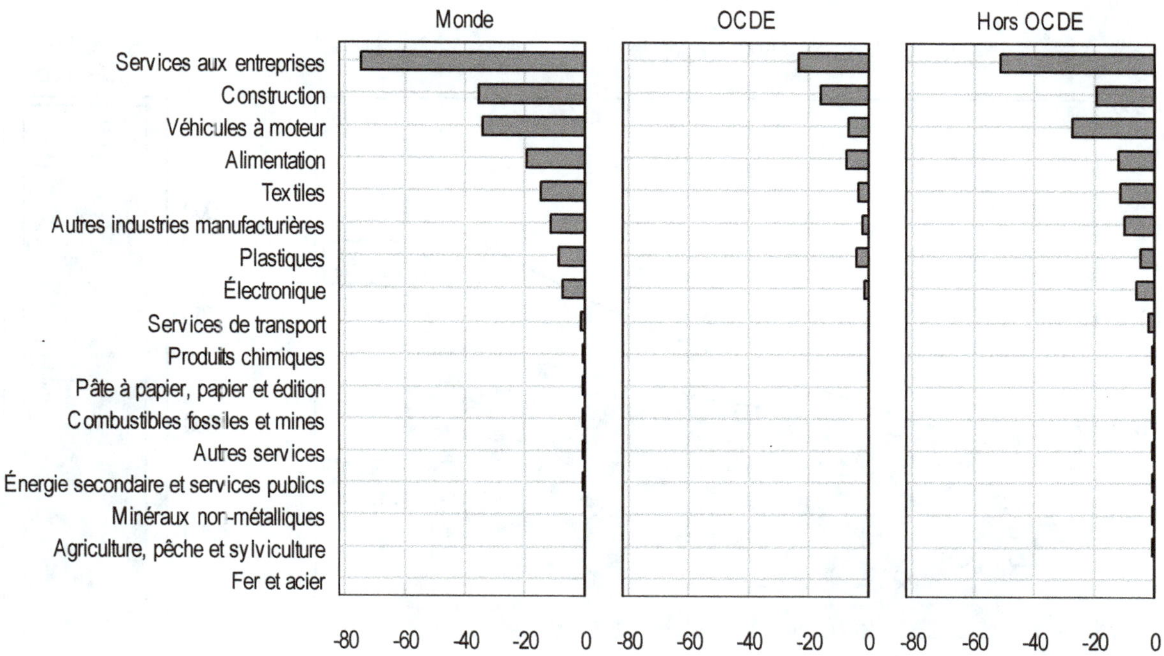

Source : Modèle ENV-Linkages de l'OCDE.

StatLink https://stat.link/6aj953

Le scénario d'*Action régionale* entraînera une forte hausse de l'utilisation de plastiques secondaires (Graphique 7.7), leur part passant à 29 % en 2060, au lieu de 12 % dans le scénario de *Référence* et 6 % en 2019. Cela correspond à une multiplication par plus de dix de l'utilisation mondiale de plastiques secondaires par rapport aux niveaux de 2019 (elle atteint 297 Mt au lieu de 29 Mt). La hausse de l'utilisation de plastiques secondaires n'est cependant pas suffisamment forte pour répondre en totalité à la croissance de la demande de plastiques, et le volume de plastiques primaires continue d'augmenter, quoique bien plus lentement que dans le scénario de *Référence* (de 1,3 % par an en moyenne, contre 2,3 % dans le scénario de *Référence*). Cependant, la production secondaire étant bien plus faible à l'année de départ, en 2019, l'augmentation en volume absolu des plastiques primaires entre 2019 et 2060 (291 Mt) est encore plus importante que celle de l'utilisation de plastiques secondaires (268 Mt).

La production de plastiques secondaires est influencée par les interactions entre les trois piliers de la politique mise en œuvre. D'une part, les taxes sur les plastiques du pilier « restreindre la demande » réduisent l'utilisation de plastiques secondaires. D'autre part, pour produire des plastiques secondaires, il est nécessaire d'utiliser en tant qu'intrants des débris issus du recyclage des déchets plastiques, lequel est favorisé par le pilier « augmenter le recyclage ». La réduction des quantités de déchets plastiques entraîne une diminution des débris disponibles pour assurer la production secondaire. Les différents piliers se conjuguent pour former un ensemble de mesures qui agissent tant sur l'offre que sur la demande pour dynamiser les marchés des plastiques secondaires : les objectifs de contenu recyclé renforcent la demande de débris, tandis que les mesures de recyclage stimulent l'offre.

Graphique 7.7. L'utilisation de plastiques secondaires progresse plus vite que celle des plastiques primaires dans le scénario d'*Action régionale*

Utilisation mondiale de plastiques en millions de tonnes (Mt) et part des plastiques secondaires

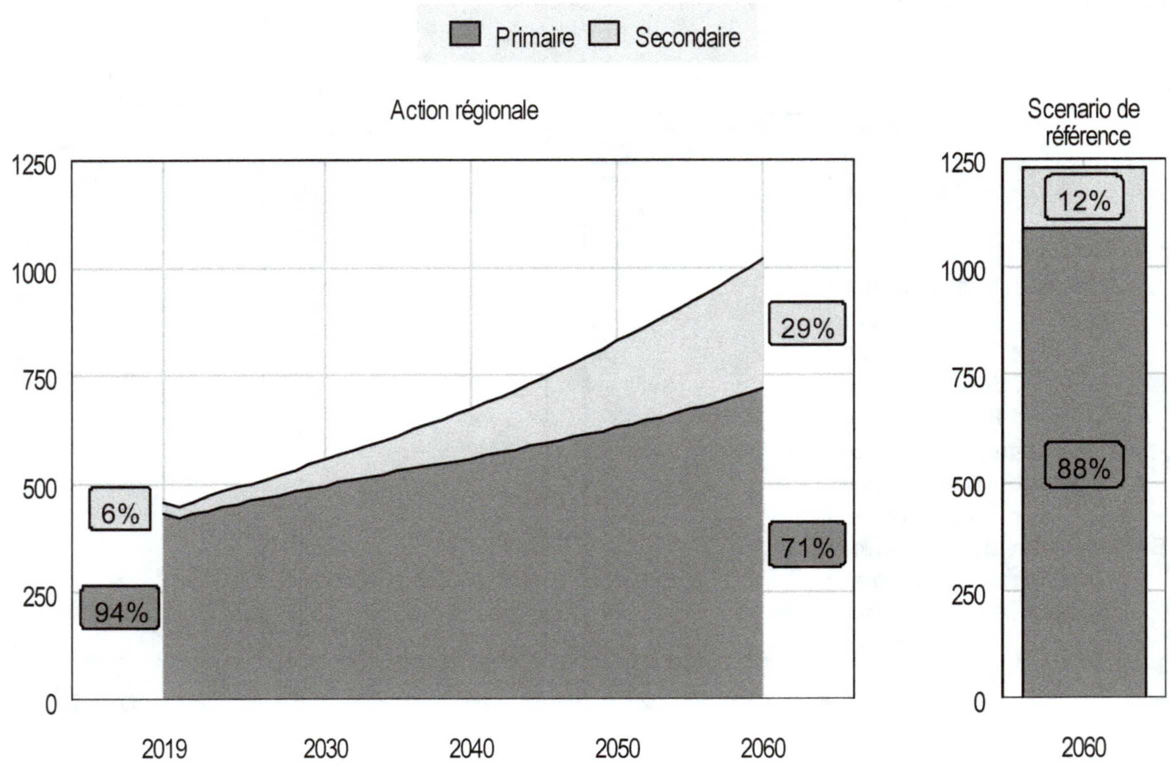

Source : Modèle ENV-Linkages de l'OCDE.

StatLink https://stat.link/fe4iz1

7.2.3. Le recyclage est encouragé et la gestion des déchets s'améliore

L'évolution de la production de déchets plastiques suit pour une large part celle de l'utilisation de plastiques (Graphique 7.8). Au niveau mondial, l'une et l'autre baissent d'environ 18 % par rapport au scénario de *Référence*, tout en ayant plus que doublé en volume absolu par rapport à 2019. Compte tenu de la courte durée de vie de nombreuses applications des plastiques, et des importantes répercussions des taxes sur les emballages plastiques, le délai moyen entre les effets sur l'utilisation des plastiques et ceux sur les déchets plastiques est relativement court. Les mesures mises en œuvre étant plus ambitieuses dans les pays de l'OCDE, ces effets sont plus visibles dans ceux-ci que dans les pays non membres.

Dans les premières années qui suivent l'introduction de l'ensemble de mesures, l'accent mis sur la taxation des plastiques à usage unique entraîne de plus grandes réductions de l'utilisation de plastiques ayant des applications à courte durée de vie. Aussi les déchets plastiques diminuent-ils plus vite que l'utilisation de plastiques par rapport au scénario de *Référence*. Après 2030, date d'entrée en vigueur des mesures visant à prolonger la durée de vie des produits, de plus grandes quantités de plastiques sont retenues dans l'économie, et les réductions des déchets plastiques marquent le pas.

L'allongement de la durée de vie des produits dans le cadre du pilier « restreindre la demande » retarde la production de déchets. Les applications dans lesquelles les plastiques durent plus longtemps avant d'être mis au rebut, comme le bâtiment et les travaux publics, les machines industrielles ou le secteur des transports, bénéficieront d'un allongement plus marqué, alors que les produits à courte durée de vie tels que les emballages et les produits de soins personnels devraient connaître un plus faible allongement de leur durée de vie[4]. Par conséquent, du moins pendant une période transitoire, la production de déchets est sensiblement différée à mesure que la durée de vie des applications s'accroît peu à peu à la suite de la mise en œuvre de l'ensemble de mesures. Cependant, tous les plastiques finissent à long terme par se transformer en déchets.

Graphique 7.8. L'évolution des déchets plastiques suit pour une large part celle de l'utilisation de plastiques dans le scénario d'*Action régionale*

Variation relative (en pourcentage) par rapport au scénario de *Référence* en 2060

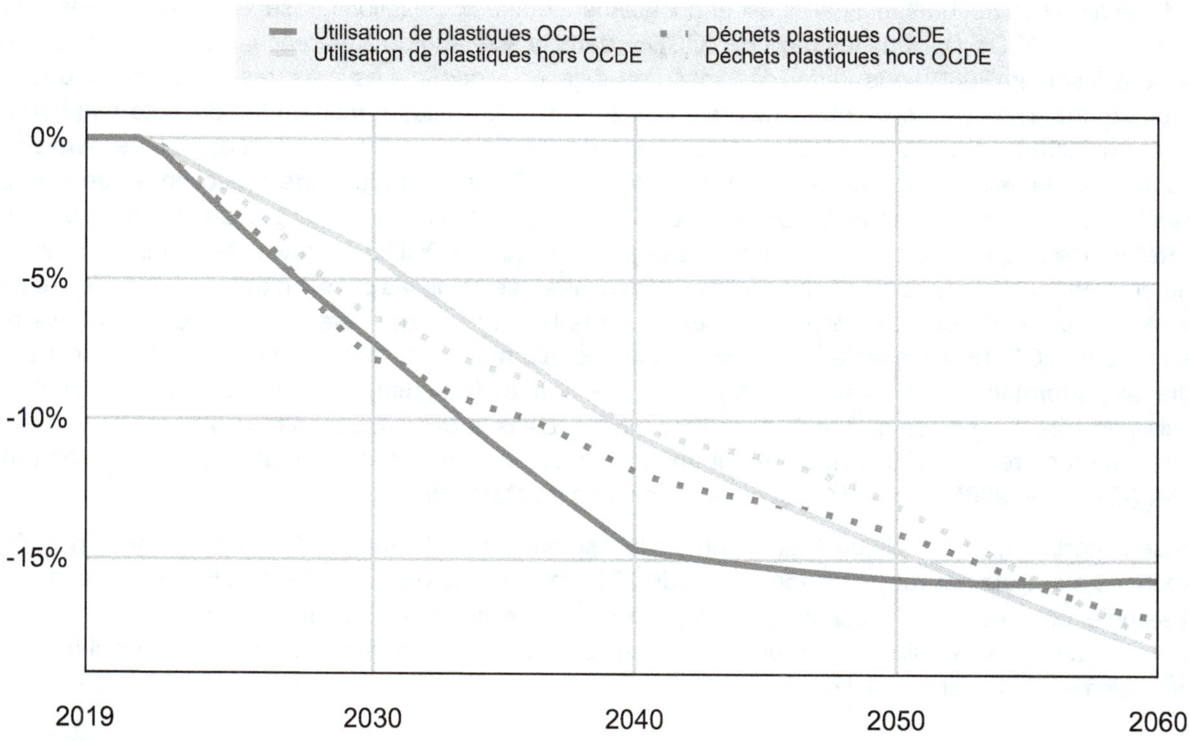

Source : Modèle ENV-Linkages de l'OCDE.

StatLink https://stat.link/0h9dr2

Au total, l'ensemble de mesures devrait accroître de 162 Mt les volumes de déchets plastiques recyclés en 2060, par rapport au scénario de *Référence*, tout en réduisant de 94 Mt les déchets mal gérés (Graphique 7.9). Les politiques mises en place ont des répercussions sur la gestion des déchets, et donc sur la quantité de déchets recyclés et mal gérés, de deux manières : (i) en agissant sur les quantités de déchets produites (pilier « restreindre la demande ») ; et (ii) en améliorant le mode de traitement des déchets (piliers « augmenter le recyclage » et « fermer les voies de rejet »). Ces deux démarches aboutissent en dernière analyse à une diminution des déchets mal gérés, mais seule la seconde accroît les quantités de plastiques recyclés. Comme indiqué au Graphique 7.9, le pilier « restreindre la demande » (deuxième colonne) diminue en 2060 de 25 Mt les déchets mal gérés par rapport au scénario de *Référence*, mais il ne stimule pas directement le recyclage. Par conséquent, les quantités totales de plastiques recyclées diminuent plus ou moins en fonction des variations de la production totale de déchets.

Les mesures du pilier « augmenter le recyclage » entraînent une sensible progression de la part du recyclage (qui passe de 17 % à 40 %, soit un accroissement de 188 Mt) ; aussi ces mesures réduisent-elles de 34 Mt supplémentaires les déchets mal gérés. Enfin, le pilier « fermer les *voies de rejet* » (ajouté en dernier lieu) devrait réduire de 34 Mt supplémentairesles déchets mal gérés en 2060. Le scénario d'*Action régionale* (quatrième colonne) a donc pour résultat global de ramener le volume des déchets mal gérés de 153 Mt dans le scénario de *Référence* à 59 Mt (soit une diminution de 94 Mt), tout en portant le recyclage de 176 Mt en 2060 dans le scénario de *Référence* à 338 Mt (+162 Mt), ce qui représente une part nettement plus importante d'un total sensiblement plus petit.

Globalement, la part des déchets plastiques qui est recyclée, qui constitue un indicateur de la circularité, passe de 9 % en 2019 à 17 % en 2060 dans le scénario de *Référence* et à 40 % dans le scénario d'*Action régionale*. Cela correspond à une nette amélioration de la circularité de l'économie, mais celle-ci est loin d'être suffisante pour éviter une poursuite de l'augmentation de l'utilisation de plastiques primaires dans les processus de production.

La diminution des déchets mal gérés est principalement due aux évolutions observées dans les pays non membres de l'OCDE (). Dans les pays de l'OCDE, dans le scénario de *Référence*, les déchets mal gérés baissent jusqu'en 2060 sous l'effet des mesures déjà en vigueur. Les mesures du scénario d'*Action régionale* ont en moyenne un effet limité dans la zone OCDE : elles ramènent les déchets mal gérés à 2,3 Mt en 2060 au lieu de 4,5 Mt dans le scénario de *Référence*, étant donné que dans ce dernier les volumes de déchets mal gérés devraient déjà être assez faibles. La plus forte réduction, et de loin, est assurée dans la région « Autres OCDE Amérique », où la part des déchets mal gérés est dans le scénario de *Référence* plus élevée que dans les autres régions de la zone OCDE. En revanche, dans les pays non membres de l'OCDE, où la situation est certes plus contrastée selon les pays, on observe dans l'ensemble une nette augmentation des déchets mal gérés dans le scénario de *Référence*. Vu que les pays non membres de l'OCDE représentent déjà 88 % des déchets mal gérés dans le monde en 2019, cet écart entre les performances des différentes régions se creusera au fil du temps, à moins que des mesures plus strictes ne soient mises en œuvre à l'échelle mondiale. Dans le cadre du scénario d'*Action régionale*, les pays non membres de l'OCDE montreront une baisse sensible des déchets mal gérés, qui tomberont à 56 Mt (-62 %) en 2060, contre 148 Mt dans le scénario de *Référence*.

Chose importante, cela implique également une baisse notable de la quantité totale de déchets mal gérés à l'échelle mondiale par rapport à son niveau de 2019, puisqu'elle passe de 79 Mt à 59 Mt. Cependant, si l'ensemble de mesures du scénario d'*Action régionale* évite toute nouvelle augmentation dans les décennies à venir et stabilise à peu près les volumes de déchets mal gérés au fil du temps[5], il n'élimine pas totalement les déchets mal gérés.

Graphique 7.9. Le scénario d'*Action régionale* induit une baisse sensible des déchets mal gérés au profit des déchets recyclés

Déchets plastiques en millions de tonnes (Mt), 2060

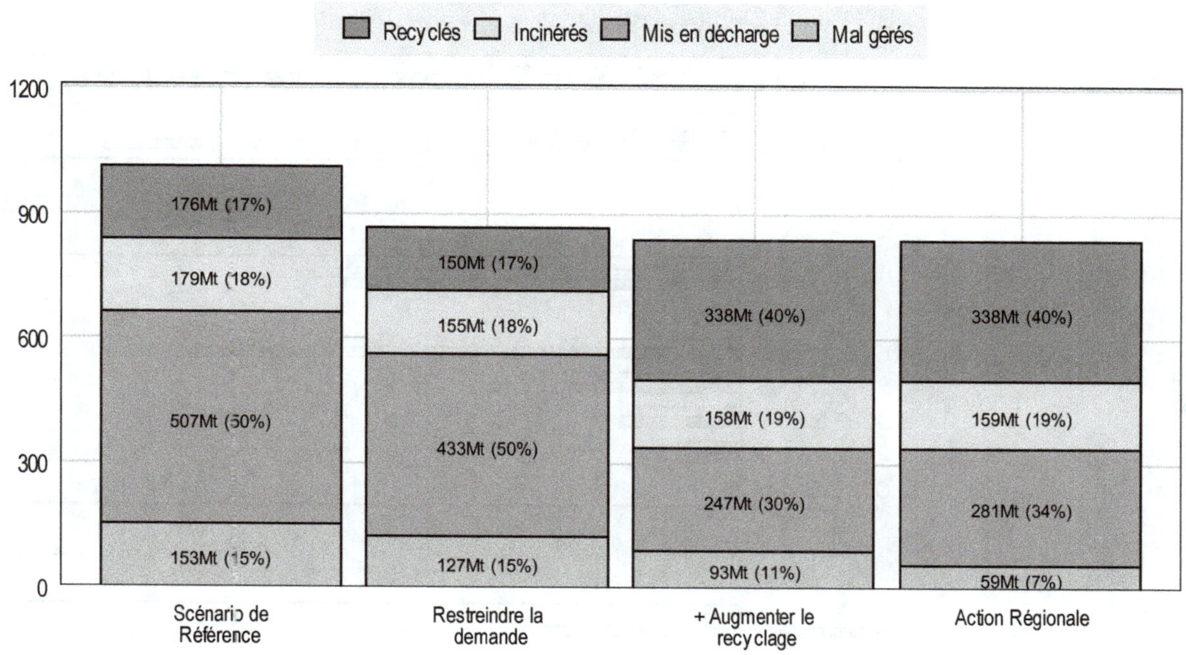

Note : Comme dans les autres graphiques, le diagramme présente les effets cumulés des différentes séries de mesures en allant de gauche à droite, de telle sorte que la colonne de droite correspond au scénario d'*Action régionale*, qui inclut les piliers « restreindre la demande », « augmenter le recyclage » et « fermer les voies de rejet ».
Source : Modèle ENV-Linkages de l'OCDE.

StatLink https://stat.link/knscqr

Graphique 7.10. Dans le scénario d'*Action régionale*, les volumes de déchets mal gérés devraient baisser le plus dans les pays non membres de l'OCDE

Déchets plastiques mal gérés en millions de tonnes (Mt)

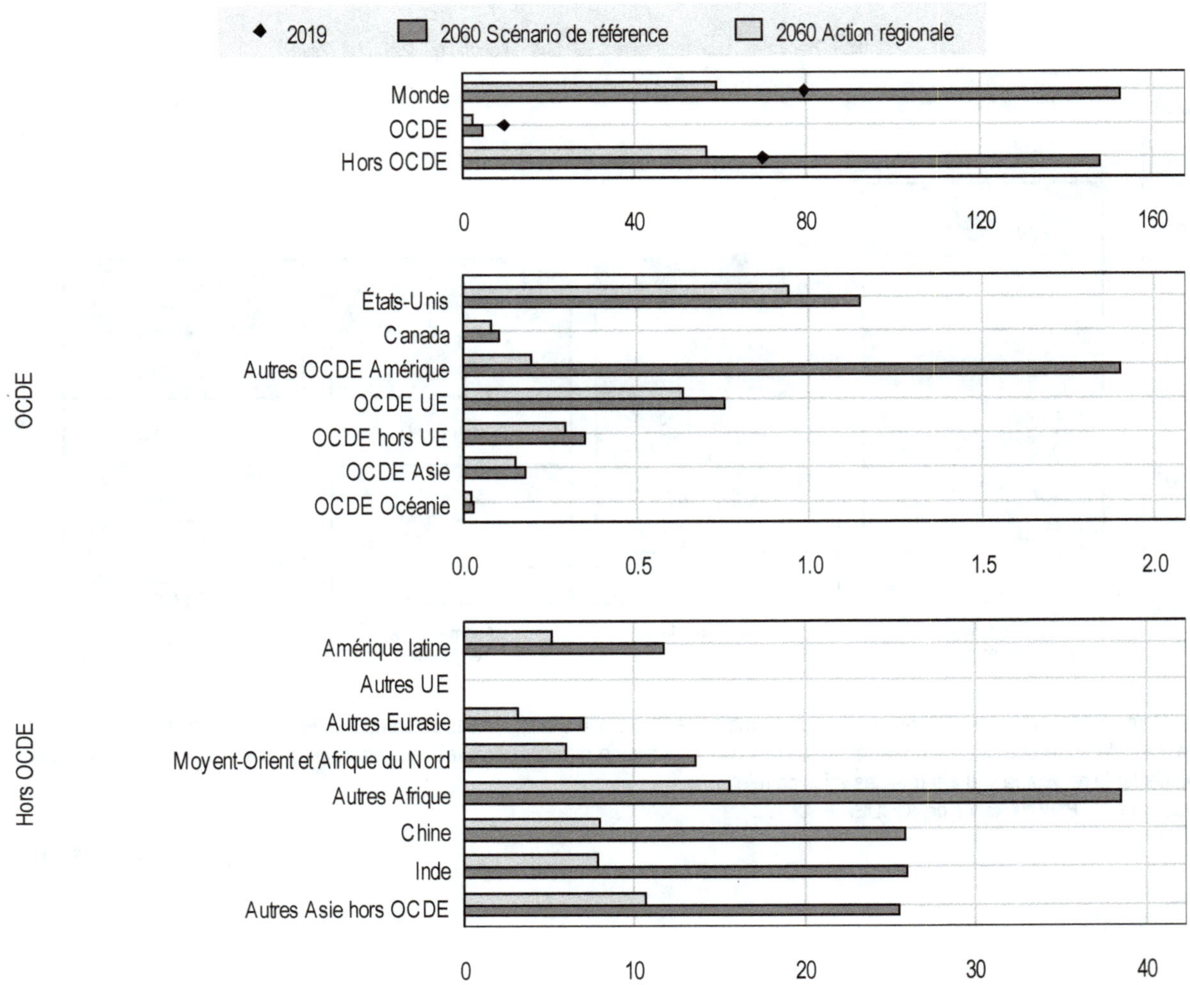

Source : Modèle ENV-Linkages de l'OCDE.

StatLink https://stat.link/mw5ae9

7.3. Les mesures mises en œuvre aboutissent à des impacts positifs sur l'environnement manifestes, mais les rejets de plastiques se poursuivent

7.3.1. Les rejets de plastiques dans l'environnement restent importants malgré les mesures mises en œuvre

Le scénario d'*Action régionale* réduit sensiblement les rejets de plastiques dans l'environnement (Graphique 7.11). À l'horizon 2060, les rejets annuels de plastiques dans l'environnement à l'échelle mondiale devraient diminuer de 55 % par rapport au scénario de *Référence*, passant de 44 Mt à 20 Mt. Les trois piliers qui constituent l'ensemble de mesures conjuguent leurs effets de telle sorte que les rejets de plastiques n'augmentent pas et finissent par tomber en dessous du niveau de 22 Mt enregistré en 2019.

L'efficacité des piliers en tant que moyen de réduire les rejets dépend de leurs effets sur la baisse des déchets mal gérés.

Les mesures qui restreignent la demande et augmentent le recyclage ont respectivement pour effet de limiter la production totale de déchets et d'améliorer le traitement de ces derniers, ce qui réduit la quantité de déchets mal gérés et évite 18 Mt de rejets dans l'environnement à l'horizon 2060. Les mesures additionnelles de gestion des déchets destinées à fermer les voies de rejet visent expressément à réduire les déchets mal gérés, et elles font baisser les rejets de 6 Mt supplémentaires en 2060 (Graphique 7.11). Comme le met en lumière la section 5.2 au chapitre 5, les estimations des rejets restent entourées d'incertitudes considérables. Cependant, en pourcentage de réduction, les résultats sont similaires, étant donné que ces incertitudes affectent tout autant le scénario de *Référence* que celui d'*Action régionale*. En particulier, toutes les estimations indiquent que les politiques mises en œuvre dans le scénario devraient réduire de plus de la moitié (de -52 % à -56 %) les rejets annuels de plastiques dans l'environnement à l'horizon 2060.

Graphique 7.11. Tous les piliers contribuent à réduire les rejets de plastiques dans l'environnement

Rejets de plastiques dans l'environnement en millions de tonnes (Mt)

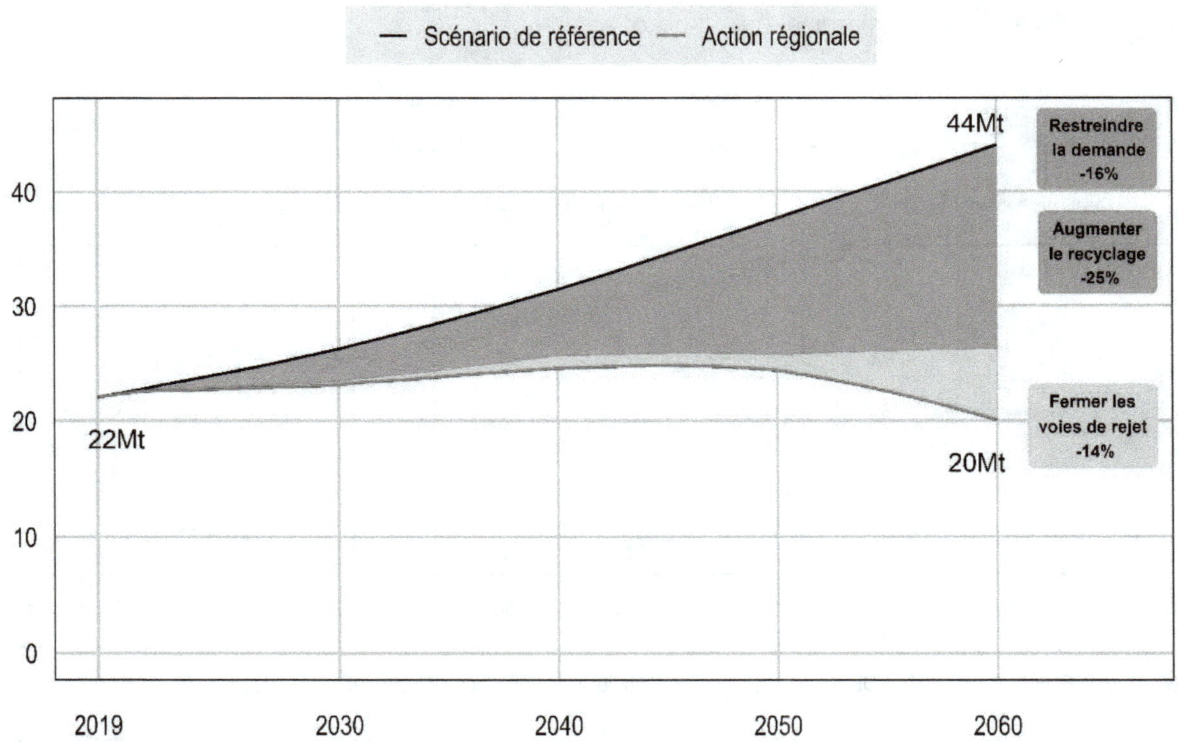

Source : Modèle ENV-Linkages de l'OCDE, sur la base de la méthodologie établie d'après Ryberg et al. (2019[5]) et Cottom et al. (2022[6]).

StatLink https://stat.link/rvu7kt

Globalement, le scénario d'*Action régionale* réduit les rejets de plastiques par habitant et contribue en outre à découpler les rejets de la croissance démographique (Graphique 7.12, partie de gauche). Après l'application de l'ensemble de mesures, les rejets de plastiques par habitant devraient tomber en dessous de leurs niveaux de 2019 dans les pays de l'OCDE comme dans ceux qui n'en sont pas membres, en raison principalement de la baisse de l'utilisation de plastiques et de l'augmentation des taux de recyclage par rapport au scénario de *Référence*. Les réductions des rejets de plastiques par habitant sont plus importantes après 2050, du fait de l'inertie du système : les mesures montent peu à peu en puissance, plusieurs années doivent en moyenne s'écouler avant que les réductions de l'utilisation de plastiques ne se traduisent par une diminution des déchets plastiques, et le pourcentage de déchets plastiques mal gérés ne baisse que de manière progressive. Le rapport entre les rejets de plastiques et l'utilisation de plastiques enregistre donc également une sensible diminution au fil du temps (Graphique 7.12, partie centrale).

En outre, le volume des rejets de plastiques dans l'environnement est variable selon les activités et les types de déchets plastiques. Par exemple, les déchets sauvages non collectés sont intégralement rejetés dans l'environnement, alors que tel n'est qu'en partie le cas des déchets collectés dans des décharges à ciel ouvert. L'ensemble de mesures assure une baisse notable des quantités de déchets mal gérés, mais d'autres sources de rejets ne sont toujours pas réduites. En particulier, les rejets de microplastiques, issus par exemple des boues d'épuration et de l'abrasion des pneus, continuent d'augmenter. Aussi la part des microplastiques dans les rejets dans l'environnement s'accroît-elle, surtout sur le long terme (Graphique 7.12, partie de droite).

Graphique 7.12. Le scénario d'*Action régionale* réduira les rejets de plastiques par habitant et découplera les rejets du PIB et de l'utilisation des plastiques

Rejets de plastiques dans l'environnement

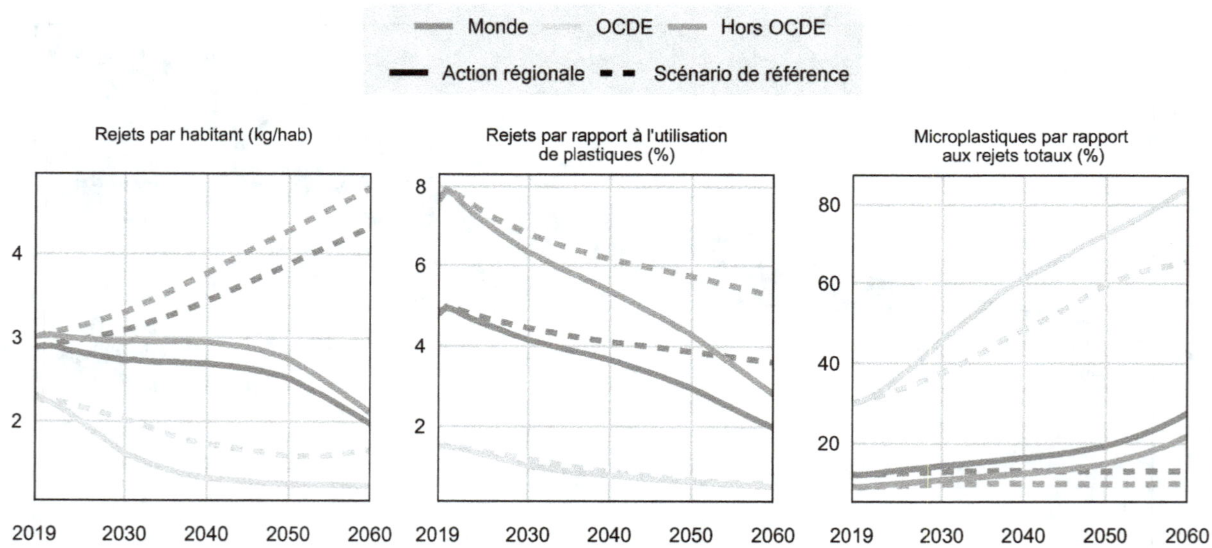

Source : Modèle ENV-Linkages de l'OCDE, sur la base de la méthodologie établie d'après Ryberg et al. (2019[5]).

StatLink https://stat.link/09moa3

Le scénario d'*Action régionale* cible les rejets de macroplastiques dans l'environnement[6]. Ces derniers devraient être en 2060 de 62 % plus faibles que dans le scénario de *Référence* (leur niveau tombant à 15 Mt, au lieu de 38 Mt dans le scénario de *Référence*). Les macroplastiques représentent (en poids) 87 % des plastiques rejetés dans l'environnement en 2060 dans le cadre du scénario de *Référence*. La réduction des rejets de macroplastiques est principalement attribuable à la baisse des déchets mal gérés, qui devraient diminuer de 65 % d'ici 2060. Les rejets liés aux activités marines, tels que les engins de pêche perdus, contribuent également aux rejets de macroplastiques, mais ils ne sont pas sensiblement réduits dans le scénario d'action. Du point de vue de leur distribution régionale, les plus fortes réductions des rejets en volume absolu devraient se produire dans les pays non membres de l'OCDE (23 Mt en 2060, soit -62 %), principalement en Afrique subsaharienne (« Autres Afrique ») et dans les régions d'Asie hors OCDE (Graphique 7.13). Ces réductions font pour une large part suite à celles des déchets mal gérés (). En valeur relative, les réductions des rejets totaux de plastiques devraient être limitées dans la plupart des pays de l'OCDE, sauf dans la région « Autres OCDE Amérique », où les déchets mal gérés demeurent stables à des niveaux très élevés dans le scénario de *Référence*, alors qu'ils deviennent quasiment nuls dans le scénario d'action, donnant lieu à une forte baisse en pourcentage des rejets. Les réductions tendent à être plus importantes dans la plupart des régions hors OCDE, sauf « Autres UE », qui connaît une évolution similaire à celle des pays de l'OCDE, vu qu'elle a déjà rapidement réduit ses déchets mal gérés dans le cadre du scénario de *Référence*.

Les rejets de microplastiques dans l'environnement devraient également baisser dans le scénario d'*Action régionale*, quoique seulement de 4 % (pour s'établir à 5,6 Mt, au lieu de 5,8 Mt dans le scénario de *Référence*), et les plus fortes réductions se produisent dans les pays de l'OCDE. Ce résultat est davantage dû à l'absence de mesures de réduction des microplastiques dans l'ensemble de mesures mis en œuvre qu'à une impossibilité fondamentale d'assurer une baisse des rejets de microplastiques. Les réductions qui se produisent sont principalement dues à une plus faible utilisation de tous les plastiques au sein de l'économie qui entraînera une diminution des rejets de microplastiques issus des granulés primaires, des boues d'épuration et des marquages routiers. Ces résultats, qui ne tiennent pas compte des microplastiques additionnels provenant de la dégradation des macroplastiques rejetés, montrent que des mesures ciblant expressément les rejets de microplastiques dans l'environnement s'avèrent nécessaires.

Graphique 7.13. Le scénario d'*Action régionale* réduit les rejets de macroplastiques et de microplastiques dans toutes les régions

Écart par rapport au scénario de *Référence* en millions de tonnes (Mt) et en variation relative (%), 2060

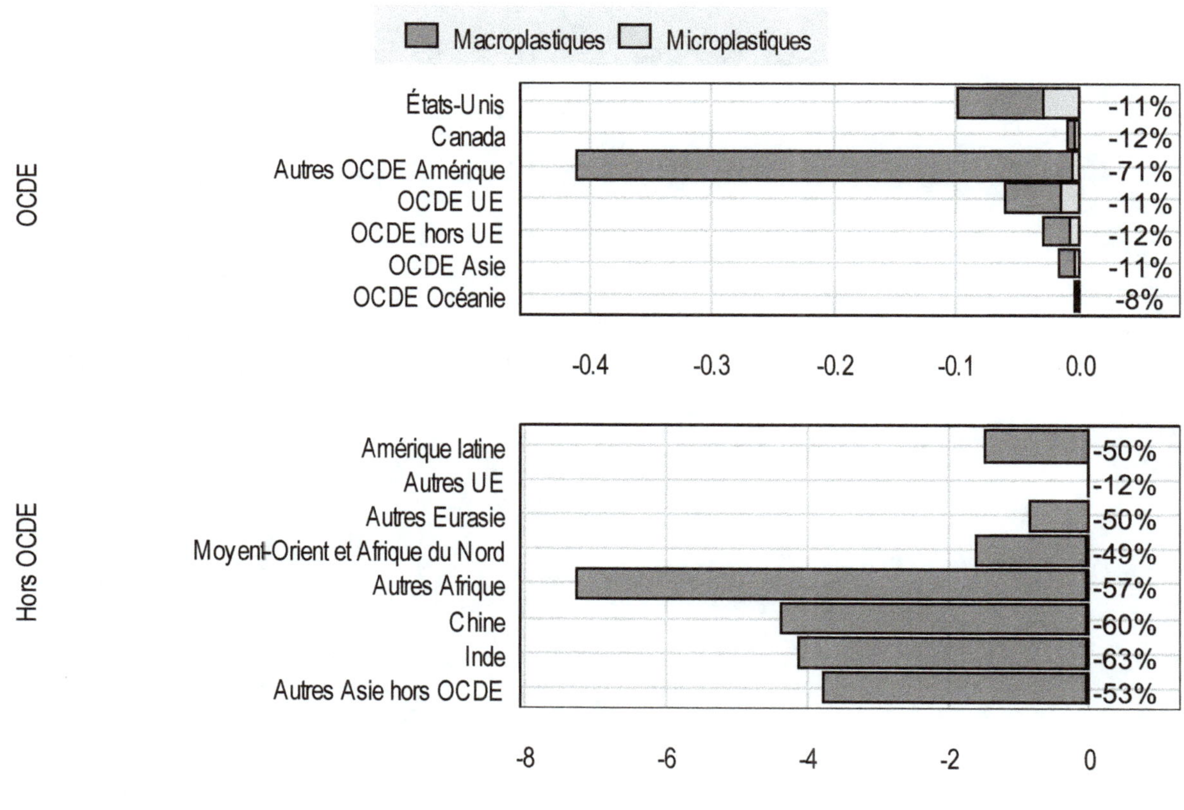

Source : Modèle ENV-Linkages de l'OCDE, sur la base de la méthodologie établie d'après Ryberg et al. (2019[5]).

StatLink https://stat.link/rc9i4v

7.3.2. Les rejets de plastiques dans les milieux aquatiques seront moins importants

Grâce à une réduction globale des rejets de plastiques dans l'environnement, le scénario d'*Action régionale* devrait par ailleurs restreindre les rejets de plastiques dans les milieux aquatiques à l'horizon 2060. Dans le scénario de *Référence*, le volume net des rejets dans les milieux aquatiques devrait atteindre 11,6 Mt en 2060 ; le scénario d'*Action régionale* pourrait réduire ces rejets de 60 % (soit une diminution de 4,6 Mt en 2060). Cette réduction est pour une large part due aux mesures qui sont directement ciblées sur la gestion des déchets et qui réduisent les déchets mal gérés (section 7.2) et donc les rejets totaux dans l'environnement.

Les plus fortes réductions devraient se produire dans les pays non membres de l'OCDE (baisse de 6,8 Mt par rapport aux projections du scénario de *Référence* ; Graphique 7.14), qui sont actuellement – tout comme en 2060 dans le scénario de *Référence* – les principaux contributeurs à la hausse prévue des rejets dans les milieux aquatiques. Au total, l'ensemble de mesures du scénario d'*Action régionale* réduit de plus de moitié les rejets dans les milieux aquatiques en Afrique subsaharienne (« Autres Afrique ») et dans la région « Autres Asie hors OCDE », alors que les rejets devraient diminuer d'environ deux tiers en Inde et en Chine. Les pays de l'OCDE connaissent d'importantes réductions des rejets dans les milieux aquatiques par rapport aux niveaux de 2019, mais un élément fondamental les distingue de bon nombre des pays non membres de l'OCDE : –à l'exception de la région « Autres OCDE Amérique », des réductions sont également prévues dans le scénario de *Référence*, de sorte qu'elles ne sont pas le résultat des mesures mises en œuvre dans le scénario d'*Action régionale*.

Graphique 7.14. Les pays non membres de l'OCDE connaîtront les plus fortes réductions des rejets de plastiques dans les milieux aquatiques dans le cadre du scénario d'*Action régionale*

Rejets de plastiques dans les milieux aquatiques en millions de tonnes par an (Mt/an)

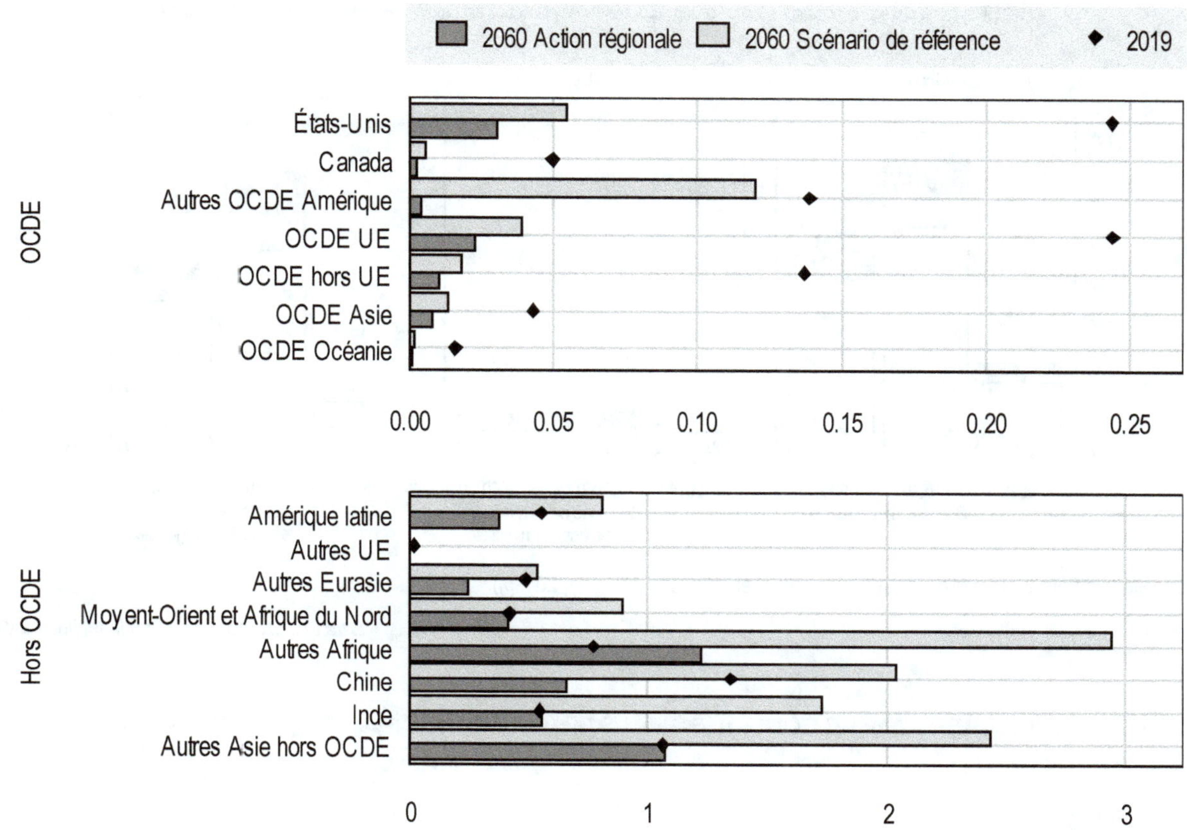

Source : Modèle ENV-Linkages de l'OCDE, d'après (Lebreton and Andrady, 2019[7]).

StatLink https://stat.link/a5kbt6

Par rapport au niveau de référence, les diminutions des rejets dans les milieux aquatiques suscitées par les mesures du scénario d'*Action régionale* réduisent sensiblement les plastiques accumulés dans les cours d'eau et les océans à l'horizon 2060. Toutefois, jusqu'à ce que les voies de rejet soient totalement fermées et que les flux correspondants tombent à zéro, les stocks de plastiques accumulés dans les cours d'eau et les océans continueront de grossir. Comme il faut 40 ans dans le scénario d'*Action régionale* pour ramener les déchets mal gérés à de faibles niveaux, des flux considérables de plastiques continuent d'être rejetés dans l'environnement, et des quantités importantes finissent dans les milieux aquatiques, surtout dans les pays non membres de l'OCDE. Les quantités totales de plastiques accumulées dans les milieux aquatiques seront encore quasiment multipliées par trois pour atteindre 388 Mt à l'horizon 2060 dans ce scénario (Graphique 7.15). Ces stocks sont de 105 Mt plus bas que dans le scénario de *Référence*, dans le cadre duquel 493 Mt s'accumulent dans les cours d'eau et les océans entre 2019 et 2060. Une action plus ambitieuse à l'échelle mondiale, et en particulier une révision à la hausse des ambitions à court terme, est indispensable pour réduire encore davantage les rejets de plastiques dans les océans.

Graphique 7.15. Les rejets de plastiques accumulés sont encore multipliés par trois dans le scénario d'*Action régionale*

Rejets de plastiques accumulés, en millions de tonnes par an (Mt/an)

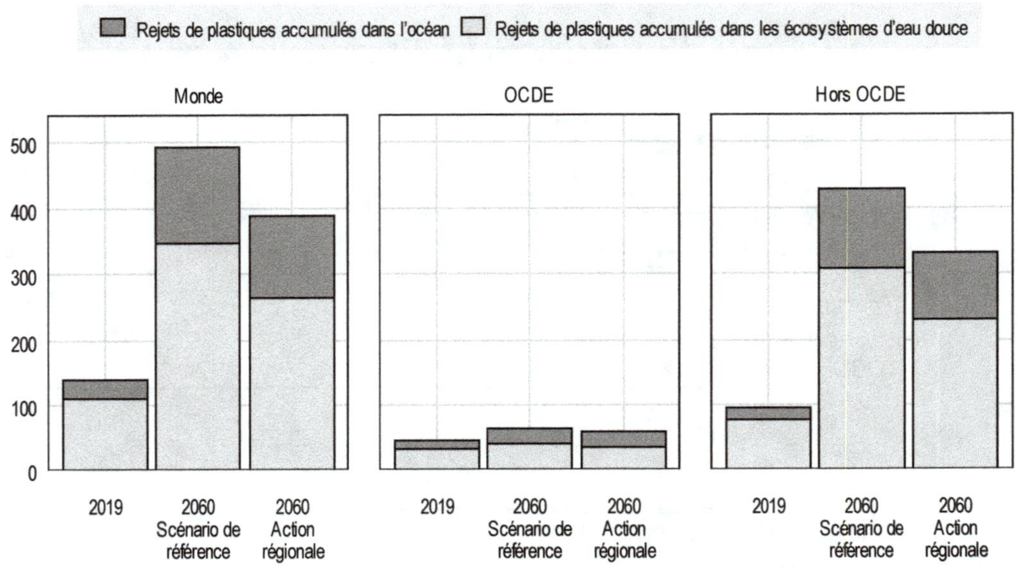

Source : Modèle ENV-Linkages de l'OCDE, d'après (Lebreton and Andrady, 2019[7]).

StatLink https://stat.link/jg2y9l

7.4. Les impacts macroéconomiques du scénario d'*Action régionale* sont modestes

7.4.1. Les mesures réduisent légèrement les niveaux du PIB par rapport au scénario de Référence

Le scénario d'*Action régionale* a des répercussions limitées sur le plan macroéconomique[7]. Les coûts macroéconomiques sont déterminés par plusieurs mécanismes interdépendants. Premièrement, les instruments fiscaux (tels que les taxes du pilier « restreindre la demande ») alourdissent les coûts supportés par les utilisateurs et consomateurs de plastiques, mais ils créent dans le même temps des recettes pouvant servir au financement de dépenses publiques, par exemple dans le domaine de la gestion des déchets. Par ailleurs, les producteurs confrontés à une hausse du coût des intrants plastiques du fait de ces taxes se tourneront vers d'autres intrants et accroîtront ainsi la valeur ajoutée dans les secteurs qui les produisent. L'effet macroéconomique net correspond par conséquent à l'écart de productivité entre ces différents intrants, plutôt qu'au montant de la perte de valeur brute enregistrée dans les secteurs de production des plastiques.

Deuxièmement, plusieurs mesures du scénario d'*Action régionale* prennent la forme de réglementations qui présentent aussi bien un coût qu'un avantage pour les entreprises et les ménages. Par exemple, les mesures d'écoconception accroissent les prix des produits mais prolongent la durée de vie des plastiques. De même, un remplacement moins fréquent des produits grâce aux mesures favorisant la réparation aboutit à la création de valeur dans le secteur de la réparation[8]. Ces instruments entraînent pour une large part un déplacement des dépenses alors que les effets macroéconomiques d'ensemble sont très limités. Les effets macroéconomiques de ces évolutions sont déterminés par l'écart de productivité entre les différents secteurs (ainsi que par quelques effets indirects des variations de prix, etc.). Par exemple, si la productivité des services de réparation est plus élevée que celle de la production de biens de consommation, le développement de la réparation peut accroître le PIB même si elle entraîne une baisse de la demande de produits de consommation. La REP, qui constitue un instrument du pilier « augmenter le recyclage », implique un coût pour les producteurs, mais elle crée une source de revenus pour le secteur de la gestion des déchets qui assure la collecte des déchets.

Troisièmement, les piliers « augmenter le recyclage » et « fermer les voies de rejet » impliquent un surcroît d'investissements dans la collecte, le tri et le traitement des déchets. Ces coûts d'investissement peuvent être considérables, bien que ce soit là encore la différence de coûts qui est pertinente : les déchets incinérés dans le scénario de *Référence* mais recyclés dans celui d'*Action régionale* génèrent des coûts de recyclage mais entraînent dans le même temps une réduction des coûts d'incinération. L'investissement est par ailleurs une activité économique créatrice de valeur ajoutée, qui contribue donc au PIB : de la valeur ajoutée est créée dans le secteur du recyclage et – le cas échéant – dans celui de la construction.

Quatrièmement, l'augmentation des coûts de gestion des déchets est atténuée par une production de déchets réduite par rapport au scénario de *Référence*. Vu que les quantités totales de déchets plastiques diminuent dans le scénario d'*Action régionale* – du moins par rapport aux projections du scénario de *Référence* – l'augmentation de la part du recyclage et de la mise en décharge en vue de réduire les déchets mal gérés n'entraîne pas une hausse proportionnelle des coûts d'investissement.

Globalement, bien que ces évolutions marginales de l'activité économique et ces légères augmentations des dépenses de gestion des déchets aient un coût macroéconomique, les impacts sont bien plus modestes que ne le suggérerait une comptabilisation partielle des coûts bruts de mise en œuvre. Par rapport au scénario de *Référence*, le PIB (mesuré à prix constants en utilisant les parités de pouvoir d'achat en guise de taux de change) devrait enregistrer un recul de 0,3 % à l'échelle mondiale (Graphique 7.16). Cela équivaut à plus de 1 400 milliards USD et correspond à la valeur ajoutée qui n'est pas produite dans le scénario d'action.

Graphique 7.16. L'ensemble de mesures du scénario d'*Action régionale* réduit bien davantage l'utilisation de plastiques que le PIB régional

Écart en pourcentage par rapport au scénario de Référence

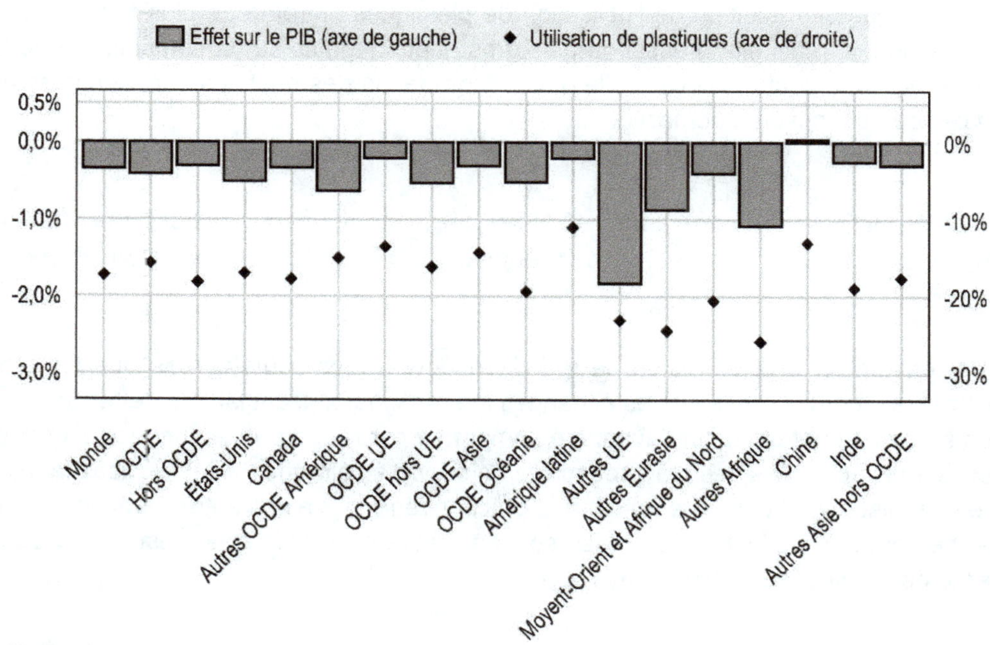

Source : Modèle ENV-Linkages de l'OCDE.

StatLink https://stat.link/pyjdir

Les coûts macroéconomiques des politiques sont inférieurs à 1 % dans la plupart des régions. Dans l'ensemble, les mesures du scénario d'*Action régionale* freineront l'utilisation de plastiques et la production de déchets plastiques pour un coût économique modéré. Comme la baisse de l'utilisation de plastiques est supérieure à celle du PIB, l'intensité d'utilisation de plastiques (c'est-à-dire le rapport entre ces deux variables) recule sensiblement dans toutes les régions.

À court terme, vu que les mesures montent progressivement en puissance, les coûts qui leur sont liés sont modestes. Dans certains cas, elles peuvent même stimuler le PIB, lorsque l'activité économique se déplace vers des secteurs plus productifs, comme précédemment indiqué. Au fil du temps, leurs répercussions sur le PIB s'accroissent à mesure qu'elles s'intensifient et que leurs effets sur l'économie, et en particulier sur les stocks de capital, se cumulent. Aussi le PIB tombe-t-il au fil du temps à des niveaux plus bas que dans le scénario de *Référence*, tout en continuant d'augmenter en valeur absolue.

En outre, certains pays non membres de l'OCDE, principalement la Chine, peuvent bénéficier d'une augmentation de leur compétitivité par rapport à leurs concurrents de la zone OCDE, vu que ces derniers accélèrent la mise en œuvre des mesures avant les pays non membres, lesquels se fixent par ailleurs des objectifs plus modestes pour certaines mesures. La plus faible augmentation des coûts de production supportés par les secteurs d'exportation des pays d'Asie accroît donc leur compétitivité. Il s'ensuit un léger déplacement de la production des pays de l'OCDE vers les pays non membres – ou du moins vers les pays d'Asie non membres[9]. De toutes les régions, la Chine est celle qui devrait enregistrer la plus faible variation de son PIB, ce dernier atteignant un niveau supérieur de moins de 0,1 % à celui du scénario de *Référence*. L'Encadré 7.3 examine plus en détail ces effets sur les échanges et sur la compétitivité.

Cependant, les pays les plus durement touchés par l'ensemble de mesures ne sont pas non plus membres de l'OCDE (Graphique 7.16). Les coûts les plus élevés devraient être supportés par la région « Autres UE » (-1,8 %), qui est supposée harmoniser une partie de ses mesures, dont la taxe sur les emballages plastiques, la REP et les objectifs de taux de recyclage, avec celui des pays de l'UE membres de l'OCDE. Comme l'intensité d'utilisation de plastiques de la région est relativement élevée, il s'ensuit une plus forte réduction de l'activité économique et du PIB. Les baisses en Afrique (-1,1 %) et en Eurasie hors OCDE (y compris la Fédération de Russie ; -0,9 %) sont également relativement importantes. Dans ces régions plus durement touchées, les réductions de l'utilisation de plastiques sont aussi légèrement plus fortes que dans les autres régions. Lorsque la production intérieure se caractérise par une plus forte intensité d'utilisation de plastiques, la taxation de l'utilisation de plastiques entraîne de plus fortes réductions de l'utilisation de plastiques, mais elle a aussi de plus gros effets négatifs sur la compétitivité de la région. Aussi une bonne part des coûts découle-t-elle d'une dégradation des relations commerciales plutôt que de la mise en œuvre des mesures domestiques.

Encadré 7.3. À la fois les effets domestiques et les effets sur les échanges commerciaux des mesures mises en œuvre ont une incidence sur les coûts macroéconomiques du scénario d'*Action régionale*

Les effets de l'ensemble de mesures sur le PIB dépendent (i) des coûts domestique de la mise en œuvre des mesures, (ii) des effets sur les échanges internationaux découlant des effets des mesures domestiques sur les prix et donc sur l'avantage comparatif par rapport aux concurrents étrangers, et (iii) des effets sur les échanges des mesures mises en œuvre à l'étranger. Afin de mieux faire ressortir ces effets, le Graphique 7.17 compare le scénario d'*Action régionale* à une autre situation hypothétique où les pays membres de l'OCDE seraient les seuls à mettre en œuvre des mesures, et où aucune mesure interne ne serait prise dans les pays non membres.

Graphique 7.17. Les réductions de l'utilisation de plastiques sont une résultante des mesures domestiques, mais les mesures mises en œuvre à l'étranger ont également une incidence sur le PIB

Variation en pourcentage par rapport au scénario de *Référence*, 2060

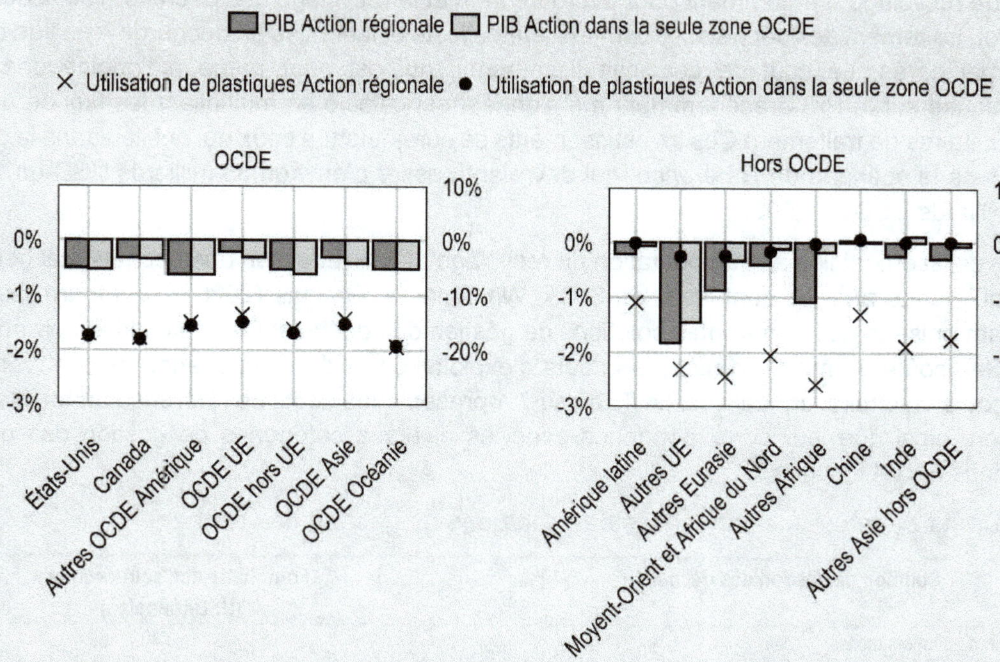

Note : Par souci de simplicité, dans le scénario où l'action se limite aux seuls pays de l'OCDE, les pays de l'UE non membres de l'OCDE ne mettent pas en œuvre l'ensemble de mesures.
Source : Modèle ENV-Linkages de l'OCDE.

StatLink https://stat.link/g2kelq

Dans les pays de l'OCDE, les différences entre ces deux scénarios sont infimes. Les répercussions sur le PIB sont un peu plus fortes, en raison de la perte d'une partie de l'avantage comparatif au profit des pays non membres de l'OCDE. Il s'ensuit un transfert un peu plus important des activités de production de plastiques et des secteurs utilisateurs vers les pays non membres de l'OCDE, ce qui entraîne une hausse des coûts, mais aussi des réductions un peu plus sensibles de l'utilisation de plastiques. Ce dernier effet est toutefois très limité.

Dans certains pays non membres de l'OCDE, à commencer par la Chine, l'utilisation de plastiques s'accroît et dépasse les niveaux du scénario de Référence, en raison du transfert sur leur territoire des productions contenant une forte proportion de plastiques. Mais dans l'ensemble l'utilisation de plastiques dans les pays non membres de l'OCDE demeure au même niveau que dans le scénario de *Référence*. Il ne s'ensuit donc pas de gros effet « havre de pollution plastique » rendant la mise en œuvre des mesures dans les seuls pays de l'OCDE inefficace en raison d'une dégradation de la situation dans les autres régions.

Les mesures appliquées au sein de la zone OCDE ont des effets variables sur le PIB des pays non membres : les pays de l'Union européenne non membres de l'OCDE continuent d'enregistrer une baisse sensible de leur PIB bien qu'ils ne mettent en œuvre aucune mesure interne. Les coûts relativement élevés supportés dans cette région sont exclusivement déterminés par les effets sur les échanges commerciaux liés à l'étroite intégration avec les économies de l'UE membres de l'OCDE, et non aux coûts de mesures domestiques. En revanche, en Afrique, les coûts macroéconomiques disparaissent dans leur quasi-totalité, ce qui indique que l'effet de l'application de mesures domestiques est bien plus important que les effets sur les échanges.

7.4.2. Des investissements bien plus importants dans le traitement de déchets seront nécessaires pour réduire les rejets de plastiques

Un élément essentiel de l'ensemble de mesures du scénario d'*Action régionale* consiste à investir dans les capacités de recyclage – notamment pour accroître le tri et le recyclage des déchets – ainsi que dans l'amélioration du traitement des déchets – y compris leur collecte et leur mise en décharge – en vue d'éviter les déchets mal gérés. Le coût de ces investissements, qui est pour partie à l'origine des effets macroéconomiques sur le PIB précédemment mentionnés, est calculé en multipliant les flux de déchets par les coûts unitaires de traitement,Ces investissements se surajoutent à ceux qui ont lieu dans la gestion des déchets dans le scénario de *Référence*, qui devraient passer d'environ 35 milliards USD en 2019 à plus de 100 milliards USD en 2060.

Les coûts d'investissement liés à l'augmentation du recyclage et à la réduction des déchets mal gérés sur lesquels s'appuie cette analyse sont issus de Soós, Whiteman et Gavgas (2020[8]), qui fournissent des estimations harmonisées pour différentes solutions de gestion des déchets. Ces estimations prennent en considération les coûts de main-d'œuvre, les coûts d'exploitation et de maintenance fixes et variables, ainsi que les coûts en capital annualisés. Le Tableau 7.1 présente les coûts de référence annualisés pour chaque solution, ainsi que leur correspondance avec les diverses catégories de gestion des déchets considérées dans ENV-Linkages[10].

Tableau 7.1. Coûts de référence annualisés des solutions de gestion des déchets

Solution de gestion des déchets	Fourchette des coûts annuels (USD/tonne/an)
Collecte et transfert de déchets mixtes	40,7 - 86,4
Collecte et transfert de déchets séparés à la source	48,8 - 103,9
Installation de tri des matières recyclables propres	29,9 - 86,4
Installation de recyclage des plastiques	54,8 - 98,8
Traitement biomécanique des déchets mixtes	60,4 - 91,5
Incinération avec récupération d'énergie	89,8 - 149,1
Mise en décharge	28,5 - 33,6
Ramassage des déchets sauvages	1 000 - 2 000

Note : Les coûts d'exploitation comprennent le coût du personnel, de l'énergie et du combustible, des consommables, ainsi que les frais d'administration et le montant des taxes et des primes d'assurance. Les coûts de maintenance incluent l'entretien et la réparation, les pièces de rechange et les services. Le montant des amortissements et celui des intérêts sont pris en compte dans les calculs. L'analyse des Perspectives mondiales des plastiques s'appuie sur les estimations médianes, qui sont appliquées à l'échelle mondiale pour toutes les méthodes de traitement sauf le recyclage, pour lequel ce sont les estimations hautes qui sont utilisées dans les scénarios d'action, de manière à prendre en considération le haut degré d'ambition des objectifs de recyclage.
Source : D'après PNUE et ISWA (2015[9]), Pfaff-Simoneit (2013[10]), Soós, Whiteman et Gavgas (2020[8]) et WRAP (2021[11]).

Comme il est difficile de distinguer la gestion des déchets plastiques de celle des déchets municipaux mixtes, les estimations des coûts de gestion de l'ensemble du flux de déchets municipaux solides servent d'indicateur des coûts unitaires (par tonne) de la gestion des déchets plastiques. Font exception les installations de prétraitement des déchets plastiques, qui sont exclusivement axées sur les déchets plastiques, ainsi que les centres de tri des matières recyclables sèches en mélange, qui ne prennent en charge que des déchets secs.

En général, les investissements nécessaires pour une tonne de recyclage, ce qui nécessite des stations de tri pour des matières propres et des investissements dans des installations de recyclage des plastiques, sont supérieurs aux coûts d'incinération, la mise en décharge constituant une solution encore moins onéreuse. Le ramassage des déchets sauvages est de loin l'option la plus coûteuse.

Au total, les investissements dans le domaine du recyclage nécessaires pour assurer les volumes de traitement des déchets prévus dans le scénario d'*Action régionale* sont d'un montant important dans les régions de la zone OCDE comme dans celles qui n'en font pas partie. Ils atteignent leurs niveaux les plus élevés dans les pays qui doivent gérer des quantités assez considérables de déchets (à l'instar de la Chine) et dans ceux où l'écart entre le taux de recyclage du scénario de *Référence* et celui du scénario d'*Action régionale* est relativement important (comme aux États-Unis). À l'échelle mondiale, les investissements cumulés dans le domaine du recyclage s'élèvent à plus de 260 milliards USD (Graphique 7.18, partie A). Ce montant n'est certes pas négligeable, mais son ordre de grandeur est similaire à celui des dépenses annuelles mondiales prévues dans la gestion des déchets plastiques à l'horizon 2060 (plus de 100 milliards USD) dans le cadre du scénario de *Référence*, et il est étalé sur plusieurs décennies. En 2060, d'après les projections, les investissements supplémentaires qui seront nécessaires pour augmenter le recyclage représenteront en moyenne 22 % des coûts totaux de gestion des déchets plastiques dans les pays de l'OCDE (ils en représenteront de 21 % à 28 % selon les régions ; Graphique 7.18, partie B), et 12 % dans les pays non membres de l'OCDE.

Dans la plupart des pays de l'OCDE, la quantité de déchets mal gérés est très faible, aussi les investissements supplémentaires indispensables pour éviter les déchets mal gérés sont-ils quasiment négligeables (pour le groupe des pays de l'OCDE aux alentours de 1 milliard USD pour l'ensemble de la période 2020-2060). Dans les pays non membres de l'OCDE, des investissements supplémentaires (supérieurs de près de 60 milliards USD aux niveaux prévus dans le scénario de *Référence*) seront nécessaires dans le cadre du pilier « fermer les voies de rejet » du scénario d'*Action régionale*. Les régions présentant les plus gros volumes de déchets mal gérés en 2060 selon le scénario de *Référence* devront supporter des coûts plus lourds (Graphique 7.18). Le montant cumulé des investissements dans le recyclage et dans la réduction des déchets mal gérés dans les pays non membres de l'OCDE s'élève à 160 milliards USD. Un quart de cette somme (36 milliards USD) doit être consacrée à l'amélioration des systèmes de gestion des déchets en Afrique. Le faible niveau des dépenses courantes de traitement des déchets et les gros investissements nécessaires pour augmenter le recyclage comme pour éviter les déchets mal gérés se conjuguent de telle sorte que le montant annuel moyen des coûts d'investissement supplémentaires liés au scénario d'*Action régionale* représente environ 35 % de l'ensemble des coûts annuels de gestion des déchets en Afrique.

Graphique 7.18. D'importants investissements supplémentaires dans le traitement des déchets sont nécessaires dans le scénario d'*Action régionale* pour augmenter le recyclage et fermer les voies de rejet

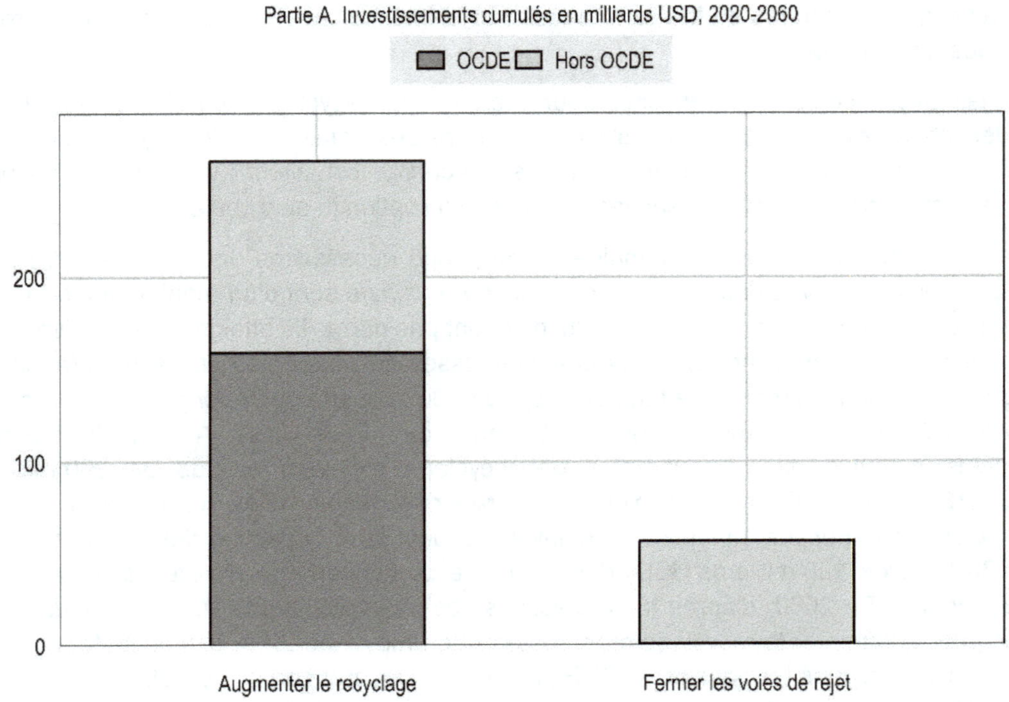

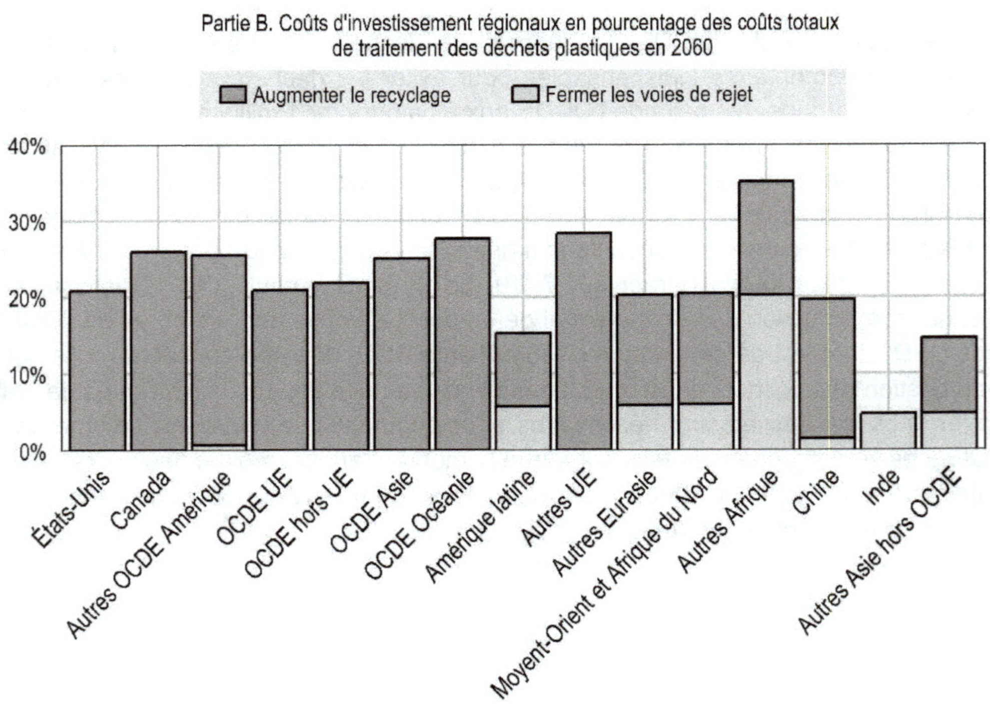

Note : Les coûts d'investissement annualisés reflètent les dépenses annuelles liées aux investissements. Dans les pays de l'OCDE, les déchets mal gérés sont en grande partie éliminés dans le scénario de *Référence*, aussi aucun investissement supplémentaire n'est nécessaire. En Inde, les taux de recyclage sont déjà élevés et en augmentation dans le scénario de *Référence*, de telle sorte qu'à l'horizon 2060 ils respectent déjà les objectifs du scénario d'action et aucun investissement supplémentaire n'estnécessaire dans le domaine du recyclage.
Source : Modèle ENV-Linkages de l'OCDE.

StatLink https://stat.link/wlmfsy

Références

Commission européenne (2014), “Development of Guidance on Extended Producer Responsibility (EPR)”, *Commission européenne - DG Environnement*, https://ec.europa.eu/environment/archives/waste/eu_guidance/pdf/Guidance%20on%20EPR%20-%20Final%20Report.pdf. [4]

Cottom, J. et al. (2022), “Spatio-temporal quantification of plastic pollution origins and transportation (SPOT)” University of Leeds, Royaume-Uni, https://plasticpollution.leeds.ac.uk/toolkits/spot/. [6]

Laubinger, F. et al. (2021), “Modulated fees for Extended Producer Responsibility schemes (EPR)”, *Documents de travail de l’OCDE sur l’environnement*, No. 184, Éditions OCDE, Paris, https://doi.org/10.1787/2a42f54b-en. [2]

Lebreton, L. and A. Andrady (2019), “Future scenarios of global plastic waste generation and disposal”, *Palgrave Communications*, Vol. 5/1, p. 6, https://doi.org/10.1057/s41599-018-0212-7. [7]

OCDE (2023), *Perspectives mondiales des plastiques : Déterminants économiques, répercussions environnementales et possibilités d’action*, Éditions OCDE, Paris, https://doi.org/10.1787/5c7bba57-fr. [1]

Pfaff-Simoneit, W. (2013), *Entwicklung eines sektoralen Ansatzes zum Aufbau von nachhaltigen Abfallwirtschaftsystemen in Entwicklungsländern vor dem Hintergrund von Klimawandel und Ressourcenverknappung [en allemand].*, Universität Rostock, Darmstadt/ Rostock, http://rosdok.uni-rostock.de/file/rosdok_disshab_0000000936/rosdok_derivate_0000005003/Dissertation_Pfaff-Simoneit_2013.pdf. [10]

PNUE and ISWA (2015), *Global Waste Management Outlook*, Programme de l’ONU pour l’environnement, https://www.unep.org/resources/report/global-waste-management-outlook. [9]

Ryberg, M. et al. (2019), “Global environmental losses of plastics across their value chains”, *Resources, Conservation and Recycling*, Vol. 151, p. 104459, https://doi.org/10.1016/j.resconrec.2019.104459. [5]

Soós, R., A. Whiteman and G. Gavgas (2020), *The cost of preventing ocean plastic pollution*, Direction de l’environnement de l’OCDE, Groupe de travail sur la productivité des ressources et des déchets. [8]

Watkins, E. et al. (2017), “EPR in the EU Plastics Strategy and the Circular Economy: A focus on plastic packaging”, *Institut pour une politique européenne de l’environnement*. [3]

WRAP (2021), *Financial Cost of Packaging Litter – Phase 2 – Final Report*, Darrah, C. et al. [11]

Notes

[1] À titre de comparaison, la taxe de l'UE sur les plastiques non recyclés s'élève à 800 EUR par tonne (https://ec.europa.eu/environment/topics/plastics/single-use-plastics_en), montant légèrement inférieur aux 1000 USD par tonne pris pour hypothèse dans la modélisation. La définition précise des flux soumis à la taxe est par ailleurs légèrement différente : en particulier, la taxe du scénario d'*Action régionale* couvre l'ensemble des plastiques d'emballage et pas uniquement les plastiques non recyclés.

[2] La Chine fait exception, puisqu'elle présente une forte intensité d'utilisation de plastiques en 2019 mais réduira cette intensité au fil du temps. En revanche, les régions « Autres Afrique » et « Autres Eurasie » accroissent leur intensité d'utilisation de plastiques au fil du temps (voir chapitre 3).

[3] Une forte intensité d'utilisation de plastiques au niveau sectoriel ne se traduit pas par une forte intensité d'utilisation de plastiques au niveau national, étant donné que les secteurs qui consomment le plus de plastiques ne représentent qu'une part relativement faible de la production totale de la région.

[4] Dans l'hypothèse d'une augmentation de 10 % de la durée de vie des produits, les produits du bâtiment et des travaux publics dureraient 3,5 ans de plus en moyenne, alors que la durée de vie des emballages et des produits de soins personnels serait allongée de moins d'un mois.

[5] Dans le scénario d'action, le profil temporel des déchets mal gérés à l'échelle mondiale n'est pas uniforme au fil du temps : leur volume augmente progressivement jusqu'aux alentours de 2040, alors qu'après cette date les effets des mesures prennent le dessus et entraînent une baisse des quantités de déchets mal gérés.

[6] L'ensemble de mesures du scénario d'*Action régionale* ne comprend pas d'instruments spécifiquement ciblés sur les microplastiques faute de données sur les coûts, comme par exemple les coûts supportés pour réduire les émissions à la source et ceux pour améliorer la capture des microplastiques en bout de chaîne, avant qu'ils ne pénètrent dans l'environnement.

[7] Précision importante, l'analyse ne tient ici compte que des coûts économiques directs et fait abstraction des variations du montant des dommages résultant de la dégradation de l'environnement. Les avantages économiques de la réduction des rejets de plastiques dans l'environnement ne sont pas exprimés en valeur monétaire.

[8] Dans le cadre du modèle, les services de réparation des véhicules automobiles sont inclus dans le secteur du commerce de gros et de détail, et les autres services de réparation le sont dans les « autres services commerciaux ».

[9] Le modèle suppose que les taux de change s'ajustent de telle manière que les balances commerciales demeurent au même niveau que dans le scénario de *Référence*. Les exportations et les importations totales doivent donc connaître une évolution parallèle.

[10] Malheureusement, les données disponibles ne permettent pas une différenciation régionale robuste de ces coûts.

8 Le scénario d'*Ambition mondiale*

Atteindre l'ambition de ramener à zéro les rejets de plastiques dans le monde nécessite de mettre en place un vaste éventail de politiques qui s'attaquent à toutes les causes de ces rejets, notamment l'utilisation des plastiques, la gestion des déchets, et les rejets dans l'environnement. Ce chapitre porte sur le scénario d'*Ambition mondiale*, dans lequel un ensemble de mesures est mis en place pour ramener quasiment à zéro les rejets mondiaux de plastiques dans l'environnement à l'horizon 2060. Les instruments sont les mêmes que dans le scénario d'*Action régionale*, mais ils sont assortis d'objectifs plus ambitieux et mis en œuvre rapidement et au niveau mondial.

Principaux messages

- L'application à l'échelle mondiale de politiques ambitieuses en faveur de la circularité afin de limiter les rejets de plastiques dans l'environnement peut permettre de ramener le volume des déchets mal gérés quasiment à zéro d'ici 2060, pour un coût annuel inférieur à 1 % du PIB mondial. Une action rapide dans l'ensemble des pays est essentielle pour que cet objectif puisse être atteint.
- Les coûts de mise en œuvre des mesures du scénario d'*Ambition mondiale* seront plus élevés dans les pays non membres de l'OCDE que dans les pays membres. Cette situation nécessite des politiques de soutien pour répondre à tous les besoins de financement.
- En dépit de cet ensemble ambitieux de mesures en faveur de la circularité, l'utilisation des plastiques continuera de croître mondialement au-delà des niveaux de 2019 (827 Mt contre 460 Mt), tout comme le volume des déchets plastiques (679 Mt contre 353 Mt). Cette croissance est toutefois bien inférieure à celle prévue dans le scénario de *Référence*, ce qui rend le traitement adéquat de l'ensemble des déchets plastiques plus facile à atteindre. En outre, la presque totalité de la hausse de la demande de plastiques peut être satisfaite par des plastiques secondaires recyclés, qui atteignent 41 % de la production totale de plastiques.
- De telles mesures ambitieuses exigent une nette amélioration du traitement des déchets plastiques afin d'augmenter le recyclage (à environ 60 % de l'ensemble des déchets) et d'éviter les déchets mal gérés. La réduction à l'échelle mondiale des déchets mal gérés est principalement le fait d'améliorations observées dans les pays non membres de l'OCDE, qui représentaient près de 90 % de la totalité de ces déchets en 2019. Cette part augmentera encore davantage d'ici 2060 si ces mesures mondiales ambitieuses ne sont pas mises en place.
- Dans ce scénario d'*Ambition mondiale*, les rejets de plastiques dans l'environnement devraient diminuer pour atteindre des niveaux proches de zéro d'ici 2060, avec des volumes de rejets annuels dans le milieu aquatique qui chutent de 98 % par rapport au scénario de *Référence*. D'ici là pourtant, les volumes de plastiques accumulés dans le milieu aquatique continueront de croître, atteignant 300 Mt en 2060, ce qui représente un peu plus du double du niveau de 2019.
- Des mesures supplémentaires destinées à nettoyer les rejets de plastiques résiduels qui ont malgré tout lieu dans le milieu marin pourraient permettre d'éliminer l'ensemble des nouvelles pollutions plastiques marines. Le coût de ces mesures est très probablement élevé, mais il sera environ trois fois moins élevé que celui lié aux dommages économiques et environnementaux causés par la pollution plastique. Le coût du traitement des déchets par tonne de plastique est sensiblement inférieur à celui du nettoyage, ce qui fait de la prévention l'option la plus rationnelle.

8.1. Le scénario d'*Ambition mondiale* fait l'hypothèse d'une action immédiate, au niveau mondial

Pour réduire la pollution plastique, et éviter les rejets de plastiques dans l'environnement, il faut des objectifs partagés et des efforts coordonnés au niveau international. Comme indiqué dans OCDE (2023[1]), de nombreuses politiques publiques et initiatives volontaires ont émergé à travers le monde au cours des dernières années, suite à la prise de conscience des impacts négatifs sur l'environnement générés par les plastiques et leur cycle de vie. Mais ces efforts restent mal coordonnés et ne permettent pas de modifier les tendances en matière production de plastiques, de génération de déchets et de rejets dans l'environnement (OCDE, 2023[1]). La résolution récemment adoptée par l'Assemblée des Nations Unies pour l'environnement (ANUE-5) est à ce titre une avancée historique. Intitulée « End plastic pollution: Towards an international legally binding instrument », elle sollicite la réunion d'un comité de négociation intergouvernemental afin d'élaborer un instrument international juridiquement contraignant de lutte contre la pollution plastique, y compris dans le milieu marin. Cette résolution ambitieuse a été largement saluée par les membres de l'OCDE et certains de leurs partenaires (OCDE, 2022[2]).

Plusieurs initiatives et engagements internationaux ont ouvert la voie à la résolution de l'ANUE-5.2. Par exemple, la Vision d'Osaka pour un Océan Bleu, partagée par les dirigeants du G20 lors du sommet d'Osaka en 2019, fixe pour objectif de « ramener à zéro l'accroissement de la pollution plastique des mers d'ici à 2050 grâce à une approche globale du cycle de vie » (Ministère des Affaires étrangères du Japon, 2019[3]). Ceci inclut la réduction des rejets de déchets plastiques mal gérés par la gestion des déchets et l'adoption de solutions innovantes, tout en reconnaissant le rôle important que jouent les plastiques dans nos sociétés. En 2021, les chefs d'État et de gouvernement du G20 ont réaffirmé leur volonté de lutter contre les déchets plastiques marins en renforçant les instruments existants et en mettant en place un nouvel instrument ou accord mondial (Chefs d'État et de Gouvernement du G20, 2021[4]). Par ailleurs, les Objectifs de développement durable sont un point d'ancrage important pour les politiques internationales visant à dissocier croissance économique et dégradation de l'environnement. Des feuilles de route et objectifs communs ont également été établis au niveau régional, comme dans la région Asie du Sud-Est, et dans diverses conventions maritimes régionales (ASEAN, 2021[5] ; AOSIS, 2021[6] ; COBSEA, 2019[7] ; HELCOM, 2015[8]). Dans le cadre du Pacte vert pour l'Europe, l'Union européenne (UE) s'est fixé l'objectif pour 2030 de réduire les déchets plastiques en mer de 50 % et les rejets de microplastiques dans l'environnement de 30 % (Commission européenne, 2019[9]).

Le scénario d'*Ambition mondiale* affiche des ambitions similaires – éliminer autant que possible les rejets de plastiques dans l'environnement – mais la réalisation des objectifs de toutes ces initiatives et de tous ces engagements n'est pas garantie[1]. Tandis que le scénario d'*Action régionale* (Chapitre 7) représente une série de mesures qui s'appuient sur les efforts et engagements en cours et qui tiennent compte des situations particulières des pays, le scénario d'*Ambition mondiale* est plus ambitieux et adopte une approche réellement mondiale pour affronter le problème. Tout en utilisant les mêmes instruments politiques, il est plus rigoureux que le scénario d'*Action régionale*, exige des actions plus rapides et impose des niveaux d'ambition identiques à tous les pays, membres de l'OCDE ou non.

Les divers instruments et leur mise en oeuvre dans le cadre du modèle sont regroupés au sein des trois mêmes piliers que ceux du scénario d'*Action régionale*, décrits en détail dans le Chapitre 7 (voir la Section 7.1 pour plus de détails sur les raisons justifiant la présence des mesures dans les différents piliers, et le Tableau A B.1 de l'Annexe B pour une comparaison de la rigueur des diverses mesures en fonction des deux scénarios) :

- **Limiter la production et la demande de plastiques et favoriser la conception pour la circularité :**
  - Une taxe mondiale sur les emballages plastiques, qui augmente linéairement de 0 en 2021 à 1 000 USD/tonne en 2030, et qui double pour atteindre 2 000 USD/t en 2060.
  - Une taxe sur l'utilisation de tous les autres types de plastique, qui atteint 750 USD/tonne en 2030, et double ensuite (1 500 USD/tonne) d'ici 2060.
  - Des instruments d'action mondiaux permettant d'accroître la circularité et d'encourager des modes de conception qui favorisent la durabilité et la réparabilité des produits en plastique. Ces mesures sont conçues pour atteindre les objectifs mondiaux suivants : (i) allonger l'espérance de vie des produits de 15 % via une plus grande durabilité ; (ii) diminuer la demande de biens durables en plastique de 10 à 20 % d'ici 2030, grâce à la plus longue durée de vie des produits ; (iii) atteindre une plus grande efficacité de l'utilisation des plastiques dans les entreprises, correspondant à la réduction de la demande de biens durables en plastique par les ménages ; et (iv) augmenter la demande de services de réparation de telle sorte que

l'augmentation des coûts de ces services égale les dépenses évitées en bien durables, afin que les dépenses totales ne soient pas affectées.

- **Augmenter le recyclage :**
  - Des objectifs concernant l'incorporation de matières recyclées, tous les pays atteignant un objectif de 40 % de contenu recyclé d'ici 2060. La modélisation suppose que ceci peut être atteint en combinant une taxe sur les plastiques primaires et une subvention des plastiques secondaires.
  - Des systèmes de Responsabilité élargie des producteurs (REP) pour les emballages, l'électronique, l'automobile et la confection, dans tous les pays. Voir l'Encadré 7.1 du Chapitre 7 pour une description de la REP et les hypothèses de modélisation pour cet instrument.
  - Des objectifs de taux de recyclage spécifiques à chaque région : 60 % d'ici à 2030 et 80 % d'ici à 2060 pour l'UE et la région OCDE-Pacifique, 80 % d'ici à 2060 pour les autres pays de l'OCDE et la République populaire de Chine (ci-après la Chine), 60 % d'ici à 2060 pour les autres pays. Concernant la REP, les besoins en investissements connexes sont inclus dans le modèle.
- **Fermer les voies de rejet :**
  - Des investissements dans les systèmes de collecte mixte et les décharges sanitaires permettent à tous les pays d'éliminer la mauvaise gestion (comme la mise en décharge ou l'incinération des déchets à ciel ouvert) de tous les déchets collectés d'ici à 2060.
  - Les mesures pour améliorer le ramassage des dépôts sauvages de déchets permettent une augmentation des taux de collecte, plus rapide à mesure que les revenus augmentent. Les pays à revenu élevé atteignant 90 % (contre 85 % dans le scénario de *Référence*) ; les taux de collecte dans les pays à faible revenu passent quant à eux de 65 % à 75 %.

8.2. L'utilisation de plastiques et le volume de déchets plastiques sont largement découplés de la croissance économique dans le scénario d'*Ambition mondiale*

8.2.1. La combinaison des mesures permet d'éliminer presque totalement les déchets mal gérés d'ici 2060

L'ensemble de mesures du scénario d'*Ambition mondiale* vise à réduire sensiblement l'utilisation de plastiques à l'échelle mondiale d'ici 2030, et à accroître progressivement les objectifs d'ici 2060. Le scénario offre donc une réduction appréciable de la production et de l'utilisation des plastiques (Graphique 8.1, Partie A). Tout comme dans le scénario d'*Action régionale,* plus limité, les mesures visant à restreindre la demande sont les plus efficaces pour réduire l'utilisation des plastiques, et permettent une réduction d'un tiers au niveau mondial (pour comparaison le scénario d'*Action régionale* permet une réduction de moins de 20 %). La mise en œuvre rapide des politiques avant 2030 mène à un découplage total de la croissance économique et de l'utilisation des plastiques, de sorte que la consommation de plastiques dans le monde est plus faible en 2030 (443 Mt) qu'en 2019 (460 Mt), alors que le PIB augmente de plus de 40 % sur cette même période. Toutefois, après 2030 l'utilisation repart à la hausse car la plupart des mesures atteignent leur niveau maximal tandis que l'activité économique continue de croître. Ainsi, même selon ce scénario ambitieux, l'utilisation des plastiques en 2060 devrait atteindre 827 Mt, soit un niveau supérieur de 80 % à celui de 2019, et continuer de croître après 2050 de 2 % par an (alors que la croissance du PIB ralentit progressivement pour atteindre 2,5 % par an en 2060). Cela montre la forte dépendance de l'économie mondiale au plastique, mais souligne également qu'un découplage relatif entre l'utilisation des plastiques et la croissance économique est possible.

Comme expliqué dans les chapitres précédents, l'évolution des volumes de déchets plastiques suit largement celle de l'utilisation des plastiques, avec un décalage dans le temps (Graphique 8.1, partie B). En 2060, le scénario d'*Ambition mondiale* devrait ramener les volumes de déchets plastiques à 679 Mt (contre 1 014 Mt dans le scénario de *Référence*), soit une réduction de 33 %. Bien que la réduction totale à l'horizon 2060 soit très semblable qu'il s'agisse de l'utilisation des plastiques ou des déchets plastiques, les évolution dans le temps sont différentes : la variation par rapport à la projection de *Référence* est plus lente pour les déchets, ce qui explique que le total des déchets plastiques en 2030 (387 Mt) soit près de 10 % au-dessus des niveaux de 2019 tandis que l'utilisation des plastiques diminue légèrement sur la même période. Ces chiffres illustrent l'effet différé des politiques visant les applications plastiques à longue durée de vie. Les effets différés des politiques ambitieuses sur l'utilisation des plastiques impliquent également qu'à plus long terme (après 2050), la croissance annuelle des déchets plastiques sera, à 1,8 %, inférieure à la croissance annuelle de l'utilisation des plastiques.

L'augmentation continue de l'utilisation des plastiques et de la production de déchets plastiques à long terme, malgré les politiques exigeantes mises en place, souligne la forte dépendance de l'économie à l'égard des matières plastiques. Des politiques ambitieuses sont donc indispensables pour éviter que des déchets plastiques ne se retrouvent dans l'environnement. Le scénario d'*Ambition mondiale* combine les trois piliers afin de maximiser la réduction des déchets mal gérés : limiter la demande pour réduire le volume des déchets à traiter ; améliorer le recyclage pour diminuer la part de déchets à gérer au fil du temps ; et fermer les voies de rejet vers l'environnement pour s'assurer que les déchets restants ne soient pas mal gérés. La partie C du Graphique 8.1 indique comment ces trois piliers interagissent pour ramener les flux annuels de déchets mal gérés à quasiment zéro (6 Mt) en 2060, contre 153 Mt dans le scénario de *Référence*. Les seules sources de rejets qui demeurent dans ce scénario sont celles qui ne sont pas bloquées par les systèmes de gestion de déchets – les microplastiques et les déchets non collectés – et qui continuent de se déverser dans l'environnement.

Graphique 8.1. Les déchets mal gérés sont presque complètement éliminés à travers le monde avec le scénario d'*Ambition mondiale*

Évolution en millions de tonnes (Mt) et variation en pourcentage par rapport au scénario de *Référence* en 2060

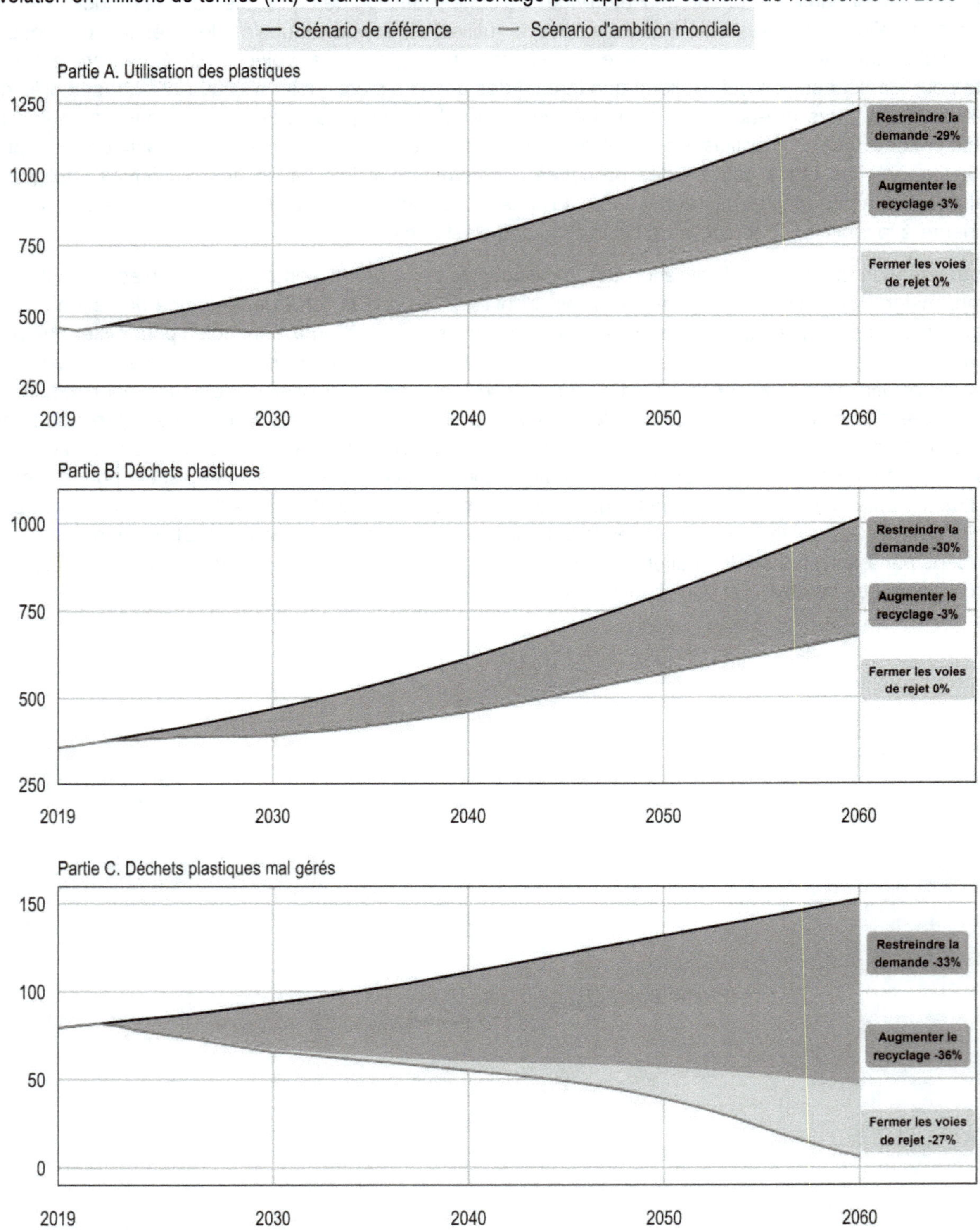

Source : modèle ENV-Linkages de l'OCDE.

StatLink https://stat.link/rsjqap

8.2.2. La réduction de l'utilisation des plastiques varie entre secteurs et entre régions

L'utilisation des plastiques diminue fortement par rapport au niveau de *Référence* dans toutes les régions avec le scénario d'*Ambition mondiale*, mais les niveaux de réduction varient d'une région à l'autre (Graphique 7.5). La nature internationale de la politique mise en œuvre garantit que les opportunités à bas coût pour réduire l'utilisation des plastiques sont bien accessibles partout et que ces réductions s'intensifient rapidement jusqu'en 2030. Bien que les niveau de taxation imposés soient les mêmes partout dans le monde, les réductions obtenues diffèrent de façon importante entre régions. Dans les régions où l'intensité moyenne d'utilisation de plastiques de l'économie est relativement élevée (voir le Chapitre 3), une taxe appliquée à chaque tonne de plastique utilisée se traduit par une hausse relativement importante des coûts de production. Cela implique une réorientation plus marquée des activités économiques au détriment des secteurs utilisant le plastique, notamment dans la région Autres pays d'Eurasie (qui inclut la Fédération de Russie), et des pays d'Afrique subsaharienne (Autres pays d'Afrique). Une augmentation des prix plus importante signifie que les matières plastiques sont plus souvent remplacées par d'autres matériaux dans les procédés de production, que les secteurs qui utilisent de grandes quantités de plastiques sont davantage délaissés, et que des producteurs étrangers plus efficaces sont recherchés. Tous ces changements entraînent une baisse de l'utilisation des plastiques, mais aussi une augmentation des coûts macro-économiques (voir la Section 8.4 ci-dessous).

Graphique 8.2. Le scénario d'*Ambition mondiale* permet des réductions régionales considérables de l'utilisation des plastiques en 2030

Évolution en pourcentage de l'utilisation des plastiques par rapport au scénario de *Référence*, 2060

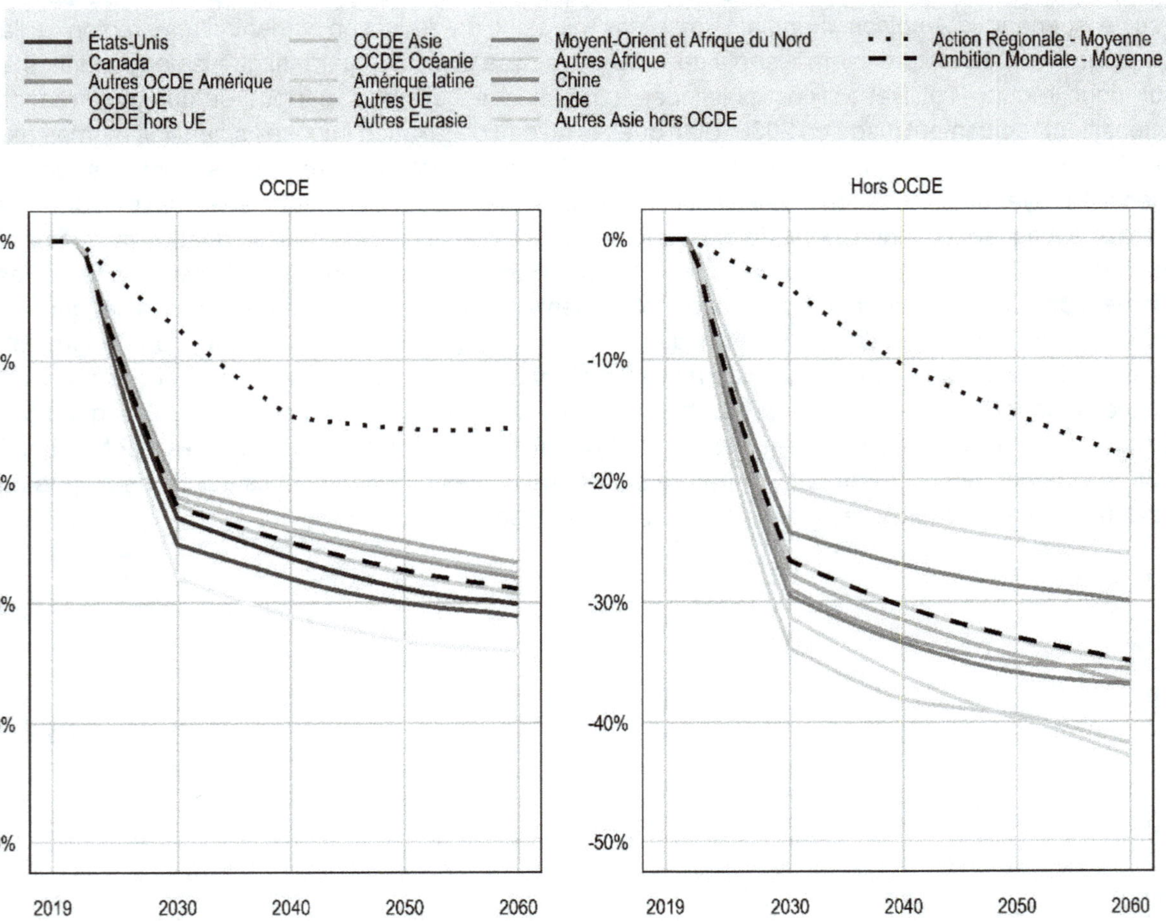

Source : modèle ENV-Linkages de l'OCDE.

StatLink https://stat.link/niw7ym

Par rapport au scénario d'*Action régionale*, le scénario d'*Ambition mondiale* permet de fortes baisses de l'utilisation des plastiques dans tous les secteurs, mais celles-ci ne sont pas homogènes (Graphique 8.3). Dans les deux scénarios, et tant dans la zone OCDE que dans les autres régions, les plus fortes baisses concernent le secteur des services aux entreprises, du seul fait de son importance, et parce qu'il est un grand consommateur de plastiques. Le degré de différence dans les niveaux d'ambition entre les scénarios d'*Action régionale* et d'*Ambition mondiale* varie en fonction de l'instrument de politique publique considéré (voir l'Annexe B). Par exemple, le dispositif de REP est étendu aux pays non membres de l'OCDE dans le scénario d'*Ambition mondiale*, ce qui permet des réductions de l'utilisation des plastiques beaucoup plus importantes dans les secteurs concernés, en particulier le secteur automobile. Dans les pays de l'OCDE, les baisses supplémentaires sont principalement le fait de taxes plus élevées sur l'utilisation des plastiques. Le recours aux matières plastiques dans la construction est fortement réduit tant dans les pays membres de l'OCDE que dans les autres pays, en raison de taxes plus élevées et de politiques d'écoconception plus strictes qui réduisent la demande dans ce secteur.

Graphique 8.3. Quelques secteurs concentrent la majeure partie des réductions de l'utilisation des plastiques dans le scénario d'*Ambition mondiale*

Variation de l'utilisation des plastiques entre les scénarios d'*Ambition mondiale* et de *Référence* en millions de tonnes (Mt), 2060

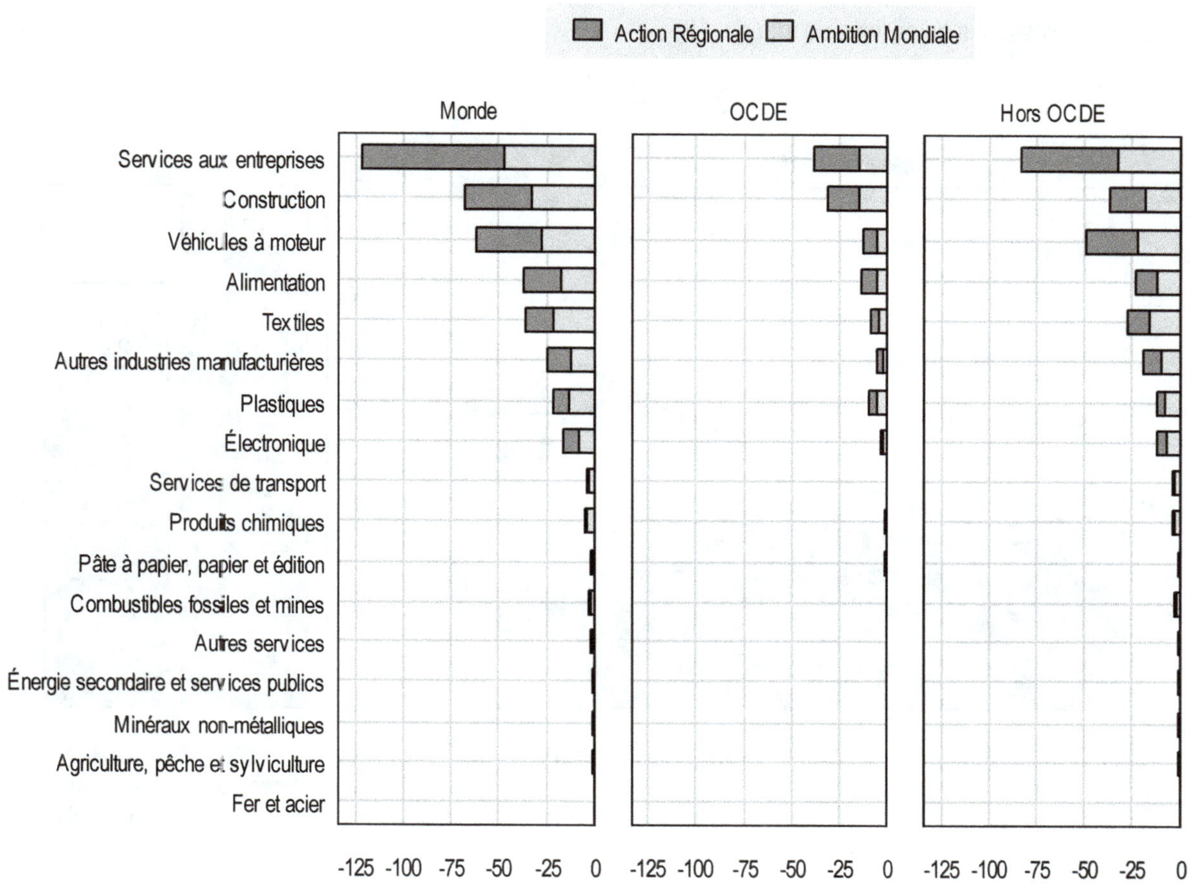

Source : modèle ENV-Linkages de l'OCDE.

StatLink https://stat.link/qkgoch

Les mesures du scénario d'*Ambition mondiale* sont juste suffisantes pour éviter une forte hausse de l'utilisation des plastiques primaires : l'augmentation totale de la production de plastiques primaires entre 2019 et 2060 est prévue à 13 %, et aura entièrement lieu après 2030 (Graphique 8.4). Ce résultat découle d'une demande générale plus faible associée à une adoption plus rapide des plastiques secondaires. La part des plastiques secondaires monte à 41 % en 2060, ce qui est bien supérieur aux 12 % du scénario de *Référence* et 29 % du scénario d'*Action régionale*. Comparée à celle du scénario d'*Action régionale*, la hausse de la production secondaire est bien plus forte dans les pays non membres de l'OCDE dans le scénario d'*Ambition mondiale*, car les objectifs d'incorporation de matières recyclées y passent de 20 % à 40 %. Pour les pays de l'OCDE, la quantité de plastiques secondaires produite en 2060 (129 Mt) est plus faible que dans le scénario d'*Action régionale* (155 Mt), en dépit d'objectifs d'incorporation de matières recyclées identiques (40 % dans les deux scénarios). Ceci s'explique par le niveau inférieur de production totale de plastique dans le scénario plus ambitieux : d'une part, la demande en plastique est inférieure (311 Mt dans l'OCDE dans le scénario d'*Ambition mondiale* contre 369 Mt dans le scénario d'*Action régionale*) et, d'autre part, moins de déchets sont générés (253 Mt dans le scénario d'*Ambition mondiale* contre 297 Mt dans le scénario d'*Action régionale*), ce qui réduit la disponibilité de plastiques issus du recyclage (en dépit de taux de recyclage plus élevés, voir la Section 8.2.3).

Graphique 8.4. La production de plastiques secondaires peut pratiquement satisfaire la hausse totale de la demande dans le scénario d'*Ambition mondiale*

Production de plastiques en millions de tonnes (Mt)

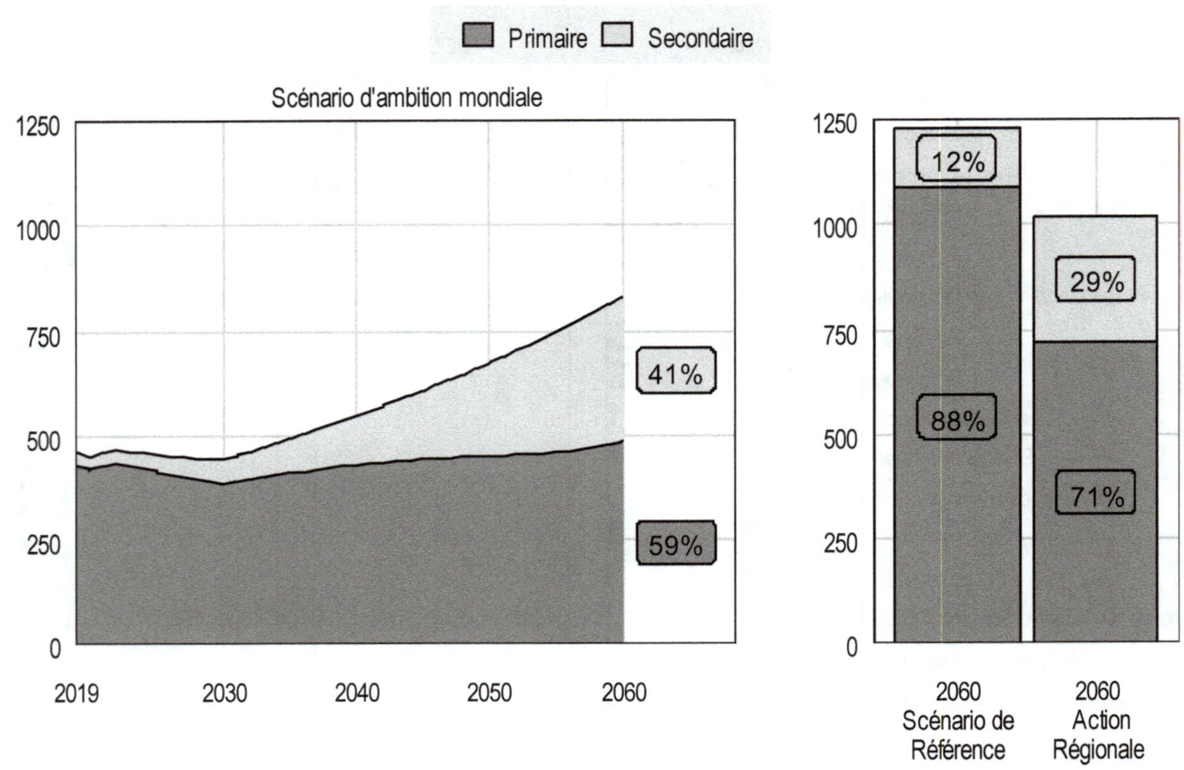

Source : modèle ENV-Linkages de l'OCDE.

StatLink https://stat.link/k5armv

8.2.3. Les mesures du scénario d'Ambition mondiale transforment complètement la façon dont les déchets sont traités

Le scénario d'*Ambition mondiale* est conçu pour prévenir des rejets importants de plastiques dans l'environnement en assurant un traitement adéquat de tous les déchets plastiques : tous les plastiques sont recyclés lorsque c'est possible ; si le recyclage n'est pas possible, ils sont soit incinérés (avec récupération d'énergie) ou enfouis dans des décharges, de façon adéquate. De cette manière, les déchets mal gérés sont réduits au minimum et les seules sources de rejets dans l'environnement qui demeurent sont celles qui ne peuvent pas être traitées facilement, comme les microplastiques et les déchets non collectés, qui représentent 6 Mt à l'échelle mondiale en 2060. Ainsi, les taux de recyclage vont plus que tripler (pour atteindre 59 % en 2060, contre 17 % dans le scénario de *Référence*) et les déchets mal gérés fortement diminuer (Graphique 7.9). Comme attendu, le pilier relatif à la limitation de la demande est un moyen efficace de réduire l'ampleur du problème posé par les déchets plastiques, tandis que les politiques relatives au développement du recyclage sont essentielles pour augmenter les taux de recyclage. Les mesures relatives à la fermeture des voies de rejet vers l'environnement permettent de ramener à zéro les déchets mal gérés pris en charge dans des installations de gestion des déchets, seuls les déchets non collectés (mal gérés) continuant de poser des problèmes.

Graphique 8.5. Dans le scénario d'*Ambition mondiale* les taux de recyclage triplent et les déchets mal gérés disparaissent presque complètement

Déchets plastiques en millions de tonnes (Mt), 2060

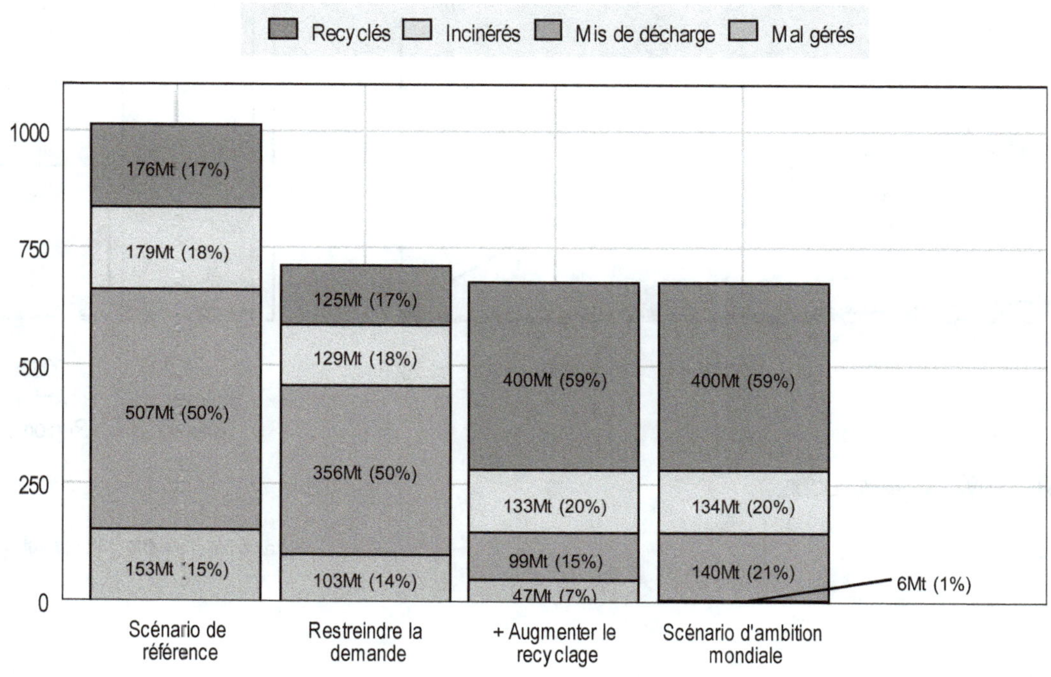

Note : le graphique présente les effets cumulés des différents piliers, la colonne à l'extrême droite présentant le scénario d'*Ambition mondiale* dans sa totalité.
Source : modèle ENV-Linkages de l'OCDE.

StatLink https://stat.link/l7oftr

La diminution à l'échelle mondiale des déchets mal gérés est largement tirée par les améliorations dans les pays non membres de l'OCDE, grâce aux politiques bien plus ambitieuses du scénario d'*Ambition mondiale* (). Ces pays représentaient près de 90 % de la totalité des déchets mal gérés en 2019, et il est prévu que cette part augmente encore d'ici 2060 dans le scénario de *Référence*. D'ici 2060, les pays non membres de l'OCDE vont ramener leurs déchets mal gérés à 4,1 Mt dans le scénario d'*Ambition mondiale*, soit 65,8 Mt de moins qu'en 2019. Les pays de l'OCDE ramènent déjà presque à zéro leurs déchets mal gérés dans le scénario d'*Action régionale*, et le scénario d'*Ambition mondiale* réduit encore ce volume de 7,5 Mt supplémentaires, en ne laissant que 2,0 Mt de déchets mal gérés.

Graphique 8.6. Le volume des déchets mal gérés est progressivement ramené quasiment à zéro dans le scénario d'*Ambition mondiale*

Déchets plastiques mal gérés en millions de tonnes (Mt)

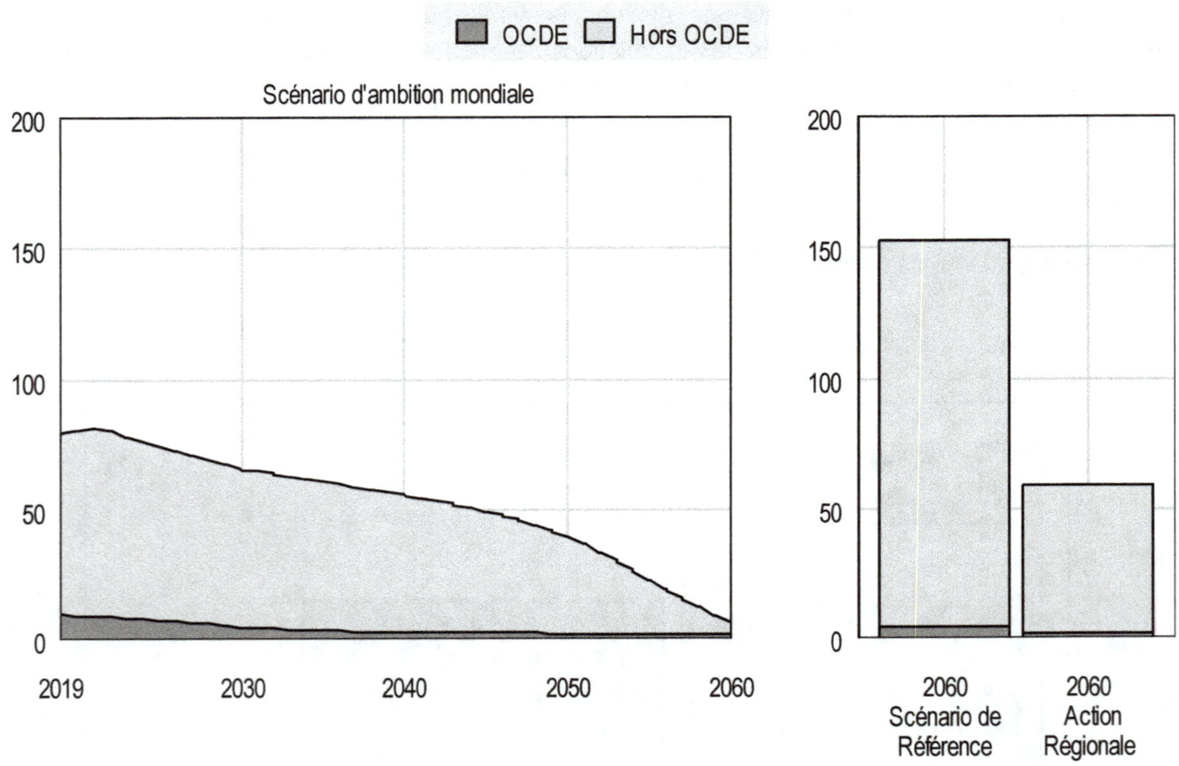

Source : modèle ENV-Linkages de l'OCDE.

StatLink https://stat.link/261au7

8.3. Les avantages pour l'environnement du scénario d'*Ambition mondiale* sont conséquents

8.3.1. Les rejets de macro et microplastiques sont freinés

La mise en œuvre du scénario d'*Ambition mondiale* devrait fortement limiter les rejets de plastiques dans l'environnement (Graphique 8.7). D'ici 2060, les rejets de plastiques dans l'environnement devraient diminuer de 85 % par rapport au scénario de *Référence*, passant de 44,2 Mt à 6,4 Mt – il s'agit-là d'une baisse de 30 points de pourcentage qui s'ajoute aux réductions prévues dans le scénario d'*Action régionale* au Chapitre 7. La plus grande partie de cette baisse additionnelle est le fait de pays non membres de l'OCDE, où la mise en place de politiques plus ambitieuses que celles du scénario d'*Action régionale* permet de réduire fortement les pertes vers l'environnement, qui chutent à 4,7 Mt (soit une baisse de 89 % par rapport aux 41,6 Mt du scénario de *Référence* en 2060). Ces niveaux sont bien inférieurs à ceux de 2019.

Graphique 8.7. La combinaison des trois piliers permet de réduire drastiquement les rejets de plastiques dans l'environnement

Rejets de plastiques dans l'environnement en millions de tonnes (Mt)

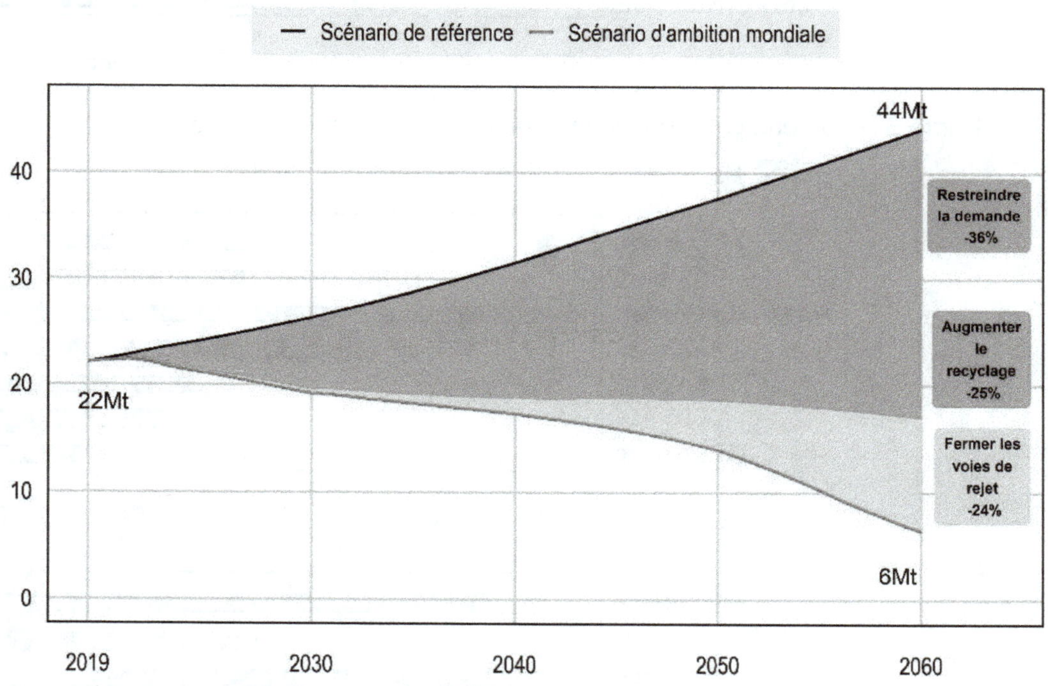

Source : modèle ENV-Linkages de l'OCDE, en utilisant la méthodologie adaptée de Ryberg et al. (2019[10]) et Cottom et al. (2022[11]).

StatLink https://stat.link/gh04ft

Dans les régions, les réductions des rejets de macroplastiques permises par l'ensemble de mesures dépassent de loin celles des rejets de microplastiques (Graphique 8.8). Cet écart reflète la priorité donnée par les mesures du scénario d'*Ambition mondiale* aux macroplastiques. Le scénario d'*Ambition mondiale* devrait pratiquement éliminer les rejets de macroplastiques dans l'environnement, qui diminuent de 97 % en 2060 par rapport au scénario de *Référence*.

Graphique 8.8. Les pays non membres de l'OCDE assurent les plus fortes réductions des rejets de plastiques dans l'environnement en 2060 dans le scénario d'*Ambition mondiale*

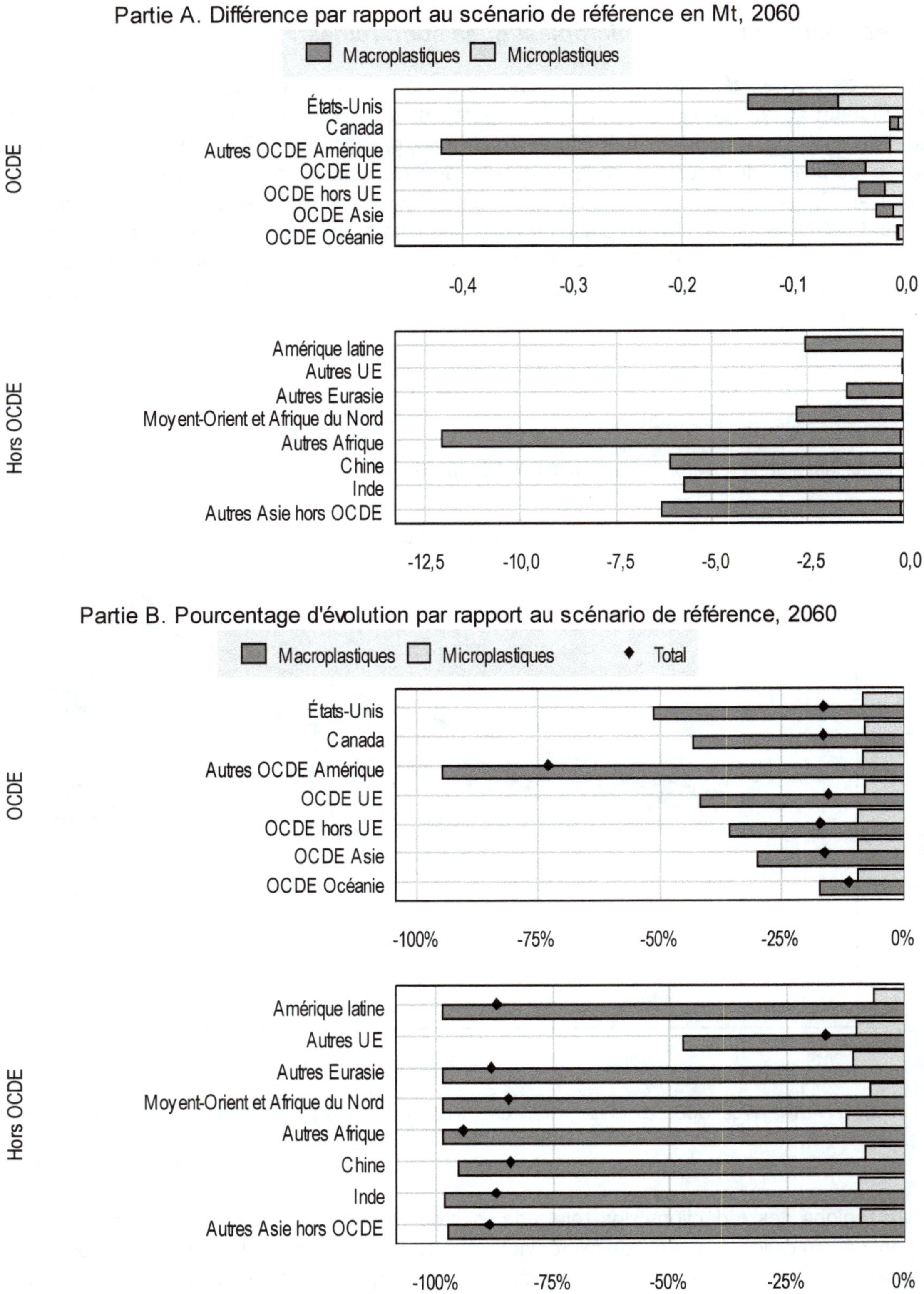

Source : modèle ENV-Linkages de l'OCDE, en utilisant la méthodologie adaptée de Ryberg et al. (2019[10]) et Cottom et al. (2022[11]).

StatLink https://stat.link/2ez8xn

Dans le scénario d'*Ambition mondiale*, les rejets de microplastiques dans l'environnement sont 9 % en dessous du niveau du scénario de *Référence* en 2060 (5,8 Mt dans le scénario de *Référence* contre 5,3 Mt dans le scénario d'*Ambition mondiale*). Ces réductions sont principalement le fait d'une plus faible utilisation des plastiques dans l'économie de manière générale. Ces baisses sont uniformément réparties dans les régions, les plus importantes s'effectuant dans les pays non membres de l'OCDE, en particulier dans les Autres pays d'Afrique et Autres pays d'Eurasie (Graphique 8.8, partie B).

Les granulés primaires[2], les boues d'épuration et les marquages routiers affichent les réductions de rejets de microplastiques les plus importantes. Alors que les rejets issus des granulés primaires ont été endigués aussi bien dans les pays de la zone OCDE que dans ceux des autres régions, les boues d'épuration sont la principale source de réduction des rejets dans les pays de l'OCDE[3]. L'érosion des marquages routiers est une autre source importante tant dans les pays membres de l'OCDE que dans les autres, mais n'est pas réduite par le paquet de mesures étudié ici.

La réduction des rejets de macroplastiques résulte de la diminution des déchets mal gérés, comme indiqué dans le Graphique 8.9. Comme indiqué dans la Section 8.2.3, la plupart des sources de déchets mal gérés sont éliminées dans le scénario d'*Ambition mondiale* d'ici 2060.

Graphique 8.9. Les réductions des rejets de plastiques dans le scénario d'*Ambition mondiale* résultent de sources différentes selon que les pays sont membres de l'OCDE ou non

Écart avec le scénario de *Référence* en millions de tonnes (Mt), 2060

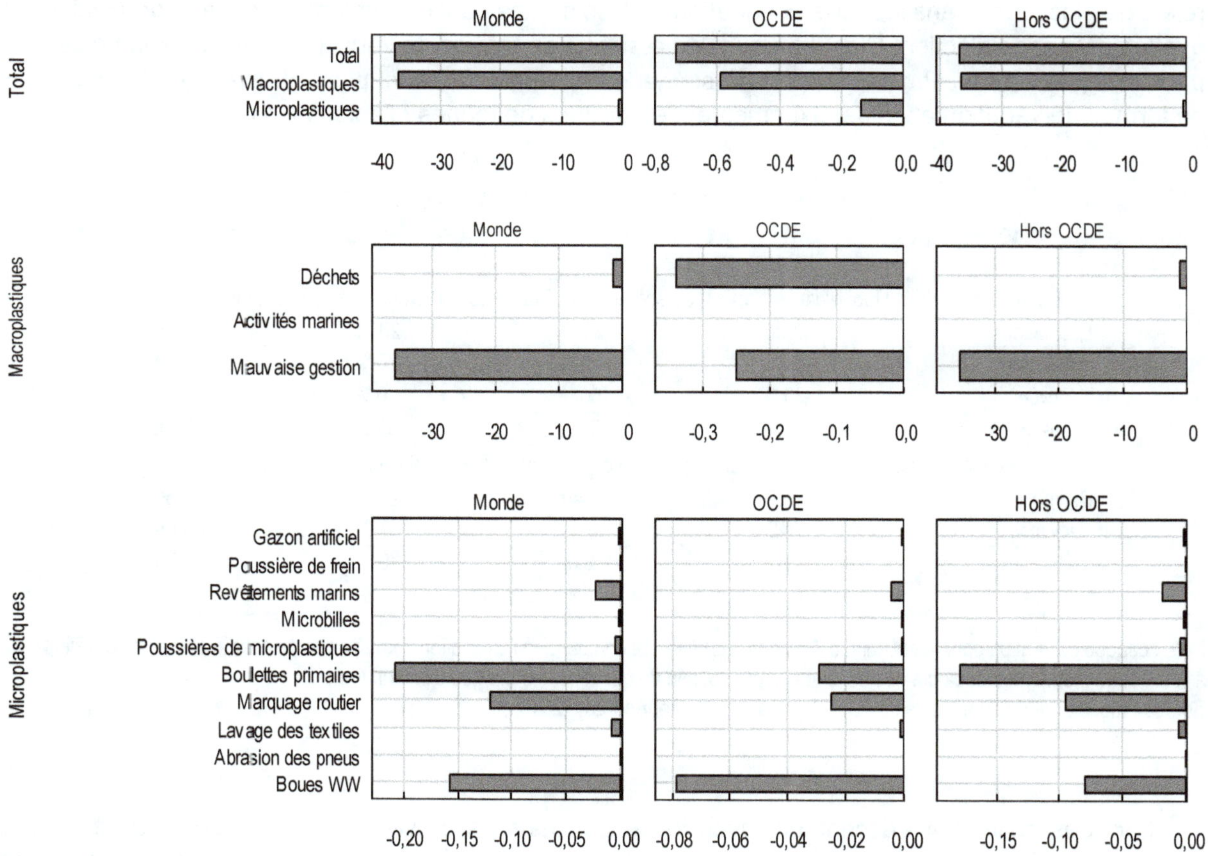

Note : les échelles varient pour chaque partie.

Source : modèle ENV-Linkages de l'OCDE, en utilisant la méthodologie adaptée de Ryberg et al. (2019[10]) et Cottom et al. (2022[11])

StatLink https://stat.link/0y13sp

8.3.2. Dans le scénario d'Ambition mondiale, les rejets dans les milieux aquatiques sont quasiment éliminés d'ici 2060

Le scénario d'*Ambition mondiale* devrait quasiment éliminer les rejets de plastiques dans les milieux aquatiques d'ici 2060, avec une réduction de 98 % (de 11,6 Mt à 0,2 Mt) par rapport au scénario de *Référence* (Graphique 8.10). Pour comparaison, le scénario d'*Action régionale* n'atteint qu'une réduction de 60 %, avec d'importants rejets qui perdurent dans les pays non membres de l'OCDE. Les mesures plus strictes du scénario d'*Ambition mondiale* permettent donc une baisse supplémentaire de 38 points de pourcentage. L'incertitude entourant cette projection, dont il est question dans le Chapitre 5, est importante (Encadré 8.1).

L'échelle des effets varie selon les régions, les réductions les plus fortes étant observées dans les pays non membres de l'OCDE. Tous les pays non membres de l'OCDE réalisent d'importantes réductions par rapport aux niveaux du scénario de *Référence* en 2060, et tous ramènent les niveaux absolus en dessous de ceux de 2019. De faibles volumes de rejets de plastiques dans l'environnement demeurent cependant en Afrique et dans les pays d'Asie non membres de l'OCDE.

Encadré 8.1. Les réductions des rejets dans les milieux aquatiques sont importants, indépendamment des incertitudes

Comme souligné dans le Chapitre 5, beaucoup d'incertitudes entourent les projections relatives aux rejets de plastiques dans les milieux aquatiques. Ces doutes concernent tant le scénario de *Référence* que les scénarios d'action. C'est pourquoi les résultats en termes de variation relative, exprimés en en pourcentage de réduction par rapport au scénario de *Référence,* sont plus robustes que les résultats en termes de variation absolue, exprimés en en millions de tonnes (Tableau 8.1).

Tableau 8.1. Dans le scénario d'*Ambition mondiale*, la réduction des rejets dans les milieux aquatiques reste notable dans différentes configurations du modèle

Scénario d'*Ambition mondiale* par rapport au scénario de *Référence* (Différence en pourcentage)				
Estimation	2030	2040	2050	2060
Moyenne	-30 %	-50 %	-70 %	-98 %
Élevée	-30 %	-50 %	-70 %	-98 %
Basse	-31 %	-50 %	-69 %	-98 %
Scénario d'*Ambition mondiale* par rapport au scénario de *Référence* (Différence en Mt)				
Estimation	2030	2040	2050	2060
Moyenne	-2,,2	-4,2	-7,0	-11,4
Élevée	-3,0	-6,0	-9,9	-16,5
Basse	-1,2	-2,4	-3,8	-6,0

Note : chaque estimation pour le scénario d'*Ambition mondiale* est comparée à l'estimation correspondante pour le scénario de *Référence*, à l'aide de la même méthodologie que dans le Chapitre 5, afin de quantifier les marges d'incertitude.
Source : modèle ENV-Linkages de l'OCDE, d'après Lebreton et Andrady (2019[12]).

Les effets des politiques s'accentuent avec le temps, mais ne parviendront cependant pas à éliminer l'accumulation des plastiques rejetés dans les milieux aquatiques au cours des prochaines décennies. Alors que les rejets de plastiques sont quasiment ramenés à zéro en 2060, plus de 60 % des flux de rejets projetés dans le scénario de *Référence* auront quand même lieu, principalement au cours des décennies précédentes, et s'ajouteront aux stocks de plastiques déjà présents dans les cours d'eau et les océans : ces stocks passeront de 109 Mt en 2019 à 197 Mt en 2060 (+87 Mt) dans les cours d'eau et les lacs, et de 30 Mt à 103 Mt (+73 Mt) dans les océans, respectivement, dans le scénario d'*Ambition mondiale* (Graphique 8.11). Les quantités combinées de plastiques s'accumulant dans les cours d'eau et les océans entre 2019 et 2060 sont ainsi estimées à 300 Mt, ce qui est supérieur aux 140 Mt déjà présentes en 2019 : malgré des politiques mondiales ambitieuses, les stocks de plastiques sont multipliés par plus de deux d'ici à 2060. En conclusion, même si le scénario d'*Ambition mondiale* résout en grande partie le problème à long terme, en éliminant quasiment les flux nets de plastiques en 2060, des solutions de nettoyage doivent être mises en place d'ici là pour répondre au problème des plastiques qui s'accumulent dans les milieux aquatiques.

Graphique 8.10. Les rejets de plastiques dans les milieux aquatiques seront fortement réduits dans toutes les régions hors OCDE dans le scénario d'*Ambition mondiale*

Rejets de plastiques dans les milieux aquatiques en millions de tonnes (Mt), 2060

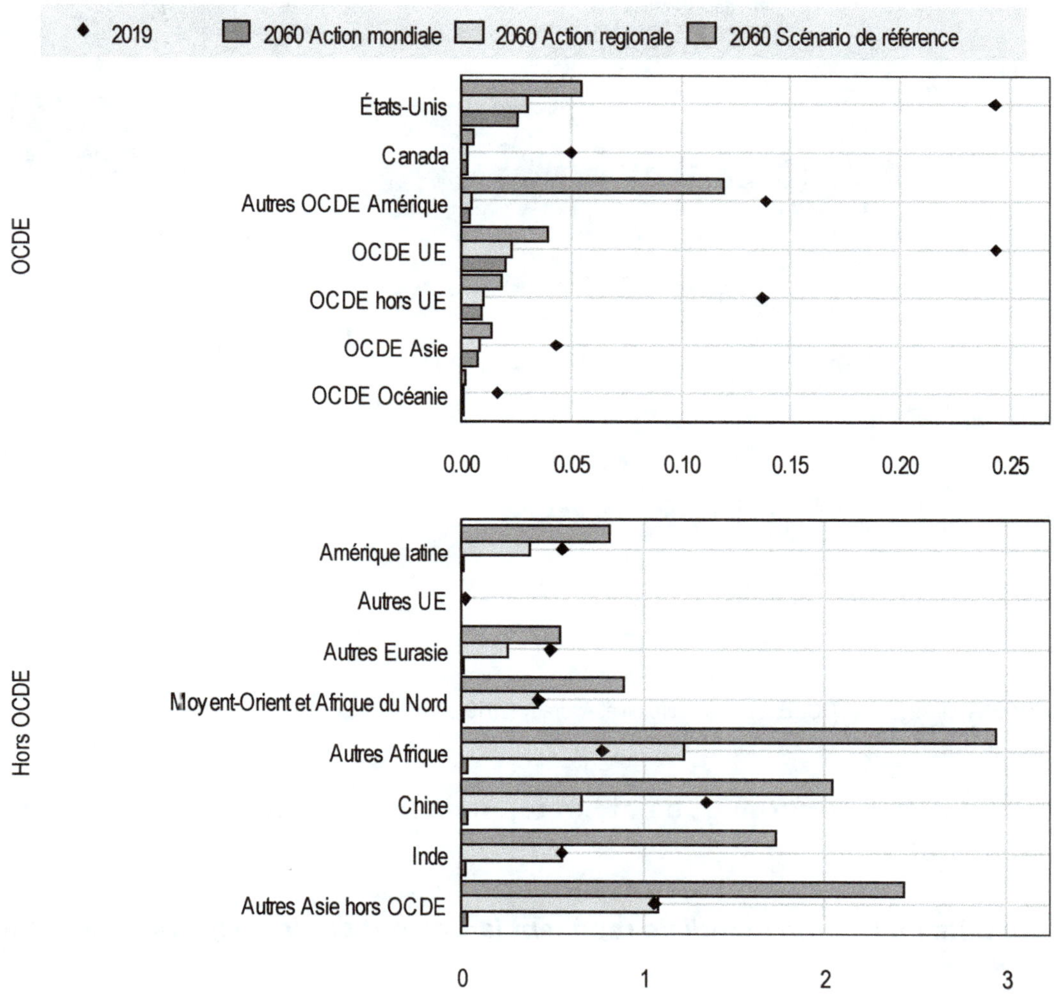

Source : modèle ENV-Linkages de l'OCDE, d'après Lebreton et Andrady (2019[12]).

StatLink https://stat.link/hr70ji

Graphique 8.11. Malgré des mesures mondiales ambitieuses, les stocks de plastiques dans les milieux aquatiques continuent d'augmenter sensiblement

Rejets de plastiques dans les milieux aquatiques en millions de tonnes (Mt) en 2019 et 2060 dans les scénarios de *Référence* et d'*Ambition mondiale*

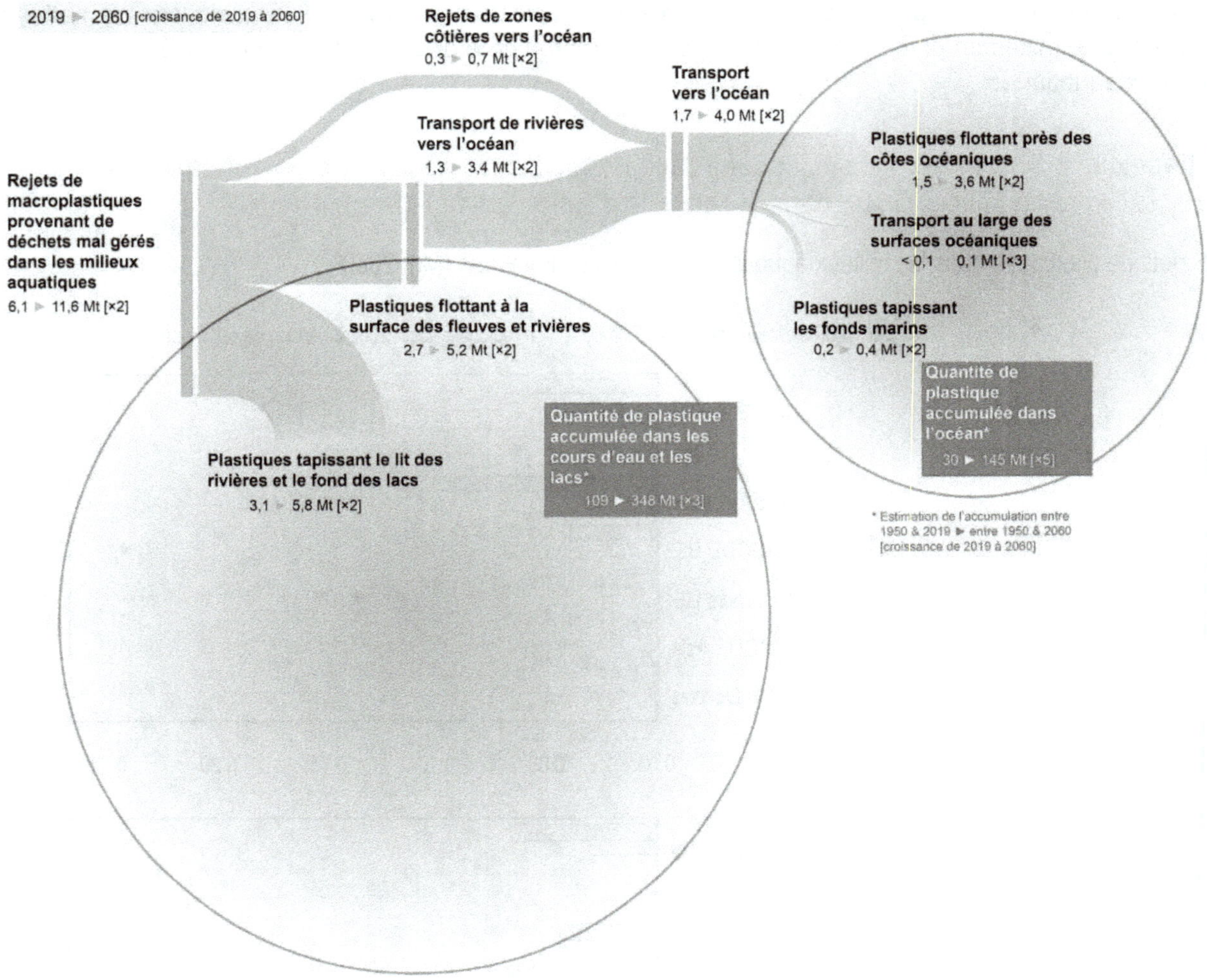

Source : modèle ENV-Linkages de l'OCDE, d'après Lebreton et Andrady (2019[12]).

8.4. L'impact macroéconomique est limité, mais plus marqué pour les pays non membres de l'OCDE

8.4.1. Les coûts de l'action mondiale reposent largement sur les pays non membres de l'OCDE

Les coûts macroéconomiques du scénario d'*Ambition mondiale* sont, comme attendu, plus élevés que dans le scénario d'*Action régionale*, mais se limitent malgré tout à moins de 1 % du PIB mondial du scénario de *Référence* en 2060 (Graphique 8.12). Ils s'élèvent à environ 3 400 milliards USD. Bien qu'important en soi, ce coût doit être envisagé dans un contexte de croissance économique soutenue de plus de 3 % en moyenne par an jusqu'en 2060. L'impact de cet ensemble de mesures sur les économies des pays non membres de l'OCDE n'est bien sûr pas négligeable et nécessitera des politiques de soutien visant à garantir que la situation des ménages vulnérables ne s'aggrave pas. Des pays ont déjà recourt à l'Aide publique au développement (APD) pour soutenir les actions visant à traiter le problème des rejets de plastiques dans l'environnement des pays en développement, mais ces apports financiers ne représentent qu'une fraction de ce qui est nécessaire et des sources de financement complémentaires seront requises (OCDE, 2023[1]).

À court terme, les gains d'efficacité permis par l'ensemble de mesures, et l'évolution des avantages comparatifs, sont susceptibles d'accroître l'activité économique dans certains pays, notamment en Chine. Cette évolution découle des mesures favorables à l'écoconception présentes dans le pilier « Limiter la demande », qui réduisent l'utilisation des plastiques dans la fabrication des biens durables, tout en stimulant la demande pour les activités de réparation. Dans certaines régions, cela permet de dynamiser la croissance économique. Par ailleurs, comme les prix des produits qui utilisent beaucoup de plastique n'augmentent pas de manière uniforme selon les pays, les avantages comparatifs évoluent, et entraînent des gains dans certaines régions et des pertes dans d'autres.

Graphique 8.12. Les coûts additionnels du scénario d'*Ambition mondiale* pèsent surtout sur les pays non membres de l'OCDE

Variation du PIB en pourcentage par rapport au scénario de *Référence*

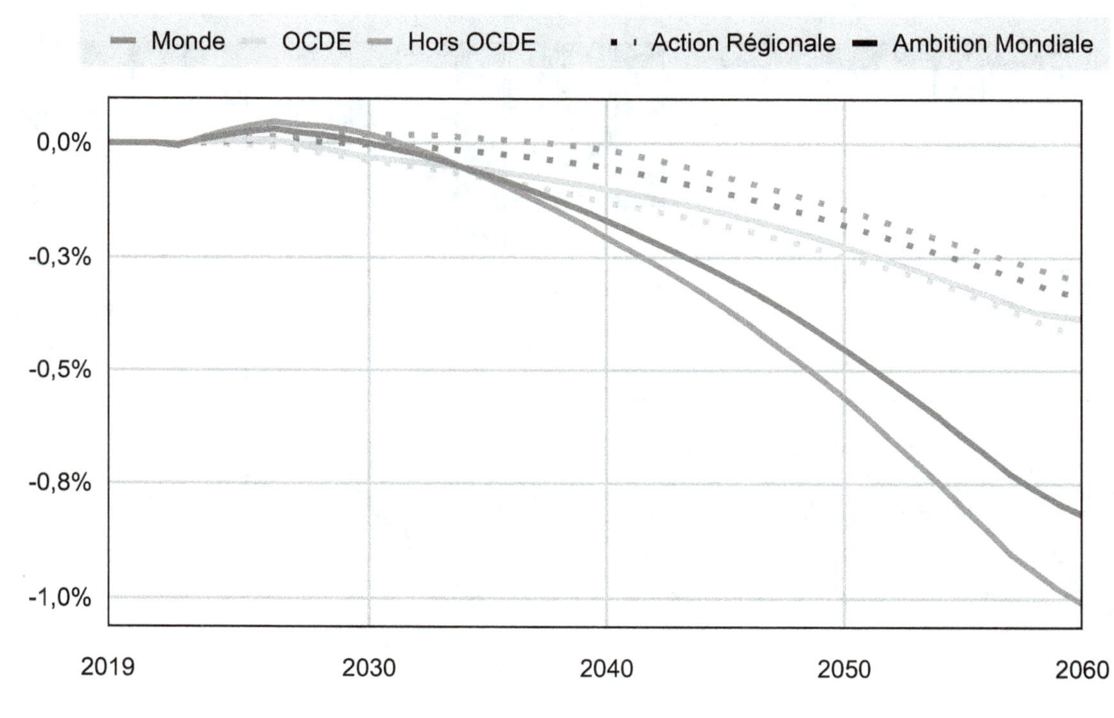

Source : modèle ENV-Linkages de l'OCDE.

StatLink https://stat.link/6ulyex

Les répercussions économiques du scénario d'*Ambition mondiale* sont inégales au niveau régional : les coûts sont très limités en Chine et dans les pays de l'UE membres de l'OCDE, mais plus élevés pour les pays de l'UE non membres de l'OCDE et en Afrique subsaharienne (Autres pays d'Afrique) (Graphique 7.16.). Les coûts les plus élevés sont attendus en Afrique subsaharienne, où le PIB baisse de 2,8 % en dessous du niveau du scénario de *Référence*, notamment parce que d'importants investissements dans l'amélioration de la gestion des déchets sont nécessaires pour atteindre les objectifs fixés.

Compte tenu de la complexité de l'ensemble de mesures – sept instruments d'action qui interagissent, auxquels s'ajoutent les interactions entre les secteurs et les régions – les coûts à l'échelle régionale ne peuvent pas être attribués à une cause unique. Ces coûts découlent d'une combinaison de coûts de politique intérieure en lien avec les réglementations et les instruments budgétaires ; d'investissements dans les systèmes de gestion des déchets ; d'effets induits sur la demande de biens et de services, à mesure de l'évolution des prix et des niveaux de revenu ; et de fluctuations de la compétitivité entre concurrents de différents pays et des changements qui en découlent en matière de taux de changes. Toutes les évolutions relatives des prix et les économies régionales et mondiale trouvent de nouveaux équilibres en matière d'offre et de demande à l'échelle sectorielle et régionale.

Graphique 8.13. Les effets sur les PIB régionaux du scénario d'*Ambition mondiale* sont plus marqués hors de la zone OCDE

Variation en pourcentage du PIB et de l'utilisation des plastiques par rapport au scénario de *Référence*, 2060

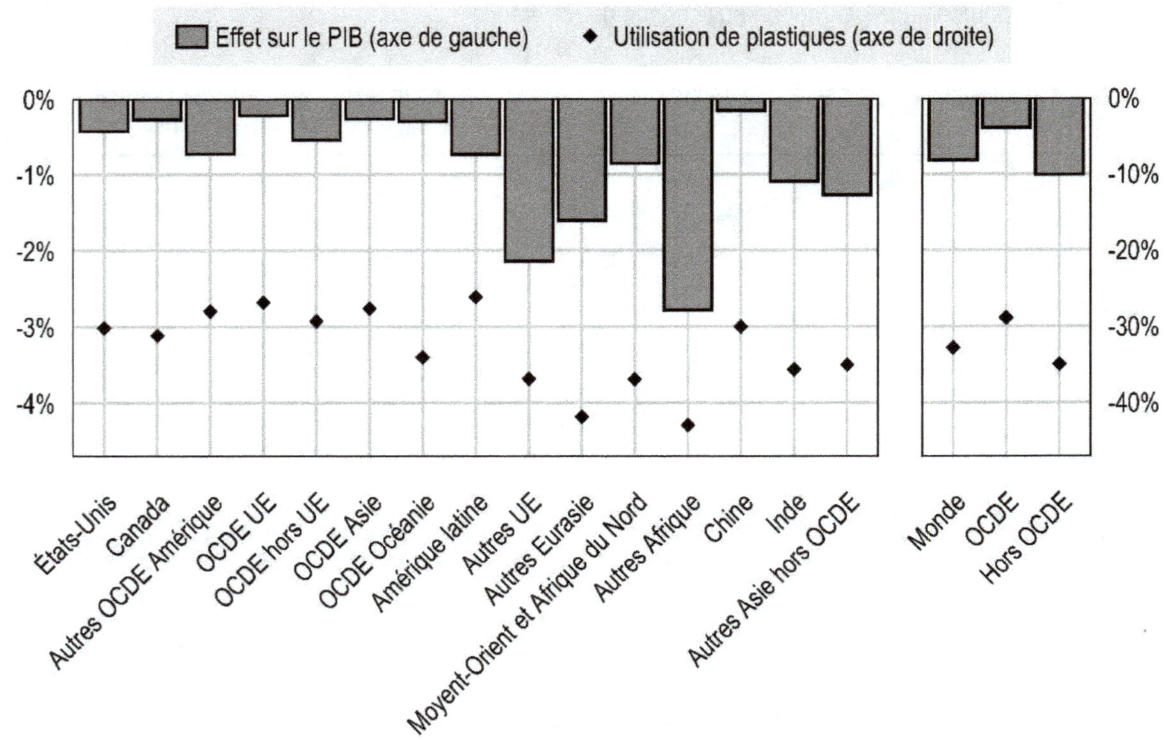

Source : modèle ENV-Linkages de l'OCDE.

StatLink https://stat.link/sunwzm

8.4.2. Bien que coûteux, le nettoyage des rejets de plastiques dans l'environnement est avantageux compte tenu des coûts élevés des dommages à l'environnement qu'ils entraînent

L'analyse menée dans ce chapitre démontre que les flux de déchets mal gérés peuvent être ramenés quasiment à zéro en mettant en place un large éventail de mesures ambitieuses (Section 8.2). Cependant, de grandes quantités de plastiques continueront d'être rejetées dans l'environnement jusqu'en 2060, et s'ajouteront aux stocks déjà présents dans les milieux aquatiques (Section 8.3).

Ces flux résiduels de plastiques, et les stocks déjà constitués dans les cours d'eau et les océans, peuvent en théorie être nettoyés. Les bénéfices pour l'environnement des activités de nettoyage apparaissent clairement et les dommages évités peuvent être considérables, notamment en termes financiers. Une étude récente estime l'impact économique de la pollution marine entre 3 300 USD et 33 000 USD par tonne et par an, sur la seule base des dommages aux écosystèmes (Beaumont et al., 2019[13]). Une autre étude, citée dans OCDE (2021[14]), estime que la simple élimination de moins de 10 % des casiers et pièges abandonnés par les grandes pêcheries de crustacés pourrait donner lieu à des économies annuelles s'élevant à 831 millions USD à l'échelle mondiale (Scheld, Bilkovic et Havens, 2016[15]).[4]

Grâce aux évolutions technologiques des dernières années, l'élimination des plastiques présents dans l'environnement est devenue plus accessible, mais les coûts demeurent importants. Une étude estime que les dépenses actuelles consacrées au nettoyage s'élèvent à environ 2 milliards USD, sur la base des coûts de nettoyage de la pollution plastique qui va de 0,01 USD à 2,51 USD par habitant et par région (Deloitte, 2019[16]). Les publications concernant les coûts du nettoyage de la pollution plastique marine donnent un large éventail d'estimations, mais peuvent fournir un aperçu de l'ampleur du défi (Tableau 8.2).

Tableau 8.2. Les estimations des coûts du nettoyage varient fortement

Portée du nettoyage	Coût du nettoyage	Pays	Source
Détritus abandonnés sur les plages	121 EUR/t	Royaume-Uni	Mouat, Lopez Lazano et Bateson (2010[17])
Détritus abandonnés sur les plages	1 877 EUR/t	Pays-Bas et Belgique	
Engins de pêche abandonnés	25 000 USD/t	Îles du Nord-Ouest d'Hawaii	Raaymakers (2007[18])
Nettoyage du littoral / Débris marins	1 300 USD/t	Corée	Hwang et Ko (2007[19])
Nettoyage du littoral / Débris marins	Mécanique : 1 100-11 400 USD/t Manuel : 2 200-22 800 USD/t	France	Kalaydjian (2006[20])
Nettoyage du littoral / Débris marins	2 339 USD/t (Coûts directs uniquement : 1 766 USD/t)	Sud-Est de l'Alaska	McIlgorm, Campbbell et Rule (2009[21])
Nettoyage du littoral / Débris marins	8 900 USD/t	Atoll d'Aldabra (petite île isolée)	Burt et al. (2020[22])

Ces coûts de nettoyage peuvent paraître élevés, mais ils ne représentent en moyenne qu'un tiers des coûts estimés liés aux dommages cités ci-dessus. De ce fait, comme les activités de nettoyage génèrent un bénéfice net pour la société, il est économiquement viable de favoriser leur développement.

Plus important encore, l'absence d'action entraînerait des niveaux de rejets dans l'environnement bien plus importants, et donc des coûts de nettoyage nettement plus élevés. Devoir nettoyer la totalité des 145 Mt de plastiques présents dans les milieux aquatiques selon le scénario de *Référence*, à plus de 1 000 USD la tonne, serait bien plus coûteux. Sachant que les coûts du traitement des déchets sont inférieurs d'un ordre de grandeur – de moins de 100 USD par tonne pour la mise en décharge à moins de 300 USD par tonne pour le recyclage (Tableau 7.1 du Chapitre 7) – la prévention est clairement plus économiquement rationnelle que le nettoyage après coup.

Pour conclure, il est bien plus rentable de mettre en place des politiques plus ambitieuses afin de prévenir les rejets de plastique que de laisser les plastiques s'échapper dans l'environnement, mais le nettoyage reste plus rentable que de laisser les plastiques polluer les milieux naturels.

Références

AOSIS (2021), *Alliance of Small Island States Leaders' Declaration*. [6]

ASEAN (2021), *ASEAN Regional Action Plan for Combating Marine Debris in the ASEAN Member States (2021 – 2025)*, https://asean.org/book/asean-regional-action-plan-for-combating-marine-debris-in-the-asean-member-states-2021-2025-2/. [5]

Beaumont, N. et al. (2019), « Global ecological, social and economic impacts of marine plastic », *Marine Pollution Bulletin*, vol. 142, pp. 189-195, https://doi.org/10.1016/j.marpolbul.2019.03.022. [13]

Burt, A. et al. (2020), « The costs of removing the unsanctioned import of marine plastic litter to small island states », *Scientific Reports*, vol. 10/1, https://doi.org/10.1038/s41598-020-71444-6. [22]

Chefs d'État et de Gouvernement du G20 (2021), *Déclaration de Rome des chefs d'État et de Gouvernement du G20*, https://www.consilium.europa.eu/media/52730/g20-leaders-declaration-final.pdf (consulté le 29 avril 2022). [4]

COBSEA (2019), *Regional Action Plan on Marine Litter 2019 (RAP MAL)*, https://www.unep.org/cobsea/resources/policy-and-strategy/cobsea-regional-action-plan-marine-litter-2019-rap-mali. [7]

Commission européenne (2019), *Le pacte vert pour l'Europe*, Commission européenne, Bruxelles, https://eur-lex.europa.eu/legal-content/FR/TXT/?qid=1576150542719&uri=COM%3A2019%3A640%3AFIN (consulté le 20 novembre 2020). [9]

Cottom, J. et al. (2022), « Spatio-temporal quantification of plastic pollution origins and transportation (SPOT) » University of Leeds, Royaume-Uni, https://plasticpollution.leeds.ac.uk/toolkits/spot/. [11]

Deloitte (2019), *The price tag of plastic pollution. An economic assessment of river plastic*, https://www2.deloitte.com/content/dam/Deloitte/nl/Documents/strategy-analytics-and-ma/deloitte-nl-strategy-analytics-and-ma-the-price-tag-of-plastic-pollution.pdf. [16]

HELCOM (2015), *Marine litter action plan*, https://helcom.fi/media/publications/Regional-Action-Plan-for-Marine-Litter.pdf. [8]

Hwang, S. et J. Ko (2007), *Achievement and progress of marine litter retrieval project in near coast of Korea - based on activities of Korea Fisheries Infrastructure Promotion Association*, Communication présentée à l'atelier régional sur les déchets marins, tenu à Rhizao (Chine) en juin 2007. Plan d'action du Pacifique du Nord-Ouest. [19]

Kalaydjian, R. et al. (2006), , Données économiques maritimes françaises, Département d'économie maritime, IFREMER, Paris, France. [20]

Lebreton, L. et A. Andrady (2019), « Future scenarios of global plastic waste generation and disposal », *Palgrave Communications*, vol. 5/1, p. 6, https://doi.org/10.1057/s41599-018-0212-7. [12]

McIlgorm, A., H. Campbell et M. Rule (2009), *Understanding the economic benefits and costs of controlling marine debris in the APEC region (MRC 02/2007). Rapport remis au Groupe de travail sur la conservation des ressources marines du Forum de coopération économique Asie-Pacifique*, National Marine Science Centre (University of New England and Southern Cross University), Coffs Harbour. [21]

Ministère des Affaires étrangères du Japon (2019), « Déclaration d'Osaka des dirigeants du G20 », *Sommet du G20 au Japon, 2019*, https://www.mofa.go.jp/policy/economy/g20_summit/osaka19/en/documents/final_g20_osaka_leaders_declaration.html (consulté le 29 avril 2022). [3]

Mouat, J., R. Lopez Lazano et H. Bateson (2010), *Economic Impacts of Marine Litter*, Kommunernes International Miljøorganisation [Organisation internationale des collectivités locales pour l'environnement], http://www.kimointernational.org/wp/wp-content/uploads/2017/09/KIMO_Economic-Impacts-of-Marine-Litter.pdf. [17]

OCDE (2023), *Perspectives mondiales des plastiques : Déterminants économiques, répercussions environnementales et possibilités d'action*, Éditions OCDE, Paris, https://doi.org/10.1787/5c7bba57-fr. [1]

OCDE (2022), « Déclaration sur un environnement sain et résilient pour tous », *OECD/LEGAL/0468*, https://legalinstruments.oecd.org/fr/instruments/OECD-LEGAL-0468 (consulté le 11 avril 2022). [2]

OCDE (2021), « Towards G7 action to combat ghost fishing gear: A background report prepared for the 2021 G7 Presidency of the United Kingdom », *OECD Environment Policy Papers*, n° 25, Éditions OCDE, Paris, https://doi.org/10.1787/a4c86e42-en. [14]

Raaymakers, S. (2007), *The Problem of Derelict Fishing Gear: Global Review and Proposals for Action, Organisation des Nations Unies pour l'alimentation et l'agriculture*. [18]

Ryberg, M. et al. (2019), « Global environmental losses of plastics across their value chains », *Resources, Conservation and Recycling*, vol. 151, p. 104459, https://doi.org/10.1016/j.resconrec.2019.104459. [10]

Scheld, A., D. Bilkovic et K. Havens (2016), « The Dilemma of Derelict Gear », *Scientific Reports*, vol. 6/19671, https://doi.org/10.1038/srep19671. [15]

Notes

[1] Une différence majeure est que le scénario d'*Ambition mondiale* vise une mise en œuvre des mesures à l'horizon 2060, contre 2050 pour la Vision d'Osaka.

[2] Petits blocs de polymères prêts à être transformés pour la production de plastiques primaires, et qui peuvent être déversés accidentellement durant la production, le transport ou le stockage.

[3] Dans les stations d'épuration des eaux usées, les matières plastiques sont filtrées des eaux d'égout et concentrées dans les boues qui résultent de cette filtration. Les boues servant fréquemment de compost pour les terres agricoles dans de nombreux pays, une partie des microplastiques capturés lors de l'épuration des eaux usées peut se retrouver dans l'environnement. Plus les pays sont riches, plus ils investissent dans le traitement des eaux usées. Cela signifie que même si moins de microplastiques issus d'autres sources sont rejetés dans l'eau, davantage de microplastiques finissent dans les boues d'épuration. Comme ces boues sont parfois répandues sur les sols, plus de boues signifie aussi plus de rejets.

[4] Les engins de pêche abandonnés sont une source importante de déchets marins qui sont accusés d'endommager les habitats fragiles, de créer des dangers pour la navigation et de réduire les populations des espèces ciblées ou non.

9 Interactions entre les politiques relatives aux plastiques et celles d'atténuation du changement climatique

Le présent chapitre présente un scénario d'*Atténuation du changement climatique* impliquant une taxe carbone mondiale et la décarbonation du secteur mondial de l'électricité. L'origine fossile des plastiques étant fondamentalement liée au changement climatique, l'objectif est de mieux comprendre les liens entre les politiques relatives aux plastiques et celles d'atténuation du changement climatique et de fournir un aperçu des synergies et des antagonismes entre ces deux domaines d'action. Le chapitre compare les effets sur les émissions de gaz à effet de serre du scénario d'*Ambition mondiale* présenté au Chapitre 8 et du scénario d'*Atténuation du changement climatique*, et examine ensuite les impacts économiques et sur les émissions d'une combinaison des deux dans un scénario d'*Ambition mondiale* et d'*Atténuation du changement climatique* conjoint.

Principaux messages

- Le cycle de vie des plastiques est fondamentalement lié au changement climatique. Les plastiques sont en grande partie dérivés de combustibles fossiles, et la production de plastiques et la gestion des déchets consomment toutes deux de l'énergie et entraînent donc des émissions de gaz à effet de serre (GES).
- En plus de réduire fortement les rejets de plastiques (son objectif principal), le scénario d'*Ambition mondiale* (présenté au Chapitre 8) réduit également les émissions de GES liées au cycle de vie des plastiques en 2060 de 2,1 gigatonnes d'équivalent CO_2 (Gt éq. CO_2), soit 50 % en dessous du scénario de *Référence*. Cette réduction est principalement obtenue grâce à la forte baisse de l'utilisation des plastiques.
- Le principal objectif du scénario d'*Atténuation du changement climatique* est la réduction des émissions de GES. Par l'intermédiaire d'une taxe carbone mondiale et de la décarbonation du secteur de l'électricité, il réduit les émissions mondiales de GES en 2060 d'environ un tiers par rapport au scénario de *Référence*, ce qui correspond à un niveau d'émissions brutes mondiales de 63 Gt éq. CO_2. Tandis que les effets sur l'utilisation des plastiques sont limités, le scénario d'*Atténuation du changement climatique* augmente légèrement la part des plastiques secondaires (recyclés) en augmentant le prix des intrants fossiles dans la production de plastiques primaires.
- Combiner les politiques relatives aux plastiques et celles d'atténuation du changement climatique permet de tirer pleinement parti de la complémentarité de ces deux domaines de l'action environnementale. On estime que le scénario *d'Ambition mondiale et d'Atténuation du changement climatique* permettra une baisse des émissions de GES tout au long du cycle de vie des plastiques de 67 % par rapport au scénario de *Référence* en 2060 (de 4,3 à 1,4 Gt éq. CO_2, ce qui est inférieur aux niveaux d'émissions de 2019). Alors que les politiques relatives aux plastiques atténuent principalement les émissions de GES liées au cycle de vie des plastiques en réduisant l'utilisation des plastiques et la génération de déchets, les politiques d'atténuation du changement climatique réduisent encore les émissions de GES en améliorant l'intensité en GES de la production de plastiques et de la gestion des déchets.
- Des politiques d'accompagnement sont nécessaires pour éviter toute interaction négative concernant les émissions entre les politiques relatives aux plastiques et celles d'atténuation du changement climatique dans la gestion des déchets. Les émissions de GES issues de la gestion des déchets pourraient augmenter si le recyclage vient à remplacer la mise en décharge sanitaire. Si le recyclage remplace l'incinération, l'impact sur les GES dépendra de l'utilisation ou non de processus de valorisation énergétique des déchets, et de l'intensité carbone de l'énergie remplacée par ces processus.

9.1. Les politiques d'atténuation du changement climatique viennent compléter les interventions publiques dans le domaine des plastiques

Le cycle de vie des plastiques est fondamentalement lié au changement climatique de bien des façons, parfois contradictoires. Les plastiques contribuent au changement climatique du fait des gaz à effet de serre qui sont émis tout au long de leur cycle de vie – de la production à leur fin de vie (voir le Chapitre 6). Il existe dans certains cas des synergies évidentes entre les politiques relatives aux plastiques et celles d'atténuation du changement climatique, par exemple lorsqu'elles mènent à des utilisations plus efficientes des ressources dans l'économie. Il existe dans d'autres cas des antagonismes, comme dans la gestion des déchets plastiques, où le recyclage est à l'origine d'émissions de GES. Ainsi, les interactions entre les politiques relatives aux plastiques et celles d'atténuation du changement climatique justifient une approche globale dans laquelle les politiques œuvrent de concert pour exploiter les synergies et surmonter les antagonismes.

Le présent chapitre présente un scénario d'*Atténuation du changement climatique* afin de mieux comprendre les interconnexions entre les politiques relatives aux plastiques et celles d'atténuation du changement climatique et de fournir un aperçu des synergies et des antagonismes entre ces deux domaines d'action. Ce scénario est étudié en lui-même, et associé au scénario d'*Ambition mondiale* sur les plastiques, présenté au Chapitre 8 (le scénario d'*Ambition mondiale et d'Atténuation du changement climatique*)

Les politiques d'atténuation du changement climatique modélisées dans ces scénarios visent une décarbonation de tous les secteurs de l'économie mondiale. Cela amènerait les émissions mondiales de GES en 2060 environ un tiers en dessous des niveaux prévus dans le scénario de *Référence* pour 2060, ce qui correspond à un niveau d'émissions brutes mondiales de 63 Gt éq. CO_2[1]. On constate deux grandes interactions entre les plastiques et le climat :

- **La production de plastiques et la gestion des déchets utilisent de l'énergie.** Les émissions de GES liées à la production de plastiques dépendent du type de plastique produit – les émissions issues de la production et de la transformation d'une tonne de plastique primaire peuvent varier de 2,7 à 6,3 t éq. CO_2 en fonction du polymère concerné, ainsi que de l'énergie utilisée pour produire les plastiques et du mix énergétique du pays dans lequel ils sont produits. Le cas est identique pour le recyclage des déchets, qui requiert de l'énergie pour convertir les déchets plastiques en plastiques secondaires.
- ***Les combustibles fossiles sont la principale matière première de la production de plastiques.*** Comme les combustibles fossiles sont la matière de base de la production de plastiques primaires, cette production est inévitablement liée aux marchés des combustibles fossiles. Une augmentation de la demande de matières fossiles dans le secteur des plastiques entraîne, toutes choses égales par ailleurs, une hausse des prix des combustibles fossiles, qui à son tour affecte la combustion des combustibles fossiles et les émissions de GES dans d'autres secteurs. Inversement, toute hausse des prix des combustibles fossiles, induite par des mesures d'atténuation du changement climatique ou non, fait grimper le prix relatif des plastiques d'origine fossile, et donc baisser leur production et les émissions de GES connexes (voir l'Encadré 6.1 du Chapitre 6). L'évolution de la demande de plastiques primaires affecte également la demande pour d'autres types de plastiques, comme les plastiques secondaires (recyclés) et les bioplastiques, et entraîne des changements dans les émissions de GES[2].

Le scénario d'*Atténuation du changement climatique* analyse ces interactions en détail en modélisant l'impact de deux des principaux instruments de décarbonation : la tarification du carbone et la transformation structurelle du secteur de l'électricité (Tableau 9.1 et Annexe B).[3] Dans ce scénario, la tarification du carbone freine les émissions de GES issues de la combustion des combustibles fossiles dans l'ensemble de l'économie, y compris les ménages et dans tous les secteurs, tandis que la transformation structurelle du secteur de l'électricité réduit une grande partie des émissions mondiales de GES grâce au déploiement de technologies de génération d'électricité peu émettrices de GES[4].

Tableau 9.1. Description du scénario d'*Atténuation du changement climatique*

Instrument d'action	Principe	Quantification
Tarification du carbone	Augmentation progressive du prix mondial du carbone de 2020 à 2050, stable par la suite.	Le prix mondial du carbone augmente progressivement pour atteindre 69 USD/tCO_2 en 2060 (155 USD/tCO_2 dans l'OCDE, 42 USD/tCO_2 dans les pays non membres de l'OCDE), contre 6 USD/tCO_2 dans le scénario de *Référence*.
Transformation structurelle du secteur de l'électricité	Basculement progressif des combustibles fossiles vers des sources peu émettrices de GES dans toutes les régions entre 2020 et 2050, puis stabilité.	La part de la production d'électricité à partir de combustibles fossiles diminue et passe de 69 % en 2019 à 15 % en 2060 (contre 62 % en 2060 dans le scénario de *Référence*).

Note : davantage de détails sur les hypothèses sont fournies à l'Annexe B.

Lorsque les politiques relatives aux plastiques et celles d'atténuation du changement climatique sont mises en œuvre conjointement (scénario *d'Ambition mondiale et d'Atténuation du changement climatique*), deux interconnexions supplémentaires sont prises en compte :

- ***La demande sectorielle de plastiques varie en fonction des prix des plastiques.*** Les secteurs qui nécessitent des matières plastiques en tant qu'intrant ont également besoin d'énergie et génèrent parfois des émissions de GES depuis d'autres sources. Toute variation des prix des plastiques donne ainsi lieu à des substitutions et modifie les émissions de ces secteurs. La teneur en plastique des biens produits par ces secteurs peut également influer sur la quantité d'énergie impliquée dans leur utilisation (par exemple si le poids est altéré), et ainsi modifier les émissions de GES issues de la phase d'utilisation de ces biens. En outre, les secteurs fournissant des alternatives aux intrants de plastiques (comme l'aluminium, le verre, etc.) consomment également de l'énergie et génèrent parfois des émissions de GES inhérentes aux procédés. Par conséquent, toute substitution par ces solutions alternatives a également des effets sur les émissions de gaz à effet de serre dans leur globalité.
- ***L'intensité des émissions de GES varie selon les techniques de gestion des déchets.*** L'utilisation des plastiques produit des déchets, qui à leur tour participent aux émissions de GES. Parmi les différentes fins de vie des plastiques, l'incinération émet le plus de gaz à effet de serre (2,3 t éq. CO_2 par tonne de plastique en moyenne). Certaines de ces émissions peuvent être compensées si l'énergie est récupérée à l'aide de processus de valorisation énergétique des déchets, mais le potentiel d'atténuation dépend fortement des sources de production d'électricité dans le pays (OCDE, 2023[1]). Le recyclage et la production subséquente de plastiques secondaires produisent en moyenne 0,9 t éq. CO_2 par tonne de plastique, ce qui est inférieur à ce qui est émis par les processus de production de plastiques primaires. Globalement, la transition vers la production de plastiques secondaires peut contribuer à réduire les émissions de GES si l'intensité en GES du recyclage dans une région est suffisamment faible (selon une moyenne mondiale d'intensité en GES du recyclage et en fonction du polymère, il est possible d'éviter au moins 1,8 t éq. CO_2 par tonne de plastiques primaires remplacée par des plastiques secondaires). La mise en décharge sanitaire est la solution de fin de vie la moins intensive en GES pour les plastiques (0,1 t éq. CO_2 par tonne).

D'autres interconnexions entre les politiques relatives aux plastiques et celles d'atténuation du changement climatique n'ont pas pu être prises en compte dans le modèle ENV-Linkages de l'OCDE. Par exemple, des recherches récentes menées par Royer et al. (2018[2]) et basées sur des données expérimentales montrent que les rejets de plastiques dans l'environnement ont également un impact sur les émissions de GES. Les émissions mondiales de méthane dues à la dégradation non contrôlée du plastique dans l'environnement sont estimées à environ 2 Mt éq. CO_2 par an (Shen et al., 2020[3]). En outre, de nouvelles études suggèrent que les plastiques présents dans l'environnement accentuent les effets du changement climatique sur la vie sauvage et les écosystèmes (Ford et al., 2022[4]). Dans les océans, il est possible que les plastiques réduisent l'efficacité photosynthétique du phytoplancton marin et affectent le stockage du carbone par les océans (Shen et al., 2020[5]). De plus, la présence de microplastiques peut être un facteur de stress supplémentaire dans les écosystèmes extrêmement fragiles comme les régions polaires, où ils peuvent potentiellement diminuer la capacité de la surface à réfléchir le rayonnement solaire, et ainsi accélérer la fonte glacière (Evangeliou et al., 2020[6]).

Globalement, ces scénarios climatiques sont conçus pour être ambitieux sans être excessivement disruptifs. Ils sont axés sur les mécanismes d'interaction, sans chercher à contribuer directement à l'objectif d'une transition vers une économie neutre en carbone. Il faudrait pour cela une analyse plus exhaustive des implications pour la demande d'énergie de l'utilisation des plastiques dans les produits lors de la phase d'utilisation, ainsi qu'une quantification des nombreuses perturbations des structures économiques et des stratégies de production découlant d'une décarbonation totale. Par exemple, l'analyse par modélisation devrait être capable de quantifier plus précisément le remplacement des plastiques conventionnels d'origine fossile par des alternatives bas carbone, notamment les impacts des plastiques biosourcés sur le changement d'utilisation des terres et les conséquences pour le stockage du carbone qui en découlent (voir le Chapitre 6), ainsi que les exigences en matière de plastique propres aux technologies pour une transition bas-carbone. Des travaux récents commencent à aborder ces questions à l'échelle régionale – comme ceux menés par SYSTEMIQ (2022[7]) en Europe – mais les données sont pour l'instant insuffisantes pour effectuer une évaluation mondiale détaillée.

9.2. Le scénario d'*Ambition mondiale* contribue à l'atténuation du changement climatique, mais de façon limitée

Pour mieux comprendre les interactions entre les politiques relatives aux plastiques et celles d'atténuation du changement climatique, il est utile d'identifier dans un premier temps les canaux par lesquels les politiques relatives aux plastiques peuvent affecter les émissions de gaz à effet de serre. Le premier objectif du scénario d'*Ambition mondiale* est d'éliminer quasiment les rejets de plastiques dans l'environnement, et aucune des politiques du scénario ne vise directement la réduction des émissions de GES issues du cycle de vie des plastiques (voir le Chapitre 8). Néanmoins, les politiques de ce scénario influent sur les émissions de GES en modifiant la quantité et la structure de l'utilisation des plastiques, et les traitements en fin de vie des plastiques. En outre, les politiques relatives aux plastiques affectent les processus de production des plastiques, dans lesquels les intrants de combustibles fossiles et l'utilisation d'énergie jouent un rôle important. Globalement, le scénario d'*Ambition mondiale* réduit ces émissions de 2,1 Gt éq. CO_2 (barre à l'extrême droite dans le Graphique 9.1) par rapport au scénario de *Référence* (barre à l'extrême gauche), ce qui correspond à une diminution de 50 % des émissions de GES liées au cycle de vie des plastiques en 2060.

Ces réductions des émissions découlent de plusieurs déterminants (Graphique 9.1),[5] mais ceux ayant le plus fort impact sont la diminution de l'utilisation des plastiques (deuxième barre) et de la génération de déchets (troisième barre). Cet effet dû au « volume » donne lieu à une réduction des émissions de GES liées au cycle de vie des plastiques d'environ 2,3 Gt éq. CO_2 en 2060, dont 2,1 Gt découlent de la baisse de l'utilisation des plastiques (le scénario d'*Ambition mondiale* permet une réduction de l'utilisation des plastiques d'environ 400 Mt ; voir le Chapitre 8), combinée à la transition vers les plastiques secondaires.

Tous les autres déterminants, y compris la composition des déchets et l'évolution de l'intensité en GES de la production de plastiques et des déchets, ont un impact moindre (d'un ordre de grandeur) par rapport à l'effet « volume », et tendent plutôt à accroître les émissions de GES. Dans le scénario d'*Ambition mondiale*, la part des polymères plus émetteurs de GES comme les fibres textiles augmente, tout comme celle des traitements en fin de vie plus émetteurs de GES, notamment le recyclage. Les mesures prévues dans ce scénario augmentent aussi légèrement l'intensité en GES de la production et de la fin de vie des plastiques. Ces effets découlent du rôle des plastiques sur les marchés des combustibles fossiles : avec une baisse de la demande liée au scénario d'*Ambition mondiale*, les prix mondiaux des combustibles fossiles ont tendance à légèrement diminuer, et ce qui provoque une baisse des prix relatifs des produits plus émetteurs de GES (comme les fibres textiles) par rapport aux autres. Les politiques relatives aux plastiques entraînent également une plus forte demande de combustibles fossiles pour l'énergie dans les activités économiques, notamment de la production et du recyclage des plastiques.

Graphique 9.1. Le scénario d'*Ambition mondiale* devrait diviser par deux les émissions de GES liées au cycle de vie des plastiques, principalement en réduisant les volumes de plastiques utilisés

Facteurs contribuant à l'évolution des émissions de GES par rapport au scénario de *Référence*, en gigatonnes d'équivalent dioxyde de carbone (Gt éq. CO_2), 2060

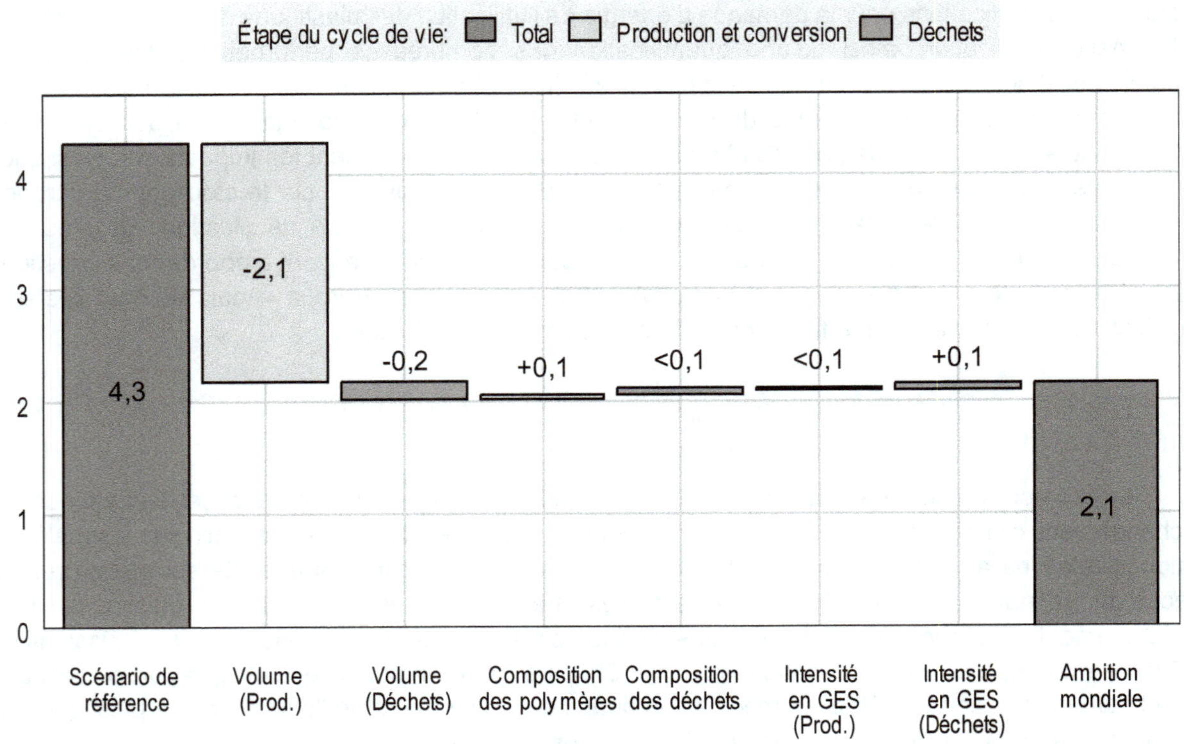

Note : Ce graphique en cascade décrit les émissions de GES liées au cycle de vie des plastiques dans le scénario de *Référence* (barre à l'extrême gauche) et dans le scénario d'*Ambition mondiale* (barre à l'extrême droite). Les autres barres montrent les contributions des divers déterminants de l'évolution des émissions liées au cycle de vie entre ce scénario et le scénario de *Référence*. On entend par « production » les émissions générées par la production de polymères bruts, tandis que la « transformation » concerne les émissions liées à la transformation des plastiques en produits. On entend par « déchets » les émissions liées à la fin de vie des plastiques (incinération, recyclage ou mise en décharge). Le détail des barres par élément est le suivant (de gauche à droite, consulter l'annexe A pour les détails) :

1. « Volume (Prod) » montre l'évolution des émissions imputables à l'utilisation totale de plastiques, dans l'hypothèse où les coefficients d'émissions et leur composition sont identiques à ceux du scénario de *Référence*.
2. « Volume (Déchets) » montre l'évolution des émissions imputables au total des déchets plastiques, dans l'hypothèse où les coefficients d'émissions et leur composition sont identiques à ceux du scénario de *Référence*.
3. « Composition des polymères » ajoute l'effet des évolutions attendues dans la composition des plastiques utilisés.
4. « Composition des déchets » ajoute l'effet de l'évolution prévue dans la composition des traitements en fin de vie, notamment le passage des plastiques primaires aux plastiques secondaires et les changements en matière d'incinération (sans tenir compte de l'incidence des procédés de valorisation énergétique).
5. « Intensité en GES ajoutent les évolutions des coefficients d'émission (dues aux changements dans la structure de production envisagés dans le modèle ENV-Linkages), à la fois du côté de la production et de la transformation (« Prod. ») et du côté des déchets (« Déchets »).

Source : modèle ENV-Linkages de l'OCDE.

StatLink https://stat.link/pd08fc

Parmi les trois piliers du scénario d'*Ambition mondiale*, (voir le Chapitre 8), c'est la limitation de la demande de plastiques qui réduit le plus les émissions de gaz à effet de serre, suivie de l'augmentation du recyclage (Graphique 9.2, Partie A). La raison en est que la majeure partie de l'augmentation des émissions dans le scénario de *Référence* est due à la hausse de l'utilisation des plastiques (Chapitre 6) et que ces piliers visent directement la consommation et la production des produits plastiques via des taxes ou l'allongement de la durée de vie des produits. Toutefois, une partie de l'atténuation des émissions en lien avec la gestion des déchets induite par le renforcement du pilier recyclage est contrebalancée par l'augmentation du recyclage qui remplace la mise en décharge sanitaire et les déchets mal gérés, eux-mêmes moins émetteurs[6]. Enfin, la fermeture des voies des rejets n'a qu'un impact limité sur les émissions de GES liées au cycle de vie des plastiques.

Ces résultats soulignent que le potentiel d'atténuation du changement climatique des politiques relatives aux plastiques réside principalement dans la baisse de la demande de plastiques (à la fois primaires et secondaires), et que la structure et la technologie de production et de gestion des déchets ne jouent qu'un rôle minime. Comme indiqué dans les *Perspectives mondiales des plastiques : Déterminants économiques, répercussions environnementales et possibilités d'action* (OCDE, 2023[1]), une conclusion plus précise sur cette question exige une étude plus détaillée de l'impact sur les GES des possibles substitutions des plastiques par d'autres produits et matériaux, et des répercussions des politiques relatives aux plastiques sur d'autres secteurs de l'économie.

Les politiques du scénario d'*Ambition mondiale* affectent également les émissions totales de GES (Graphique 9.2, Partie B), et pas uniquement celles issues du cycle de vie des plastiques. L'évolution des émissions mondiales de GES dépend de déterminants très divers comparée à celle des émissions liées aux plastiques : les émissions liées aux plastiques se concentrent dans quelques secteurs économiques et ne représentent pas forcément un pourcentage élevé des émissions de GES de ces secteurs, alors que les émissions mondiales de GES concernent l'ensemble des secteurs. L'évolution des émissions mondiales de GES résulte de changements dans l'activité économique et dans l'intensité en GES moyenne de l'activité économique, qui sont le reflet des modifications induites par l'action publique dans la production sectorielle. Si la baisse de l'utilisation des plastiques est contrebalancée par l'utilisation de matériaux à forte intensité d'émissions de GES, les émissions mondiales pourraient augmenter. Cela n'est heureusement pas le cas, car les projections d'évolution des émissions mondiales de GES dans le scénario d'*Ambition mondiale* indiquent une baisse de 0,8 Gt éq. CO_2 (-0,8 %) par rapport aux émissions du scénario de *Référence* en 2060.

Cette diminution des émissions mondiales de GES est plus importante que la réduction de l'activité économique (-0,7 %, comme indiqué dans le Graphique 9.7). Cette situation révèle que les politiques relatives aux plastiques ont de petites répercussions positives pour le climat dans d'autres secteurs de l'économie, ce qui implique que ces mesures ne donnent pas lieu à d'importantes substitutions par des matériaux à forte intensité de GES. Elles ne semblent pas non plus augmenter sensiblement les émissions issues de l'utilisation de produits plastiques qui ne sont pas incluses dans les émissions liées au cycle de vie des plastiques (par exemple dues au remplacement des plastiques par des matériaux plus lourds dans la production automobile, ce qui augmente le poids des véhicules et par conséquent les émissions de GES). Ce résultat montre ainsi que les politiques relatives aux plastiques sont un moyen efficace de réduire les émissions de GES liées au cycle de vie des plastiques[7].

Comme pour les émissions de GES liées au cycle de vie des plastiques, la réduction de la demande est ce qui contribue le plus aux réductions des émissions mondiales de GES. L'amélioration du recyclage et la fermeture des voies des rejets augmentent les émissions mondiales, mais d'un ordre de grandeur bien inférieur à la réduction de la demande. Il est intéressant de noter que la fermeture des voies des rejets a des répercussions plus importantes sur les émissions totales de GES que sur celles liées au cycle de vie des plastiques. Alors que les effets directs sur la production de plastiques et sur les quantités de plastiques recyclées ou incinérées sont limités, les investissements compris dans ce pilier modifient la répartition de la valeur ajoutée dans le secteur et l'orientent vers la gestion des déchets et les activités de construction (voir le Chapitre 8) au détriment d'autres activités ; ces effets donnent lieu à une légère augmentation des émissions totales de GES.

Graphique 9.2. La réduction de la demande de plastiques est ce qui contribue le plus aux réductions des émissions

Variation entre le scénario d'*Ambition mondiale* et le scénario de *Référence* en gigatonnes d'équivalent dioxyde de carbone (Gt éq. CO_2), 2060

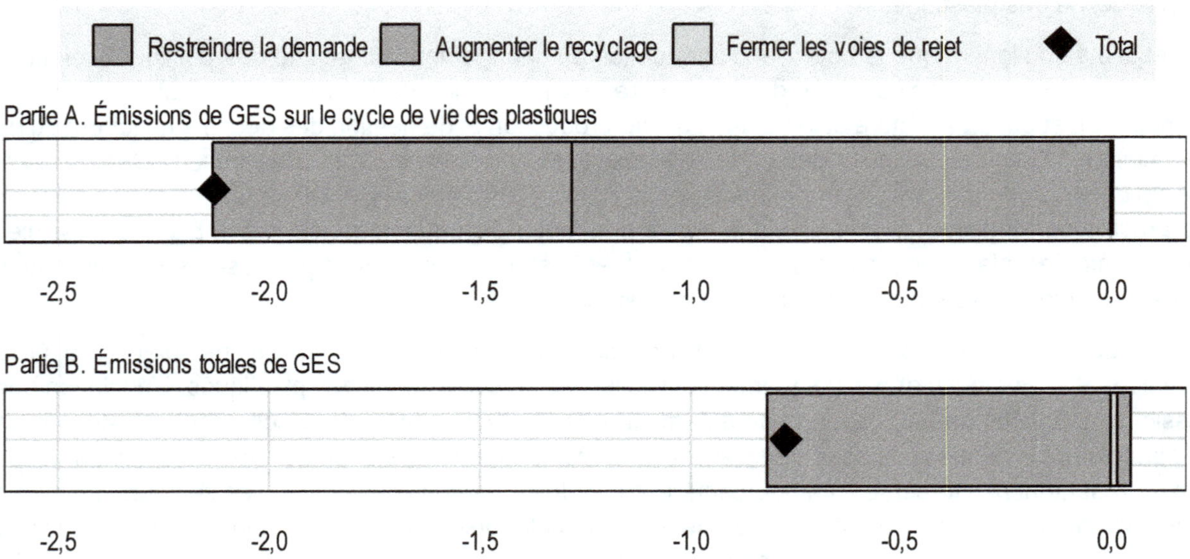

Note : les émissions de GES liées au cycle de vie des plastiques correspondent au GES émises tout au long de leur cycle de vie, tandis que les émissions totales de GES renvoient à tous les GES émis dans le monde par tous les secteurs et agents.
Source : modèle ENV-Linkages de l'OCDE.

StatLink https://stat.link/pcrtf9

9.3. Le scénario conjoint *d'Ambition mondiale et d'Atténuation du changement climatique* fait baisser les émissions de gaz à effet de serre liées au cycle de vie des plastiques

9.3.1. Les politiques d'atténuation du changement climatique seules ont peu d'impact sur l'utilisation des plastiques

Bien que ne portant pas spécialement sur le secteur des plastiques, le scénario d'*Atténuation du changement climatique* devrait permettre de réduire l'utilisation des plastiques de 34 millions de tonnes (Mt) d'ici 2060, et de 24 Mt s'il est mis en œuvre conjointement avec le scénario d'*Ambition mondiale* (Graphique 9.3). Ces réductions de l'utilisation des plastiques sont modestes comparées à l'utilisation totale de plastiques prévue en 2060, qui est de 1 231 Mt dans le scénario de *Référence*, et comparées à la baisse de l'utilisation dans le scénario d'*Ambition mondiale* (environ 403 Mt). Ceci parce que les politiques du scénario d'*Atténuation du changement climatique* ne visent pas la production de plastiques directement, et ne l'influencent que par l'intermédiaire de la tarification du carbone et des prix de l'électricité, qui ont à leur tour un effet sur les prix de production des plastiques et sur le mix énergétique utilisé pour produire les plastiques. Par rapport à la taxe de 1 000 USD/tonne sur les plastiques dans le scénario d'*Ambition mondiale*, le prix moyen du carbone dans le monde de 69 USD/tonne de CO_2 dans le scénario d'*Atténuation du changement climatique* n'équivaut qu'à 241 USD/tonne de plastique (en utilisant l'intensité en CO_2 de référence moyenne de 2060). Par ailleurs, les taxes sur la consommation de plastiques sont également complétées par d'autres mesures dans le scénario d'*Ambition mondiale*.

Graphique 9.3. Le scénario d'Atténuation du changement climatique seul n'a qu'un impact limité sur l'utilisation mondiale de plastiques

Utilisation mondiale de plastiques (Mt), 2060

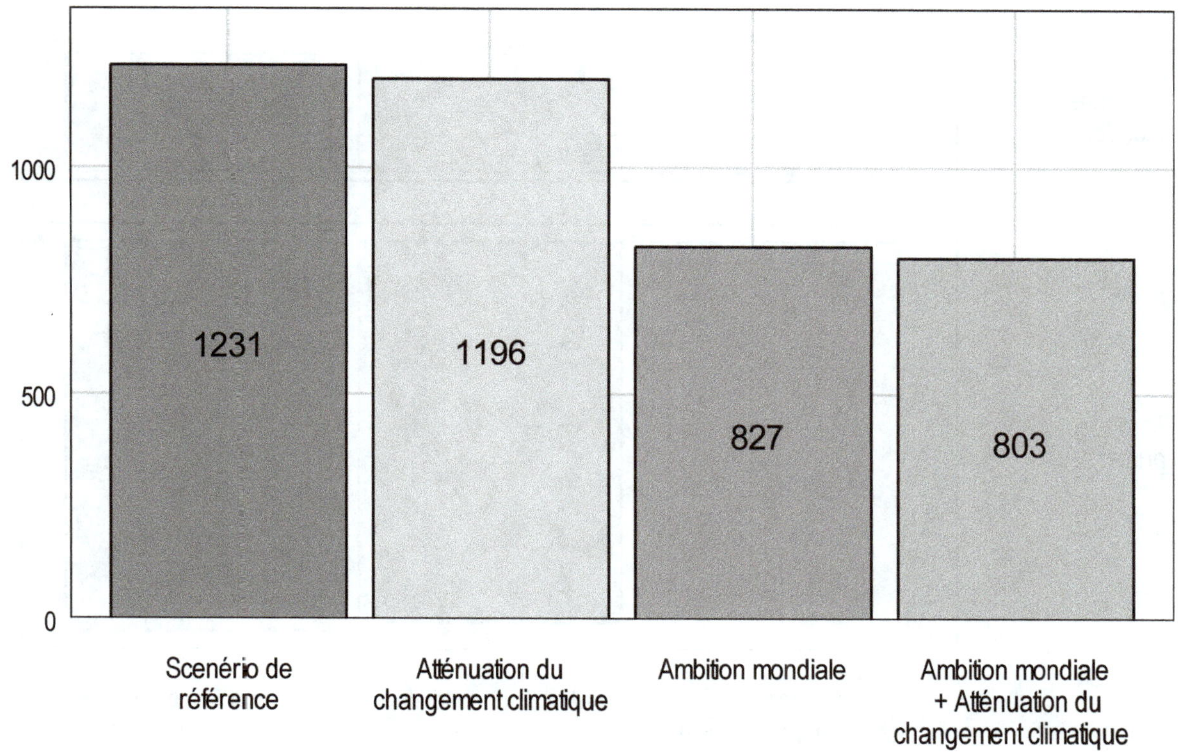

Source : modèle ENV-Linkages de l'OCDE.

StatLink https://stat.link/dhvijl

Malgré leur faible effet sur l'utilisation mondiale de plastiques, les politiques d'atténuation du changement climatique ont bel et bien une influence sur la *structure* de la consommation de plastiques, en particulier l'équilibre entre plastiques primaires et secondaires (Graphique 9.4). Le scénario d'*Atténuation du changement climatique* devrait entraîner la baisse de la production des plastiques primaires et secondaires, car ces deux procédés de production nécessitent de l'énergie. Toutefois, la production de plastiques primaires est plus touchée que celle des secondaires car elle est plus énergivore. Cette situation entraîne une nouvelle augmentation de la part des plastiques secondaires dans la production totale de plastiques lorsque les politiques d'atténuation du changement climatique sont mises en œuvre seules. Lorsqu'elles sont combinées à des politiques sur les plastiques dans le scénario *d'Ambition mondiale et d'Atténuation du changement climatique*, la part des plastiques secondaires dans la consommation totale de plastiques n'augmente alors pas autant. Cela tient au fait que les plastiques secondaires affichent également un profil d'émission de GES non négligeable.

Graphique 9.4. Le scénario d'*Atténuation du changement climatique* réduit davantage l'utilisation des plastiques primaires que celle des secondaires

Évolution en valeur absolue de l'utilisation des plastiques par rapport au scénario de *Référence* en mégatonnes (Mt), 2060

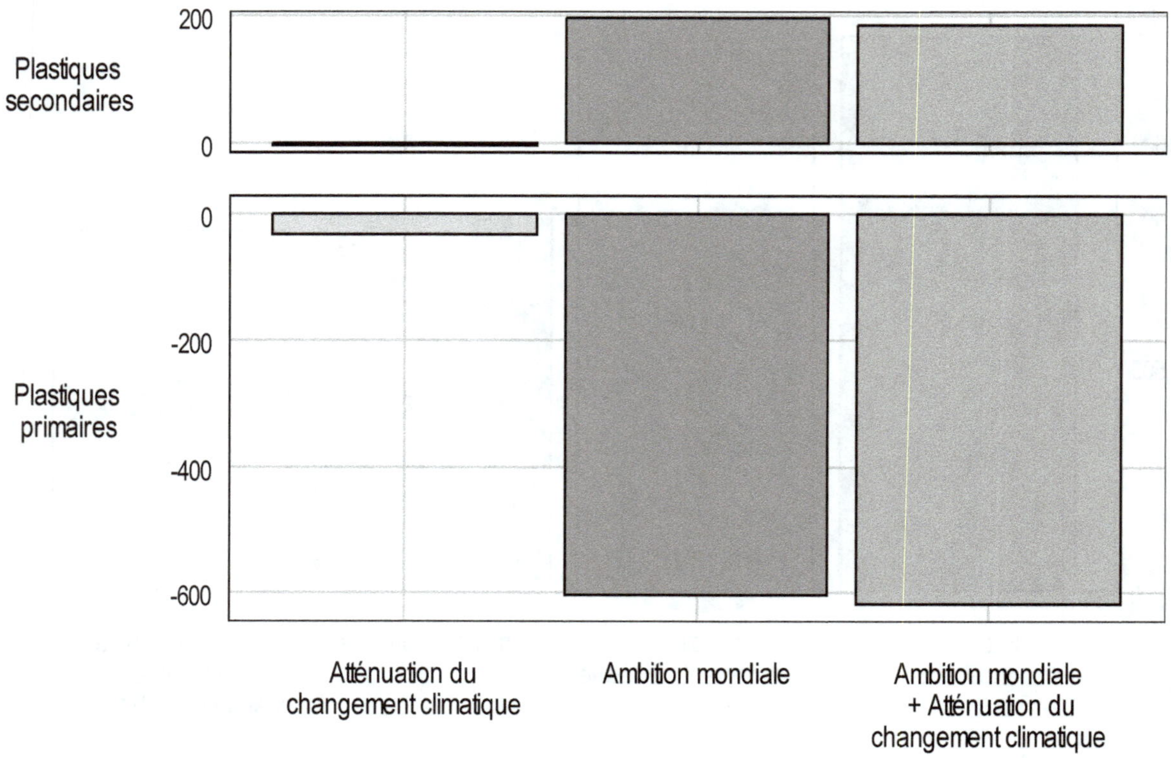

Source : modèle ENV-Linkages de l'OCDE.

StatLink https://stat.link/vaew8y

9.3.2. Un ensemble de mesures combinées permet de réduire sensiblement les émissions de GES liées au cycle de vie des plastiques

Les politiques du scénario d'*Atténuation du changement climatique* ont d'importantes répercussions sur les émissions de GES liées au cycle de vie des plastiques (Graphique 9.5), les réduisant de 1,3 Gt éq. CO_2 en 2060 par rapport au scénario de *Référence* (soit une baisse de 31 %). Le scénario conjoint d'*Ambition mondiale et d'Atténuation du changement climatique* réduit encore davantage ces émissions : de 2,8 Gt éq. CO_2 en 2060 (baisse de 67 %) à 1,4 Gt éq. CO_2, ce qui est en dessous du niveau des émissions de 2019.

Graphique 9.5. Le scénario *d'Ambition mondiale et d'Atténuation du changement climatique* ramène les émissions de GES liées au cycle de vie des plastiques en dessous des niveaux de 2019

Émissions de gaz à effet de serre issues du cycle de vie des plastiques en gigatonnes d'équivalent dioxyde de carbone (Gt éq. CO_2), 2019 et 2060

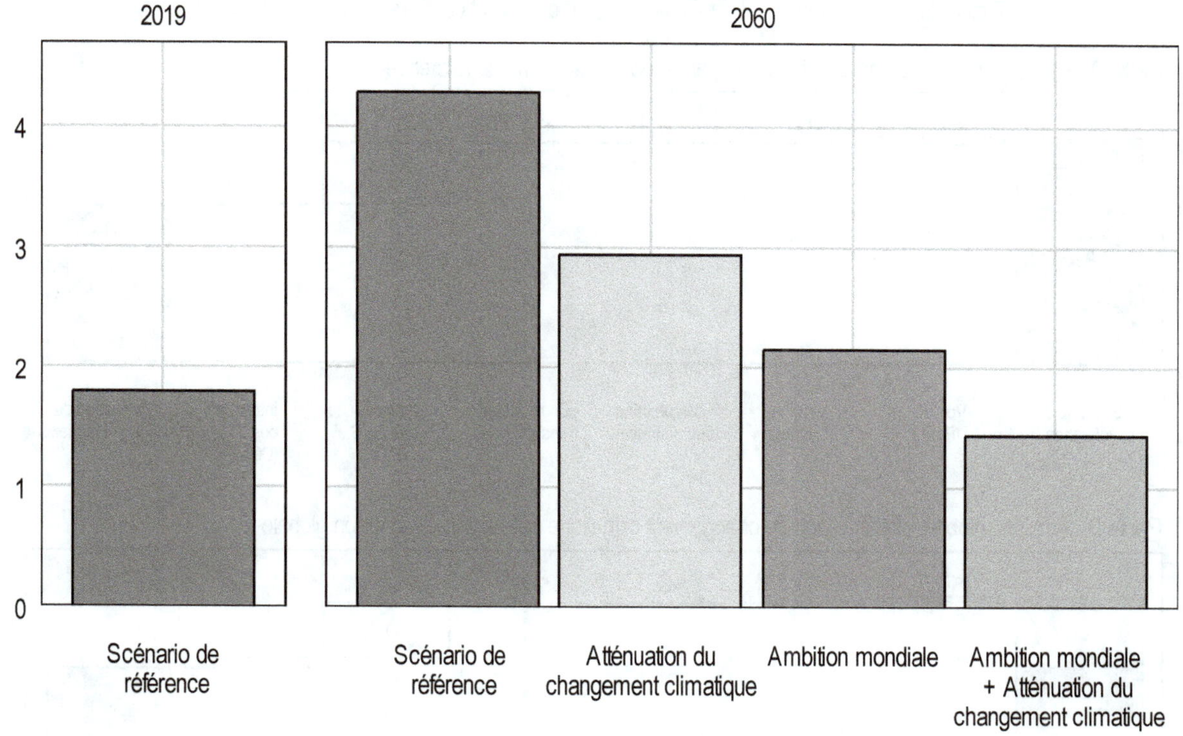

Source : modèle ENV-Linkages de l'OCDE.

StatLink https://stat.link/1fyng2

La principale voie par laquelle le scénario d'*Atténuation du changement climatique* affecte les émissions de GES liées au cycle de vie des plastiques est un transfert de la consommation d'énergie dans les activités liées aux plastiques (production et transformation et, dans une moindre mesure, fin de vie) vers des sources à moindre intensité de carbone, comme l'électricité et le gaz. Il en est ainsi que le scénario d'*Atténuation du changement climatique* soit mis en œuvre seul (Partie A du Graphique 9.6) ou combiné avec le scénario d'*Ambition mondiale* (Partie B). Ce transfert de la consommation d'énergie vers des sources à moindre intensité de carbone est motivé par la tarification du carbone, qui réduit la part de l'énergie fossile, et la transformation structurelle du secteur de l'électricité, qui réduit les émissions de GES indirectes issues de la production d'électricité. Le recyclage est la seule option d'élimination qui est affectée par la tarification du carbone – car les émissions de GES découlant de l'incinération sont principalement des émissions directes et non liées à la consommation d'énergie, et parce que les émissions résultant de la mise en décharge sanitaire sont très faibles. La tarification du carbone entraîne une diminution du volume de plastiques recyclés, mais comme le secteur du recyclage n'est pas très émetteur de GES, cette baisse est modérée. C'est pourquoi la contribution de la fin de vie à l'atténuation des GES est limitée. La composition des polymères et des déchets ne contribue pas à l'effort d'atténuation, mais cela peut être dû à une limite du modèle ENV-Linkages, qui ne différencie pas l'intensité en GES des polymères du fait du manque d'informations sur les structures de coûts des différents polymères, ce qui ne permet pas aux politiques d'atténuation du changement climatique d'avoir des répercussions spécifiques selon les polymères.

Graphique 9.6. Les politiques du scénario d'*Atténuation du changement climatique* réduisent principalement l'intensité en GES de la production de plastiques

Facteurs contribuant à l'évolution des émissions de GES liées au cycle de vie des plastiques en gigatonnes d'équivalent dioxyde de carbone (Gt éq. CO_2), 2060

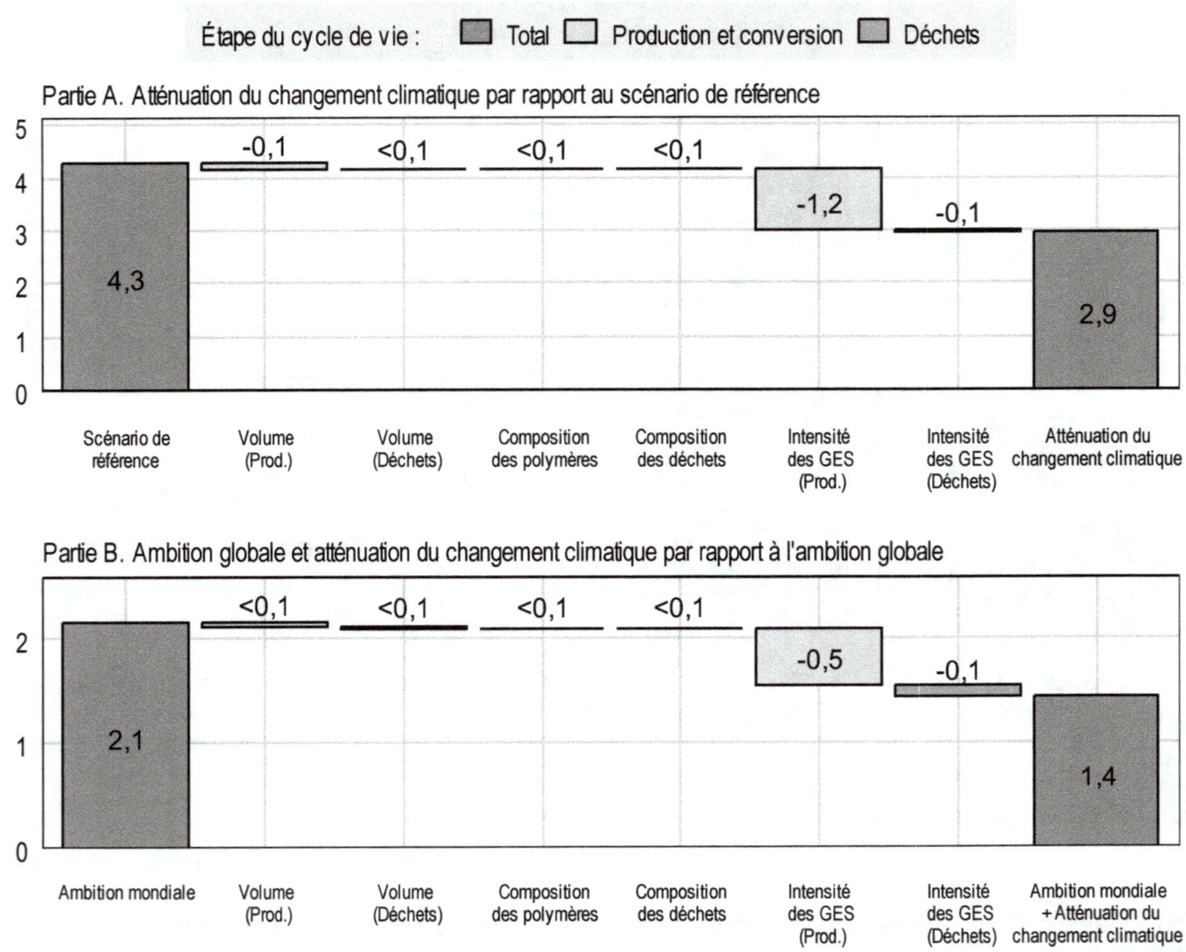

Note : Ce graphique en cascade décrit les émissions de GES liées au cycle de vie des plastiques dans le scénario sans atténuation du changement climatique (barre à l'extrême gauche) et dans le même scénario avec atténuation du changement climatique (barre à l'extrême droite). Les autres barres montrent les contributions des divers déterminants de l'évolution des émissions liées au cycle de vie entre les scénarios avec et sans atténuation du changement climatique. On entend par « production » les émissions générées par la production de polymères bruts, tandis que la « transformation » concerne les émissions liées à la transformation des plastiques en produits. On entend par « déchets » les émissions liées à la fin de vie des plastiques (incinération, recyclage ou mise en décharge). Le détail des barres par élément est le suivant (de gauche à droite, consulter l'annexe A pour les détails) :

1. « Volume (Prod) » montre l'évolution des émissions imputables à l'utilisation totale de plastiques, dans l'hypothèse où les coefficients d'émissions et leur composition sont identiques à ceux du scénario sans atténuation du changement climatique.
2. « Volume (Déchets) » montre l'évolution des émissions imputables au total des déchets plastiques, dans l'hypothèse où les coefficients d'émissions et leur composition sont identiques à ceux du scénario sans atténuation du changement climatique.
3. « Composition des polymères » ajoute l'effet des évolutions attendues dans la composition des plastiques utilisés.
4. « Composition des déchets » ajoute l'effet de l'évolution prévue dans la composition des traitements en fin de vie, notamment le passage des plastiques primaires aux plastiques secondaires et les changements en matière d'incinération (sans tenir compte de l'incidence des procédés de valorisation énergétique).
5. « Intensité en GES ajoutent les évolutions des coefficients d'émission (dues aux changements dans la structure de production envisagés dans le modèle ENV-Linkages), à la fois du côté de la production et de la transformation (« Prod. ») et du côté des déchets (« Déchets »).

Source : modèle ENV-Linkages de l'OCDE.

StatLink https://stat.link/4bz8ce

Les politiques d'atténuation du changement climatique et celles relatives aux plastiques influent donc sur les émissions de GES liées au cycle de vie des plastiques via des circuits différents : l'intensité en GES de la production de plastiques pour les premières (Graphique 9.6), et la réduction de l'utilisation de plastiques pour les dernières (Graphique 9.1). Cela signifie que ces deux séries de mesures présentent des synergies permettant d'optimiser l'atténuation des émissions de GES liées au cycle de vie des plastiques.

Ne se limitant pas aux émissions de GES liées au cycle de vie des plastiques, le scénario d'*Atténuation du changement climatique* réduit les émissions mondiales de GES de 31,6 Gt éq. CO_2 en 2060, soit une réduction de 33 % (Graphique 9.7, Partie B), ce qui constitue son objectif premier. Les politiques relatives aux plastiques du scénario d'*Ambition mondiale* ont des effets limités sur les émissions de GES, avec une réduction globale de 0,8 Gt éq. CO_2 (Section 9.3), alors que le scénario d'*Atténuation du changement climatique* permet une réduction des émissions mondiales de GES de 32,1 Gt éq. CO_2. Les effets globaux des deux ensembles de mesures sur les émissions mondiales de GES sont supérieurs à la somme de leurs composantes, ce qui montre que les politiques sur les plastiques et celles d'atténuation du changement climatique sont largement complémentaires. Toutefois, les politiques d'atténuation du changement climatique ne peuvent pas se substituer à celles relatives aux plastiques pour réduire les rejets de plastiques (comme indiqué dans la Section 9.3.1), et ces dernières ne peuvent pas remplacer les actions spécialement menées pour atténuer le changement climatique.

9.3.3. Les effets économiques de la combinaison des scénarios d'Ambition mondiale et d'atténuation du changement climatique soulignent leur complémentarité

Comme la réduction des émissions de gaz à effet de serre est le principal l'objectif des politiques d'atténuation du changement climatique, elles présentent un meilleur rapport coût-efficacité que celles relatives aux plastiques pour atteindre cet objectif (Partie A dans Graphique 9.7). Le coût des mesures du scénario d'*Atténuation du changement climatique* devrait donner lieu à une réduction du PIB de 2,2 % en 2060, et à une diminution des émissions de GES de 33 %. Seul, le scénario d'*Ambition mondiale* réduit le PIB de 0,7 %, et les émissions de GES sont réduites de 0,8 % par voie de conséquence. De ce fait, les politiques d'atténuation du changement climatique sont un moyen plus efficient de réduire les émissions. Ceci est tout à fait normal, car les politiques d'atténuation du changement climatique ciblent l'économie dans son ensemble, tandis que celles relatives aux plastiques ne ciblent que le secteur des plastiques. Les réductions des émissions de GES ne sont cependant pas l'objectif majeur des politiques relatives aux plastiques, et celles-ci fournissent d'autres bienfaits importants pour l'environnement, notamment la réduction des rejets de plastiques dans l'environnement (Chapitres 7 et 8).

Les coûts des politiques d'atténuation du changement climatique ne sont pas sensiblement affectés par l'existence de politiques relatives aux plastiques. L'impact sur le PIB des politiques d'atténuation, considéré seul ou en plus de celui des politiques relatives aux plastiques, est d'environ -2,2 % par rapport au scénario de *Référence* dans les deux cas. Enfin, au niveau mondial, les politiques des deux scénarios sont complémentaires, car les coûts du scénario commun relatif aux plastiques et au climat (*Ambition mondiale* et *Atténuation du changement climatique*) sont très proches de la somme des coûts des deux scénarios pris individuellement. Cet état de fait souligne que les synergies entre les mesures relatives aux plastiques et celles d'atténuation du changement climatique se trouvent surtout dans le secteur des plastiques.

Graphique 9.7. Les effets sur les émissions et sur le PIB des politiques relatives aux plastiques et au climat sont plus marqués lorsqu'elles sont combinées

Pourcentage de variation par rapport au scénario de *Référence*, 2060

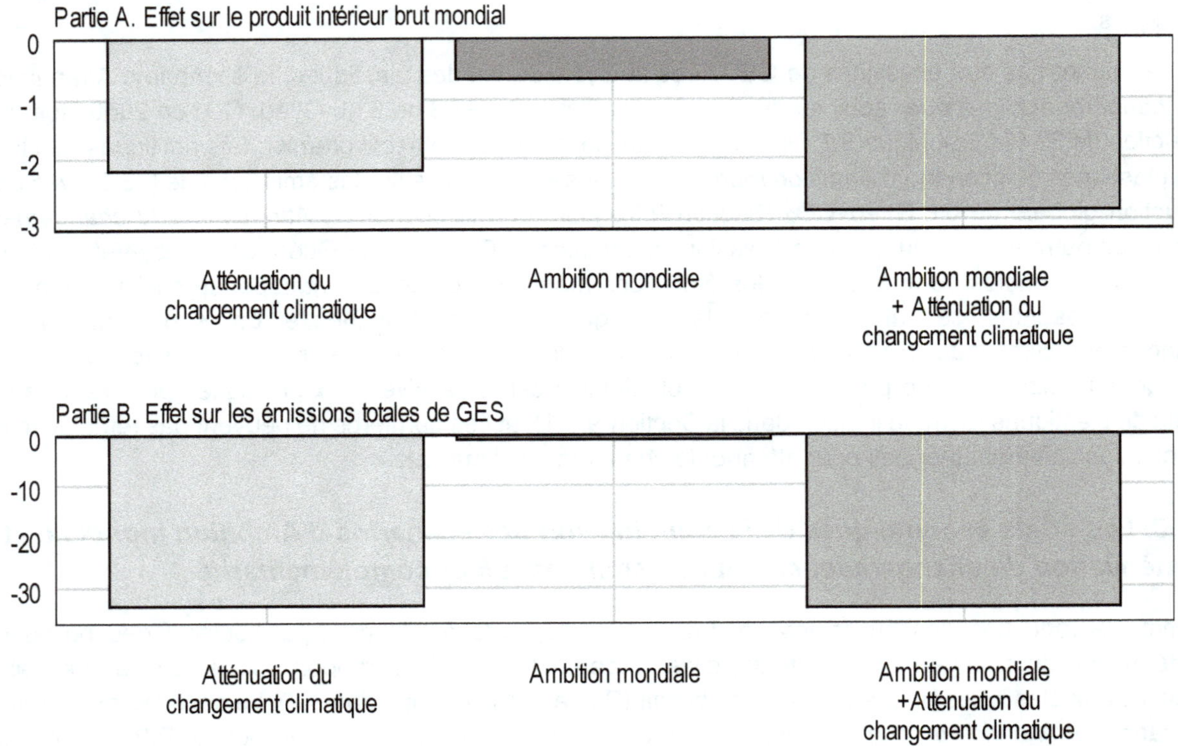

Source : modèle ENV-Linkages de l'OCDE.

StatLink https://stat.link/6uiton

Références

Agence internationale de l'énergie (2018), *World Energy Outlook 2018*, Agence internationale de l'énergie, Paris, https://www.iea.org/reports/world-energy-outlook-2018. [8]

Evangeliou, N. et al. (2020), « Atmospheric transport is a major pathway of microplastics to remote regions », *Nature Communications*, vol. 11/1, p. 3381, https://doi.org/10.1038/s41467-020-17201-9. [6]

Ford, H. et al. (2022), « The fundamental links between climate change and marine plastic pollution », *Science of The Total Environment*, vol. 806, p. 150392, https://doi.org/10.1016/j.scitotenv.2021.150392. [4]

OCDE (2023), *Perspectives mondiales des plastiques : Déterminants économiques, répercussions environnementales et possibilités d'action*, Éditions OCDE, Paris, https://doi.org/10.1787/5c7bba57-fr. [1]

Royer, S. et al. (2018), « Production of methane and ethylene from plastic in the environment », *PLOS ONE*, vol. 13/8, https://doi.org/10.1371/journal.pone.0200574. [2]

Shen, M. et al. (2020), « (Micro)plastic crisis: Un-ignorable contribution to global greenhouse gas emissions and climate change », *Journal of Cleaner Production*, vol. 254, p. 120138, https://doi.org/10.1016/j.jclepro.2020.120138. [3]

Shen, M. et al. (2020), « Can microplastics pose a threat to ocean carbon sequestration? », *Marine Pollution Bulletin*, vol. 150, p. 110712, https://doi.org/10.1016/j.marpolbul.2019.110712. [5]

SYSTEMIQ (2022), *ReShaping Plastics: Pathways to a Circular, Climate Neutral Plastics System in Europe*, http://www.systemiq.earth (consulté le 27 avril 2022). [7]

Notes

[1] Cette réduction des émissions mondiales de GES ne suffit pas pour atteindre les objectifs de l'Accord de Paris de contenir l'augmentation des températures mondiales nettement en dessous de 2 °C, et si possible 1,5 °C. Toutefois, le scénario reste utile pour illustrer l'impact des politiques de changement climatique sur les plastiques et les éventuelles synergies avec les politiques relatives aux plastiques.

[2] Les plastiques secondaires utilisent moins d'énergie pour leur production, mais le processus de recyclage nécessaire pour créer les débris plastiques entraîne d'importantes émissions de GES. La production de plastiques primaires biosourcés implique moins d'émissions directes que la production de plastiques d'origine fossile. Toutefois, les effets globaux, en tenant compte de l'éventuelle modification de l'utilisation des sols, sont ambigus, et dépendent des techniques de production de la biomasse et de la quantité de déforestation qui pourrait être causée par la hausse de la production de plastiques biosourcés (ainsi qu'il est expliqué en détail dans la Section 6.1.2 du Chapitre 6).

[3] Ces deux instruments sont adaptés en fonction des informations issues des scénarios de développement durable des *Perspectives mondiales de l'énergie 2018* (Agence internationale de l'énergie, 2018[8]). Globalement, ce scénario correspond à une ambition modérée d'atténuation du changement climatique, car il réduit environ d'un tiers les émissions de GES d'ici 2060 (voir la Section 9.3.3).

[4] Les deux instruments sont modélisés conjointement dans le modèle ENV-Linkages de l'OCDE. Le modèle inclut une représentation détaillée du secteur de l'électricité avec différentes technologies ; et des options d'atténuation pour les entreprises et les ménages en permettant la substitution des combustibles dans les différentes fonctions de production des entreprises et fonctions d'utilité dans les ménages. Le modèle a été mis à jour pour intégrer la structure de production et le devenir en fin de vie des plastiques primaires et secondaires, et pour adopter une approche axée sur le cycle de vie des émissions de GES attribuables aux plastiques (voir l'Annexe A). En tant que modèle d'équilibre général mondial, ENV-Linkages est aussi capable de représenter les riches interconnexions entre les secteurs et les régions. À ce titre, il est particulièrement adapté pour étudier les interactions entre les politiques d'atténuation du changement climatique et les politiques relatives aux plastiques. Toutefois, les limites en matière de disponibilité des données et la structure du modèle ne permettent pas à l'évaluation d'inclure les effets des changements d'utilisation des terres dus à la production de plastiques biosourcés, ni le possible potentiel d'atténuation de la valorisation énergétique des déchets. Mais ces lacunes restent mineures, car le scénario d'*Ambition mondiale* n'inclut pas de transition vers les plastiques biosourcés, et le potentiel d'atténuation de la production d'électricité par la valorisation énergétique des déchets est encore sujet à débat.

[5] Davantage de détails sur la méthodologie utilisée pour analyser les effets qui conduisent à l'évolution des émissions sont fournis à l'Annexe A.

[6] Cet effet peut être surévalué ou sous-évalué en fonction de la part des déchets incinérés via des processus de valorisation énergétique, et du mix électrique dans le pays où a lieu l'incinération.

[7] L'ampleur des réductions d'émissions permises par les politiques relatives aux plastiques doivent également être confirmées par des analyses plus fines des effets induits par les substitutions, car la modélisation de ces substitutions dans le modèle ENV-Linkages n'est opérationnelle qu'à un niveau sectoriel global.

Annexe A. Cadre de modélisation

Cette annexe présente les méthodes appliquées pour fournir les projections contenues dans le présent rapport et dans la Base de données des Perspectives des plastiques de l'OCDE. Ces projections concernent, pour la période allant de 2019 à 2060, l'utilisation des plastiques, la production de déchets plastiques, la gestion des déchets plastiques et les répercussions environnementales associées. Les répercussions environnementales sont subdivisées en plusieurs catégories : (i) rejets dans l'environnement, avec le détail de la part des macroplastiques et de celle des microplastiques, (ii) rejets dans les milieux aquatiques, (iii) émissions de particules dues à l'abrasion des pneus et des freins, (v) émissions de gaz à effet de serre imputables au cycle de vie des plastiques et (vi) répercussions du cycle de vie imputables à la production et à l'élimination des plastiques.

L'annexe se compose des sections suivantes :

- Vue d'ensemble du cadre de modélisation ENV-Linkages.
- Vue d'ensemble des sources de données utilisées calibrer le module sur les plastiques.
- Modélisation de l'utilisation de plastiques dans le modèle ENV-Linkages.
- Modélisation des déchets plastiques et du destin des plastiques en fin de vie dans le modèle ENV-Linkages.
- Modélisation des rejets de plastiques dans l'environnement (Université technique du Danemark, DTU).
- Modélisation des rejets de plastiques dans les milieux aquatiques et terrestres (Université de Leeds).
- Modélisation des rejets de plastiques dans les milieux aquatiques (Laurent Lebreton).
- Modélisation des émissions de particules dans l'air résultant de l'usure des pneus et des freins (Institut norvégien pour la recherche atmosphérique, NILU).
- Modélisation des émissions de gaz à effet de serre imputables aux plastiques dans le modèle ENV-Linkages.
- Modélisation des effets d'une augmentation de la part de marché des plastiques biosourcés (modèle CGE-Box).
- Modélisation des autres répercussions sur la santé et sur l'environnement imputables au cycle de vie des plastiques (Université de Gand).

Vue d'ensemble du cadre de modélisation

La présente section fournit les détails des méthodologies employées pour préparer la base de données qui fait également partie de la Base de données des Perspectives des plastiques de l'OCDE (OECD.Stat, 2022[1]) et qui a été utilisée pour réaliser les projections. Les estimations pour l'année de référence (2019) ont été établies en s'appuyant sur les résultats du modèle d'équilibre général calculable (EGC) de l'OCDE (ENV-Linkages) (Château, Dellink et Lanzi, 2014[2]), en comblant les lacunes dans les données existantes et en procédant à des projections des répercussions environnementales. Les projections également s'appuient sur le modèle ENV-Linkages.

La modélisation des flux économiques, de l'utilisation de plastiques, des déchets plastiques et de leurs répercussions environnementales comporte différentes étapes, comme l'illustre le Graphique A A.1. L'utilisation de plastiques est fonction des projections économiques sectorielles et régionales, qui en déterminent l'évolution au fil du temps. Les volumes de plastiques servent ensuite à calculer les déchets créés, compte tenu de la durée de vie des produits selon leurs différentes applications. Les déchets créés sont en outre ventilés selon le traitement auquel ils sont soumis, c'est-à-dire selon qu'ils sont recyclés (collectés en vue de leur recyclage), incinérés, enfouis, mal gérés ou qu'ils constituent des déchets sauvages (voir les définitions au chapitre 2), en tenant compte des disparités régionales. Des projections sont également réalisées pour certaines catégories de répercussions environnementales : les rejets de microplastiques et macroplastiques dans l'environnement, les rejets dans les milieux aquatiques, la création de particules due à l'usure des pneus et des freins, les émissions de gaz à effet de serre (GES), les effets d'une augmentation de la part de marché des plastiques biosourcés et d'autres répercussions du cycle de vie des plastiques sur la santé et sur l'environnement.

L'analyse fait appel à une série d'outils de modélisation. Plus particulièrement, les projections des flux économiques, des plastiques, des déchets plastiques, et des émissions de gaz à effet de serre (étapes 1 à 4) reposent sur les outils de modélisation internes de l'OCDE, alors que celles relatives aux autres répercussions environnementales sont issues de modèles externes (étape 5). La méthodologie n'est pas totalement linéaire : une partie des informations fournies à l'étape 5 par les modèles externes ont été utilisées pour calibrer les modèles ENV-Linkages aux étapes 1 à 4.

Graphique A A.1. Étapes méthodologiques

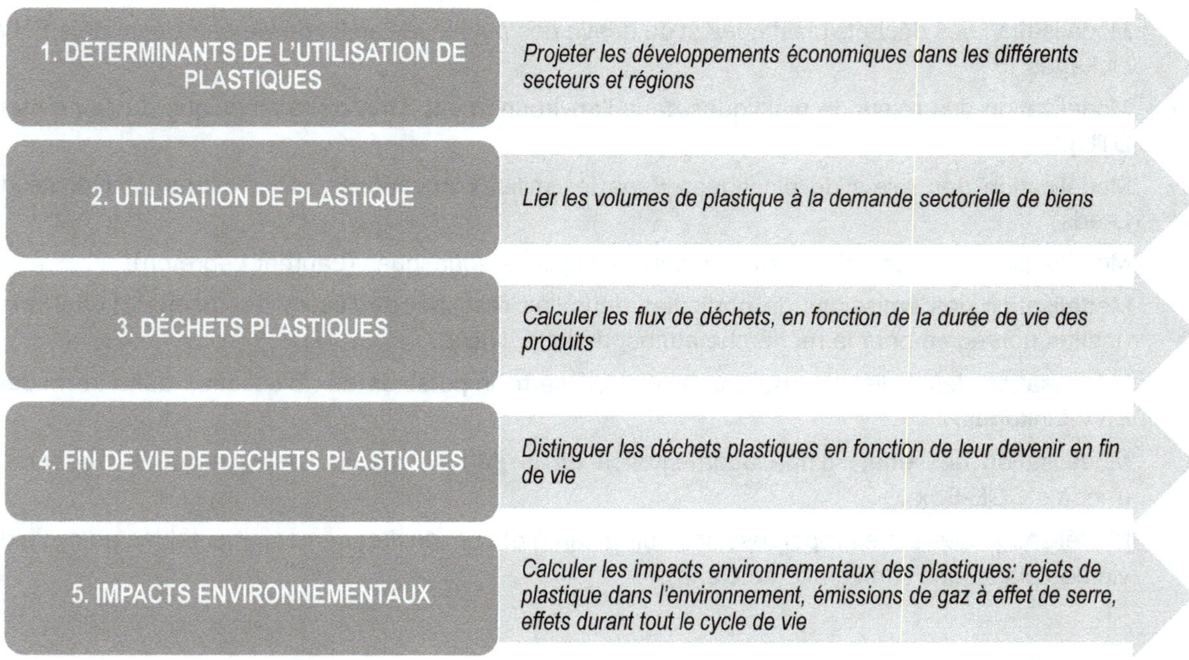

Source : établi par les auteurs.

ENV-Linkages, le modèle d'équilibre général calculable (EGC) dynamique interne de l'OCDE, sert de base à l'estimation des activités économiques à l'origine de l'utilisation de plastiques en 2019. Il s'agit d'un modèle multisectoriel et multirégional qui établit un lien entre les activités économiques et les aspects énergétiques et environnementaux. Château, Dellink et Lanzi (2014[2]) offrent une description plus poussée du modèle. Château, Rebolledo et Dellink (2011[3]) décrivent la procédure d'élaboration du scénario de *Référence*, tandis que l'OCDE illustre les résultats de référence récents (2019[4]).

Le modèle est fondé sur les matrices de comptabilité sociale (MCS) de la base de données GTAP 10 (Aguiar et al., 2019[5]). Elle décrit les flux bilatéraux d'échanges, la production, la consommation et l'utilisation intermédiaire des produits et des services, en incluant le capital, le travail et les recettes fiscales et leur utilisation. 2014 constitue l'année de référence des MCS et du modèle. Afin d'obtenir des estimations pour 2019, il a donc été nécessaire de faire tourner le modèle ENV-Linkages jusqu'à 2019 (voir Encadré A A.1 pour une vue d'ensemble du fonctionnement du modèle). Pour la période 2014 à 2019, les variations économiques à court terme sont conformes à celles enregistrées dans les bases de données internationales du Département des affaires économiques de l'OCDE (OCDE, 2020[6]) et du Fonds monétaire international (2020[7]).

Encadré A A.1. Le modèle ENV-Linkages

Dans le modèle ENV-Linkages, la production s'inscrit par hypothèse dans un contexte de réduction au minimum des coûts de marchés parfaits et de technologies à rendements d'échelle constants. La technologie de production est spécifiée sous la forme de fonctions de production imbriquées à élasticité de substitution constante (CES) s'inscrivant dans une hiérarchie ramifiée. Cette structure est reproduite pour chaque extrant, bien que le paramétrage des fonctions CES puisse différer selon les secteurs. Dans ce modèle, les technologies font l'objet d'une spécification putty/semi-putty, ce qui signifie que les possibilités de substitution entre les facteurs sont censées être plus fortes avec le nouveau capital qu'avec l'ancien. À court terme, cela confère une inertie au système économique, avec peu de possibilités de substitution des intrants les plus onéreux, mais permet à plus longue échéance un ajustement relativement souple des quantités aux variations de prix. L'accumulation de capital est modélisée comme dans le modèle traditionnel de croissance économique de type néo-classique établi par Solow/Swan, où la croissance économique est censée être le fruit d'une combinaison de travail, d'accumulation de capital et de progrès technique.

La demande de consommation des ménages est le résultat d'un comportement de maximisation statique formalisé au moyen d'un « système linéaire de dépenses étendu ». Un consommateur représentatif de chaque région – qui considère les prix comme donnés – répartit de manière optimale son revenu disponible sur tout l'éventail des produits de consommation et d'épargne. L'épargne est considérée comme un bien ordinaire dans la fonction d'utilité et ne dépend donc pas de l'adoption d'un comportement prospectif par le consommateur. Dans chaque région, les administrations perçoivent différents types d'impôts pour financer les dépenses publiques. Dans l'hypothèse d'une épargne publique (ou d'un déficit public) fixe, le budget de l'État est équilibré par ajustement de l'impôt sur le revenu auquel les consommateurs sont assujettis. À chaque période, l'investissement, net de l'amortissement économique, est égal à la somme de l'épargne publique, de l'épargne des consommateurs et des flux nets de capitaux en provenance de l'étranger.

Les échanges internationaux se composent d'un ensemble de flux bilatéraux régionaux. Le modèle adopte la spécification d'Armington et suppose que les produits nationaux et les produits importés ne sont pas parfaitement substituables. En outre, les produits importés de régions différentes sont aussi imparfaitement substituables. La répartition des échanges entre les différents partenaires est donc fonction des prix relatifs à l'équilibre.

L'équilibre des marchés suppose que, d'une part, la production totale de tout bien ou service soit égale à la demande auprès des producteurs locaux, augmentée des exportations, et que, d'autre part, la demande totale soit répartie entre les demandes (finale et intermédiaire) adressées aux producteurs locaux et la demande d'importations.

Le modèle ENV-Linkages est totalement homogène du point de vue des prix et seuls comptent les prix relatifs. Tous les prix sont exprimés dans l'unité de compte du système de prix qui a été arbitrairement choisie : l'indice OCDE des prix à l'exportation des produits manufacturés. Chaque région dispose d'une balance des opérations courantes établie dans cette unité de compte.

ENV-Linkages étant un modèle récursif dynamique qui n'intègre pas de comportement prospectif, les variations des modes d'innovation induites par les prix ne s'y trouvent pas représentées. En revanche, le modèle tient compte du progrès technologique par le biais d'un ajustement annuel des différents paramètres de productivité, y compris, par exemple, l'amélioration autonome de l'efficacité énergétique et de la productivité du travail. En outre, vu que le choix des intrants est relativement plus flexible dans le cas de la production réalisée avec du nouveau capital, les technologies existantes peuvent se propager à d'autres entreprises. En conséquence, dans le cadre de modélisation EGC, les entreprises choisissent la combinaison d'intrants la moins coûteuse compte tenu de l'état actuel de la technologie. La différenciation du capital en fonction de son ancienneté permet que cette flexibilité soit plus grande à long terme qu'à brève échéance.

Source : (Château, Dellink et Lanzi, 2014[2]).

En vue de l'élaboration des présentes Perspectives, le modèle ENV-Linkages a été enrichi de manière à intégrer des données sur l'utilisation de plastiques, leurs déchets et le traitement de ces derniers. Dans le modèle ENV-Linkages, les projections relatives aux plastiques sont liées à celles de l'activité économique, et plus précisément à l'évolution de la production et de la consommation de biens dans les différents secteurs et les différentes régions.

L'agrégation sectorielle du modèle retenue pour le présent rapport est indiquée au Tableau A A.1, tandis que l'agrégation régionale est présentée au Tableau A A.2.

Tableau A A.1. Agrégation sectorielle du modèle ENV-Linkages

Agriculture, pêche et sylviculture	Industries manufacturières
Riz paddy	Produits alimentaires
Blé et méteil	Textiles
Autres céréales	Produits du bois
Légumes et fruits	Produits chimiques
Oléagineux	Produits pharmaceutiques de base
Canne à sucre et betterave sucrière	Produits en caoutchouc et en matière plastique primaires
Plantes à fibres	Produits en matière plastique secondaire
Autres cultures	Pâtes, papiers et produits de l'édition
Bétail et lait cru	Minéraux non métalliques
Autres produits d'origine animale	Produits métalliques ouvrés
Pêche	Électronique
Forêts	Équipement électrique
	Véhicules automobiles
Industries non manufacturières	Autre matériel de transport
Extraction de charbon	Autres machines et outillage
Extraction de pétrole brut	Autres activités manufacturières, recyclage inclus
Extraction de gaz naturel	Sidérurgie
Autres activités extractives	Métaux non ferreux
Produits du pétrole et du charbon	**Services**
Distribution de gaz	Transport terrestre
Captage et distribution d'eau	Transport aérien
Construction	Transport par voie navigable
Transport et distribution d'électricité	Assurances

Production d'électricité (8 technologies)	Services marchands
Production d'électricité : nucléaire ; hydroélectrique (et géothermique) ; solaire ; éolienne ; issue de centrales au charbon ; issue de centrales au gaz ; issue de centrales au pétrole ; autre (combustibles renouvelables, déchets, etc.).	Services aux entreprises n.d.a.
	Activités immobilières
	Activités d'hébergement et de restauration
	Administration publique et défense
	Enseignement
	Santé et action sociale

Source : établi par les auteurs.

Tableau A A.2. Agrégation régionale du modèle ENV-Linkages

Macrorégions		Pays et régions du modèle ENV-Linkages	Principaux pays et territoires inclus
OCDE	OCDE Amérique	USA	États-Unis d'Amérique
		Canada	Canada
		Autres pays d'Amérique membres de l'OCDE	Chili, Colombie, Costa Rica, Mexique
	OCDE Europe	Pays de l'UE membres de l'OCDE	Allemagne, Autriche, Belgique, Danemark, Espagne, Estonie, Finlande, France, Grèce, Hongrie, Irlande, Italie, Lettonie, Lituanie, Luxembourg, Pays-Bas, Pologne, Portugal, République slovaque, République tchèque, Slovénie, Suède
		Pays de l'OCDE non membres de l'UE	Islande, Israël[1], Norvège, Royaume-Uni, Suisse, Turquie
	OCDE Pacifique	OCDE Océanie	Australie, Nouvelle-Zélande
		OCDE Asie	Corée, Japon
Non-OCDE	Autres pays d'Amérique	Amérique latine	Pays d'Amérique latine et des Caraïbes non membres de l'OCDE
	Eurasie	Autres pays de l'UE	Bulgarie, Chypre[2], Croatie, Malte, Roumanie
		Autres pays d'Eurasie	Pays européens et de la région caspienne non membres de l'OCDE, y compris la Fédération de Russie
	Moyen-Orient et Afrique	Moyen-Orient et Afrique du Nord	Algérie, Arabie saoudite, Bahreïn, Égypte, Émirats arabes unis, Iraq, Koweït, Liban, Libye, Maroc, Oman, Qatar, République arabe syrienne, République islamique d'Iran, Sahara occidental, Tunisie, Yémen
		Autres Afrique	Afrique subsaharienne
	Autres pays d'Asie	Chine	République populaire de Chine, Hong Kong (Chine)
		Inde	Inde
		Autres pays d'Asie non membres de l'OCDE	Autres pays d'Asie et du Pacifique non membres de l'OCDE

Source : établi par les auteurs.

Vue d'ensemble des sources de données utilisées calibrer le module sur les plastiques

Tableau A A.3. Sources de données et méthodologies

Catégorie	Variable	Source
Production	Répartition économique des plastiques primaires et secondaires	Modèle ENV-Linkages de l'OCDE, d'après la répartition dans la base de données GTAP 10 (Aguiar et al., 2019[5]) ; utilisation d'Exiobase pour la structure des coûts (Stadler et al., 2018[8]) et des données de Grand View Research (2020[9]) pour les parts totales (tirées des données en tonnes).
	Secteur des plastiques	Projections du modèle ENV-Linkages de l'OCDE, produites en rapportant les liens entre les flux par secteur/polymère à la situation économique de référence. Les plastiques secondaires comprennent le taux de perte de recyclage tiré de la littérature (Cottom et al., 2022[10] ; Chruszcz et Reeve, 2018[11] ; Roosen et al., 2020[12] ; VinylPlus, 2019[13]).
Utilisation par région, application et polymère	Utilisation passée	Consommation mondiale, d'après Geyer, Jambeck et Law (2017[14]) pour 1950-2014. Répartition régionale, d'après les estimations du poids des déchets de Kaza et al. (2018[15]) La répartition par polymère et application par région repose sur les estimations du poids de Ryberg et al. (2019[16]) en 2015 et est constante pour 1950-2014.
	Utilisation	Pour l'année de calibrage (2015), l'utilisation des plastiques primaires par polymère et application tirés de Ryberg et al. (2019[16]) a été associée à des secteurs et régions différents dans le modèle ENV-Linkages de l'OCDE. L'utilisation de plastiques primaires est déduite de la création de déchets (calculée avec le modèle), du taux de recyclage (voir ci-dessous) et du taux de perte de recyclage tiré de la littérature (Cottom et al., 2022[10] ; Chruszcz et Reeve, 2018[11] ; Roosen et al., 2020[12] ; VinylPlus, 2019[13]). Pour les années suivantes, les projections du modèle ENV-Linkages de l'OCDE sont produites en rapportant les liens entre les flux par secteur/polymère à la situation économique de référence.
Déchets par région, application et polymère	Déchets passés	Modèle ENV-Linkages de l'OCDE, d'après la consommation historique (pour 1950-2015) et la durée de vie des produits figurant dans Geyer, Jambeck et Law (2017[14]).
	Déchets	Projections du modèle ENV-Linkages de l'OCDE, établies à partir de la durée de vie des produits figurant dans Geyer, Jambeck et Law (2017[14]).
Gestion des déchets, devenir en fin de vie	Part du recyclage	Pour 1980-2019 : sources nationales (Tableau A A.5), Geyer, Jambeck et Law (2017[14]), et Kaza et al. (2018[15]). Les taux pour les déchets non municipaux solides sont supposés correspondre aux taux pour les déchets municipaux solides.
	Part de l'incinération	Pour 1980-2019 : Geyer, Jambeck et Law (2017[14]) et Kaza et al. (2018[15]) Les taux pour les déchets non municipaux solides sont supposés correspondre aux taux pour les déchets municipaux solides.
	Mise en décharge contrôlée	Régression multi-pays (résidu) fondée sur What a Waste 2.0 (Kaza et al., 2018[15])(*) Les taux pour les déchets non municipaux solides sont supposés correspondre aux taux pour les déchets municipaux solides, une fois exclus les déchets sauvages.
	Part des déchets sauvages	(Jambeck et al., 2015[17]) pour la part dans les déchets municipaux solides, et zéro pour les déchets non municipaux solides.
	Part des déchets mal gérés	Régression multi-pays fondée sur Kaza et al. (2018[15]) (*) Les taux pour les déchets non municipaux solides sont supposés correspondre aux taux pour les déchets municipaux solides, une fois exclus les déchets sauvages.
Impacts sur l'environnement	Total des rejets de macroplastiques et microplastiques dans l'environnement par catégorie	D'après les projections du modèle ENV-Linkages de l'OCDE pour la consommation de plastiques, les déchets et la gestion des déchets, adapté de la méthodologie de Ryberg et al. (2019[18]) . L'estimation centrale des rejets de macroplastiques dus à la mauvaise gestion des déchets (la principale source de rejets) et égale à la moyenne entre l'estimation fournie selon la méthodologie de Ryberg et al. (2019[18]) et l'estimation fournie par l'Université de Leeds (Cottom et al., 2022[10]).

Catégorie	Variable	Source
	Rejets de plastiques et accumulation dans les milieux aquatiques	D'après les projections du modèle ENV-Linkages de l'OCDE pour la gestion des déchets et les estimations des rejets de plastiques décrites ci-dessus, adapté de la méthodologie de Lebreton et Andrady (2019[19]).
	Rejets de plastiques dans l'atmosphère dus au transport terrestre	D'après les projections du modèle ENV-Linkages de l'OCDE pour le transport, adapté de la méthodologie de Evangeliou et al. (2020[20]).
	Émissions de GES sur le cycle de vie des plastiques	D'après les projections du modèle ENV-Linkages de l'OCDE pour la consommation de plastiques, les déchets et la gestion des déchets, fondées sur Zheng et Suh (2019[21]).

Note : (*) Les régressions multi-pays fondées sur la base de données What a waste 2.0 (Kaza et al., 2018[15]) sont les suivantes :
a) $waste\_pc_i = \alpha + \beta * ln(gdp\_pc_i) + r_i$
b) $inc_i/(inc_i + dis_i) = \alpha + \beta * ln(gdp\_pc_i) + r_i$
c) $mis_i/dis_i = \alpha + \beta * ln(gdp\_pc_i) + oecd_i$
où waste_pc = déchets municipaux solides par habitant, mis = mauvaise gestion des déchets, inc = déchets incinérés, dis = mauvaise gestion + mise en décharge, gdp_pc = PIB par habitant, oecd = variable muette pour les économies de l'OCDE, r = variables muettes régionales pour 15 régions d'ENV-Linkages, i = pays.
Source : établi par les auteurs.

Modélisation de l'utilisation de plastiques dans le modèle ENV-Linkages.

Volumes

Le modèle ENV-Linkages a été élargi afin d'intégrer les volumes d'utilisation de plastiques primaires et secondaires (recyclés). Les données sont exprimées en millions de tonnes métriques (Mt), et l'utilisation de plastiques est ventilée par région, par polymère et par application.

Les volumes de plastiques primaires pour 2015 reposent sur les données fournies par Ryberg et al. (2019[18])qui actualisent et développent les travaux fondateurs de Geyer, Jambeck et Law (2017[14]). Étant donné que les estimations de Ryberg et al. (2019[18]) étaient fournies soit par région et par application, soit par application et par polymère, l'hypothèse d'une homogénéité des polymères par application a été posée à des fins d'estimation de l'utilisation de plastiques primaires par région, par polymère et par application.

Les volumes de plastiques secondaires pour 2015 ont été estimés selon une méthodologie qui établit le volume des plastiques secondaires à partir de celui des déchets collectés en vue du recyclage, en tenant compte des pertes de recyclage. Les taux de perte, y compris les pertes de tri et les pertes de retraitement, ont été estimés à l'aide d'une méthodologie élaborée par l'Université de Leeds à partir d'un tour d'horizon de la littérature (voir la section suivante sur les pertes de tri et de retraitement).

Les estimations pour 2019 sont basées sur l'année 2015 et reposent sur le lien entre les volumes de plastiques en Mt et la valeur en USD des plastiques employés dans les différents secteurs, comme décrit ci-dessous. En outre, ces données sont complétées par l'utilisation de plastiques enregistrée par le passé, entre 1950 et 2014, et ce pour deux raisons. La première est qu'il faut pouvoir calculer avec précision les flux de déchets futurs, étant donné que les durées de vie des plastiques peuvent s'étendre sur des décennies. La seconde tient à la nécessité de disposer d'une base permettant de calculer les répercussions environnementales, du fait par exemple que les rejets de plastiques dans l'océan s'accumulent au fil du temps.

L'utilisation passée de plastiques au cours de la période 1950-2014 est calculée en plusieurs étapes. Tout d'abord, l'utilisation mondiale de plastiques est tirée de l'étude de Geyer, Jambeck et Law (2017[22]). La répartition régionale de l'utilisation de plastiques est ensuite établie au moyen des estimations pondérées des déchets issues d'une régression internationale des déchets municipaux solides sur le produit intérieur brut (PIB) par habitant réalisée à partir de la base de données What a Waste 2.0 (Kaza et al., 2018[15]), multipliées par les parts des différentes régions dans la consommation en 2015. Enfin, pour chaque région, la ventilation par polymère et par application est supposée constante jusqu'en 2014, conformément aux estimations de Ryberg et al. (2019[18]). Cette méthodologie se heurte aux limites imposées par la disponibilité des données (et elle est donc inévitablement imparfaite), mais elle fournit des estimations de l'utilisation de plastiques par région, par polymère et par application.

Pertes de tri et de retraitement – Université de Leeds

Les déchets plastiques collectés pour être recyclés incluent presque toujours certaines matières et certains articles non plastiques. Par ailleurs, les déchets plastiques collectés sont généralement composés d'une multitude de plastiques aux caractéristiques physiques et chimiques variables. Le degré d'utilité de ces éléments, objets et fragments pour une entreprise de retraitement dépend d'un large éventail de facteurs qui influent sur la valeur des matières. En règle générale, les pays à revenu élevé mettent en œuvre des dispositifs (programmes) de collecte des matières recyclables destinés à réunir une grande masse de matières au moyen d'un système simple, accessible, et facile à comprendre pour la population. À l'inverse, dans les pays à faible revenu et à revenu intermédiaire, la collecte de déchets plastiques en vue de leur recyclage est assurée par des travailleurs informels (secteur du recyclage informel) qui procèdent à une collecte sélective (picorage) des éléments et des objets dont la valeur est la plus élevée, préférant la qualité et la concentration à la quantité. Même après une collecte sélective effectuée avec soin, les articles en plastique contiennent une multitude de matières et d'objets qui s'y retrouvent volontairement ou involontairement agrégés, coincés, collés, ou qui sont entraînés avec eux, et qui doivent être retirés du plastique dominant avant qu'il puisse être la plupart du temps broyé et refondu sous pression dans une extrudeuse. Cottom et al. (2022[10]) dressent une liste des caractéristiques des déchets plastiques et de leur influence sur la valeur des matières, et donc sur leur recyclabilité. Ces données sont résumées au Tableau A A.4.

Tableau A A.4. Caractéristiques des déchets plastiques et influence sur leur tri et leur aptitude au retraitement

Caractéristiques	Exemple	Effet sur la valeur
Type de plastiques	Généralement déterminé par le polymère qui constitue la plus grande partie de la masse (le polypropylène ou le polychlorure de vinyle, par exemple).	• Doit être techniquement recyclable, ce qui exclut généralement les plastiques infusibles (thermodurcissables) à l'exception de la mousse de polyuréthane qui peut être recyclée par agglomération au moyen d'adhésifs. • Doit être suffisamment abondant pour justifier sur le plan économique sa récupération et son extraction d'un mélange de matières. Par exemple, il est extrêmement rare que les emballages en polystyrène ou en PVC post-consommation soient retraités dans les pays à revenu élevé du fait de leur faible abondance dans les flux de déchets municipaux.
Forme des objets	Les bouteilles sont pour une large part cylindriques, les barquettes pour la viande sont souvent rectangulaires avec une ouverture le long de l'une de leurs faces, ou des deux.	• Les objets trop différents des objets dominants peuvent être difficiles à séparer (trier) par des moyens mécaniques, lesquels peuvent être calibrés pour trier certains formes recherchées.
Dimension	Les récipients d'emballage sont souvent tridimensionnels alors que les enveloppes d'emballage sont plutôt bidimensionnelles.	• Le matériel de tri peut sélectionner les éléments en plastique bidimensionnels ainsi que d'autres objets bidimensionnels tels que du papier à écrire ou des journaux.
Épaisseur de la matière	L'épaisseur des objets en plastique se situe fréquemment entre quelques microns et plusieurs dizaines de millimètres.	• Une matière trop fine risque de ne pas être facile à séparer des matières plus épaisses, étant donné que les machines de tri risquent de ne pas les identifier comme des éléments distincts.
Taille de l'objet ou du fragment	La taille des objets en plastique et de leurs fragments va des plus grands éléments tels que les panneaux de véhicules ou les réservoirs d'eau jusqu'à des éléments très petits tels	• Les objets les plus volumineux sont parfois difficiles à stocker, à broyer ou à compresser. Ils sont plus rares et les systèmes de stockage, de transport et de tri risquent de ne pas être calibrés pour en assurer le traitement. • Les plus petits objets ont parfois une moindre probabilité d'être ciblés en vue du retraitement parce qu'il faut une grande quantité de petits éléments

Caractéristiques	Exemple	Effet sur la valeur
	que les cure-dents ou les joints d'étanchéité des récipients de boissons.	pour atteindre une masse telle que le stockage, le transport et le retraitement soient économiquement viables. Les plus petits éléments peuvent également être difficiles à trier ou peuvent échapper aux systèmes de tri, de stockage et de transport.
Souplesse	Les films (feuilles) sont plus souples que les emballages rigides, par exemple.	• Les feuilles souples sont difficiles à séparer à l'aide des machines qui utilisent souvent des jets d'air calibrés pour des éléments rigides et qui trient de ce fait avec une moins grande précision les plastiques souples de différentes tailles.
Présence conjointe dans un assemblage	Le type de plastique dominant ou ciblé peut être présent conjointement avec d'autres éléments, objets ou matières plastiques ou non plastiques dans un assemblage ou dans une matière composite (parfois dits « multimatières »).	• Si les composantes ou les éléments ne sont pas aisément séparables, l'objet tout entier peut être rejeté : o Il est techniquement difficile de séparer le polyéthylène des cartons d'aliments et de boissons en assurant une qualité suffisante pour que le retraitement soit commercialement viable. o Les entreprises de retraitement des déchets d'emballage en plastique ont une grande expérience du retrait des étiquettes et des dispositifs de fermeture des bouteilles de boissons.
Résidus d'une utilisation antérieure	Les résidus de denrées alimentaires ou de boissons sont fréquents dans les plastiques d'emballage. En particulier, les plastiques souples ont une surface importante et d'une attraction statique élevée qui aboutit parfois à une forte contamination de surface par des résidus.	• Les entreprises de retraitement s'attendent à trouver des résidus d'aliments dans les emballages alimentaires, mais leur retrait leur impose des coûts et des efforts supplémentaires (utilisation d'agents tensioactifs et d'eau chaude, par exemple), ce qui en réduit l'intérêt économique pour ces entreprises. • Certains contaminants critiques peuvent se propager à tout un lot, entraînant son rejet ou des coûts de décontamination très élevés.
Résidus des opérations de manutention, de tri et de collecte pêle-mêle	La collecte d'un flux unique de déchets fait que d'autres matières sont conjointement présentes avec le plastique. Les matières récupérées dans des décharges sauvages ou contrôlées, présenteront vraisemblablement une forte contamination de surface et pourraient également comporter des éléments et des objets collés à l'élément en plastique ou entraînés avec lui.	• Ces types de résidus pourraient être de composition inconnue. Le risque que ces substances ou ces matières se retrouvent dans le produit secondaire pourrait empêcher son utilisation et en réduire ce faisant la valeur potentielle.

Source : d'après Cottom et al. (2022[10]).

Le plus souvent, on ne dispose pas de données robustes et généralisables sur les taux de perte aux stades du tri et du retraitement des déchets plastiques collectés pour être recyclés. Hestin, Faninger et Milios (2015[23]) ont proposé les chiffres de 18 % et 30 % pour le tri et le retraitement, respectivement, sur la base d'une enquête auprès des entreprises européennes de retraitement. Cependant, la nature de cette enquête n'était pas précisée et il se peut que les matières et les objets plastiques et non plastiques aient été comptabilisés parallèlement aux pertes de plastique. Le modèle ENV-Linkages ne s'intéresse qu'aux plastiques, de sorte que les données sur les matières non plastiques ont été soustraites de cette composante du modèle.

L'Université de Leeds a élaboré un modèle théorique basé sur la valeur des matières et applicable aux déchets plastiques collectés pour être recyclés dans les pays à revenu élevé et dans les pays à faible revenu et à revenu intermédiaire. Étant donné que les systèmes de collecte et de tri sont extrêmement variables à l'échelle mondiale, ces deux grands groupes ont été retenus du fait que les pays à revenu élevé mettent largement en œuvre la collecte d'un flux unique de déchets secs à recycler ou une collecte conjointe des déchets plastiques mélangés et des emballages métalliques. À l'inverse, dans les pays à faible revenu et à revenu intermédiaire, la collecte de déchets plastiques en vue de leur recyclage est largement assurée par le secteur du recyclage informel, dont les acteurs procèdent à une collecte sélective des matières et présentent des taux de pertes bien moins élevés.

Pour estimer les pertes de recyclage dans le cas des déchets d'emballage collectés dans les pays à revenu élevé en vue d'être recyclés, on s'est appuyé sur une série de données présentant une moyenne pondérée de tous les types de systèmes de collecte sur l'ensemble du territoire du Royaume-Uni (Chruszcz et Reeve, 2018[24]). Pour le PEBD, il a été procédé à une approximation sur la base des données dont font état Lau et al. (2020[25]) (modèle P_2O). La raison est que ce polymère est principalement utilisé dans les emballages sous forme de film souple. Bien que le PEBD soit habituellement collecté pour être recyclé, il ne fait presque jamais l'objet d'un retraitement dans les pays à revenu élevé lorsqu'il est issu des déchets ménagers post-consommation du fait des problèmes de contamination de surface et de sélection qui sont décrits au Tableau A A.5. D'autre part, le PEBD post-consommation provenant de sources commerciales est habituellement recyclé dans les pays à revenu élevé étant donné qu'il est facile à collecter de manière sélective et séparée et qu'il peut être extrudé à sec, souvent sans nécessiter d'importantes opérations de nettoyage. Il s'ensuit un faible taux de perte. On a utilisé les hypothèses formulées par Lau et al. (2020[25]) pour déterminer la proportion de la matière issue de sources commerciales/institutionnelles par rapport à celle de source ménagère.

Une certaine probabilité que les déchets plastiques soient sélectionnés au stade du tri, compte tenu de la valeur de la matière, a été associée à chacun des types d'emballages et de plastiques, comme indiqué au Tableau A A.6 et au Tableau A A.7. Ces différentes probabilités ont été estimées à l'aide des données sur les coûts synthétisées par SystemiQ et par The Pew Charitable Trust (2020[26]), sur les impératifs de recyclabilité décrits par Recoup (2019[27]) et sur les données sur la matière effectivement recyclée dont font état Antonopoulos, Faraca et Tonini (2021[28]) ainsi que Plastics Recyclers Europe (2020[29]). De manière générale, il a été considéré que le PEHD, le PET et le PEBD ont une probabilité de 100 % d'être sélectionnés en vue de leur retraitement dans les installations de valorisation des matériaux, alors que cette probabilité est de 0 % dans le cas du PVC et du PS. Les constatations sont plus claires pour le PVC, mais Antonopoulos, Faraca et Tonini (2021[28]) signalent qu'une partie du PS post-consommation est sélectionnée en vue du retraitement en Europe. Cependant, d'après Plastics Recyclers Europe (2020[29]), il s'agit de quantités réduites et inhabituelles, et il est vraisemblable qu'elles ne concernent pas la matière post-consommation. La probabilité a été fixée à zéro dans le cas des emballages, mais une probabilité globale de 98,5 % a été retenue de manière à tenir compte des quelques rares cas de retraitement de la matière utilisée à d'autres fins que l'emballage.

Les taux de perte au stade du retraitement ont été estimés de manière approximative à l'aide des données sur la teneur en plastique tirées de Roosen et al. (2020[12]); la matière non plastique rapportée a été exclue et les masses relatives ont été normalisées.

Il a été supposé que les pays à revenu élevé disposent de systèmes de collecte formels, et que les emballages plastiques dont il est question ici subissent un certain taux de perte au stade du tri comme à celui du retraitement. Dans les pays à faible revenu et à revenu intermédiaire, la collecte est par hypothèse assurée de manière informelle, c'est pourquoi les taux de perte ne sont censés être observés qu'au stade du retraitement, puisque les acteurs informels procèdent à une collecte sélective.

Les hypothèses concernant les applications hors emballage reposent pour une large part sur les estimations réalisées par l'équipe d'experts du projet, faute de données publiées permettant de les étayer. Les produits de consommation et institutionnels sont supposés être identiques à ceux destinés à l'emballage, sauf dans le cas du PVC, qui fait l'objet d'un certain recyclage d'après les données de VinylPlus (2019[31]). Pour les textiles (fibres), faute d'autres données robustes, une estimation de 20 % provenant de la modélisation financière réalisée par Thompson et al. (2012[32]) a été utilisée. Les lecteurs doivent noter que ce taux de perte est une approximation partant de l'hypothèse que les textiles post-consommation sont recyclés en fibres effilochées et/ou en bourre (rembourrage) et ne sont pas des éléments « réutilisés », ceux-ci n'entrant pas dans le champ de la présente étude.

Tableau A A.5. Hypothèses utilisées pour déterminer les taux de perte pour les déchets d'emballages plastiques collectés pour être recyclés

Élément en plastique[1]	Type de plastique par polymère dominant[1]	Composition pondérée[1]	Pays à revenu élevé			Pays à faible revenu et revenu intermédiaire		
			Probabilité d'être rejeté avant retraitement[2]	Taux de perte au stade du retraitement ajusté pour tenir compte de la freinte[3]	Pertes nettes après tri et retraitement[4]	Probabilité d'être rejeté avant retraitement[2]	Taux de perte au stade du retraitement ajusté pour tenir compte de la freinte[3]	Pertes nettes après tri et retraitement[4]
Film sacs de recyclage des AL	PEBD	2,9	100	0,00	2,90	25	1,00	0,75
FILM Autres films	PEBD	11,2	100	0,00	11,20	25	1,00	2,88
FILM Sacs de transport	PEBD	1,5	100	0,00	1,50	25	1,00	0,39
B PET NATUREL	PET	26,4	0	13,45	3,55	0	13,45	3,55
B PET JAZZ	PET	3,1	0	13,45	0,42	0	13,45	0,42
B PEHD Bouteilles de lait	PEHD	13,2	0	15,93	2,10	0	15,93	2,10
B PEHD Toutes bouteilles sauf celles de lait	PEHD	7,7	0	15,93	1,23	0	15,93	1,23
B PVC TOTAL	PVC	0	100	0,00	0,00	100	0,00	0,00
B PP TOTAL	PP	0,4	50	21,31	0,24	0	21,31	0,09
Emballages PET NATUREL	PET	10,3	0	14,63	1,51	0	14,63	1,51
Emballages PET JAZZ	PET	0,5	0	14,63	0,07	0	14,63	0,07
Emballages PEHD NATUREL	PEHD	0,1	100	0,00	0,10	0	14,63	0,01
Emballages PEHD JAZZ	PEHD	0,6	100	0,00	0,60	0	14,63	0,09
Emballages PVC TOTAL	PVC	0,1	100	0,00	0,10	100	0	0,10
Emballages PP NATUREL	PP	4,4	100	0,00	4,40	0	2,08	0,09
Emballages PP JAZZ	PP	5,3	100	0,00	5,30	0	2,08	0,11
Emballages PS TOTAL	PS	1,5	100	0,00	1,50	100	0	1,50
Emballages PSE TOTAL	PSE	0,4	100	0,00	0,40	100	0	0,40
PET noir	PET	1,9	100	0,00	1,90	100	0	1,90
PP noir	PP	0,6	100	0,00	0,60	100	0	0,60
Autres noirs	Mélange	1,1	100	0,00	1,10	100	0	1,10
Autres	Mélange	0,2	100	0,00	0,20	100	0	0,20
Non identifié	Mélange	1,9	100	0,00	1,90	100	0	1,90
Plastiques hors emballages	Mélange	4,4	100	0,00	4,40	100	0	4,40

1. (Chruszcz et Reeve, 2018[24]).
2. Hypothèses reposant sur la valeur des polymères d'après SYSTEMIQ et The Pew Charitable Trust (2020[26]), sur la recyclabilité indiquée par Recoup (2019[27]), ainsi que sur les matières qui ont été recyclées, selon Antonopoulos, Faraca et Tonini (2021[28]) et Plastics Recyclers Europe (2020[29]).

3. (Roosen et al., 2020[12]).
4. Calculé.

Tableau A A.6. Taux de perte moyens par type de plastiques et par application pour les pays à revenu élevé et les pays à faible revenu et à revenu intermédiaire (DMS)

Type de plastique par polymère dominant	Produits de consommation et Institutionnels			Équipements électriques/électroniques			Emballages[1]			Secteur du textile – habillement			Secteur du textile – autres			Total (t y-1)
	Masse (t y-1)	Taux de perte PRE (%)	Taux de perte PFRRI (%)	Masse (t y-1)	Taux de perte PRE (%)	Taux de perte PFRRI (%)	Masse (t y-1)	Taux de perte PRE (%)	Taux de perte PFRRI (%)	Masse (t y-1)	Taux de perte PRE (%)	Taux de perte PFRRI (%)	Masse (t y-1)	Taux de perte PRE (%)	Taux de perte PFRRI (%)	
Fibres										0,17	20,0[4]	20,0[4]	0,10	20,0[4]	10,0	0,27
PEHD										0,2	20,0[4]	20,0[4]	0,1	20,0[4]	10,0	0,3
PEBD, PEBDL	1,9	18,7	15,9	0,2	95,0	40,0	11,8	18,7[2]	15,9[2]							13,9
Autres	1,4	79,0	80,5	0,2	100,0	50,0	6,9	79,0	80,5							8,5
PET	0,0	98,0	98,0	0,0	100,0	50,0	0,0	98,0	98,0							0,1
PP							9,6	17,6	17,6							9,6
PS	2,8	98,5	8,3	0,6	95,0	40,0	6,8	98,5	8,3							10,2
PUR	0,4	100,0	100,0	0,1	100,0	100,0	0,5	100,0	100,0							0,9
PVC	0,2	40,0[3]	10,0[3]	0,1	100,0[3]	100,0[3]	0,0	100,0[3]	100,0[3]							0,2

Source : Cottom et al. (2022[10]).

Tableau A A.7. Taux de perte moyens par type de plastiques et par application pour les pays à revenu élevé et les pays à faible revenu et à revenu intermédiaire (hors DMS)

Type de plastique par polymère dominant	Bâtiment et travaux publics			Produits industriels/machines			Autres			Transports – autres			Total (t y-1)
	Masse (t y-1)	Taux de perte PRE (%)	Taux de perte PFRRI (%)	Masse (t y-1)	Taux de perte PRE (%)	Taux de perte PFRRI (%)	Masse (t y-1)	Taux de perte PRE (%)	Taux de perte PFRRI (%)	Masse (t y-1)	Taux de perte PRE (%)	Taux de perte PFRRI (%)	
Fibres							0,1	100,0	100,0	0,0	100,0	100,0	0,1
PEHD	1,0	20,0	5,0	0,1	20,0	5,0	1,1	20,0	5,0	0,6	98,0	90,0	2,9
PEBD, PEBDL	0,1	2,0	2,0	0,1	2,0	2,0	0,7	2,0	2,0	0,1	98,0	90,0	1,0
Autres	0,0	100,0	100,0				0,2	100,0	100,0	0,1	100,0	100,0	0,4
PP	0,2	20,0	5,0	0,1	20,0	5,0				1,2	100,0	100,0	1,5
PS	0,1	100,0	100,0				0,1	100,0	100,0				0,2
PUR	0,1	40,0	10,0	0,0	40,0	10,0	0,4	40,0	10,0	0,2	100,0	100,0	0,6
PVC	0,6	18,7[3]	18,7[3]				0,4	18,7[3]	18,7[3]	0,1	100,0[3]	100,0[3]	1,1

1. Estimation calculée d'après Chruszcz et Reeve (2018[24]) et Roosen et al. (2020[12]).
2. Estimation calculée d'après Lau et al. (2020[25]).
3. Valeur approchée sur la base des données fournies par VinylPlus (2019).
4. Thompson Willis et Morley (2012[32]).
Source : estimations de l'équipe du projet, sauf information contraire dans les notes.

Par souci de simplicité, il a été supposé que les régions OE6, O22, USA et CAN possèdent des systèmes de collecte formels alors que, dans toutes les autres régions, la collecte en vue du recyclage est principalement assurée de manière informelle. La République populaire de Chine (ci-après la « Chine ») fait exception, cette région étant en partie passée d'une collecte informelle à une collecte formelle en vue du recyclage. Faute de données robustes sur le secteur du recyclage informel, on est parti de l'hypothèse, pour cet élément du modèle, que le rapport entre les parts respectives de la collecte en vue du recyclage informelle/formelle est de 70/30. Le Tableau A A.8 présente le résultat des calculs techniques. Les taux de perte pour le PS et pour la catégorie « autres » ont été abaissés à 72,3 %, le deuxième taux le plus élevé tous polymères confondus, afin de tenir compte du fait que ces polymères sont parfois recyclés, bien qu'en faible quantité. Par ailleurs, pour tenir compte du fait qu'une grande part du recyclage du PET est plutôt un décyclage du PET par sa transformation en fibres, la modélisation suppose que 35 % du PET recyclé est transformé en fibres.

Tableau A A.8. Taux de perte moyens par type de plastiques et par région de l'OCDE pour les DMS et les autres déchets, considérés conjointement

Région	PEHD	PEBD, PEBDL	Autres	PP	PS	PUR	PVC	Fibres	PET	Moyenne
USA	23,7	71,4	99,8	96,1	100	58,1	47,8	35	17,6	51,8
Canada	23,6	71,5	99,8	96,2	100	58,1	48,3	34,9	17,6	51,9
Autres pays d'Amérique membres de l'OCDE	16,7	70,8	95,2	18,1	100	30,8	52,9	42,2	17,6	31,3
Pays de l'UE membres de l'OCDE	22,6	69,9	99,8	93,8	100	54	38,2	41,7	17,6	49,7
Pays de l'OCDE non membres de l'UE	22,2	70,9	99,8	95,1	100	54	42,2	41,1	17,6	50,2
OCDE Océanie	19,1	76,4	98,7	23,2	100	46,9	53,7	19,1	17,6	33,3
OCDE Asie	21,2	72	99,8	94,9	100	51,8	39,9	33,3	17,6	49,6
Amérique latine	16,6	71,6	95,2	16,7	100	30,1	59,8	41,4	17,6	31,1
Autres pays de l'UE	21,1	74	97,3	30,2	100	51	51,9	35,2	17,6	35,8
Autres pays d'Eurasie	21,1	74,3	97,2	29,4	100	50,8	56,5	34,4	17,6	35,9
Moyen-Orient et Afrique du Nord	17,7	73,3	95,9	20,2	100	37,2	52,6	33,2	17,6	32,4
Autres Afrique	16,5	71,9	95,5	15,9	100	29,3	61,1	44,4	17,6	31
Chine	18,5	73,9	97	41,4	100	40,7	63,3	31,8	17,6	37,7
Inde	17,2	76	96,1	16,1	100	35,2	69,2	20,2	17,6	31,9
Autres pays d'Asie non membres de l'OCDE	19,2	75	96,6	23,1	100	45,7	67	27,3	17,6	33,7
Moyenne	**20,3**	**72,3**	**98,1**	**59,8**	**100,0**	**47,2**	**48,9**	**34,1**	**17,6**	**42,1**

Source : estimations de l'équipe du projet.

Flux économiques

Le modèle ENV-Linkages a été modifié de manière à tenir compte de la production de plastiques primaires et secondaires. Dans la base de données initiale sur laquelle repose le modèle – la base de données GTAP 10 (Aguiar et al., 2019[5]) – la production de plastiques primaires et celle de plastiques secondaires sont intégrées dans un même secteur (Produits en caoutchouc et en matière plastique), la présente étude a amélioré la représentation des plastiques afin de pouvoir distinguer deux technologies, l'une produisant des plastiques primaires alors que l'autre produit des plastiques secondaires.

Tout comme les centrales au charbon et les centrales au gaz, qui fournissent un même produit (l'électricité), ces deux technologies produisent des plastiques similaires, avec une élasticité de substitution de deux. La production de plastiques a dès lors été ventilée à l'aide de deux sources de données. Tout d'abord, les parts totales dans la production de plastiques primaires et secondaires ont été établies à partir des volumes en tonnes précédemment décrits (Ryberg et al. (2019[18]) pour les plastiques primaires et estimations des auteurs pour les plastiques secondaires). Le Tableau A A.9 décrit la part de la technologie de production de plastiques secondaires telle qu'elle a été calculée. En outre, la base de données Exiobase 3 (Stadler et al., 2018[8]) a été utilisée pour adapter les structures de coûts. La principale différence tient aux intrants matériels mis en œuvre : la technologie primaire fait appel à des combustibles fossiles, alors que la technologie secondaire utilise des intrants issus de l'industrie chimique.

Tableau A A.9. Part de la technologie de production secondaire

	Région	Part de la technologie secondaire en 2015 (en tonnes)
OCDE Amérique	USA	3,9%
	Canada	4,8%
	Autres pays d'Amérique membres de l'OCDE	8,3%
OCDE Europe	Pays de l'UE membres de l'OCDE	9,5%
	Pays de l'OCDE non membres de l'UE	6,1%
OCDE Asie	OCDE Pacifique	5,6%
	OCDE Océanie	2,8%
Autres pays d'Amérique	Amérique latine	9,6%
Eurasie	Autres pays de l'UE	5,2%
	Autres pays d'Eurasie	3,6%
Moyen-Orient et Afrique	Moyen-Orient et Afrique du Nord	3,6%
	Autres Afrique	5,9%
Autres pays d'Asie	Chine	10,1%
	Inde	7,0%
	Autres pays d'Asie non membres de l'OCDE	5,0%

Source : calculs des auteurs d'après Ryberg et al. (2019[18]) pour les plastiques primaires et Grand View Research (2020[9]) pour les plastiques secondaires.

Lien entre les volumes et les flux économiques

Pour modéliser l'utilisation de plastiques dans ENV-Linkages, les données sur les volumes de plastiques par application et par polymère ont été mises en relation avec la structure de production sectorielle détaillée du modèle et avec la base de données GTAP qui en constitue le soubassement. Cette opération a été effectuée pour 14 catégories de polymères (Tableau A A.10).

Tableau A A.10. La large gamme de polymères permet une multitude d'applications des plastiques.

Polymère	Abréviation	Exemples d'utilisation
Polypropylène	PP	Emballage alimentaire, pièces automobiles
Polyéthylène basse densité	PEBD	Sacs réutilisables, film d'emballage alimentaire
Polyéthylène haute densité	PEHD	Jouets, flacons de shampooing, tuyaux
Polychlorure de vinyle	PVC	Châssis de fenêtre, revêtements de sol, tuyaux, isolation de câbles
Polystyrène	PS	Emballage alimentaire, isolation, matériel électronique
Téréphtalate de polyéthylène	PET	Bouteilles pour boisson
Polyuréthane	PUR	Isolation, matelas
ABS, élastomères, plastiques biosourcés, PBT, PC, PMMA, PTFE...	Autres	Pneus, emballage, électronique, automobile...
Fibres constituées de différents polymères	Fibres	Utilisées pour les textiles, mais aussi dans de nombreux autres secteurs

Note : « ABS » désigne l'acrylonitrile butadiène styrène, « PBT » le polytéréphtalate de butylène, « PC » le polycarbonate, « PMMA » le polyméthacrylate de méthyle (également connu sous le nom de plexiglas) et « PFTE » le polytétrafluoroéthylène.

Deux grandes sources de données (sur les volumes et les flux économiques précédemment décrits) ont été utilisées et mises en cohérence : (1) la production et la consommation de plastiques par secteur économique de la base de données GTAP10, adaptées en tenant compte d'une technologie de production primaire et secondaire, en valeurs monétaires, et (2) les flux régionaux d'un éventail de polymères plastiques et les flux de plastiques par application, exprimés en tonnes. Le Tableau A A.11 présente une cartographie synthétique des secteurs économiques et des applications des plastiques. Les valeurs initiales utilisées pour cette cartographie sont calibrées à l'aide des données de (Ryberg et al., 2019[18]), la répartition des polymères par application à l'échelle mondiale étant combinée avec la répartition de l'utilisation totale de plastiques par région et par application. La répartition des polymères a été tirée des moyennes mondiales et appliquée aux diverses régions en tenant compte des structures économiques particulières de chacune d'elles.

Sur la base de la situation initiale en 2014, il est procédé à une projection de l'utilisation de plastiques primaires en suivant les flux de « plastiques » dans les différents secteurs de demande correspondants à partir des valeurs initiales, conformément à la méthodologie établie pour la publication de l'OCDE intitulée Global Material Resources Outlook (OCDE, 2019[4]). Le modèle tient notamment compte d'une série de chaînes de valeur des plastiques qui vont depuis la production initiale jusqu'à la demande finale et sont en tout ou partie fonction de la structure particulière de chaque économie régionale. La base de chacune de ces chaînes est constituée de matières premières allant depuis le « pétrole » ou la « biomasse » jusqu'aux « produits chimiques », qui servent ensuite à produire des « plastiques » utilisés en tant que biens intermédiaires ou par des secteurs tels que ceux des produits alimentaires, des appareils électroménagers, des véhicules automobiles ou de la construction, avant d'atteindre la demande finale. L'hypothèse sous-jacente est que le coefficient (tonne/USD par polymères, par application, par région) qui relie les flux monétaires aux flux physiques (en tonnes) est tenu constant. La production de plastiques est alors fonction de ces demandes, compte tenu des flux d'échanges et de l'utilisation de plastiques.

La projection de l'utilisation de plastiques et la distinction entre les plastiques primaires et secondaires destinés à répondre à la demande sont effectuées en trois étapes (dans le scénario de référence). Premièrement, la demande totale d'utilisation de plastiques est estimée en fonction de l'évolution de la demande de matières plastiques (produites par les technologies primaire et secondaire). Deuxièmement, les matières collectées et triées (également appelées « débris de plastique ») étant en règle générale totalement utilisées pour produire des plastiques secondaires – après correction pour tenir compte des taux de perte (voir la section de l'annexe portant sur les pertes de tri et de retraitement) –, le volume en tonnes des plastiques secondaires est fonction de la croissance du secteur secondaire dans les projections du modèle ENV-Linkages. Troisièmement, les volumes de production de plastiques primaires sont calculés en faisant la différence entre les deux valeurs précédentes. Cela est cohérent avec la dépendance de la demande de matières plastiques vis-à-vis de la croissance des technologies primaire et secondaire, ainsi la demande totale de plastiques est satisfaite.

Tableau A A.11. Cartographie de l'utilisation des plastiques par application dans différents secteurs économiques

Secteur d'intrants	Applications	Secteurs d'extrants	Polymères*
Plastiques	Bâtiment et travaux publics	Construction	ABS, ASA, SAN ; bioplastiques ; PEHD ; PEBD, PEBDL ; PP ; PS ; PUR ; PVC ; autres
	Produits de consommation et institutionnels	Activités d'hébergement et de restauration ; transport aérien ; éducation ; santé ; assurances ; bois d'œuvre ; minéraux non métalliques ; services aux entreprises ; autres activités manufacturières ; services publics ; transport terrestre ; pâtes, papiers et produits de l'édition ; immobilier ; textiles ; transport par voie navigable	ABS, ASA, SAN ; bioplastiques ; PEHD ; PEBD, PEBDL ; PP ; PS ; PUR ; PVC ; autres
	Équipements électriques/électroniques	Équipements électriques/électroniques	ABS, ASA, SAN ; bioplastiques ; PEHD ; PEBD, PEBDL ; PP ; PS ; PUR ; PVC ; autres
	Produits industriels/machines	Produits métalliques ouvrés ; sidérurgie ; métaux non ferreux ; machines et outillage	PEHD ; PEBD, PEBDL ; PP ; PUR
	Emballages	Produits alimentaires ; produits chimiques	Bioplastiques ; PEHD ; PEBD, PEBDL ; PET ; PP ; PS ; PUR ; PVC ; autres
	Produits de soins personnels	Produits chimiques	PEHD ; PET
	Transports – autres	Véhicules automobiles ; services publics ; autre matériel de transport	ABS, ASA, SAN ; bioplastiques ; fibres ; PEHD ; PEBD, PEBDL ; PP ; PUR ; PVC ; autres
	Autres	Autres secteurs	Autres
Produits chimiques	Revêtements marins	Autres activités manufacturières, autre matériel de transport	Revêtements marins
	Marquages routiers	Construction	Marquages routiers
	Secteur du textile – habillement	Textiles	Bioplastiques ; fibres
	Secteur du textile – autres	Textiles	Fibres
	Transports – pneus	Plastiques	Élastomères (pneus)

*Voir le Tableau A A.10 pour les abréviations et des exemples d'utilisation de ces polymères.
Source : modèle ENV-Linkages de l'OCDE.

Modélisation des déchets plastiques et du destin des plastiques en fin de vie dans le modèle ENV-Linkages

Les déchets plastiques sont calculés en mettant en relation l'utilisation de plastiques et la distribution de leurs durées de vie selon les différents produits. En particulier, ces déchets sont calculés en fonction de l'utilisation de plastiques (en volume), conformément à Geyer, Jambeck et Law (2017[22]), à l'aide d'une méthodologie reposant sur la distribution des durées de vie[1], l'hypothèse d'une homogénéité à l'échelle mondiale étant posée[2].

Les déchets plastiques des différentes applications sont regroupés en trois grandes catégories : Déchets municipaux solides (DMS), Autres, et Marquages et microbilles. Les DMS incluent les emballages, les produits de consommation et institutionnels, les équipements électriques/électroniques et les textiles. La catégorie « Autres » intègre les déchets qui ne relèvent pas des DMS, c'est-à-dire pour l'essentiel les déchets engendrés par les applications industrielles (notamment dans les secteurs du bâtiment et des travaux publics, des produits industriels et des machines, et dans celui des transports). Les marquages et microbilles englobent les revêtements marins, les marquages routiers et les produits de soins personnels.

Destins en fin de vie

Les déchets plastiques sont répartis entre différents flux de gestion des déchets (selon leur destin en fin de vie) grâce à l'application de parts en fin de vie variables selon les pays, les polymères et les catégories de déchets. Les déchets plastiques qui relèvent des catégories « DMS » et « Autres » peuvent être (i) recyclés, (ii) incinérés ou (iii) mis au rebut. Dans ce dernier cas, on distingue en outre les déchets selon qu'ils sont mis en décharge contrôlée, mal gérés ou qu'ils constituent, dans le cas des DMS, des déchets sauvages[3]. Les déchets sauvages sont présentés avec les déchets mal gérés. Ils représentent, par postulat, une part constante des déchets municipaux solides, conformément à l'hypothèse formulée par Jambeck et al. (2015[17]). Les marquages et microbilles forment un flux de déchets très restreint (par sa masse) qui est supposé échapper à toute gestion et aboutir directement dans l'environnement.

Les sources dont sont issues les parts des différents destins en fin de vie pour l'année de référence, 2019, sont variables selon les régions. Les parts du recyclage des plastiques (définies ici par la proportion des matières collectées en vue de leur recyclage) sont fixées de manière exogène en s'appuyant sur diverses sources, principalement nationales (Tableau A A.12). On notera que, pour l'Union européenne (UE), le taux de recyclage rapporté par Plastics Europe (2020[33]) a été ajusté afin que les taux de recyclage pour chaque polymère soient compatibles avec les taux de recyclage des emballages plastiques dans l'UE. Pour la Chine, le taux de recyclage officiel de 2017 a été utilisé (Ministère du Commerce (Chine), 2019[34]). Les taux de recyclage pour d'autres régions hors OCDE se sont appuyés sur des estimations du taux de recyclage des DMS tirées de What a Waste 2.0 (Kaza et al., 2018[15]) et de consultations d'experts. Pour les régions Moyen-Orient et Afrique du Nord, Autres Afrique, Autres pays d'Eurasie et Amérique latine, les projections ont été ajustées pour tenir compte du recyclage informel qui n'est pas rapporté mais qui, en général, récupère des flux à haute valeur comme le PEHD et les bouteilles en PET.

Les parts du recyclage sont ensuite ventilées entre les polymères en multipliant les parts du recyclage des plastiques par des coefficients tenant compte de la recyclabilité et de la valeur des différents polymères, tels qu'ils ont été établis après consultation des experts, et en veillant à ce que les estimations des volumes recyclés ne soient pas supérieures aux capacités de recyclage disponibles. De manière générale, le PET et le PEHD sont supposés présenter les taux de recyclage les plus élevés, devant le PEBD, le PP et le PVC (pour le secteur de la construction). Le PUR, les fibres, les élastomères, les bioplastiques, les revêtements marins et les marquages routiers ne sont pas recyclés, tandis que seule une très petite partie du PS, de l'ABS, de l'ASA, du SAN et des autres polymères peut être recyclée.

Tableau A A.12. Sources de données pour les taux de recyclage des plastiques dans l'année de référence

Région	Taux de recyclage : sources et hypothèses
USA	Agence pour la protection de l'environnement des États-Unis (EPA) (2020[35] ; 2020[36])
Canada	Environnement et changement climatique Canada (2019[37]) *
Autres pays d'Amérique membres de l'OCDE	D'après SEMARNAT (2020[38]) et FCH (2021[39])
Pays de l'UE membres de l'OCDE	Les taux de recyclage des différents polymères ont été déterminés d'après l'avis des experts avant d'être appliqués aux volumes de polymères collectés en vue de leur recyclage dans le modèle ENV-Linkages**.
Autres pays de l'UE	
Pays de l'OCDE non membres de l'UE	Sur la base des données relatives à l'UE ajustées en fonction de la proportion du taux de recyclage des DMS de la région par rapport au taux de recyclage des DMS de l'UE d'après What a Waste 2.0 (Kaza et al., 2018[15])
OCDE Asie	Institut de gestion des déchets plastiques (2019[40]) et avis d'experts pour évaluer les taux de recyclage des plastiques en Corée
OCDE Océanie	Gouvernement australien (2020[41]) ***
Amérique latine	Sur la base de la catégorie « Autres OCDE Amérique », ajustée pour tenir compte d'un secteur informel plus développé
Autres pays d'Eurasie	What a Waste 2.0 (Kaza et al., 2018[15])
Moyen-Orient et Afrique du Nord	What a Waste 2.0 (Kaza et al., 2018[15])
Autres Afrique	What a Waste 2.0 (Kaza et al., 2018[15])
Chine	Rapport du ministère du Commerce sur le développement de l'industrie chinoise du recyclage (2013-2018) (2019[34])
Inde	Central Pollution Control Board (2019[42]) et ONUDI (2020[43])
Autres pays d'Asie non membres de l'OCDE	What a Waste 2.0 (Kaza et al., 2018[15])

* Un rapport actualisé est disponible : (Statistique Canada, 2022[44]).
** Pour l'UE, le taux de recyclage calculé pour l'ensemble des plastiques a été comparé avec les chiffres présentés par Plastics Europe (2020[33]). Dans le modèle ENV-Linkages, la quantité totale des plastiques collectés en vue de leur recyclage est légèrement supérieure (le numérateur du taux de recyclage), alors que la quantité de plastiques prise en compte pour le calcul est sensiblement plus élevée (le dénominateur : les fibres et d'autres plastiques qui ne sont que rarement recyclés sont inclus dans l'ensemble des plastiques). En conséquence, le taux de recyclage global des plastiques dans ENV-Linkages est plus bas que celui de Plastics Europe (2020[33]).
*** Un rapport actualisé est disponible : Gouvernement australien (2021[45]).

Pour tenir compte des activités de recyclage informel non déclarées (qui entraînent une sous-évaluation des taux de recyclage des plastiques) ou d'un excès d'optimisme dans les taux de recyclage déclarés, tous les taux de recyclage déclarés ont été vérifiés, ajustés et validés par des consultations auprès d'experts et par une modélisation réalisée par Ed Cook, Josh Cottom et Costas Velis de l'Université de Leeds.

Le recours à l'incinération en tant que mode de traitement des déchets dépend de chaque pays et il est fonction de facteurs historiques et des densités démographiques locales. La part des déchets plastiques incinérés est étroitement liée à la part de l'ensemble des déchets solides qui est incinérée. Par conséquent, les parts de l'incinération sont fixées de telle sorte que le rapport entre la part de l'incinération et la part du non-recyclage soit égal à ce même rapport pour l'ensemble des DMS dans la base de données What a waste 2.0 (Kaza et al., 2018[15]). Par ailleurs, les mêmes parts d'incinération s'appliquent dans le cas des déchets plastiques n'entrant pas dans les DMS, autrement dit pour la catégorie des « Autres » déchets.

La part des déchets mis au rebut est quant à elle égale au solde, l'hypothèse que 2 % des DMS sont à tout moment constitués de déchets sauvages étant posée, afin de tenir compte des pertes potentielles dans l'environnement non comptabilisées (Jambeck et al., 2015[17]). La part mise au rebut est ensuite subdivisée en deux catégories selon que les déchets sont mis en décharge contrôlée ou qu'ils sont mal gérés. Dans cette analyse, pour les pays à revenu élevé et à revenu intermédiaire de la tranche supérieure, la mauvaise gestion des déchets recouvre leur mise en décharge brute et leur traitement par des moyens non pris en compte, alors que pour les pays à faible revenu et à revenu intermédiaire de la tranche inférieure la mise en décharge dans des conditions non spécifiées, le déversement dans les cours d'eau, ainsi que d'autres catégories sont également prises en considération en s'appuyant sur les données nationales relatives aux DMS (Kaza et al., 2018[15]), tout comme sur les hypothèses formulées par (Jambeck et al., 2015[17]) pour la version antérieure de la base de données. De manière générale, la part des déchets plastiques mal gérés dans l'ensemble des déchets plastiques diminuera vraisemblablement au fur et à mesure de l'augmentation du niveau de revenu. Sur la base de cette hypothèse et des données sur les DMS tirées de (Kaza et al., 2018[15]), la part des déchets plastiques mal gérés a été estimée en procédant à une régression du rapport entre les déchets mal gérés et les déchets mis au rebut sur le PIB par habitant, en tenant compte des différences réglementaires entre les pays membres et non membres de l'OCDE à l'aide d'une variable muette « OECD ». Plus précisément, la régression suivante a été estimée pour les 156 pays pour lesquels des données complètes étaient disponibles :

$$MIS_i/(MIS_i + LAN_i) = \alpha + \beta * ln(gdp\_pc_i) + OECD_i$$

où MIS_i = déchets mal gérés/DMS, LAN_i = déchets enfouis/DMS, gdp_pc_i = PIB par habitant et $OECD_i$ = variable muette pour les pays de l'OCDE, i = pays. Finalement, la part des déchets enfouis est égale au solde.

S'agissant de la période 1980-1990, les données historiques relatives aux parts respectives du recyclage, de l'incinération et de la mise au rebut des déchets plastiques sont tirées de Geyer, Jambeck et Law (2017[22]) pour quatre régions – États-Unis, Union européenne, Chine et Reste du monde. Puis des données granulaires sur les taux de recyclage et d'incinération des DMS provenant de Kaza et al. (2018[15]) ont été utilisées pour cartographier les parts historiques observées en 1990 pour les 15 régions du modèle ENV-Linkages, ces parts faisant ensuite l'objet d'une interpolation linéaire pour la période 1990-2018 conformément à la méthodologie précédemment appliquée par Geyer, Jambeck et Law (2017[22]). Les données historiques portant sur la mauvaise gestion et l'enfouissement des déchets sont traitées selon la même méthodologie que pour l'année de référence.

Modélisation des échanges internationaux de déchets plastiques

Le modèle a été étendu de manière à tenir compte des échanges inter-régionaux de déchets plastiques par application et par type de polymère. Les volumes des exportations et des importations de déchets plastiques sont calculés en deux étapes à partir de la base de données Comtrade de l'ONU (Division de statistique des Nations Unies, 2020[46]). Premièrement, les exportations totales de déchets plastiques par pays et par polymère sont estimées par la part des exportations de plastiques (Comtrade) par rapport au volume des déchets plastiques (résultat du modèle ENV-Linkages). Deuxièmement, les exportations sont réparties entre les différents pays partenaires et les divers polymères en fonction du poids respectif des différents pays et polymères calculé par projection pour 2019, et des données historiques pour les années antérieures. Les coefficients de pondération des exportations et des importations bilatérales par pays (coefficients de pondération des rangées) ont été calculés sur la base des données bilatérales relatives à la valeur des exportations et des importations pour la période 2010-2019 (année complète la plus récente) et pour les quatre sous-catégories de déchets plastiques figurant dans la base de données Comtrade de l'ONU. Ces dernières ont été mises en correspondance avec les types de polymères pris en considération dans ENV-Linkages (Tableau A A.13). L'objectif était de garantir que les échanges mondiaux totaux s'équilibrent, que les importations bilatérales de déchets plastiques de la paire déclarant-partenaire correspondent aux exportations bilatérales de la paire partenaire-déclarant correspondante. On notera que les échanges entre pays regroupés dans une même région dans la modélisation sont compris dans la comptabilité intrarégionale et donc exclus des flux commerciaux inter-régionaux. C'est pourquoi les flux commerciaux totaux dans le modèle sont d'environ un tiers inférieurs aux flux calculés à partir des données nationales.

Le destin en fin de vie des déchets plastiques qui font l'objet d'échanges est différent de celui des déchets traités au sein du pays afin de prendre en considération qu'une forte proportion des déchets plastiques faisant l'objet des échanges tend à être recyclable. En particulier, il est vraisemblable que 50 % des déchets plastiques faisant l'objet d'échanges soient recyclés, le reste étant réparti entre les autres flux de déchets dans les mêmes proportions que les déchets en fin de vie traités à l'intérieur du pays, exclusion faite des déchets sauvages.

Tableau A A.13. Correspondance entre les séries relatives aux déchets plastiques de la base de données Comtrade de l'ONU et les polymères du modèle ENV-Linkages

Code Comtrade de l'ONU	Description de la série	Types de polymères pris en compte dans ENV-Linkages
3915	Déchets, rognures et débris de matières plastiques	
391510	... de polymères de l'éthylène	PEHD, PEBD, PEBDL, PET, PP, PUR, élastomères (pneus)
391530	... de polymères du styrène	PS
391530	... de polymères du chlorure de vinyle	PVC
391590	... autres	Fibres, Revêtements marins, Revêtements de marquage routier, ABS, ASA, SAN, Autres

Source : Division de statistique des Nations Unies (2020[46]) et modèle ENV-Linkages de l'OCDE.

Modélisation des rejets de plastiques dans l'environnement (Université technique du Danemark, DTU)

Les estimations des rejets de plastiques reposent sur l'interaction entre le modèle ENV-Linkages et d'autres modèles spécifiques. Chacun de ces modèles spécifiques s'appuie sur les travaux antérieurs ayant fait l'objet d'un examen par les pairs pour ce qui est des estimations des rejets de plastiques du moment. Les sources de rejets dans l'environnement sont diverses. Aussi les techniques de modélisation utilisées pour procéder aux projections de ces flux sont-elles également différentes. La présente section décrit la méthodologie et les paramètres employés par Teddy Serrano, Alexis Laurent et Morten Ryberg de la section « Évaluation quantitative de la durabilité » de l'Université technique du Danemark (DTU) pour réaliser des projections des rejets de macroplastiques et de microplastiques dans l'environnement.

Rejets de macroplastiques

Pour ce qui est des pertes de macroplastiques, quatre grandes catégories ont été prises en considération : déchets municipaux solides mal gérés, déchets solides non municipaux mal gérés, déchets sauvages, et pertes dues aux activités maritimes. La production de déchets plastiques est calculée par le modèle ENV-Linkages comme expliqué dans les sections précédentes. La méthodologie retenue pour effectuer les projections dans les quatre catégories est la suivante :

- Le volume de **DMS mal gérés** a été calculé à partir du volume de déchets plastiques produit et de la part estimée de DMS mal gérés, c'est-à-dire enfouis dans des pays à faible revenu ou mis en décharge sauvage. Les DMS mal gérés sont tirés du modèle ENV-Linkages.
- Les **non DMS mal gérés** sont également tirés du modèle ENV-Linkages. Faute de données suffisantes sur le destin des non DMS mal gérés, la part des non DMS mal gérés perdus dans l'environnement est supposée égale à la part des DMS mal gérés perdus dans l'environnement (32 %).
- Les pertes liées aux **déchets sauvages** ont été calculées en deux étapes sous la forme d'une fraction des DMS. Premièrement, conformément à Jambeck et al. (2015[17]) et aux études réalisées

pour le Royaume-Uni et la Belgique (OVAM, 2018[47] ; Resource Futures, 2019[48]), il a été supposé que 2 % des DMS correspondent à des déchets sauvages. Deuxièmement, une part non négligeable de ces déchets sauvages a lieu en milieu urbain et est nettoyée avant de finir dans l'environnement. On suppose que de 15 % à 40 % des déchets sauvages échappent au balayage des rues, aux collecteurs d'eaux pluviales et aux stations de pompage (Jambeck et al., 2015[17]). La part des déchets sauvages perdue dans l'environnement au sein de chaque région a été estimée en fonction du niveau de revenu (PNB/hab en USD), cette part étant d'autant plus faible que le revenu des pays est élevé, comme l'illustre le Tableau A A.14.

- Les **pertes imputables aux activités maritimes** (engins de pêche et déchets autres que ceux issus des filets) ont été calculées sur la base des éléments : les données sur la production d'engins de pêche en Europe (PRODCOM, 2016) (Eunomia, 2018[49] ; Eurostat, s.d.[50]) extrapolées au reste du monde sur la base des projections de croissance des activités de pêche d'ici 2060 (issues du modèle ENV-Linkages), l'hypothèse que 28 % des déchets plastiques du secteur de la pêche et de l'aquaculture proviennent des filets (Viool et al., 2018[51]), et l'idée que 15 % des matières constitutives des engins de pêche sont perdues chaque année au cours de leur utilisation (Viool et al., 2018[51]).

Tableau A A.14. Part des déchets sauvages perdus dans l'environnement en fonction du niveau de revenu des régions

Catégorie	Faible revenu et revenu intermédiaire de la tranche inférieure	Revenu intermédiaire de la tranche supérieure	Revenu élevé
Niveau de revenu en termes de PNB/hab [USD]	< 4 045	4 045-12 535	> 12 535
Part des déchets sauvages perdus dans l'environnement	35 %	25 %	15 %

Note : La classification des pays par la Banque mondiale en fonction de leur revenu : 2020-2021 a été utilisée pour répartir les régions en trois catégories : à faible revenu et revenu intermédiaire de la tranche inférieure, à revenu intermédiaire de la tranche supérieure, et à revenu élevé.
Source : Banque mondiale (2020[52]).

Rejets de microplastiques

Pour les pertes de microplastiques, dix catégories ont été prises en considération : microbilles, granulés primaires, lavage des textiles, usure des pneus, marquages routiers, poussières de freinage, gazon synthétique, revêtements marins, poussières microplastiques et boues d'épuration. Cette section présente la méthodologie employée pour calculer les projections de rejets de microplastiques issus des sources considérées. Le destin des microplastiques supposés être récupérés par les réseaux de collecte des eaux usées municipales est traité à la fin de cette section.

La catégorie des « **microbilles** » recouvre les pertes de microplastiques volontairement ajoutés aux produits cosmétiques et de soin personnel éliminables par rinçage, ainsi qu'aux détergents et aux produits d'entretien rejetés dans les eaux usées municipales lors de leur utilisation. Les projections de la consommation de microbilles dans les produits cosmétiques et de soin personnel sont établies à partir des résultats du modèle ENV-Linkages. D'après les données de l'ECHA (2020[53]), les détergents et produits d'entretien contiennent deux fois plus de microbilles que les produits cosmétiques et de soin personnel. La tendance actuelle étant à des politiques d'élimination progressive des microbilles dans les produits cosmétiques et de soin personnel à rincer (ceux-ci représentent environ 75 % du total des microbilles employées dans les produits cosmétiques et de soin personnel) (ECHA, 2020[53]), l'hypothèse retenue était que les émissions de microbilles éliminées par rinçage diminueraient à partir de 2020. D'après la classification de Anagnosti et al. (2021[54]), on suppose que les régions dans lesquelles des interdictions sont déjà appliquées arrêteront de générer des rejets de microbilles par rinçage d'ici 2025. Ce sera le cas d'ici 2030 dans les régions qui envisagent une interdiction, d'ici 2035 dans celles qui ont trouvé un accord d'élimination progressive et d'ici 2040 dans les régions restantes. Toutes les microbilles sont supposées finir dans le réseau d'assainissement au cours de l'année où elles sont consommées.

La catégorie « **granulés primaires** » englobe les pertes de granulés de plastiques primaires au cours de la production, du transport et de la manutention. Eunomia (2018[49]) a estimé les pertes de granulés de plastiques en 2015 dans l'Union européenne, qui proviennent de la production de granulés à partir des matières premières, des opérations de manutention intermédiaire, des processus de traitement et de transformation, de la gestion hors site des déchets, ainsi que du transport et du fret. À supposer que le rejet soit proportionnel à la quantité de plastiques produite, les pertes pour l'Union européenne ont été extrapolées à l'ensemble du monde à partir de la part de la production européenne de plastiques en 2015 (Plastics Europe, 2017[55]), avant d'être réparties entre les différentes régions géographiques en fonction de leur part dans la production. Les pertes aux stades de la production, du recyclage, de la transformation et de la gestion hors site des déchets sont censées entrer dans le réseau d'assainissement, mêlées aux eaux usées. Les pertes imputables aux installations intermédiaires et au transport sont supposées aboutir directement dans l'environnement.

La catégorie « **lavage des textiles** » inclut les pertes de microfibres synthétiques au cours du lavage des produits textiles et d'habillement. Les projections sont calculées sur la base du volume total (tonnes) de plastiques utilisés dans la catégorie « Articles d'habillement » au cours d'une année donnée, et de l'hypothèse qu'au cours de la durée de vie d'un produit textile 0,4 % de la matière est perdue au cours du lavage. La part de la matière perdue au cours de la durée de vie d'un produit textile et d'habillement a été calculée sur la base d'une évaluation des études existantes tenant compte de la part de matière synthétique perdue à la suite de plusieurs cycles de lavage (De Falco et al., 2019[56] ; Pirc et al., 2016[57]). Il a été supposé que toutes les microfibres rejetées au cours du lavage pénètrent dans le réseau d'assainissement.

Trois sources de rejets de microplastiques dues aux transports routiers ont été prises en compte :

- La catégorie « **abrasion des pneus** » inclut les pertes d'élastomères résultant de l'abrasion des bandes de roulement des pneus des voitures, des poids lourds et des motocyclettes. Les projections des rejets sont établies à partir des données annuelles sur la circulation routière en véhicules-km pour les voitures de tourisme et en tonnes-km pour les poids lourds, pour la période allant de 2016 à 2060 et pour chaque région (provenant du modèle ENV-Linkages). Les taux d'usure (c'est-à-dire la masse moyenne de bande de roulement des pneus perdue par véhicule-km, par type de véhicules) utilisés sont ceux rapportés par Eunomia (2018[49]) et illustrés au Tableau A A.15. Pour les poids lourds, un tonnage de fret moyen de 16 t/véhicule a été estimé sur la base des données d'Eurostat (2018[58]). Il a été supposé que 45 % des bandes roulantes des pneus sont constitués d'élastomères (Sommer et al., 2018[59]), et que le destin des particules est le suivant : 45 % sont retenus dans le revêtement en asphalte ou restent à proximité de la route, 45 % sont transportés par les eaux de ruissellement des routes et 10 % sont aéroportés, conformément aux estimations disponibles relatives au devenir de ces particules après leur émission (OCDE, 2021[60]). Le pourcentage des particules perdues dans l'environnement dépend des parts respectives de la population rurale et de la population urbaine dans chaque région entre 2016 et 2060 (telles qu'elles sont également utilisées dans le modèle ENV-Growth et donc dans ENV-Linkages). Dans les régions rurales, les rejets dans les eaux de ruissellement des routes et dans l'atmosphère sont considérés comme perdus dans l'environnement, alors que tel n'est pas le cas des particules piégées dans l'asphalte ou sur le bord des routes. Dans les régions urbaines, les rejets dans l'atmosphère sont considérés comme perdus dans l'environnement, alors que tel n'est pas le cas des particules piégées dans l'asphalte ou sur le bord des routes, les particules contenues dans les eaux de ruissellement des routes étant supposées aller dans un réseau d'assainissement et être traitées dans les eaux usées de la région où se produit la perte.

- La catégorie « **marquages routiers** » inclut les pertes issues des marquages appliqués à la surface des routes. Les projections de l'utilisation de plastiques pour les marquages routiers sont générées par le modèle ENV-Linkages, et, faute de données, le destin des particules issues des marquages routiers est supposé être similaire à celui des particules dues à l'abrasion des pneus.
- La catégorie « **usure des freins** » inclut les pertes de polymères synthétiques liées à l'usure des plaquettes et des autres éléments constitutifs des freins. Compte tenu de la composition moyenne des plaquettes de frein telle qu'elle est décrite par Hallal et al. (2013[61]), il a été supposé que la teneur en polymères des plaquettes de frein s'élève à 23 %. Comme dans le cas de la méthodologie utilisée pour l'abrasion des pneus, les estimations des pertes sont établies à partir des données annuelles sur la circulation entre 2016 et 2060 et sur les taux d'abrasion basés sur les calculs d'Eunomia (2018[49]) et illustrés au Tableau A A.16. Le destin des microplastiques dans les poussières de freinage a été supposé être similaire à celui des particules provenant de l'abrasion des pneus.

Tableau A A.15. Taux d'usure des pneus utilisés

Valeurs en gramme par véhicule-kilomètre (g/vkm)

Type de véhicules	Voitures de tourisme	Poids lourds
Limite supérieure	0,05	0,6
Limite inférieure	0,25	1
Moyenne	0,1	0,8

Source : valeurs de l'ETRMA, rapportées par (Eunomia, 2018[49]).

Tableau A A.16. Taux d'usure des plaquettes de freins utilisés

Valeurs en gramme par véhicule-kilomètre (g/vkm)

Type de véhicules	Voitures de tourisme	Poids lourds
Limite supérieure	0,011	0,047
Limite inférieure	0,02	0,084
Moyenne	0,016	0,066

Source : (Eunomia, 2018[49]).

La catégorie « **gazon artificiel** » inclut les pertes de plastiques provenant du remplissage des pelouses des terrains de sport. Les estimations tirées de la littérature constatent des pertes de 300 à 730 kg/an par terrain au Danemark et de 550 kg/an en Suède (Løkkegaard, Malmgren-Hansen et Nilsson, 2018[62] ; Agence suédoise pour la protection de l'environnement (EPA), 2019[63]). D'après l'ECHA (2020[53]), le nombre de terrains de sport synthétiques atteindra les 39 000 dès 2020 et la quantité moyenne de matières de remplissage utilisées se situe entre 40 et 120 tonnes. Partant de l'hypothèse que la consommation annuelle de matières de remplissage représente de 1 à 4 % du volume total (ECHA, 2020[53] ; Eunomia, 2018[49]), on obtient un chiffre moyen de 101 400 tonnes par an. Les estimations pour l'Europe ont été extrapolées aux autres régions sur la base des chiffres relatifs à la taille du marché du gazon artificiel (tirées de (ResearchNester, 2021[64])) et des projections de la croissance du PIB d'ici 2060 (tirées du modèle ENV-Linkages). Compte tenu de la composition des granulés de caoutchouc utilisés en tant que matière de remplissage, il a été supposé que 96 % de l'ensemble des matières de remplissage sont constitués de microplastiques[4]. Pour ce qui est des pertes et du devenir dans l'environnement, les hypothèses sont les suivantes :

- 10 % des particules de granulés de caoutchouc sont perdus dans les sols environnants (et sont par conséquent considérés comme perdus dans l'environnement).
- 10 % sont rejetés avec l'eau. Compte tenu de la part de la population rurale dans chaque région indiquée par le modèle ENV-Linkages de 2016 à 2060, il a été supposé que ces 10 % sont directement perdus dans l'environnement dans les zones rurales. Dans les zones urbaines, ils sont censés entrer directement dans le réseau d'assainissement. Lorsqu'elles atteignent un système de traitement (primaire, secondaire, tertiaire), toutes les particules sont par hypothèse retirées et finissent par conséquent dans les boues d'épuration, étant donné que la taille importante des débris de gazon leur permet d'être généralement retirés de manière satisfaisante dans les stations de traitement (Løkkegaard, Malmgren-Hansen et Nilsson, 2018[62]).

La catégorie des « **revêtements marins** » inclut les pertes de peintures et de revêtements émanant des navires et des structures marines. Il est probable que 10 % des plastiques employés pour produire des revêtements marins soient directement perdus dans l'environnement au cours de la durée de vie du produit (Boucher et Friot, 2017[65]).

La catégorie des « **poussières microplastiques** » recouvre les pertes involontaires de microplastiques qui se produisent au stade de l'utilisation d'un certain nombre de produits. En particulier, dans le modèle cinq sources ont été prises en compte : les microplastiques dans la poussière de textiles ménagers, l'usure des peintures des surfaces intérieures, l'usure des peintures des surfaces extérieures, les pertes liées aux activités de construction et de démolition, et l'abrasion des semelles de chaussures. Ces catégories ne constituent pas une liste exhaustive de toutes les pertes de microplastiques non prises en considération dans les autres sections, mais recouvrent uniquement les sources de rejets suffisamment couvertes par la littérature pour qu'il en soit tenu compte dans le modèle.

Pour chaque source, sauf la poussière de textiles ménagers, les projections reposent sur les pertes dont il est fait état à l'échelle d'un pays ou de l'Union européenne, qui ont ensuite été utilisées pour calculer les émissions par habitant ou par USD de PIB à parité de pouvoir d'achat (PPA) constant, avant d'être finalement extrapolées pour calculer les émissions annuelles à l'échelle mondiale entre 2016 et 2060 sur la base des données du modèle ENV-Linkages. Pour les peintures intérieures et extérieures, ainsi que pour les sources de poussières liées aux activités de construction et de démolition extérieures, le PIB a servi de mesure indirecte, compte tenu de l'hypothèse que l'utilisation de ces matières est fonction du degré de prospérité.

Pour l'abrasion des semelles de chaussures, les données démographiques ont été considérées comme une mesure indirecte plus pertinente. Comme une personne ne peut porter qu'une paire de chaussures à la fois, l'usure des chaussures est supposée être liée à l'activité de la personne et non à son degré de prospérité. Faute de mieux, les évolutions de l'utilisation de chaussures sont supposées dépendre de celles de la population. Le modèle ne tient pas compte de l'évolution du nombre de personnes chaussées ni de progrès futurs obtenus dans les matériaux qui composent les semelles.

Les estimations des pertes de poussières de textiles ménagers reposent sur une étude récente, d'après laquelle les fibres synthétiques émises dans l'air par les produits textiles et d'habillement pourraient représenter un tiers des particules rejetées dans l'eau au cours des lavages (De Falco et al., 2020[66]). Les émissions de fibres textiles au cours du lavage des textiles qui ont été précédemment calculées ont donc été utilisées pour déterminer les pertes de poussières de textiles ménagers.

Une synthèse des sources utilisées pour calculer les pertes relevant de ces différentes catégories est présentée au Tableau A A.17. Il a été supposé que 15 % des poussières de textiles ménagers (Kawecki et Nowack, 2020[67]) et 100 % des microplastiques issus des peintures intérieures aboutissent dans les eaux usées. Dans le cas des autres sources, les particules émises dans les zones urbaines ont également été supposées aboutir dans les systèmes d'assainissement, alors qu'elles étaient considérées comme perdues dans l'environnement dans le cas des zones rurales.

Tableau A A.17. Sources d'émissions de poussières microplastiques et valeur des pertes pour l'année 2060

Sources de poussières microplastiques	Référence (pays ou région)	Indicateur
Poussières de textiles ménagers	Projections des textiles dans le modèle ENV-Linkages	-
Peintures intérieures	(Eunomia, 2018[49])(UE)	PIB (USD, PPA)
Peintures extérieures	(Eunomia, 2018[49]) (UE)	
Construction et démolition extérieures	(Kawecki et Nowack, 2020[67]) (Suisse)	
Abrasion des semelles de chaussures	(Lassen et al., 2016[68]) (Danemark)	Population

La catégorie « **boues d'épuration** » inclut les pertes de microplastiques qui se produisent à travers l'épandage de boues d'épuration sur les terres, comme indiqué dans la prochaine section.

Parcours des eaux usées et pertes à travers l'épandage des boues sur les terres

Une grande partie des rejets de microplastiques finit dans les eaux usées ou dans les eaux de ruissellement (OCDE, 2021[60]). Il convient donc de dresser un panorama des systèmes de traitement pertinents en bout de chaîne afin d'estimer la quantité de microplastiques qui finit sa course dans l'environnement. Le modèle prend en considération un certain nombre de destins potentiels des microplastiques, conformément à Ryberg et al. (2019[18]) et comme illustré au Graphique A A.2. En dernier lieu, les microplastiques peuvent être soit retenus par le traitement des eaux usées, soit perdus dans l'environnement.

Graphique A A.2. Destin des microplastiques dans les eaux usées

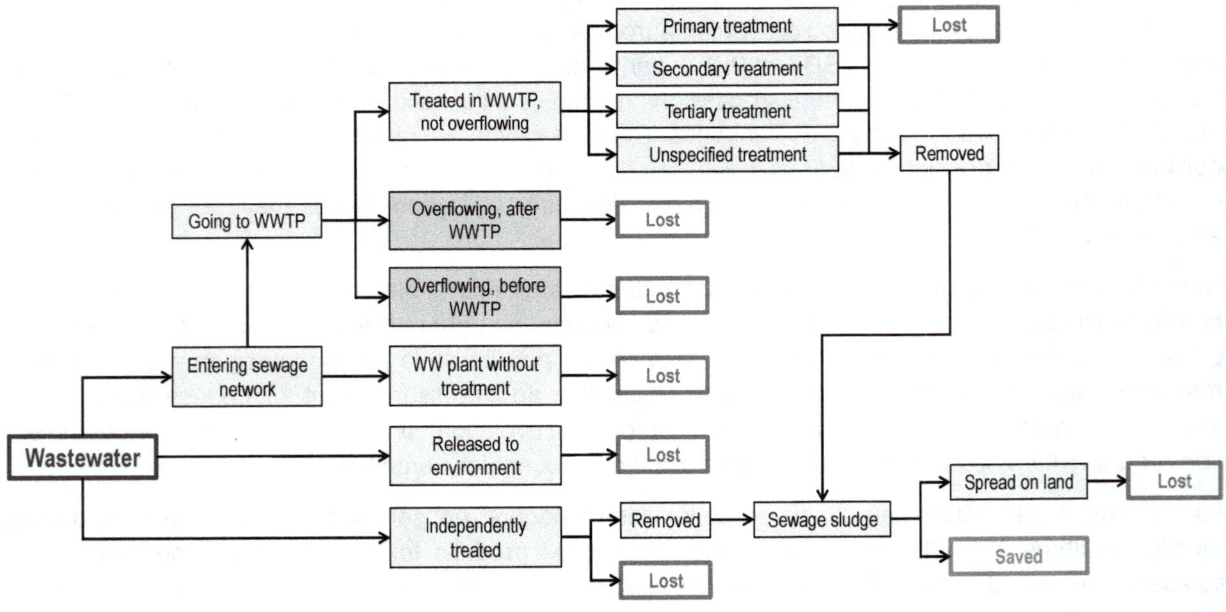

Source : méthodologie inspirée de Ryberg et al. (Ryberg et al., 2019[18]).

La part des rejets de microplastiques qui suit chacun de ces parcours varie en fonction de l'état de la couverture par des infrastructures d'eaux usées observée dans les différents pays. La répartition des parts entre les différents destins a été estimée au niveau régional. Pour chaque région, la plupart des parts débouchant sur un traitement (représentées par des cases jaunes au Graphique A A.2) ont été calculées en faisant la moyenne des parts correspondantes des pays composant la région, pondérées par le nombre d'habitants de chaque pays. Une évaluation des données pour 187 pays a montré que la disponibilité et la qualité des données étaient très variables selon les pays. Pour la plupart des pays de l'OCDE, ainsi que pour le Brésil, la Colombie, et l'Afrique du Sud, les données disponibles les plus récentes fournies par (OECD.Stat, 2017[69]) ont été utilisées et considérées comme représentatives du traitement des eaux usées en 2016. Pour la Chine et l'Inde, les parts ont été établies sur la base de Kalbar, Muñoz et Birkved (2017[70]).

Pour les autres pays, il a été décidé d'utiliser les données provenant du Programme commun OMS/UNICEF de suivi de l'approvisionnement en eau, de l'assainissement et de l'hygiène (JMP, 2020[71]). Ces données sont utilisées pour suivre la mise en œuvre de l'ODD 6.3.1 « Proportion des eaux usées traitées sans danger ». Dans la série de données, la classification suivante est utilisée :

- Gérées en toute sécurité : utilisation d'installations améliorées non partagées avec d'autres ménages et permettant une élimination des excréments in situ en toute sécurité ou leur transport et leur traitement hors site.
- De base : utilisation d'installations améliorées non partagées avec d'autres ménages.
- Limitées : utilisation d'installations améliorées partagées par deux ménages ou davantage.
- Non améliorées : utilisation de latrines à fosse sans dalle ou plateforme, de latrines suspendues ou de latrines à seau.
- Défécation en plein air : élimination des selles humaines dans les champs, les forêts, les buissons, les masses d'eau libres, les plages et les autres espaces ouverts, ou avec les déchets solides (JMP 2020).

La part des eaux usées « gérées en toute sécurité » est supposée subir au moins un traitement primaire. Dans la modélisation, le reste des eaux usées est supposé être directement rejeté dans l'environnement. Il s'agit là d'une hypothèse prudente, mais pour certaines régions il n'a pas été possible de se procurer des données plus précises sur les niveaux de traitement.

À partir d'informations tirées de la littérature, un taux de retrait des microplastiques a été associé aux différents niveaux de traitement des eaux usées (primaire, secondaire, et tertiaire), comme indiqué au Tableau A A.18, et il a été utilisé pour calculer le destin des microplastiques passant par un système de traitement des eaux usées, conformément à l'approche de Ryberg et al. (2019[18]). Le taux de retrait du traitement non précisé et du traitement indépendant des eaux usées a été supposé égal à celui du traitement primaire. Des données régionales sur la perte d'eaux usées imputable au débordement (représentée par les cases bleues au Graphique A A.2) ne sont généralement pas disponibles et la part de perte a par conséquent été modélisée en appliquant les mêmes pourcentages de perte pour toutes les régions. On estime que 0,6 % et 2,4 % des eaux usées sont perdues du fait du débordement du réseau d'assainissement et de celui des stations de traitement des eaux usées (STEU), respectivement (Magnusson et al., 2016[72] ; Ryberg et al., 2019[18]).

Tableau A A.18. Taux de retrait des microplastiques pour les différents niveaux de traitement des eaux usées

Technologie de traitement	Microbilles	Fibres	Autres microplastiques
Traitement primaire	86 %	87 %	69 %
Traitement secondaire	92 %	92 %	96 %
Traitement tertiaire	99 %	96 %	99 %

Source : calculs d'après (Michielssen et al., 2016[73]).

Étant donné que la part des eaux usées traitée est susceptible d'évoluer entre 2019 et 2060, une régression linéaire multiple a été réalisée afin d'estimer l'évolution de la part des eaux usées dirigée vers une usine de traitement des eaux et le type de technologie de traitement en place (primaire, secondaire ou tertiaire). Le taux de retrait des microplastiques par pays a également été déduit d'une régression linéaire multiple. Les modèles de régression linéaire multiple utilisent comme paramètres de départ les valeurs de 2019 et le PIB par habitant (USD PPA), et tiennent compte de la région à laquelle appartient chaque pays. Les régressions linéaires multiples étaient pondérées par la population de chaque pays. Faute de données, l'évolution des pertes d'eaux usées du fait du débordement du réseau d'assainissement et de celui des stations de traitement des eaux usées (STEU), la part des eaux usées soumise à un traitement indépendant, ou encore la part des boues d'épuration épandue sur les terres ont été considérées comme constantes dans le modèle, entre 2016 et 2060.

Les boues d'épuration sont constituées des déchets issus du traitement des eaux usées contenant les polluants de l'eau collectés dans l'influent. La réutilisation des boues à des fins agricoles est encouragée dans plusieurs pays, en raison principalement de leur forte teneur en nutriments et de leurs effets bénéfiques sur les cultures, ainsi que pour réduire le besoin de les enfouir ou de les incinérer. De récents éléments d'information portent toutefois à croire qu'une telle pratique entraîne le transfert vers les terres agricoles d'une partie des microplastiques retenus lors du traitement des eaux usées (Nizzetto, Futter et Langaas, 2016[74]).

Les pertes dans l'environnement via les terres agricoles ont été calculées sur la base de la part des boues générées au cours d'une année donnée qui est épandue sur les terres agricoles. Compte tenu de la rareté des données sur le destin des microplastiques au cours du traitement des boues, il a été supposé qu'aucun autre retrait de microplastiques n'a lieu avant l'épandage des boues sur les terres (Ryberg et al. 2019). Pour le Canada, la Chine et les États-Unis, les parts des boues épandues sur les terres agricoles sont conformes aux pourcentages indiqués par Rolsky et al. (2020[75]) (à savoir 43 %, 45 % et 55 % pour le Canada, la Chine et les États-Unis, respectivement). Du fait d'un manque de données, pour tous les autres pays, les parts des boues d'épuration épandues sur les champs agricoles ont été supposées égales à la moyenne européenne (à savoir 46 %) (Eurostat, 2020[76]).

Modélisation des rejets de plastiques dans les milieux terrestres et aquatiques (Université de Leeds)

La présente section explique quelle méthodologie et quels paramètres ont utilisé les experts de l'Université de Leeds pour réaliser des projections relatives au destin des déchets plastiques.

Gestion et rejet des déchets dans l'environnement

Le destin en fin de vie, y compris le rejet des plastiques dans l'environnement après un passage par le système de gestion des déchets, a été quantifié pour le point de référence (2019) à l'aide du modèle de quantification spatiotemporelle des origines et du transport de la pollution par les plastiques (Spatiotemporal Quantification of Plastic Pollution Origins and Transportation – SPOT) (Cottom et al., 2022[10]). Le modèle SPOT estime principalement les flux de matières aux niveaux 2 et 3 du découpage administratif, et il fallait donc l'adapter afin d'obtenir des résultats au plan national (niveau 0) qui ont ensuite été agrégés à l'échelle des régions de l'OCDE. L'analyse des flux de matières (Brunner et Rechberger, 2016[77]) a été l'approche méthodologique d'ensemble à la base de la distribution des estimations de la production de déchets plastiques fournies par le modèle ENV-Linkages et utilisées pour décrire leur parcours à travers le système des déchets, comme l'illustre le schéma conceptuel (Graphique A A.3). Ce modèle hybride est décrit ci-après sous le nom de « module d'extension ENV-Linkages – SPOT ».

Graphique A A.3. Structure du module d'extension ENV-Linkages – SPOT

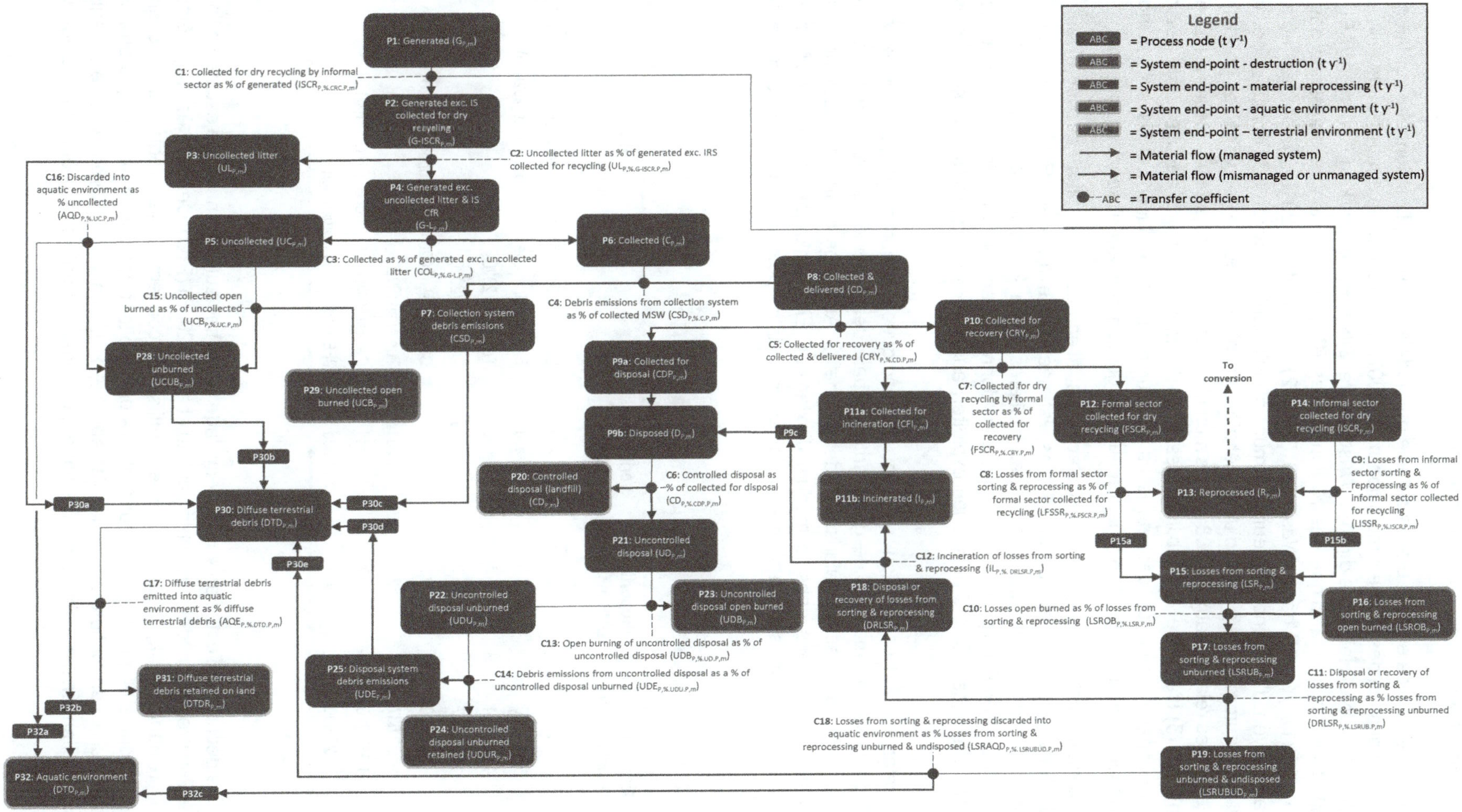

Source : Cottom et al. (2022[10]).

Structure et hypothèses de base du modèle

Les données ont été traitées en trois étapes à l'aide du modèle SPOT : 1) Les données sur la production, la composition et la gestion des déchets municipaux de 2007 à 2021 tirées de quatre sources, Waste Wise Cities Tool (WaCT) (ONU-Habitat, s.d.[78]) ; Wasteaware Cities Benchmark Indicators (WABI) (Wilson et al., 2012[79]) ; Division de statistique des Nations Unies (DSNU) (Division de statistique des Nations Unies (DSNU), 2021[80]) ; et What a Waste 2.0 (WAW2) (Kaza et al., 2018[15]), ont été nettoyées et normalisées au moyen d'un dénominateur commun, aboutissant à environ 500 écritures de données ; (2) L'apprentissage automatique à partir d'une forêt aléatoire a eu recours à des variables prédictives pour modéliser les données relatives aux 85 088 autres municipalités du monde pour lesquelles aucune donnée n'était disponible ; (3) L'analyse probabiliste des flux de matières s'est appuyée sur les données interpolées pour répartir le flux de déchets issus de leur point de production à travers les nœuds de traitement correspondant à leur gestion, à leur mauvaise gestion et à leur absence de gestion.

Le module d'extension ENV-Linkages – SPOT s'appuie sur l'agrégation au plan national (niveau 0) de la masse des déchets plastiques rigides et souples estimée par le modèle SPOT pour déterminer les coefficients de transfert utilisés pour répartir les matières entre les différents nœuds de traitement. Cependant, le modèle SPOT ne présente pas toutes les données dans le format requis pour que le module d'extension ENV-Linkages – SPOT puisse les exploiter, aussi quelques ajustements se sont-ils avérés nécessaires.

Les données relatives à l'incinération ne sont pas indiquées séparément dans cette version du modèle SPOT en raison du manque de granularité spatiale des données sources, qui a abouti à leur agrégation avec d'autres types de valorisation des déchets. Aussi les données issues de Kaza et al. (2018[15]) ont-elles été utilisées dans le module d'extension ENV-Linkages-SPOT parallèlement à de nouvelles recherches qui ont servi à vérifier ou à revoir certains points de données comme décrit au Tableau A A.19.

Tableau A A.19. Validation des données sur l'incinération

Pays	Masse des DMS incinérés (t y^{-1})	Proportion de DMS incinérés (%)	Vérification/addition	Source
Liechtenstein	8 268	25,4	add	Liechtenstein Institute for Strategic Development (2020[81])
Azerbaïdjan	400 000	9,6	add	Banque islamique de développement (2020[82])
Vietnam	1 602 764	5,4	add	Tun et al. (2020[83])
Thaïlande	1 389 627	5,0	Vérifié	Tun et al. (2020[83])
Éthiopie	350 000	2,5	add	Cleere et al. (2020[84]) et Muuben et al. (2019[85])
RDP lao	32 637	2,0	add	Tun et al. (2020[83])
Inde	1 916 250	0,7	add	Central Pollution Control Board (2021[86])
Myanmar	21 900	0,2	add	JFE Engineering Corporation (2017[87])

Source : Kaza et al. (2018[15]).

La proportion des déchets collectés en vue du recyclage par le secteur informel a été estimée à l'aide d'un modèle adapté d'un premier modèle présenté par Lau et al. (2020[25]) (P_2O). Des données supplémentaires rapportées par (Cottom et al., 2022[10]) ont été utilisées, concernant la productivité moyenne par récupérateur de déchets, le nombre de récupérateurs par habitant des zones urbaines, la proportion de déchets collectés qui est en matière plastique (Tableau A A.20), ainsi qu'une hypothèse selon laquelle les récupérateurs travaillent en moyenne 235 jours par an, en tenant compte des arrêts pour maladie, congés ou autres motifs.

Tableau A A.20. Données utilisées pour modéliser les activités du secteur du recyclage informel

Catégorie de revenu (Banque mondiale)	Proportion de la population urbaine travaillant dans le secteur informel des déchets (%)	Productivité par récupérateur de déchets (kg d-1)	Proportion de plastiques dans les déchets collectés par le secteur du recyclage informel (%)
Revenu élevé	0,01	37,0	5
Revenu intermédiaire – tranche supérieure	0,26	37,0	28
Revenu intermédiaire – tranche inférieure	0,19	37,0	35
Faible revenu	0,14	37,0	35

Source : Cottom et al. (2022[10]).

Déversement des déchets mal gérés dans l'eau

Les données pour vérifier le déversement délibéré de déchets dans l'eau par les producteurs de déchets sont rares. Nous présentons ici un tour d'horizon des données de recensement indiquant la masse directement rejetée dans l'eau par les chefs de ménage faute de services formels de collecte des déchets (Tableau A A.21). Conscients de l'incertitude qui entoure les données, de leur haute variabilité et du fait que les données ne représentent pas nécessairement la population mondiale, il a été décidé d'adopter une approche prudente et d'utiliser une approximation calculée comme la moyenne des pourcentages médians de déchets ainsi rejetés par différents pays (4,8 % des déchets non collectés).

Tableau A A.21. Déversement délibéré dans l'eau

Pays	Proportion de la population adoptant ce comportement (% moyen des déchets non collectés)	Source
Malawi	1,0	(Bureau national statistique, 2020[88])
Guatemala	1,8	(Institut National de la Statistique du Guatemala, 2018[89])
Indonésie	7,6	(Sous-direction des statistiques environnementales, 2014[90])
Fidji	0,5	(Office de statistiques des Fidji, 2018[91])
Brésil	0,4	(Institut brésilien de géographie et de statistique, 2010[92])
Bolivie	15,6	(Institut National de Statistique de la Bolivie, 2012[93])
Samoa	0,4	(Samoa : Bureau des statistiques, 2019[94])
Éthiopie	10,9	(Population Census Commission, 2007[95])

Rejets de débris de plastiques dans l'environnement

Le transfert de déchets des milieux terrestres vers les milieux aquatiques a été estimé à l'aide des taux de transfert suggérés par Lau et al. (2020[25]) et présenté en détail dans le Tableau A A.22. La carte de densité démographique établie à partir de la population mondiale quadrillée d'après GPW v4 (2015) (Nations Unies, 2019[96]) et ajustée pour tenir compte des données des Nations Unies (CIESIN, 2018[97]) a été utilisée pour estimer les parts respectives de la population rurale et de la population urbaine en considérant comme Dijkstra et Poelman (2014[98]) que cette dernière correspond aux cellules du quadrillage qui comptent plus de 300 habitants et dont les cellules contiguës comportent au total plus de 5 000 habitants. La répartition entre population urbaine et population rurale a été mise en correspondance avec la série de données HydroSHEDS sur les cours d'eau et les rivages, avec une résolution de 30 secondes d'arc. Pour les pays situés au-dessus des 60° de latitude nord, les données démographiques ont été estimées de manière approximative sur la base des taux des pays similaires les plus proches situés en dessous des 60° de latitude nord.

Le transfert de déchets des milieux terrestres vers les milieux aquatiques a été estimé à l'aide des taux de transfert suggérés par Lau et al. (2020[25]) et présenté en détail dans le Tableau A A.22. La carte de densité démographique établie à partir de la population mondiale quadrillée d'après GPW v4 (2015) (Nations Unies, 2019[96]) et ajustée pour tenir compte des données des Nations Unies (CIESIN, 2018[97]) a été utilisée pour estimer les parts respectives de la population rurale et de la population urbaine en considérant comme Dijkstra et Poelman (2014[98]) que cette dernière correspond aux cellules du quadrillage qui comptent plus de 300 habitants et dont les cellules contiguës comportent au total plus de 5 000 habitants. La répartition entre population urbaine et population rurale a été mise en correspondance avec la série de données HydroSHEDS sur les cours d'eau et les rivages, avec une résolution de 30 secondes d'arc. Pour les pays situés au-dessus des 60° de latitude nord, les données démographiques ont été estimées de manière approximative sur la base des taux des pays similaires les plus proches situés en dessous des 60° de latitude nord.

Tableau A A.22. Taux de transfert des déchets plastiques des milieux terrestres vers les milieux aquatiques

Souplesse	Distance de la population par rapport aux milieux aquatiques	Part des déchets plastiques transférés des milieux terrestres vers les milieux aquatiques (% wt.)
Rigide	< 1 km	10
	> 1 km	3
Souple	< 1 km	35
	> 1 km	8

Source : Lau et al. (2020[25]).

Projection des déchets mal gérés à l'horizon 2060

Les coefficients de transfert tirés de l'année de référence (2019) dans le module d'extension ENV-Linkages-SPOT ont été utilisés pour répartir les rejets dans l'environnement de déchets mal gérés dans les années à venir, à partir du volume des déchets mal gérés projeté dans le modèle ENV-Linkages. Le Tableau A A.23 et le Tableau A A.24 montrent ces pourcentages par région pour les déchets mal gérés, et le Tableau A A.25 et le Tableau A A.26 montrent les pourcentages retenus pour répartir les déchets qui ne s'accumulent pas dans des décharges sauvages entre les différents nœuds sociétaux et de gestion des déchets par lesquels ils peuvent transiter.

Tableau A A.23. Coefficients de transfert utilisés pour répartir les déchets plastiques mal gérés provenant des DMS dans les quatre composantes principales du module d'extension ENV-Linkages-SPOT

Pourcentage de déchets mal gérés par an en millions de tonnes (Mt)

Région	Décharge (sauvage)	Brûlés à ciel ouvert	Environnement terrestre	Milieux aquatiques
Canada	60 %	26 %	10 %	4 %
Chine	39 %	45 %	10 %	6 %
Autres pays de l'UE	26 %	54 %	13 %	7 %
Inde	57 %	30 %	8 %	5 %
Amérique latine	51 %	36 %	8 %	5 %
Moyen Orient et Afrique du Nord	60 %	31 %	7 %	3 %
Pays de l'UE membres de l'OCDE	50 %	31 %	14 %	5 %

Région	Décharge (sauvage)	Brûlés à ciel ouvert	Environnement terrestre	Milieux aquatiques
Autres Afrique	38 %	31 %	21 %	10 %
Autres pays d'Amérique membres de l'OCDE	42 %	43 %	9 %	6 %
OCDE Océanie	60 %	27 %	10 %	3 %
Autres pays d'Asie non membres de l'OCDE	49 %	33 %	12 %	6 %
Pays de l'OCDE non membres de l'UE	41 %	43 %	11 %	5 %
OCDE Pacifique	26 %	36 %	29 %	9 %
Autres pays d'Eurasie	57 %	33 %	7 %	4 %
USA	56 %	28 %	11 %	5 %
Monde	49 %	35 %	11 %	6 %

Source : module d'extension ENV-Linkages-SPOT.

Tableau A A.24. Coefficients de transfert utilisés pour répartir les déchets plastiques mal gérés provenant des non-DMS dans les quatre composantes principales du module d'extension ENV-Linkages-SPOT

Pourcentage de déchets mal gérés par an en millions de tonnes (Mt)

Région	Décharge (sauvage)	Brûlés à ciel ouvert	Environnement terrestre	Milieux aquatiques
Canada	60 %	26 %	12 %	3 %
Chine	39 %	45 %	12 %	4 %
Autres pays de l'UE	26 %	54 %	15 %	5 %
Inde	57 %	30 %	9 %	3 %
Amérique latine	52 %	37 %	9 %	3 %
Moyen Orient et Afrique du Nord	60 %	31 %	7 %	2 %
Pays de l'UE membres de l'OCDE	50 %	31 %	15 %	4 %
Autres Afrique	39 %	31 %	25 %	6 %
Autres pays d'Amérique membres de l'OCDE	42 %	44 %	10 %	4 %
OCDE Océanie	60 %	27 %	10 %	3 %
Autres pays d'Asie non membres de l'OCDE	49 %	33 %	14 %	4 %
Pays de l'OCDE non membres de l'UE	41 %	43 %	12 %	4 %
OCDE Pacifique	26 %	36 %	32 %	6 %
Autres pays d'Eurasie	57 %	33 %	8 %	2 %
USA	56 %	28 %	13 %	3 %
Monde	50 %	35 %	12 %	3 %

Source : module d'extension ENV-Linkages-SPOT.

Tableau A A.25. Coefficients de transfert utilisés pour répartir les déchets plastiques mal gérés provenant des DMS dans les composantes principales du module d'extension ENV-Linkages-SPOT, à l'exclusion des décharges sauvages.

Pourcentage de déchets mal gérés (hors décharge sauvages) par an en millions de tonnes (Mt)

Région	Déchets sauvages non collectés	Déchets non collectés rejetés sur les sols	Déchets non collectés rejetés dans les milieux aquatiques	Débris des systèmes de collecte	Débris des systèmes d'élimination	Déchets non collectés brûlés à ciel ouvert	Élimination non contrôlée : déchets brûlés à ciel ouvert	Pertes de tri et retraitement brûlées à ciel ouvert	Pertes de tri et retraitement mal gérées dans les environnements terrestres
Canada	18 %	25 %	18 %	5 %	2 %	27 %	35 %	1 %	3 %
Chine	3 %	17 %	3 %	2 %	1 %	55 %	15 %	3 %	4 %
Autres pays de l'UE	3 %	18 %	3 %	1 %	0 %	63 %	8 %	1 %	3 %
Inde	2 %	18 %	2 %	1 %	1 %	36 %	31 %	3 %	5 %
Amérique latine	2 %	16 %	2 %	1 %	1 %	47 %	25 %	2 %	3 %
Moyen Orient et Afrique du Nord	2 %	16 %	2 %	2 %	2 %	38 %	35 %	2 %	3 %
Pays de l'UE membres de l'OCDE	15 %	27 %	15 %	7 %	1 %	37 %	24 %	2 %	3 %
Autres Afrique	1 %	34 %	1 %	1 %	1 %	31 %	15 %	4 %	8 %
Autres pays d'Amérique membres de l'OCDE	2 %	15 %	2 %	2 %	1 %	55 %	17 %	2 %	4 %
OCDE Océanie	14 %	24 %	14 %	5 %	2 %	31 %	36 %	1 %	2 %
Autres pays d'Asie non membres de l'OCDE	2 %	23 %	2 %	1 %	1 %	39 %	23 %	3 %	5 %
Pays de l'OCDE non membres de l'UE	4 %	18 %	4 %	2 %	1 %	54 %	17 %	2 %	3 %
OCDE Pacifique	25 %	39 %	25 %	11 %	0 %	39 %	8 %	2 %	4 %
Autres pays d'Eurasie	2 %	16 %	2 %	1 %	1 %	42 %	32 %	2 %	3 %
USA	15 %	25 %	15 %	7 %	1 %	31 %	30 %	2 %	3 %
Monde	3 %	21 %	3 %	2 %	1 %	43 %	22 %	3 %	4 %

Source : module d'extension ENV-Linkages-SPOT.

Tableau A A.26. Coefficients de transfert utilisés pour répartir les déchets plastiques mal gérés provenant des non-DMS dans les composantes principales du module d'extension ENV-Linkages-SPOT, à l'exclusion des décharges sauvages.

Pourcentage de déchets mal gérés (hors décharge sauvages) par an en millions de tonnes (Mt)

Région	Déchets sauvages non collectés	Déchets non collectés rejetés sur les sols	Déchets non collectés rejetés dans les milieux aquatiques	Débris des systèmes de collecte	Débris des systèmes d'élimination	Déchets non collectés brûlés à ciel ouvert	Élimination non contrôlée : déchets brûlés à ciel ouvert	Pertes de tri et retraitement brûlées à ciel ouvert	Pertes de tri et retraitement mal gérées dans les environnements terrestres
Canada	18 %	25 %	18 %	5 %	2 %	27 %	35 %	1 %	3 %
Chine	3 %	17 %	3 %	2 %	1 %	55 %	15 %	3 %	4 %
Autres pays de l'UE	3 %	18 %	3 %	1 %	0 %	63 %	8 %	1 %	3 %
Inde	2 %	18 %	2 %	1 %	1 %	36 %	31 %	3 %	5 %
Amérique latine	2 %	16 %	2 %	1 %	1 %	47 %	25 %	2 %	3 %
Moyen Orient et Afrique du Nord	2 %	16 %	2 %	2 %	2 %	38 %	35 %	2 %	3 %
Pays de l'UE membres de l'OCDE	15 %	27 %	15 %	7 %	1 %	37 %	24 %	2 %	3 %
Autres Afrique	1 %	34 %	1 %	1 %	1 %	31 %	15 %	4 %	8 %
Autres pays d'Amérique membres de l'OCDE	2 %	15 %	2 %	2 %	1 %	55 %	17 %	2 %	4 %
OCDE Océanie	14 %	24 %	14 %	5 %	2 %	31 %	36 %	1 %	2 %
Autres pays d'Asie non membres de l'OCDE	2 %	23 %	2 %	1 %	1 %	39 %	23 %	3 %	5 %
Pays de l'OCDE non membres de l'UE	4 %	18 %	4 %	2 %	1 %	54 %	17 %	2 %	3 %
OCDE Pacifique	25 %	39 %	25 %	11 %	0 %	39 %	8 %	2 %	4 %
Autres pays d'Eurasie	2 %	16 %	2 %	1 %	1 %	42 %	32 %	2 %	3 %
USA	15 %	25 %	15 %	7 %	1 %	31 %	30 %	2 %	3 %
Monde	3 %	21 %	3 %	2 %	1 %	43 %	22 %	3 %	4 %

Source : module d'extension ENV-Linkages-SPOT.

Modélisation des rejets de plastiques dans les milieux aquatiques (Laurent Lebreton)

Cette section décrit la méthodologie et les paramètres employés par Laurent Lebreton pour réaliser des projections relatives au destin des déchets plastiques après leur entrée dans l'environnement. Plus précisément, le modèle calcule la quantité de rejets de plastiques qui finissent dans les milieux aquatiques, et il évalue leur mobilité ainsi que leur dégradation dans les cours d'eau et les océans.

Compte tenu de la grande diversité des types de polymères, des formes et des tailles des objets, ainsi que de la nature dynamique des milieux aquatiques, la quantification des sources et le destin des plastiques dans les cours d'eau, les lacs et les océans ne vont pas de soi. Certaines études ont récemment tenté de quantifier la quantité de déchets plastiques mal gérés produits par les pays à l'échelle mondiale, qui atteignent vraisemblablement un milieu aquatique (Borrelle et al., 2020[99]) puis l'océan (Meijer et al., 2021[100]). Ces études utilisent des modèles spatiaux qui décrivent la production de déchets plastiques mal gérés en fonction de la topographie et des autres paramètres environnementaux. Dans cette section, les résultats relatifs aux émissions au niveau des pays ont été transposés à l'échelle des régions mondiales issues du modèle ENV-Linkages. Le transport des déchets plastiques a été estimé en tenant compte des variations géographiques. Le destin des plastiques dans les différentes régions a ensuite été modélisé en fonction des types de polymères prévus eu égard aux projections de la production de déchets des divers secteurs de l'économie. Enfin, la masse de plastiques accumulée dans les différents milieux aquatiques de chaque région a été indiquée.

Afin de calculer les entrées de plastiques dans les milieux aquatiques par région, on a utilisé les résultats d'une étude de Borrelle et al. (2020[99]) dans laquelle étaient estimés les rejets de plastiques mal gérés dans les cours d'eau, les lacs et les océans à l'échelle mondiale. Le modèle utilisé pour obtenir les résultats de cette étude comprend une répartition mondiale à haute résolution de la production de déchets plastiques, elle-même obtenue à partir de la densité de population, du produit intérieur brut (PIB) par habitant et de statistiques nationales portant sur les déchets municipaux (Lebreton et Andrady, 2019[19]). Le modèle calcule ensuite la probabilité que les déchets plastiques mal gérés rejetés atteignent un milieu aquatique (cours d'eau, lacs, et océans) en fonction de la distance et de l'orientation de la pente du terrain. Du fait qu'elle tient compte du terrain, l'étude rapporte la probabilité des rejets de plastiques dans les milieux aquatiques par pays, laquelle est indépendante du volume total de déchets produits, mais varie dans le monde en fonction de la situation géographique des populations et de la topographie du pays (inspiré de Borrelle et al. (2020[99])). Dans la présente étude, la probabilité des rejets a été calculée pour chaque région en pondérant la probabilité des rejets à l'échelle des pays en fonction de la taille de leur population et en établissant une moyenne régionale et ses intervalles de confiance (Graphique A A.4). La probabilité des rejets de déchets plastiques est variable selon les régions. Les régions OCDE Océanie (Australie et Nouvelle-Zélande) et OCDE Pacifique (Japon et Corée) ont la plus forte probabilité que des rejets dans les milieux aquatiques se produisent, sous l'effet des apports de nations insulaires dont la population se trouve principalement concentrée sur les côtes.

Graphique A A.4. Probabilité des rejets de déchets plastiques mal gérés et de déchets sauvages dans les milieux aquatiques

Probabilité pondérée de rejets par région du modèle ENV-Linkages de l'OCDE

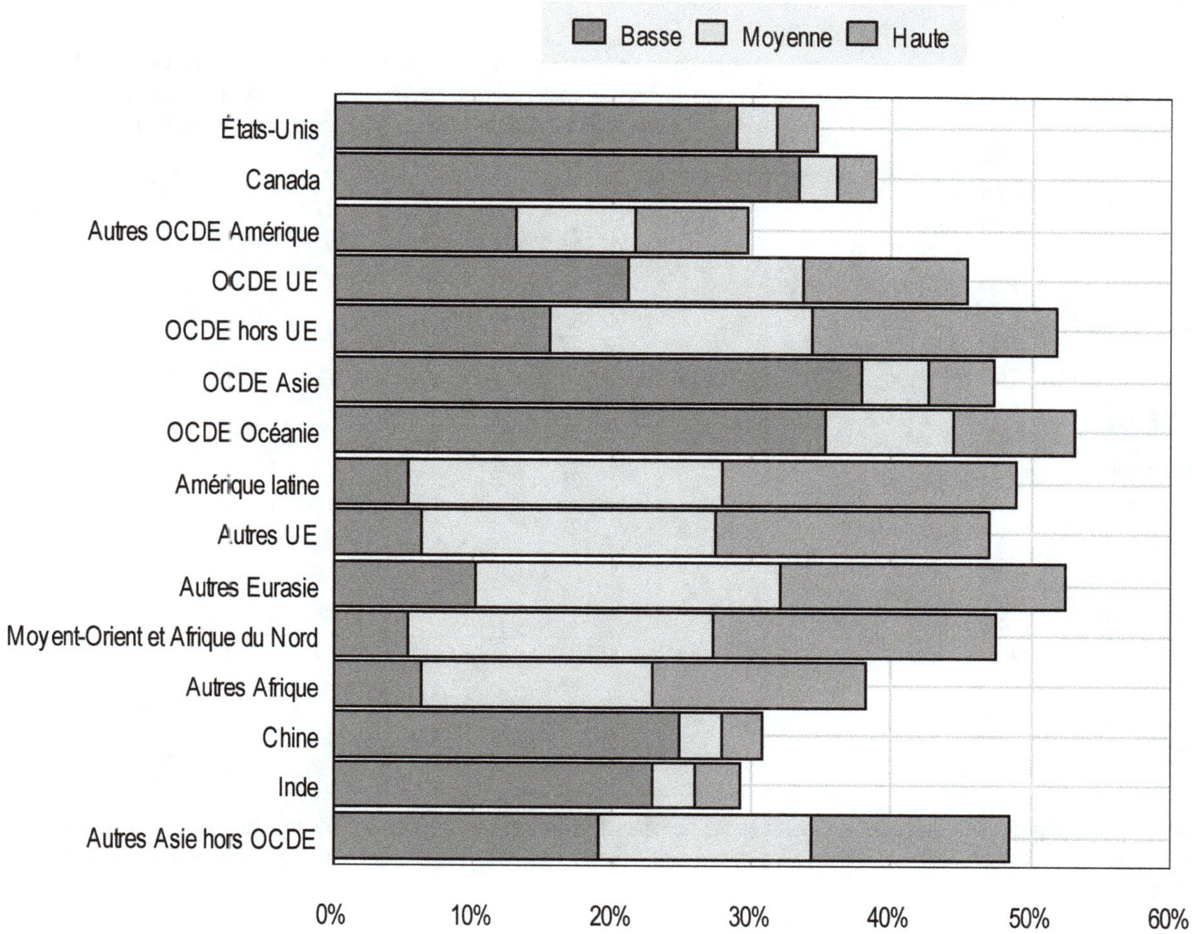

Note : La probabilité a été calculée comme la moyenne de la fraction des rejets des différents pays, pondérée par la taille de leur population.
Source : calculs d'après Borrelle et al. (2020[99]).

StatLink https://stat.link/dbmn5r

Dans les eaux douces, les plastiques flottants peuvent être transportés en aval alors que les plastiques coulants (plastiques d'une densité supérieure à celle de l'eau douce : PET, PVC ou PS, par exemple) atteindront inévitablement les sédiments du fond. Les plastiques flottants peuvent également être retenus dans les milieux d'eau douce par la végétation longeant les cours d'eau, les sédiments des berges, les obstacles artificiels (tels que les barrages), ou encore les lacs. Certains plastiques flottants peuvent également être colonisés par des organismes et couler en raison d'une perte de flottabilité. Une étude récente a estimé le volume mondial de plastiques directement déversés dans l'océan par les cours d'eau, et il en ressort que de 1 % à 2 % seulement des plastiques mal gérés produits chaque année ont, à l'échelle mondiale, une chance d'atteindre la mer dans un délai ne dépassant pas un an (Meijer et al., 2021[100]). Cette étude s'est appuyée sur le même cadre de probabilités tenant aussi bien compte de la localisation que des quantités de déchets plastiques mal gérés rejetés en direction du réseau hydrographique le plus proche. Elle a cependant calculé d'autres probabilités de transport jusqu'à l'embouchure du fleuve à partir de la distance à parcourir jusqu'à l'embouchure, du débit du cours d'eau et de son ordre au sein du réseau hydrographique.

Tableau A A.27. Fraction des déchets plastiques mal gérés qui pénètre dans les milieux aquatiques et fraction qui pénètre le milieu océanique

Macrorégion	Région	Fraction des déchets plastiques mal gérés et des déchets sauvages qui pénètre dans les milieux aquatiques	Fraction des plastiques présents dans les milieux aquatiques atteignant l'océan
OCDE Amérique	USA	32 %	3 %
	Canada	36 %	3 %
	Autres pays d'Amérique membres de l'OCDE	21 %	5 %
OCDE Europe	Pays de l'UE membres de l'OCDE	34 %	3 %
	Pays de l'OCDE non membres de l'UE	34 %	4 %
OCDE Asie	OCDE Pacifique	43 %	11 %
	OCDE Océanie	44 %	2 %
Autres pays d'Amérique	Amérique latine	28 %	5 %
Eurasie	Autres pays de l'UE	27 %	1 %
	Autres pays d'Eurasie	32 %	1 %
Moyen-Orient et Afrique	Moyen-Orient et Afrique du Nord	27 %	4 %
	Autres Afrique	23 %	4 %
Autres pays d'Asie	Chine	28 %	2 %
	Inde	26 %	4 %
	Autres pays d'Asie non membres de l'OCDE	34%	14%

Source : fraction des déchets plastiques mal gérés et des déchets sauvages qui pénètre dans les milieux aquatiques (d'après Borrelle et al. (2020[99])) et fraction des déchets présents dans les milieux aquatiques qui pénètre dans le milieu océanique (d'après Meijer et al. (2021[100])) par région.

Dans l'océan, les plastiques dont la densité est plus élevée que celle de l'eau de mer couleront au fond et s'accumuleront dans les fosses et les canyons abyssaux sous l'effet de la gravité. Les plastiques flottants seront cependant transportés sous l'action des vagues, du vent et des courants. Cependant, la majeure partie de ces plastiques ne tardera pas à toucher de nouveau terre et à retrouver une plage du littoral. Une étude présentant un modèle de dispersion dans l'océan des plastiques issus des sources côtières de l'ensemble du monde a constaté que, en l'espace d'une année, environ 97 % des particules du modèle rejetées s'étaient trouvées près d'un rivage pendant plus de deux jours consécutifs (Lebreton et Andrady, 2019[19]), ce qui suggère qu'une fraction non négligeable était probablement échouée à ce moment-là. Les riches écosystèmes côtiers faciliteront également la rétention près du rivage des plastiques flottants, étant donné qu'ils seront, comme dans les milieux d'eau douce, colonisés par les organismes présents dans l'environnement marin. Les objets dont le rapport entre le volume et la surface est le plus réduit, tels que les films plastiques ou les petits microplastiques, couleront probablement près du rivage. Les fragments et les objets dont le volume est suffisamment important pour préserver leur flottabilité peuvent s'échapper des environnements côtiers. Au fil du temps, les débris tendent à s'accumuler au large sous les latitudes subtropicales. Cinq zones d'accumulation ont été amplement décrites dans la littérature au moyen d'observations de terrain et de modèles numériques. La plus étendue est située dans le Pacifique Nord, entre les îles Hawaï et la Californie (Lebreton et al., 2018[101]).

Les conditions environnementales détermineront également le destin des plastiques au cours de leur parcours à travers les environnements d'eau douce et les environnements marins. En particulier, les plastiques se dégradent sous l'effet de la lumière du soleil, par photo-oxydation. Les plastiques proches de la surface des cours d'eau, des lacs ou des océans auront donc sans doute une plus grande probabilité de se dégrader en des particules de plus petite taille communément appelées microplastiques qui sont définies de manière variable (particules inférieures à 1-5 mm et supérieures à un micron, en règle générale). Du fait de la grande complexité des mécanismes et de la variabilité des conditions ambiantes, les données sur la dégradation des plastiques dans les environnements naturels sont rares. Néanmoins, des résultats commencent à se faire jour dans le cadre d'expériences à long terme sur la dégradation des plastiques dans des environnements contrôlés. Pour divers thermoplastiques conventionnels, les taux de fragmentation exprimés en pourcentage de la perte de poids par an ne dépassent pas 5 % dans un microcosme d'eau de mer reconstitué en laboratoire (Gerritse et al., 2020[102]). Cela cadre bien avec les taux de dégradation des plastiques calculés pour l'ensemble de l'océan à l'aide de modèles numériques (à savoir une dégradation de 3 % par an de la masse totale de plastiques océaniques sous la forme d'une transformation des macroplastiques en microplastiques) (Lebreton et Andrady, 2019[19]).

Pour les besoins de ce rapport, le modèle du budget massique des plastiques dans l'ensemble des océans présenté par (Lebreton et Andrady, 2019[19]) a été étendu à une représentation simplifiée de l'environnement aquatique mondial. Le modèle distingue désormais les apports annuels dans les eaux douces et dans les océans, ce qui permet que les déchets plastiques flottants passent d'un compartiment à l'autre au fil du temps. Le modèle a également été amélioré en permettant de différencier les apports par type de polymère grâce aux estimations et projections relatives aux déchets fournies par le modèle ENV-Linkages de l'OCDE et présentées dans ce rapport. Le destin probable des plastiques rejetés a été déterminé en fonction de leur densité. Les taux de dégradation sont par ailleurs variables selon les polymères, d'après les résultats en laboratoire (Gerritse et al., 2020[102]). Le cadre du modèle général est présenté au Graphique A A.5. Pour faire la distinction entre les apports selon qu'ils ont lieu dans les environnements d'eau douce ou dans les milieux marins, le modèle s'appuie sur les résultats de Meijer et al. (2021[100]), qui fournissent des probabilités nationales de rejet dans l'océan. Ces résultats ont été extrapolés à la région modélisée en suivant la même méthode de pondération que pour les apports dans les milieux aquatiques (voir la section précédente). La fraction annuelle des déchets rejetée dans l'eau douce et celle directement rejetée dans l'océan ont ensuite été estimées pour chaque région. Le modèle a simulé les rejets de plastiques dans le milieu aquatique modélisé de chaque région à compter de l'année 1951. Les polymères d'une densité supérieure à l'eau étaient supposés couler au fond des cours d'eau, des lacs, ou des mers. Les polymères flottants qui se déplacent à la surface pourraient atteindre directement les eaux côtières superficielles avant la fin de la première année, ou rester dans les systèmes d'eau douce, probablement échoués sur les berges des cours d'eau et des lacs. Le modèle remobilise par ailleurs les déchets accumulés sur les berges des cours d'eau et des lacs, qui viennent se surajouter à partir de l'année suivante. Les polymères flottant à la surface des eaux côtières suivent la même dynamique que dans le modèle présenté par Lebreton et Andrady (2019[19]), avec une recirculation entre le rivage et la surface des mers et un transfert des eaux côtières vers celles du large. Il a été considéré que les plastiques flottants accumulés sur les berges des cours d'eau et des lacs ou à la surface et sur le rivage des océans se trouvaient en contact avec la lumière du soleil, et qu'une fraction de leur masse était dégradée chaque année jusqu'à atteindre un terme de disparition représentant la masse de microplastiques accumulés dans les environnements d'eau douce et les environnements marins. Le cycle a été répété chaque année jusqu'à 2019.

Graphique A A.5. Modèle de bilan massique des plastiques dans les milieux aquatiques à l'échelle mondiale

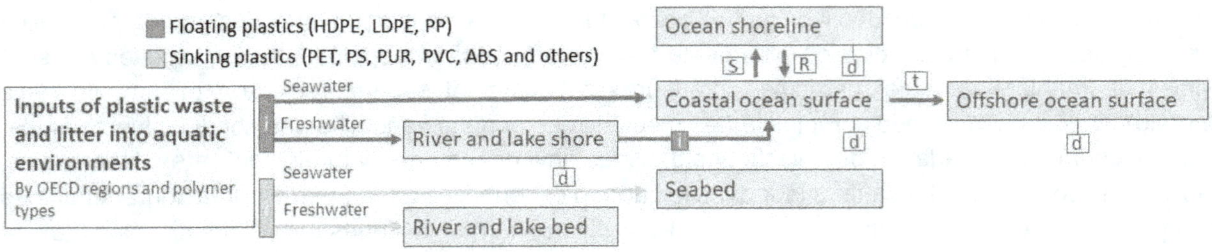

Note : Les apports de masse par région modélisée, ventilés par type de polymères, sont cumulés de 1951 jusqu'à 2060 dans la modélisation du destin des plastiques. Les plastiques d'une densité supérieure à celle de l'eau coulent et s'accumulent au fond des cours d'eau, des lacs et des mers. Les plastiques flottants (d'une densité inférieure à celle de l'eau) sont transportés entre les différents compartiments des milieux aquatiques et se dégradent en microplastiques au fil du temps sous l'effet du contact avec la lumière du soleil. Le paramètre régional « i » correspond au rapport entre les plastiques qui restent dans les eaux douces et ceux qui pénètrent dans l'environnement marin (Tableau A A.27). Les paramètres « s » et « r » représentent respectivement la fraction qui s'échoue sur les rivages à l'échelle mondiale et celle qui s'en trouve libérée. Le paramètre « t » correspond à la fraction des plastiques flottants entraînés des eaux côtières vers celles du large. (s = 97 %, r = 3 %, t = 33 %, (Lebreton, Egger et Slat, 2019[103])). Pour finir, « d » est la fraction de la masse qui se dégrade en microplastiques au cours de chaque année, laquelle est variable selon le type de polymères (Tableau A A.28).
Source : Modèle ENV-Linkages de l'OCDE, adapté d'après la méthodologie de Lebreton et Andrady (2019[19]).

Tableau A A.28. Paramètres relatifs au destin des plastiques dans les milieux aquatiques, par type de polymères

Type de polymères	Microplastiques	Flottants	Taux de dégradation en pourcentage massique par an
PEHD	Non	Oui	0,6
PEBD, PEBDL	Non	Oui	0,8
PP	Non	Oui	0,0
PET	Non	Non	4,9
PS	Non	Non	0,1
PUR	Non	Non	3
PVC	Non	Non	-
ABS, ASA, SAN	Non	Non	-
Bioplastiques	Non	Non	-
Élastomères (pneus)	Non	Non	-
Fibres	Non	Non	-
Revêtements de marquage routier	Oui	Non	-
Revêtements marins	Oui	Non	-
Autres	Non	Non	-

Source : les taux de dégradation sont tirés d'expériences de laboratoire (Gerritse et al., 2020[102]).

Le modèle a produit pour chacune des régions du monde des séries chronologiques retraçant les apports et l'accumulation de déchets plastiques dans les cours d'eau, les lacs et les océans de 1951 à 2060. Le principal résultat, préoccupant, est une dégradation sévère de la pollution dans tous les milieux aquatiques dans le scénario de *Référence*. Le modèle nous permet de produire des estimations du premier ordre de grandeur de la répartition des masses entre les différents compartiments des milieux aquatiques mondiaux.

Ce modèle simplifié présente certaines limites, et il convient de faire preuve de prudence dans l'interprétation des résultats. Le destin des plastiques sera très variable selon la situation. Ces projections devraient être considérées dans leur ensemble, en tant qu'elles décrivent le volume des déchets de plastiques des différentes régions, exprimé selon l'ordre de grandeur de la masse. Quelques-unes des hypothèses formulées lors de la conception du modèle ne sont pas toujours conformes à la réalité. Les polymères tels que le PET, le PVC ou le PUR étaient ainsi considérés comme des plastiques coulants, alors que, du fait de leur conception, les objets fabriqués avec ces polymères peuvent flotter pendant une durée variable (par exemple, les bouteilles en PET fermées par un bouchon, les balises en PVC, ou la mousse de polyuréthane expansé). À l'inverse, certains plastiques flottants tels que le HDPE ou le LDPE peuvent également couler rapidement (par exemple les sacs plastiques biosourcés) dans les cours d'eau alors qu'ils n'en sont pas moins considérés comme mobiles dans le modèle.

En étudiant les apports, le transport et le destin des plastiques depuis le début de leur production de masse jusqu'en 2060, il est possible d'estimer les rejets de microplastiques secondaires dans l'environnement, ce qui permet de comparer la contribution des plastiques déjà rejetés à celle des nouveaux apports. Grâce à une étude rétrospective, la contribution des premiers pollueurs peut être évaluée et il est possible d'observer au long du siècle comment le problème s'est déplacé géographiquement et continue de se déplacer. Ces résultats contribuent à cibler les régions dans lesquelles il est prioritaire de mettre en place des mesures d'atténuation de la pollution, notamment en Asie et en Afrique.

Modélisation des émissions de particules dans l'air résultant de l'usure des pneus et des freins (NILU)

Cette section décrit la méthodologie et les paramètres employés par Nicolaos Evangeliou de l'Institut norvégien pour la recherche atmosphérique (NILU) pour réaliser des projections des émissions de microplastiques dans l'air liées à la circulation routière et leur contribution à la pollution particulaire.

Calcul des émissions dues à l'usure des pneus et des freins

Les particules issues de l'usure des pneus et des freins (PUP et PUF) sont calculées à l'aide du modèle GAINS (Greenhouse gas – Air pollution Interactions and Synergies) (Amann et al., 2011[104]). GAINS est un modèle d'évaluation intégré dans lequel les émissions de polluants atmosphériques et de gaz à effet de serre sont estimées pour près de deux cents régions du monde en prenant en considération les principales activités économiques, les politiques de réglementation environnementale, ainsi que les coefficients d'émission propres à chaque région. GAINS modélise les émissions de particules (PM) en distinguant les PM_1, les $PM_{2.5}$, les PM_{10}, les PM totales, ainsi que les particules carbonées (CN, CO) issues des processus de combustion, comme décrit par Klimont et al. (2017[105]).

Dans GAINS, les émissions de particules non liées aux gaz d'échappement recouvrent celles de PUP, de PUF et de PM émanant de l'abrasion des routes. Ces émissions sont calculées sur la base des données propres à chacune des régions et des estimations des distances parcourues (km/type de véhicule/an), ainsi que des taux d'émission spécifiques des différents types de véhicules (mg/km). Au nombre des types de véhicules considérés figurent les motocyclettes, les voitures, les véhicules utilitaires légers, les autobus/autocars, et les véhicules utilitaires lourds. Pour 2015, les estimations de la distance parcourue ont été obtenues à l'aide des données sur la consommation de carburant des transports par route tirées des Perspectives énergétiques mondiales de l'Agence internationale de l'énergie (AIE, 2011[106]), associées aux données nationales sur le nombre de véhicules et à des hypothèses concernant le nombre de kilomètres par véhicule parcourus. La prise en considération de l'utilisation et des taux d'émission des divers types de véhicules permet de mieux tenir compte des importantes différences régionales dans la structure des parcs automobiles, qui se caractérisent par exemple par un grand nombre de motocyclettes en Asie du Sud et du Sud-Est et par un plus faible taux de possession d'automobiles dans certaines parties du monde en développement. Les émissions de GAINS sont estimées à l'échelle mondiale selon un quadrillage avec un niveau de résolution de 0,5° × 0,5° sur la base de données relatives au réseau routier, d'hypothèses concernant la densité de véhicules selon le type de routes, ainsi que des données démographiques.

Les coefficients d'émission de PUP et de PUF utilisés dans GAINS pour chaque type de véhicules reposent sur l'examen de plusieurs études quantitatives (Klimont et al., 2002[107]) récemment mises à jour (Klimont et al., 2017[105]) sur la base, principalement, de van der Gon et al. (2013[108]), l'AEE (2013[109]) et Harrison et al. (2012[110]). De grandes incertitudes entourent les coefficients d'émission, concernant notamment la distribution par taille des PM. GAINS indique les particules en suspension totales (PST), et suppose ensuite que les PM_{10} provenant des PUP représentent environ 10 % de ces PST, et les $PM_{2.5}$ environ 1 % du total des PUP, alors que les PM_{10} provenant des PUF constitueraient environ 80 % des PST et que les $PM_{2.5}$ compteraient pour 40 à 50 % du total des PUF (Klimont et al., 2002[107]).

Modélisation du transport atmosphérique

Les émissions de PM_{10} calculées à l'aide du modèle GAINS sont utilisées en tant que données d'entrée dans la version 10,4 du modèle du transport atmosphérique FLEXPART (FLEXible PARTicle) (Pisso et al., 2019[111]). La dispersion des particules dans l'atmosphère, qui tient aussi bien compte du transport que du dépôt de particules, a été simulée pour l'année de référence 2014. On a fait tourner le modèle FLEXPART en mode prospectif à partir de 2014. Les processus atmosphériques qui affectent le transport des particules dans les nuages (par exemple les processus de convection et de mélange turbulent des couches limites) sont paramétrés dans le modèle (Forster, Stohl et Seibert, 2007[112]). Le modèle était alimenté par les analyses opérationnelles 1° × 1° réalisées toutes les trois heures par le Centre européen pour les prévisions météorologiques à moyen terme (CEPMMT), et la résolution spatiale des résultats concernant les champs de concentration et de dépôt était fixée à 0,5° × 0,5° dans un domaine global, avec une résolution temporelle quotidienne. Dans FLEXPART la dispersion des microplastiques issus du réseau routier est modélisée en supposant que les particules sont de forme sphérique (Pisso et al., 2019[111]).

Les simulations tenaient également compte du balayage sous les nuages et des retombées sèches, en supposant que la densité des PUP est de 1234 kg/m^3, valeur intermédiaire entre la densité de 945 kg/m^3 du caoutchouc naturel et celle de 1522 kg/m^3 du caoutchouc synthétique (Walker, 2019[113] ; Federal Highway Administration Research and Technology, 2019[114]). Cette densité se situe dans la fourchette dont il est fait état pour les microplastiques (940-2 400 kg/m^3) (Unice et al., 2019[115]). Dans le cas des PUF, une densité plus élevée a été supposée (2 000 kg/m^3), étant donné que ces particules peuvent également contenir des métaux (Grigoratos et Martini, 2014[116]). Les plastiques sont généralement hydrophobes et devraient par conséquent constituer des noyaux de condensation des nuages (NCN) assez peu efficaces (Di Mundo, Petrella et Notarnicola, 2008[117] ; Ganguly et Ariya, 2019[118]). Cependant, avec le temps, les revêtements peuvent rendre les particules plus hydrophiles dans l'atmosphère (Bond et al., 2013[119]). L'efficacité des aérosols en tant que noyaux glaçogènes (NG) n'est par ailleurs pas bien connue. D'après Evangeliou et al. (2020[120]), il est plus réaliste d'utiliser dans le modèle des coefficients de balayage intermédiaires pour les NCN/NG.

Extrapolation des résultats du modèle jusqu'en 2060

Les émissions ci-dessus de PUP et de PUF ont été extrapolées sur la base des données sur les voyageurs par route issues des Perspectives énergétiques mondiales de l'AIE (AIE, 2018[121]) pour les 15 régions géographiques couvrant l'ensemble de la planète, suite à l'agrégation régionale réalisée dans le modèle ENV-Linkages de l'OCDE.

L'année 2014 a été prise pour année de référence et le ratio par rapport à l'année 2014 a été calculé pour chaque année entre 2015 et 2020 et pour chacune des 15 régions (il sera appelé ci-après « coefficient de proportionnalité régional »). Ce coefficient de proportionnalité régional pourrait être négatif si le nombre de voyageurs par route a diminué par rapport à 2015, ou positif si leur nombre a au contraire augmenté.

Après obtention des estimations des PUP et des PUF, le modèle FLEXPART a été utilisé pour calculer leur transport et leurs dépôts annuels mondiaux (dispersion atmosphérique) pour chaque année de 2015 à 2060. Faire tourner le modèle FLEXPART pour autant d'années demande d'importantes ressources informatiques. De plus, étant donné que les informations météorologiques nécessaires pour faire fonctionner FLEXPART ne sont disponibles que jusqu'à aujourd'hui (2021), il faudrait faire tourner des modèles climatiques jusqu'en 2060 pour générer les informations météorologiques utilisables par FLEXPART, ce qui accroît davantage le temps de calcul nécessaire. Pour éviter cet écueil, on a retenu l'hypothèse que les conditions météorologiques resteront à peu près constantes au fil du temps et que les changements dans la dispersion mondiale des PUP et des PUF ne seront dus qu'à l'évolution des apports dans les différentes régions.

Ces hypothèses étant posées, on a fait tourner FLEXPART avec les émissions de 2014 pour les 15 régions du modèle ENV-Linkages, ce qui a abouti à 15 simulations différentes à l'aide du modèle, dont chacune représente la dispersion liée à la région correspondante. Le coefficient de proportionnalité régional a ensuite été utilisé pour mesurer la dispersion modélisée de chacune des émissions régionales pour chaque année entre 2015 et 2060. Enfin, les 15 dispersions modélisées chaque année à l'échelle régionale ont été utilisées pour calculer les estimations des PUP et des PUF au niveau mondial.

Modélisation des émissions de gaz à effet de serre imputables aux plastiques dans le modèle ENV-Linkages

Cette section décrit la méthodologie et les paramètres employés pour réaliser des projections relatives à la contribution du cycle de vie des plastiques aux émissions de GES, à l'échelle mondiale.

Une approche basée sur les coefficients d'émission

Dans la base de données GTAP (Aguiar et al., 2019[5]), la production de matières plastiques concerne deux secteurs : d'une part, les produits chimiques, d'autre part, les produits en caoutchouc et en matière plastique. Les secteurs des plastiques ont été subdivisés en deux catégories correspondant respectivement à la production primaire et à la production secondaire de plastiques. Les secteurs producteurs de plastiques utilisent des intrants issus du secteur de la production d'électricité, des secteurs d'extraction de combustibles fossiles, ainsi que d'autres secteurs de l'économie. Cependant, étant donné que ces secteurs producteurs de plastiques produisent également d'autres biens, toutes leurs émissions ne peuvent pas être attribuées aux plastiques. Ainsi, pour parvenir à une approximation des émissions mondiales imputables au cycle de vie des plastiques, une approche basée sur les coefficients d'émission a été retenue, conforme aux estimations les plus récentes publiées dans la littérature :

$$Emi_{g,t}^{plastics} = \sum_{p} (\lambda_{g,p,t}^{prod} + \lambda_{g,p,t}^{conv})\, C_{p,t} + \sum_{f} \lambda_{g,f,t}^{eol} W_{f,t}$$

où $Emi_{g,t}^{plastics}$ désigne les émissions de gaz à effet de serre g (dont le CO_2, le CH_4 et le N_2O, mesurés en équivalents CO_2[5]) issus du cycle de vie des plastiques au moment t, $\lambda_{g,p,t}^{prod}$ et $\lambda_{g,p,t}^{conv}$ sont respectivement les coefficients d'émission par tonne de plastique correspondant à la production et à la transformation de plastiques pour le polymère p qui sont appliqués au niveau de la consommation de plastiques $C_{p,t}$ estimée par le modèle. Enfin, $\lambda_{g,f,t}^{eol}$ est le coefficient d'émission correspondant à un destin en fin de vie donné f (pour des raisons de disponibilité des données, ne sont pris en considération que l'incinération, la mise en décharge contrôlée et le recyclage), appliqué à la quantité de déchets plastiques produite $W_{j,t}$.

La littérature fournit des estimations des coefficients d'émission pour l'année 2015 (Zheng et Suh, 2019[21])[6] qui sont utilisées pour calibrer les émissions pour 2015 (Graphique A A.6). Ces coefficients d'émission tiennent compte des émissions de l'ensemble de la chaîne de valeur de la production des plastiques et ne sont pas constants au fil du temps en raison des changements structurels du processus de production. L'évolution dans le temps de l'intensité en GES de la production et de la transformation des plastiques est déterminée par le modèle de manière endogène. Un indice d'efficacité par émission de GES est calculé sur la base de la moyenne mondiale des émissions de portée 2 (émissions directes plus émissions liées à la demande d'électricité) des secteurs les plus pertinents liés aux plastiques (produits chimiques, produits en caoutchouc et en matière plastique primaires, extraction de pétrole, extraction de gaz et produits du pétrole et du charbon). Pour ce qui est de l'intensité en GES du recyclage, un indice est élaboré sur la base des émissions de portée 2 du secteur des plastiques secondaires, alors que pour l'incinération et l'enfouissement les coefficients d'émission sont constants.

Graphique A A.6. Coefficients d'émission de gaz à effet de serre pour le cycle de vie des plastiques dans le modèle ENV-Linkages

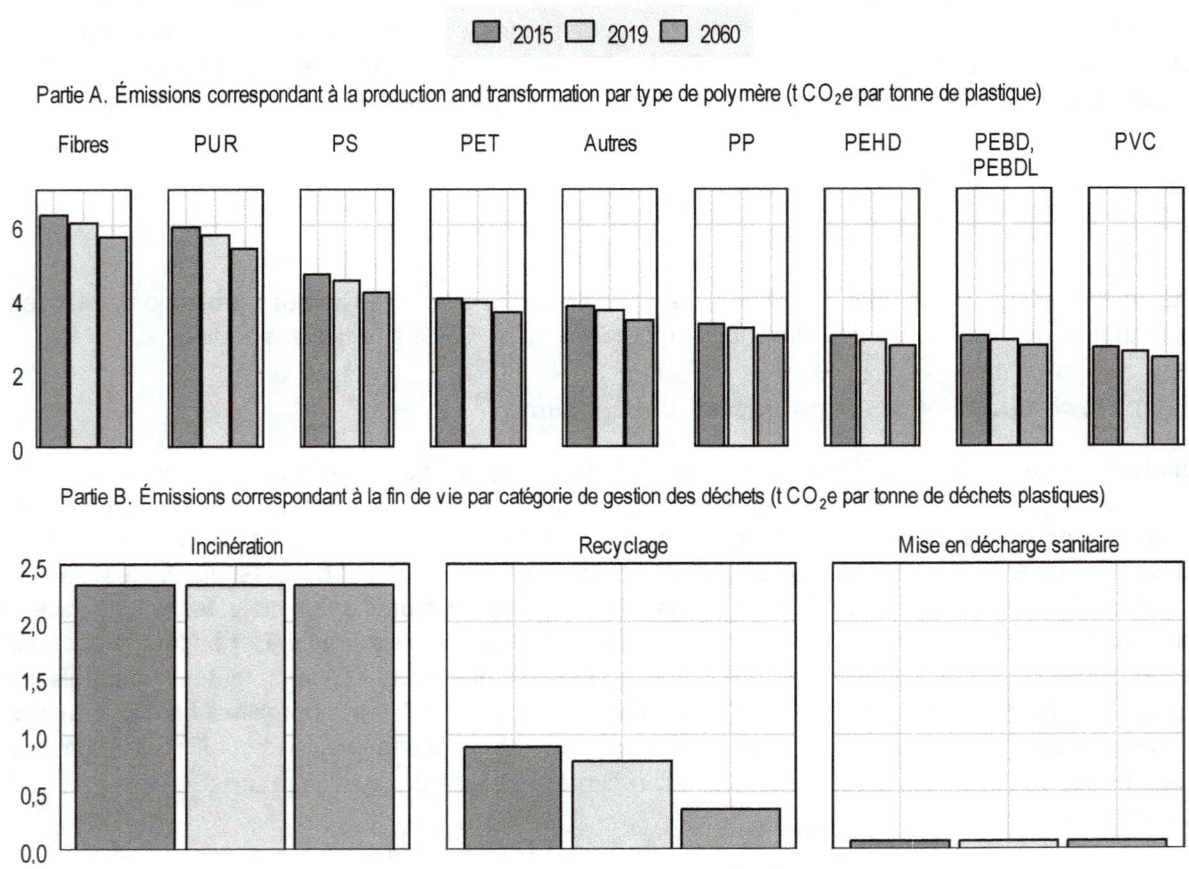

Note : Les émissions liées au recyclage et à l'incinération sont des émissions directes des processus industriels correspondants. Les émissions évitées (émissions liées à la production d'électricité remplacée par l'incinération de déchets et émissions de la production des plastiques primaires remplacés par des plastiques secondaires) ne sont pas prises en compte dans les coefficients d'émission décrits ici, car elles sont déjà directement prises en considération dans le modèle ENV-Linkages (modifications de la structure des intrants du secteur de la production d'électricité et évolutions de l'équilibre entre les plastiques primaires et secondaires, qui sont toutes deux fonction des variations des prix relatifs de ces matières, lesquelles sont déterminées de manière endogène par le modèle).
Source : adapté de Zheng et Suh (2019[21]).

StatLink https://stat.link/7fbamc

Désagrégation de l'évolution des émissions imputables aux plastiques

Afin d'analyser l'évolution des émissions E entre deux situations, nommées 1 et 0 (par exemple, entre 2060 et 2019 dans le scénario de Référence, ou entre un scénario d'action et le scénario de Référence), la désagrégation des émissions a été effectuée comme suit (par exemple, pour la fin de vie) :

$$E_1 - E_0 = \left(\sum_f W_{f,1} - \sum_f W_{f,0}\right) \sum_f \lambda_{f,0} \frac{W_{f,0}}{\sum_{ff} W_{ff,0}} + \left(\sum_f W_{f,1}\right) \sum_f \lambda_{f,0} \left(\frac{W_{f,1}}{\sum_{ff} W_{ff,1}} - \frac{W_{f,0}}{\sum_{ff} W_{ff,0}}\right) + \sum_f (\lambda_{f,1} - \lambda_{f,0}) W_{f,1}$$

où le premier terme peut être interprété comme un effet « d'échelle » (évolution du volume total de déchets plastiques produits pour le coefficient d'émission et la composition initiaux), le deuxième terme comme un effet « de composition » (évolution des parts relatives des différents choix de gestion des déchets) et le troisième terme comme un effet « d'intensité en GES » (évolution des coefficients d'émission pour la composition et l'échelle finales). La même opération de désagrégation est effectuée pour les émissions imputables à la production et à la transformation, où l'effet « d'échelle » correspond à l'évolution du volume de déchets plastiques produits pour le coefficient d'émission et l'ensemble de polymères initiaux, l'effet « de composition » correspond à l'évolution des parts relatives des différents polymères dans la production totale et l'effet « d'intensité en GES » correspond à l'évolution des coefficients d'émission pour la composition et l'échelle finales.

Modélisation des effets d'une augmentation de la part de marché des plastiques biosourcés (Neus Escobar et Wolfgang Britz)

L'évaluation a été réalisée à l'aide d'un modèle intégré fondé sur la base de données GTAP, appelé « CGE-box » (Britz et van der Mensbrugghe, 2018[122]). Pour commencer, les données d'origine de la base de données GTAP 10 (Aguiar et al., 2019[5]) ont été agrégées en 18 régions plus larges, tout en préservant la résolution sectorielle complète. Ensuite, les plastiques d'origine fossile et biosourcés ont été séparés de l'agrégat « produits en caoutchouc et en matière plastique » dans cinq grandes régions productrices (Brésil, Chine, UE, États-Unis et Thaïlande) sur la base de la part relative de production de chaque région. Ces régions représentent actuellement environ 60 % du marché mondial des plastiques biosourcés. Le marché thaïlandais des bioplastiques est certes relativement plus étroit, cependant, au vu des investissements réalisés ces dernières années, le pays devrait devenir un important centre de production de plastiques biodégradables et biosourcés (Fielding et Aung, 2018[123] ; OCDE, 2013[124]). En plus du blé et de la canne à sucre qui étaient déjà explicitement présentés dans la base de données GTAP, le maïs et le manioc ont été séparés des catégories « autres céréales » « fruits et légumes », respectivement, pour intégrer les matières premières utilisées dans les bioplastiques. D'autres ajustements ont été apportés à la base de données GTAP pour accroître la part de coût que représentent les matières premières agricoles dans l'industrie des plastiques biosourcés par rapport à la part de coût que représente le pétrole dans le secteur des « produits en caoutchouc et en matière plastique ». La Chine et les États-Unis produisent des plastiques biosourcés principalement à partir de maïs (> 85 %), mais aussi avec du blé ; les pays de l'UE membre de l'OCDE utilisent le maïs et le blé quasiment à part égale (environ 50 % chacun) ; la production du Brésil repose intégralement sur la canne à sucre et la Thaïlande utilise également le manioc à hauteur d'environ 40 %.

Le passage des plastiques d'origine fossile aux plastiques biosourcés pour une demande de production intermédiaire a été modélisé à l'aide de la fonction d'élasticité de substitution constante (CES). Une valeur initiale de 5 a été supposée pour l'élasticité de substitution (subelas), afin de prendre en compte la part de marché assez conséquente de produits équivalents qui devraient se maintenir à l'avenir (AIE, 2020[125]). Ces produits sont des plastiques qui ont les mêmes caractéristiques techniques que leurs équivalents d'origine fossile et permettent une substitution directe sur les marchés, comme le polyéthylène (PE) et le polyéthylène téréphtalate (PET).

Le modèle CGE-Box comprend plusieurs modules de la base GTAP qui lui permettent d'estimer les émissions de GES imputables aux modifications indirectes de l'affectation des terres ainsi qu'aux ressources utilisées et à la production agricole. Le module de transformation des sols simule la réaffectation des sols entre plusieurs grands types d'usage (terres agricoles, pâturages et plantations forestières) au niveau des zones agroécologiques (ZAE), sur la base des différences de rendement des terres et selon une fonction d'élasticité de transformation constante (CET). Chaque utilisation des terres dans chaque ZAE est associée à un réservoir de carbone spécifique constitué dans les sols, dans la biomasse présente sur et dans le sol, dans la litière, ainsi qu'à une séquestration de carbone effectuée au cours des 30 années passées (Gibbs, Yui et Plevin, 2014[126] ; Pelvin et al., 2014[127]). De plus, le modèle CGE-Box introduit la possibilité d'une expansion des terres agricoles sur les espaces naturels, avec une élasticité de l'offre de terres (landelas) de 0,05 pour toutes les régions prises en considération. Les réserves de carbone dans les espaces naturels ont été estimées en supposant que les forêts naturelles piègent deux fois plus de carbone que les plantations forestières (Kindermann et al., 2008[128]) ; les prairies, la savane et les fruticées en contiennent autant que les pâturages ; les autres types de terres renferment 10 % du carbone présent dans les pâturages – voir (Escobar et Britz, 2021[129]) pour le détail.

L'analyse se concentre sur les effets d'un accroissement de la part de marché des plastiques biosourcés au Brésil, en Chine, dans les pays de l'OCDE membres de l'UE, aux États-Unis et en Thaïlande, comparé au scénario de Référence en 2060[7]. Pour que cette part de marché augmente, les plastiques biosourcés doivent présenter un meilleur coût que les plastiques d'origine fossile. Pour ce faire, deux scénarios ont été simulés : a) l'introduction de mesures fiscales pour réguler le marché des plastiques, b) la promotion de progrès techniques dans le secteur des plastiques biosourcés grâce à la R&D. Les deux scénarios sont décrits ci-dessous :

- **Scénario *Dirigé* :** ce scénario correspond à l'intervention d'un gouvernement visant à accroître la consommation de plastiques biosourcés aux dépens des plastiques conventionnels. Il s'agit de subventionner la consommation de plastiques biosourcés par les entreprises et les ménages jusqu'à remplacer 5 % du marché total des plastiques (en valeurs monétaires) dans chacune des cinq régions étudiées, d'ici 2060. La part de marché visée est compatible avec les projections réalisées pour la région UE 28 (Schipfer et al., 2017[130]). En conséquence, le niveau de subventions est variable d'une région productrice de plastiques biosourcés à une autre, en fonction de la taille respective de leurs secteurs des plastiques biosourcés et des plastiques d'origine fossile. La plus forte baisse des taxes ad valorem applicables aux plastiques biosourcés devrait être observée en Chine (-47,0 %) et la plus faible au Brésil (-14,0 %), la baisse moyenne mondiale étant de 41,0 %. En parallèle, les taxes à la consommation augmentent sur le pétrole, le gaz, le charbon, les carburants et les plastiques d'origine fossile dans chaque région, ce qui a une incidence sur la demande intérieure et sur les importations, ainsi que sur tous les acteurs (consommateurs, entreprises, investisseurs et administrations publiques). Ces cinq produits sont soumis à la même évolution des droits ad valorem dans toutes les régions, afin de maintenir constant en termes réels le produit total des taxes indirectes. Cela peut être considéré comme un changement des taux de la taxe sur la valeur ajoutée afin que les services publics (santé, éducation, etc.) soient maintenus.
- **Scénario d'*Efficience* :** ce scénario prévoit des progrès techniques dans le secteur des plastiques biosourcés plus importants que dans le scénario de Référence, sous l'effet d'investissements en R&D qui débouchent sur des améliorations technologiques, elles-mêmes permettant d'accroître l'efficience d'utilisation de la biomasse. Ces progrès concernent des circuits de production qui exploitent des matières premières non alimentaires (par exemple, les algues, les plantes vivaces ou les déchets) ou des approches permettant l'utilisation en cascade et les circuits fermés (par exemple, les bioraffineries intégrées). Le progrès technique est donc simulé sous la forme d'une

utilisation plus efficiente des intrants agricoles dans la production de plastiques combinée à une meilleure productivité des facteurs de production. On pose l'hypothèse que la demande en matière agricole brute par unité de plastiques biosourcés produite baisse de 60 % d'ici 2060, soit un rythme de 1,3 % par an. En outre, les besoins en main-d'œuvre et en capital sont réduits de 30 % (0,65 % par an). D'autres études ont pris en compte des améliorations de l'efficience similaires dans l'évolution à long terme des secteurs des bioénergies et de la biochimie, tant dans les pays industrialisés qu'émergents (Lee, 2016[131] ; van Meijl et al., 2018[132]), ainsi qu'à l'échelle mondiale (Escobar et Britz, 2021[129]). Dans le même temps, des taxes sur les plastiques d'origine fossile sont introduites dans toutes les régions (pas uniquement dans les régions productrices de plastiques biosourcés) afin de maintenir le PIB réel à un niveau constant.

Le volume de plastiques biosourcés produit en 2060 à l'échelle mondiale est approximativement le même dans les deux scénarios (Dirigé et d'Efficience), soit environ 60 Mt, et représente environ 3 % du marché total des plastiques. Alors que la part de marché des plastiques biosourcés est exactement la même dans toutes les régions productrice (5 %) dans le scénario *Dirigé*, le niveau de consommation de plastiques biosourcés varie dans les cinq régions dans le scénario d'*Efficience*. Les plus grandes parts de marché sont observées en Thaïlande (6,3 %) et au Brésil (17,6 %) en raison de l'amélioration de l'efficience de la transformation de la canne à sucre, laquelle devient la matière première présentant le meilleur rapport coût-efficacité. La part de marché des plastiques biosourcés en Chine, dans les pays de l'OCDE membres de l'UE et aux États-Unis atteint environ 4 % en 2060 dans le scénario d'*Efficience*. Les résultats des deux scénarios ont été évalués par rapport au scénario de Référence afin de comprendre l'incidence de chaque intervention sur l'ensemble de l'économie.

Dans le cadre d'une analyse de l'incertitude, des scénarios reposant sur d'autres paramètres ont été pris en considération. Tout d'abord, on a fait varier le paramètre correspondant à la possibilité de substituer les plastiques biosourcés aux plastiques d'origine fossile (*subelas*) dans différentes applications (par exemple, les emballages, l'électronique, la construction et l'automobile) afin de saisir l'agilité avec laquelle les différents secteurs peuvent remplacer les plastiques conventionnels par des plastiques biosourcés. Ensuite, on a fait varier la facilité avec laquelle des espaces naturels peuvent être transformés en terres agricoles ou en exploitations forestières (*landelas*) pour mieux comprendre comment la mise en œuvre de différentes mesures de conservation et d'autres stratégies de gestion peut favoriser ou limiter la perte d'espaces naturels face à une hausse de la demande en biomasse. On a fait varier ces deux paramètres autour des valeurs centrales prises en considération (subelas = 5 et landelas = 0,05) afin d'analyser l'incertitude des résultats (voir le Tableau A A.29).

Tableau A A.29. Paramètres d'incertitude pour l'analyse des taux de pénétration des plastiques biosourcés

Scénario Dirigé		Scénario d'Efficience	
Subelas	Landelas	Subelas	Landelas
5	0	5	0
5	0,025	5	0,025
5	**0,05**	**5**	**0,05**
5	0,10	5	0,10
5	0,25	5	0,25
1	0,05	1	0,05
2,5	0,05	2,5	0,05
5	**0,05**	**5**	**0,05**
7,5	0,05	7,5	0,05
10	0,05	10	0,05

Note : subelas = élasticité du remplacement des plastiques conventionnels par les plastiques biosourcés ; landelas = élasticité de l'offre de terres. Les valeurs centrales de 5 (pour subelas) et 0,05 (pour landelas) ont été retenues dans l'évaluation des deux scénarios (Dirigé et d'Efficience). Le scénario de référence qui utilise les valeurs centrales est signalé en gras dans le tableau.
Source : modèle CGE-Box.

Projections relatives aux autres répercussions sur la santé et sur l'environnement imputables au cycle de vie des plastiques (Université de Gand).

Cette section explique la méthodologie, les paramètres et les catégories de répercussions utilisés par les experts du groupe de recherche Sustainable Systems Engineering de l'Université de Gand pour réaliser des projections relatives aux répercussions sur la santé et sur l'environnement imputables aux plastiques au moyen d'une analyse du cycle de vie (ACV).

Objectif et périmètre

L'objectif de l'ACV est d'analyser les répercussions environnementales des plastiques à l'échelle mondiale. L'analyse prend en compte la production de l'extraction de la matière première à la sortie de l'usine de polymères qui servent de matière première à l'industrie, ainsi que les traitements auxquels sont soumis ces plastiques en fin de vie, à savoir le recyclage, l'enfouissement, l'incinération, la mise en décharge sauvage et la combustion à ciel ouvert.

Sept types de polymères ont été inclus dans l'analyse : le polychlorure de vinyle (PVC), le polyuréthane (PUR), le polystyrène (PS), le polypropylène (PP), le polyéthylène téréphtalate (PET), le polyéthylène basse densité (PEBD), le polyéthylène haute densité (PEHD).

L'unité fonctionnelle est la production et la fin de vie des polymères à l'échelle mondiale en 2019. Les limites du système comprennent la production primaire et secondaire de l'extraction de la matière première à la sortie de l'usine et un ensemble de méthodes de gestion des déchets. On trouvera au Graphique A A.7 une représentation simplifiée des limites du système.

Graphique A A.7. Étapes prises en considération dans l'ACV des sept types de polymères

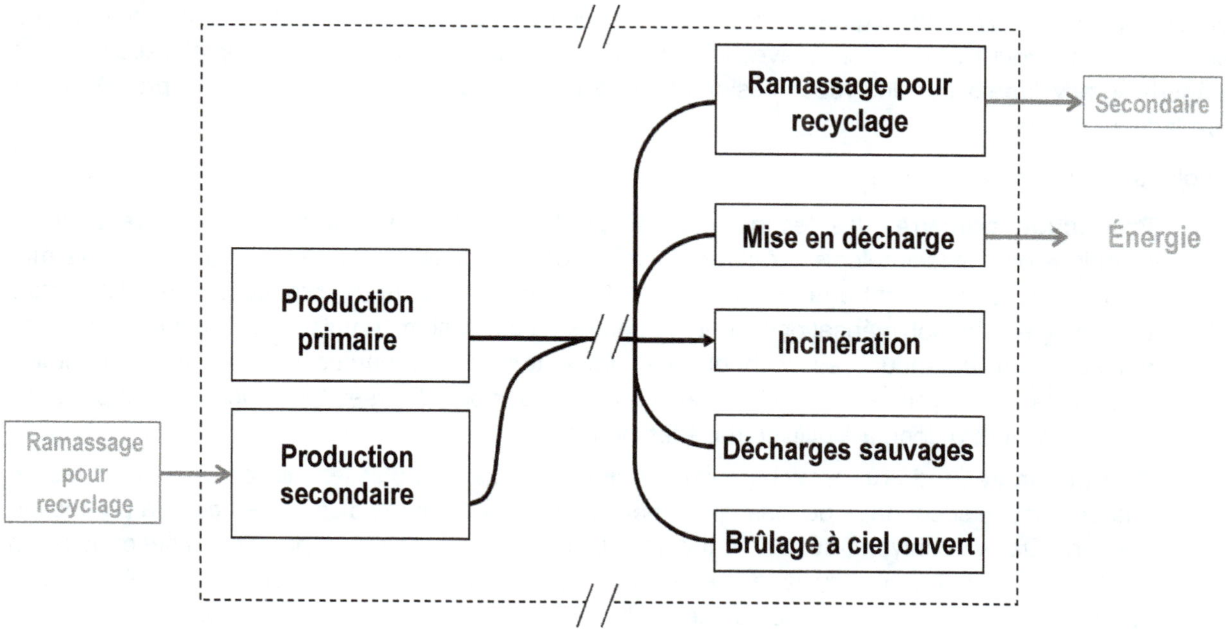

Le périmètre géographique est le monde. Les données de l'OCDE sur l'utilisation mondiale de plastiques ont été utilisées comme base pour établir la production mondiale de plastiques. Des données de l'OCDE ont également été utilisées pour étudier la gestion des déchets dans le monde. Aucune différence régionale dans la production n'a été appliquée pour l'évaluation des répercussions environnementales des plastiques. De manière générale, les répercussions environnementales ont été calculées à partir du bouquet énergétique mondial utilisé dans la production d'électricité et de chaleur. Pour certains jeux de données relatifs à l'incinération et à l'enfouissement, aucune moyenne mondiale n'est disponible. Les estimations portant sur l'Europe ont donc été utilisées comme référence géographique.

Le périmètre temporel porte sur deux périodes : 2019 et 2060. La différence entre les deux années ne porte que sur les volumes projetés d'utilisation des plastiques et de production de déchets plastiques. Les informations tirées de l'inventaire relatives à la production de plastiques par destin en fin de vie n'ont pas été modifiées ; de plus, aucune évolution technologique ni aucun changement du bouquet énergétique mondial n'ont été pris en compte.

Cette étude présente des limites : il n'a pas été tenu compte de l'utilisation des plastiques, de la fabrication de produits en plastique et des répercussions liées à la production d'autres polymères non traités dans le présent rapport.

Inventaire du cycle de vie

L'inventaire a été établi avec le logiciel SimaPro 9.1.1.1. Les données sur le cycle de vie des plastiques ont été tirées de la version 3.6 d'Ecoinvent avec un modèle de définition des critères de coupure par classification. Dans le modèle de définition des critères de coupure par classification, « les matériaux recyclables sont séparés du système de production des produits » (Wernet et al., 2016[133]). En conséquence, la matière première du recyclage (les déchets plastiques) est apportée sans aucun poids au producteur secondaire. Ce dernier ne se voit attribuer que le poids du recyclage et du processus de production d'un matériau secondaire, c'est pourquoi aucun poids lié à la production primaire n'est attribué aux matériaux secondaires (Wernet et al., 2016[133]).

Le périmètre du système qui en résulte suit la structure de modélisation de la base de données. Comme présenté au Graphique A A.7, la production secondaire au début du cycle (Secondaire) part des activités qui suivent la collecte des plastiques et va jusqu'à la production d'un polymère secondaire (par exemple, des regranulés). Pour rester cohérent avec la comptabilisation de la fin de vie, ne comptabilisées sous la catégorie « recyclage » que les répercussions liées à la collecte des déchets, avant le processus de recyclage lui-même.

Hypothèses relatives aux données :

- **Production primaire :** les technologies de production d'un polymère donné peuvent varier. Certaines de ces technologies sont représentées dans la base de données et doivent parfois être manipulées avant d'entrer dans l'analyse. Par exemple, pour la production de PVC, trois technologies de polymérisations sont présentes : suspension, émulsion et polymérisation en masse. Bien entendu, ces technologies présentent des répercussions environnementales différentes ; la moyenne arithmétique des répercussions des diverses technologies de production de ce polymère a donc été utilisée dans les projections.
- **Production secondaire (recyclage mécanique) :** on dispose d'assez peu de données relatives à la production secondaire de plastiques, par rapport aux données disponibles pour la production primaire. Dans Ecoinvent, seules sont disponibles des données sur la production secondaire de PEHD et de PET par recyclage mécanique. Par conséquent, la moyenne arithmétique des répercussions environnementales de ces polymères a été utilisée pour calculer les répercussions du PVC, du PS et du PP. Quant au PEBD, on a supposé qu'il présentait les mêmes répercussions que le PEHD. Le PUR est exclu, car aucune production secondaire de ce polymère n'est signalée dans le modèle de l'OCDE. L'analyse part des déchets plastiques collectés (sans poids associé) et comprend les étapes de tri, de broyage, de lavage, de flottaison, de séchage, de découpage et de granulation d'après les informations de la base de données Ecoinvent.
- **Production secondaire (recyclage chimique) :** les données portant sur le recyclage thermochimique sont tirées de (Civancik-Uslu et al., 2021[134]) et prennent en compte les déchets triés de PP et PE entrant dans la production de naphta. Pour des raisons de confidentialité des données, seules les répercussions environnementales agrégées peuvent être présentées. Les données portant sur les processus qui suivent la production de naphta (le craquage, la polymérisation et la granulation) s'appuyaient sur les calculs de (Civancik-Uslu et al., 2021[134]) et sur les données d'Ecoinvent relatives à la production primaire de PP et de PEHD. Les estimations de ces processus aval sont associées à une forte incertitude. Néanmoins, les données sur la production de naphta grâce au recyclage thermochimique sont fondées sur des mesures de haute qualité tirées d'un recueil de données primaires effectué en Belgique. Pour finir, les données portant sur le procédé de recyclage thermodynamique ont été adaptées en exploitant les données sur la production énergétique mondiale (électricité et chaleur), afin de garantir une bonne représentation des répercussions à l'échelle mondiale.
- **Fin de vie :** l'étape de la fin de vie a été évaluée à l'aide de cinq catégories : recyclage, incinération, enfouissement, mise en décharge sauvage et combustion en plein air. Comme mentionné dans la section 1.2, seules les répercussions imputables à la collecte sont attribuées au recyclage (les processus aval sont attribués à la production de matière secondaire). Pour les autres méthodes de gestion des déchets, on a eu recours à des données ventilées par polymère. Pour l'incinération, les données concernaient l'incinération réalisée par les municipalités et prévoyant l'extraction des cendres volantes et la mise en décharge contrôlée.

Les données de base disponibles dans Ecoinvent, c'est-à-dire les données amont concernant l'énergie, les matériaux, l'infrastructure et les services auxiliaires qui permettent de mettre en œuvre les processus susmentionnés, n'ont pas été modifiées. Les bouquets énergétiques retenus sont donc ceux fournis dans les régions qui ont été prises en considération dans l'analyse.

Évaluation de l'impact du cycle de vie (EICV)

Pour le calcul des répercussions environnementales, le logiciel SimaPro 9.1.1.1 a été utilisé. Pour l'EICV, la méthodologie utilisée était Recipe 2016 Midpoint (H) v 1.04 / World (2010) H ; 11 catégories de répercussions environnementales ont été retenues dans les calculs : formation d'ozone – santé humaine, formation d'ozone – écosystèmes terrestres, acidification des terres, eutrophisation des eaux douces, eutrophisation des eaux marines, écotoxicité terrestre, écotoxicité en eau douce, écotoxicité dans les mers, toxicité pour l'homme avec un effet cancérogène, toxicité pour l'homme sans effet cancérogène et utilisation des terres.

Description des catégories de répercussion retenues dans l'ACV

Le concept d'**utilisation des terres** recouvre l'utilisation de superficies pour produire une ressource ou développer une activité, par exemple l'occupation d'une superficie par une mine, une décharge contrôlée ou un terrain agricole. Ces terrains sont alors temporairement indisponibles pour d'autres utilisation et non couverts par des zones ou écosystèmes naturels. Les répercussions sont mesurées par superficie utilisée (en m2).

La **formation d'ozone et l'oxydation photochimique** recouvrent la formation de composés chimiques réactifs comme l'ozone, sous l'effet du rayonnement solaire sur certains polluants atmosphériques primaires, parfois visibles sous la forme de smog. Ces composés réactifs peuvent nuire à la santé, aux écosystèmes et aux cultures agricoles. Les répercussions sont mesurées sous la forme d'émissions de substances (COV, CO) dans l'atmosphère (en kg d'équivalents d'éthylène). À l'aide du potentiel de création d'ozone photochimique (PCOP) des différents gaz (Jenkin et Hayman, 1999[135] ; Derwent et al., 1998[136] ; Derwent, Jenkin et Saunders, 1996[137]), ces émissions sont converties en un indicateur appelé « formation d'ozone troposphérique ».

L'**eutrophisation** couvre toutes les répercussions potentielles de niveaux trop élevés de macronutriments dans l'environnement, les plus importants étant l'azote (N) et le phosphore (P). Un enrichissement en nutriments peut provoquer une évolution néfaste des espèces présentes et un accroissement de la production de biomasse dans les écosystèmes, et touche également des sources d'eau potable. Ces émissions sont converties en un indicateur appelé « dépôt/équivalents N/P dans la biomasse » au moyen d'un calcul stœchiométrique qui identifie l'équivalence entre l'azote et le phosphore dans les systèmes terrestres et aquatiques (Heijungs, 1992[138]). L'eutrophisation des eaux marines est mesurée en kg d'éq. N et l'eutrophisation des eaux douces est mesurée en kg d'éq. P.

L'**écotoxicité** renvoie aux répercussions des substances toxiques sur les espèces présentes dans les écosystèmes d'eau douce ou terrestres. Les répercussions sont mesurées sous la forme d'émissions de substances toxiques dans l'air, l'eau et les sols (en kg d'équivalents de 1,4-dichlorobenzène). Ces émissions sont converties en un indicateur appelé « concentration prédite dans l'environnement/concentration prédite sans effet » à l'aide du potentiel d'écotoxicité en eau douce (Freshwater Aquatic Ecotoxicity Potentials , FAETP) (Huijbregts, 2000[139] ; Huijbregts, 1999[140]) et du modèle USES 2.0 mis au point par l'institut néerlandais pour la santé publique et l'environnement (RIVM) qui décrit le destin, l'exposition et les effets de substances toxiques dans un potentiel d'écotoxicité terrestre (Terrestrial Ecotoxicity Potentials, TETP) (Huijbregts, 2000[139] ; Huijbregts, 1999[140]).

La **toxicité** humaine couvre les répercussions sur la santé humaine de la présence de substances toxiques dans l'environnement, soit par inhalation, soit par leur entrée dans la chaîne alimentaire. Ces répercussions couvrent un vaste ensemble de signes allant de l'irritation à la mortalité. Les répercussions sont mesurées sous la forme d'émissions de substances toxiques dans l'air, l'eau et les sols (en kg d'équivalents de 1,4-dichlorobenzène). Ces émissions sont converties en un indicateur appelé « dose journalière admissible/dose journalière prédite » à l'aide d'un potentiel de toxicité humaine (Human Toxicity Potentials, HTP) (Huijbregts, 2000[139] ; Huijbregts, 1999[140]).

L'**acidification** est l'effet corrosif de polluants comme le dioxyde de soufre (SO_2) et les oxydes d'azote (NOx) sur les sols, les eaux souterraines et de surface, les organismes vivants, les écosystèmes et les matériaux (constructions). Les répercussions sont mesurées comme des émissions de gaz acidifiants dans l'atmosphère (en kg d'équivalents de SO_2). Ces émissions sont converties en un indicateur appelé « dépôt/charge critique d'acidification » qui décrit le destin et le dépôt de substances acidifiantes comme des potentiels d'acidification de différents gaz (Acidifying Potentials, AP, moyenne pour l'Europe) (Huijbregts, 1999[140]).

Références

Agence pour la protection de l'environnement des États-Unis (EPA) (2020), « Advancing Sustainable Materials Management: 2018 Tables and Figures », https://www.epa.gov/sites/default/files/2021-01/documents/2018_tables_and_figures_dec_2020_fnl_508.pdf. [35]

Agence pour la protection de l'environnement des États-Unis (EPA) (2020), *Plastics: Material-Specific Data*, https://www.epa.gov/facts-and-figures-about-materials-waste-and-recycling/plastics-material-specific-data. [36]

Agence suédoise pour la protection de l'environnement (EPA) (2019), *Microplastics in the Environment 2019*, http://www.naturvardsverket.se/Om-Naturvardsverket/Publikationer/ISBN/6900/978-91-620-6957-5/. [63]

Aguiar, A. et al. (2019), « The GTAP Data Base: Version 10 », *Journal of Global Economic Analysis*, vol. 4/1, pp. 1-27, https://doi.org/10.21642/jgea.040101af. [5]

AIE (2020), *World Energy Outlook 2020*, Éditions OCDE, Paris, https://doi.org/10.1787/557a761b-en. [125]

AIE (2018), *World Energy Outlook 2018*, Agence internationale de l'énergie, Paris, https://doi.org/10.1787/weo-2018-en. [121]

AIE (2011), *World Energy Outlook 2011*, Éditions OCDE, Paris, https://doi.org/10.1787/weo-2011-en. [106]

Amann, M. et al. (2011), « Cost-effective control of air quality and greenhouse gases in Europe: Modeling and policy applications », *Environmental Modelling & Software*, vol. 26, pp. 1489–1501. [104]

Anagnosti, L. et al. (2021), « Worldwide actions against plastic pollution from microbeads and microplastics in cosmetics focusing on European policies. Has the issue been handled effectively? », *Marine Pollution Bulletin*, vol. 162, p. 111883, https://doi.org/10.1016/j.marpolbul.2020.111883. [54]

Antonopoulos, I., G. Faraca et D. Tonini (2021), « Recycling of post-consumer plastic packaging waste in the EU: Recovery rates, material flows, and barriers », *Waste Management*, vol. 126, pp. 694-705, https://doi.org/10.1016/j.wasman.2021.04.002. [28]

Banque islamique de développement (2020), *Waste to Energy: Averting environnmental damage in Azerbaijan.*, https://www.isdb.org/sites/default/files/media/documents/2020-06/Success_Lflt_Azerbaijan_EN.pdf. [82]

Banque mondiale (2020), *Nouvelle classification des pays en fonction de leur revenu : 2020-2021*, https://blogs.worldbank.org/fr/opendata/nouvelle-classification-des-pays-en-fonction-de-leur-revenu-2020-2021 (consulté le 28 janvier 2021). [52]

Bond, T. et al. (2013), « Bounding the role of black carbon in the climate system: A scientific assessment », *Journal of Geophysical Research: Atmospheres*, vol. 118, pp. 5380–5552. [119]

Borrelle, S. et al. (2020), « Predicted growth in plastic waste exceeds efforts to mitigate plastic pollution », *Science*, vol. 369/6510, pp. 1515-1518, https://doi.org/10.1126/science.aba3656. [99]

Boucher, F. et D. Friot (2017), *Primary Microplastics in the Oceans: A Global Evaluation of Sources*, Union internationale pour la conservation de la nature. [65]

Britz, W. et R. Roson (2018), « G-RDEM: A GTAP-Based Recursive Dynamic CGE Model for Long-Term Baseline Generation and Analysis », *SSRN Electronic Journal*, https://doi.org/10.2139/ssrn.3167781. [141]

Britz, W. et D. van der Mensbrugghe (2018), « CGEBox: A Flexible, Modular and Extendable Framework for CGE Analysis in GAMS », *Journal of Global Economic Analysis*, vol. 3/2, pp. 106-177, https://doi.org/10.21642/jgea.030203af. [122]

Brunner, P. et H. Rechberger (2016), *Handbook of Material Flow Analysis: For Environmental, Resource, and Waste Engineers*, CRC Press, https://doi.org/10.1201/9781315313450. [77]

Bureau national statistique (2020), *2018 Malawi population and housing census: water and sanitation report Zomba*, http://www.nsomalawi.mw/images/stories/data_on_line/demography/census_2018/Thematic_Reports/Water%20and%20Sanitation%20Report.pdf. [88]

Central Pollution Control Board (2021), *Report of Waste to Energy Plants in Delhi by CPCB in OA No. 640 of 2018 (Earlier O.A. No. 22 of 2013(THC)*, Sukhdev Vihar Residents Welfare Association Vs State of NCT of Delhi, https://greentribunal.gov.in/report-waste-energy-plants-delhi-cpcb-oa-no-640-2018-earlier-oa-no-22-2013thc-sukhdev-vihar. [86]

Central Pollution Control Board (CPCB) (2019), *Annual Report for the year 2018-2019 on Implementation of Plastic Waste Management Rules*, Ministère de l'Environnement, des Forêts et du Changement climatique (Inde). [42]

Château, J., R. Dellink et E. Lanzi (2014), « An Overview of the OECD ENV-Linkages Model: Version 3 », *Documents de travail de l'OCDE sur l'environnement*, n° 65, Éditions OCDE, Paris, https://doi.org/10.1787/5jz2qck2b2vd-en. [2]

Château, J., C. Rebolledo et R. Dellink (2011), « An Economic Projection to 2050: The OECD « ENV-Linkages » Model Baseline », *Documents de travail de l'OCDE sur l'environnement*, n° 41, Éditions OCDE, Paris, https://doi.org/10.1787/5kg0ndkjvfhf-en. [3]

Chruszcz, A. et S. Reeve (2018), « Composition of plastic waste collected via kerbside. Banbury, Royaume-Uni : W. a. R. A. P. (WRAP) », https://wrap.org.uk/sites/default/files/2020-10/WRAP-Composition%20of%20Plastic%20Waste%20Collected%20via%20Kerbside%20v2.pdf. [11]

Chruszcz, A. et S. Reeve (2018), *Composition of plastic waste: Results of a waste compositional analysis of plastics at MRFs and PRFs*, WRAP. [24]

CIESIN (2018), *Gridded population of the world, version 4 (GPWv4): population count adjusted to Match 2015 revision of UN WPP country totals, revision 11.*, Center for International Earth Science Information Network - Columbia University, https://sedac.ciesin.columbia.edu/data/set/gpw-v4-population-count-adjusted-to-2015-unwpp-country-totals-rev11. [97]

Civancik-Uslu, D. et al. (2021), « Moving from linear to circular household plastic packaging in Belgium: Prospective life cycle assessment of mechanical and thermochemical recycling », *Resources, Conservation and Recycling*, vol. 171, p. 105633, https://doi.org/10.1016/j.resconrec.2021.105633. [134]

Cleere, R. (2020), « The New Reppie Incinerator at Koshe Landfill in Addis Ababa, Ethiopia », *Atlas des conflits pour la justice environnementale [ensemble de données en ligne]*, https://ejatlas.org/conflict/the-new-reppie-incinerator-at-koshe-landfill-in-addis-ababa-ethiopia-leaves-the-wastepickers-without-livelihood. [84]

Cottom, J. et al. (2022), « Spatio-temporal quantification of plastic pollution origins and transportation (SPOT) » University of Leeds, Royaume-Uni, https://plasticpollution.leeds.ac.uk/toolkits/spot/. [10]

De Falco, F. et al. (2020), « Microfiber Release to Water, Via Laundering, and to Air, via Everyday Use: A Comparison between Polyester Clothing with Differing Textile Parameters », *Environmental Science & Technology*, doi: 10.1021/acs.est.9b06892, pp. 3288-3296, https://doi.org/10.1021/acs.est.9b06892. [66]

De Falco, F. et al. (2019), « The contribution of washing processes of synthetic clothes to microplastic pollution », *Scientific Reports*, vol. 9, p. 6633, https://doi.org/10.1038/s41598-019-43023-x. [56]

Derwent, R., M. Jenkin et S. Saunders (1996), « Photochemical ozone creation potentials for a large number of reactive hydrocarbons under European conditions », *Atmospheric Environment*, vol. 30/2, pp. 181-199, https://doi.org/10.1016/1352-2310(95)00303-g. [137]

Derwent, R. et al. (1998), « Photochemical ozone creation potentials for organic compounds in northwest Europe calculated with a master chemical mechanism », *Atmospheric Environment*, vol. 32/14-15, pp. 2429-2441, https://doi.org/10.1016/s1352-2310(98)00053-3. [136]

Di Mundo, R., A. Petrella et M. Notarnicola (2008), « Surface and bulk hydrophobic cement composites by tyre rubber addition », *Construction and Building Materials*, vol. 172, pp. 176–184. [117]

Dijkstra, L. et H. Poelman (2014), *A harmonised definition of cities and rural areas: the new degree of urbanisation*, https://ec.europa.eu/regional_policy/sources/docgener/work/2014_01_new_urban.pdf. [98]

Division de statistique des Nations Unies (2020), *Base de données statistiques de l'ONU sur le commerce des marchandises (COMTRADE)*, https://comtrade.un.org (consulté le 21 septembre 2020). [46]

Division de statistique des Nations Unies (DSNU) (2021), *UNSD Environmental Indicators: Waste In Environment Statistics*, https://unstats.un.org/unsd/envstats/qindicators.cshtml. [80]

ECHA (2020), *Comité d'évaluation des risques (CER) et Comité d'analyse socio-économique (CASE) Opinion on an Annex XV dossier proposing restrictions on intentionally added microplastics*. [53]

EMEP/AEE (2013), *Air pollutant emission inventory guidebook 2013: Technical guidance to prepare national emission inventories*, https://doi.org/10.2800/92722. [109]

Environnement et changement climatique Canada (2019), *Étude économique sur l'industrie, les marchés et les déchets du plastique au Canada*, Environnement et changement climatique Canada. [37]

Escobar, N. et W. Br tz (2021), « Metrics on the sustainability of region-specific bioplastics production, considering global land use change effects », *Resources, Conservation and Recycling*, vol. 167, p. 105345, https://doi.org/10.1016/j.resconrec.2020.105345. [129]

Eunomia (2018), « Investigating options for reducing releases in the aquatic environment of microplastics emitted by (but not intentionally added in) products », *Rapport pour la DG Environnement de la Commission européenne*, vol. vol. 62/février, pp. 1596-1605, https://www.eunomia.co.uk/reports-tools/investigating-options-for-reducing-releases-in-the-aquatic-environment-of-microplastics-emitted-by-products/. [49]

Eurostat (2020), *Statistiques - Production et élimination de boues de stations d'épuration*, https://ec.europa.eu/eurostat/databrowser/view/ENV_WW_SPD/default/table. (consulté le 28 janvier 2021). [76]

Eurostat (2018), *Average loads for total road freight transport, 2018 (tonnes)*, https://ec.europa.eu/eurostat/statistics-explained/index.php?title=File:Average_loads_for_total_RFT,_2018_(tonnes).png. (consulté le 21 mai 2021). [58]

Eurostat (s.d.), *Production vendue, exportations et importations par liste PRODCOM (NACE Rév. 2) - données annuelles*, https://ec.europa.eu/eurostat/fr/web/prodcom/data/database. [50]

Evangeliou, N. et al. (2020), « Atmospheric transport is a major pathway of microplastics to remote regions », *Nature Communications*, vol. 11/1, p. 3381, https://doi.org/10.1038/s41467-020-17201-9. [20]

Evangeliou, N. et al. (2020), « Atmospheric transport is a major pathway of microplastics to remote regions », *Nature Communications*, vol. 11, p. 3381, https://doi.org/10.1038/s41467-020-17201-9. [120]

FCH (2021), « NEW PLASTICS ECONOMY », https://fch.cl/en/initiative/new-plastics-economy. [39]

Federal Highway Administration Research and Technology (2019), *User Guidelines for Waste and Byproduct Materials in Pavement Construction*. [114]

Fielding, M. et M. Aung (2018), *Bioeconomy in Thailand: a case study*, Stockholm Environment Institute, Stockholm (Suède), https://cdn.sei.org/wp-content/uploads/2018/04/sei-wp-2018-thailand-bioeconomy.pdf. [123]

FMI (2020), *Perspectives de l'économie mondiale, octobre 2020 : Une ascension longue et difficile*, Fonds monétaire international, Washington, D.C., https://www.imf.org/fr/Publications/WEO/Issues/2020/09/30/world-economic-outlook-october-2020 (consulté le 22 janvier 2021). [7]

Forster, C., A. Stohl et P. Seibert (2007), « Parameterization of convective transport in a Lagrangian particle dispersion model and its evaluation », *Journal of Applied Meteorology and Climatology*, vol. 46, pp. 403–422. [112]

Ganguly, M. et P. Ariya (2019), « Ice Nucleation of Model Nanoplastics and Microplastics: A Novel Synthetic Protocol and the Influence of Particle Capping at Diverse Atmospheric Environments », *ACS Earth and Space Chemistry*, vol. 3, pp. 1729–1739. [118]

Gerritse, J. et al. (2020), « Fragmentation of plastic objects in a laboratory seawater microcosm », *Scientific Reports*, vol. 10/1, p. 10945, https://doi.org/10.1038/s41598-020-67927-1. [102]

Geyer, R., J. Jambeck et K. Law (2017), « Production, use, and fate of all plastics ever made », *Science Advances*, vol. 3/7, p. e1700782, https://doi.org/10.1126/sciadv.1700782. [14]

Geyer, R., J. Jambeck et K. Law (2017), « Production, use, and fate of all plastics ever made », *Science Advances*, vol. 3/7, p. e1700782, https://doi.org/10.1126/sciadv.1700782. [22]

Gibbs, H., S. Yui et R. Plevin (2014), « New Estimates of Soil and Biomass Carbon Stocks for Global Economic Models », *GTAP Technical Paper*, n° 33, https://ageconsearch.umn.edu/record/283432. [126]

GIEC (1995), *Changement de climat 1995 : Rapport du Groupe d'experts intergouvernemental sur l'évolution du climat - deuxième évaluation du GIEC*. [142]

Gouvernement de l'Australie (2021), *Australian plastics flows and fates 2019-2020*, https://www.awe.gov.au/sites/default/files/documents/apff-national-report_0.pdf. [45]

Gouvernement de l'Australie, D. (2020), *2018-19 Australian plastics recycling survey - national report*, https://www.awe.gov.au/environment/protection/waste/publications/australian-plastics-recycling-survey-report-2018-19 (consulté le 28 octobre 2021). [41]

Grand View Research (2020), *Recycled Plastics Market: Market Analysis*. [9]

Grigoratos, T. et G. Martini (2014), *Non-exhaust traffic related emissions. Brake and tyre wear PM*, https://doi.org/10.2790/21481. [116]

Hallal, A. et al. (2013), « Overview of Composite Materials and their Automotive Applications », dans *Advanced Composite Materials for Automotive Applications*, John Wiley & Sons, Ltd., https://doi.org/10.1002/9781118535288.ch1. [61]

Harrison, R. et al. (2012), « Estimation of the contributions of brake dust, tire wear, and resuspension to nonexhaust traffic particles derived from atmospheric measurements », *Environ. Sci. Technol.*, vol. 46, pp. 6523–6529. [110]

Heijungs, R. (1992), « Environmental life cycle assessment of products: guide and backgrounds », vol. Centre of Environmental Science (CML), Leiden University, Leiden, Pays-Bas, https://openaccess.leidenuniv.nl/handle/1887/8061 (consulté le 20 septembre 2018) (consulté le 22 avril 2022). [138]

Hestin, M., T. Faninger et L. Milios (2015), *Increased EU Plastics Recycling Targets: Environment, Economic and Social Impact Assessment*, https://743c8380-22c6-4457-9895-11872f2a708a.filesusr.com/ugd/0af79c_d3c616e926e24896a8b82b833332242e.pdf. [23]

Huijbregts (1999), *Priority assessment of toxic substances in LCA.Development and application of the multi-media fate, exposure and effect model USES-LCA*, IVAM environmental research, University of Amsterdam. [140]

Huijbregts, M. (2000), « Priority Assessment of Toxic Substances in the frame of LCA. Time horizon dependency of toxicity potentials calculated with the multi-media fate, exposure and effects model USES-LCA », *Institute for Biodiversity and Ecosystem Dynamics, University of Amsterdam*, http://www.leidenuniv.nl/interfac/cml/lca2/. [139]

Institut brésilien de géographie et de statistique (2010), *Demographic Census: Table 1395 - Permanent private households, by household situation and existence of bathroom or toilet and number of toilets for the exclusive use of the household, according to the type of household, the form of water supply, the desti*, https://sidra.ibge.gov.br/tabela/1395. [92]

Institut National de la Statistique du Guatemala (2018), *Características generales del hogar. Censo 2018: Cuadro B6.1 - Hogares por forma principal de eliminación de la basura, según departamento. [ensemble de données en ligne]*, https://www.censopoblacion.gt/explorador. [89]

Institut National de Statistique de la Bolivie (2012), *Disposal of garbage in the house, according to province and municipality, 2012 census [ensemble de données en ligne]*, https://www.ine.gob.bo/index.php/estadisticas-sociales/vivienda-y-servicios-basicos/censos-vivienda/. [93]

Jambeck, J. et al. (2015), « Plastic waste inputs from land into the ocean », *Science*, vol. 347/6223, pp. 768-771, https://doi.org/10.1126/science.1260352. [17]

Jenkin, M. et G. Hayman (1999), « Photochemical ozone creation potentials for oxygenated volatile organic compounds: sensitivity to variations in kinetic and mechanistic parameters », *Atmospheric Environment*, vol. 33/8, pp. 1275-1293, https://doi.org/10.1016/s1352-2310(98)00261-1. [135]

JFE Engineering Corporation (2017), *Opening Ceremony for Myanmar's First Waste to Energy Plant*, https://www.jfe-eng.co.jp/en/news/2017/20170410.html. [87]

JMP (2020), *Wash Data*, https://washdata.org/data/household#!/table?geo0=region&geo1=sdg. (consulté le 29 janvier 2021). [71]

Kalbar, P., I. Muñoz et M. Birkved (2017), « WW LCI v2: A second-generation life cycle inventory model for chemicals discharged to wastewater systems. », *Science of the Total Environment*, https://doi.org/10.1016/j.scitotenv.2017.10.051. [70]

Kawecki, D. et B. Nowack (2020), « A proxy-based approach to predict spatially resolved emissions of macro- and microplastic to the environment », *Science of The Total Environment*, vol. 748, p. 141137, https://doi.org/10.1016/j.scitotenv.2020.141137. [67]

Kaza, S. et al. (2018), *What a Waste 2.0: A Global Snapshot of Solid Waste Management to 2050*, Banque mondiale, https://doi.org/10.1596/978-1-4648-1329-0. [15]

Kindermann, G. et al. (2008), « A global forest growing stock, biomass and carbon map based on FAO statistics », *Silva Fennica*, vol. 42/3, https://doi.org/10.14214/sf.244. [128]

Klimont, Z. et al. (2002), « Modelling Particulate Emissions in Europe. A Framework to Estimate Reduction Potential and Control Costs », *IIASA, IR-02-076*. [107]

Klimont, Z. et al. (2017), « Global anthropogenic emissions of particulate matter including black carbon », *Atmospheric Chemistry and Physics*, vol. 17, pp. 8681–8723. [105]

Lassen, C. et al. (2016), *Microplastics: Occurrence, effects and sources of releases to the environment in Denmark*, Agence danoise pour la protection de l'environnement, Copenhague. [68]

Lau, W. et al. (2020), « Evaluating scenarios toward zero plastic pollution », *Science*, vol. 369/6510, pp. 1455-1461, https://doi.org/10.1126/science.aba9475. [25]

Lebreton, L. et A. Andrady (2019), « Future scenarios of global plastic waste generation and disposal », *Palgrave Communications*, vol. 5/1, p. 6, https://doi.org/10.1057/s41599-018-0212-7. [19]

Lebreton, L., M. Egger et B. Slat (2019), « A global mass budget for positively buoyant macroplastic debris in the ocean », *Scientific Reports*, vol. 9/1, p. 12922, https://doi.org/10.1038/s41598-019-49413-5. [103]

Lebreton, L. et al. (2018), « Evidence that the Great Pacific Garbage Patch is rapidly accumulating plastic », *Scientific Reports*, vol. 8/1, https://doi.org/10.1038/s41598-018-22939-w. [101]

Lee, D. (2016), « Bio-based economies in Asia: Economic analysis of development of bio-based industry in China, India, Japan, Korea, Malaysia and Taiwan », *International Journal of Hydrogen Energy*, vol. 41/7, pp. 4333-4346, https://doi.org/10.1016/j.ijhydene.2015.10.048. [131]

Liechtenstein Institute for Strategic Development (2020), *Circular economy strategy for Liechtenstein.*, https://www.alpine-space.org/projects/greencycle/deliverables/t2/lisd---circular-economy-strategy-for-liechtenstein-vol1-10-03-2020-1.pdf. [81]

Løkkegaard, H., B. Malmgren-Hansen et N. Nilsson (2018), *Mass balance of rubber granulate lost from artificial turf fields, focusing on discharge to the aquatic environment*. [62]

Magnusson, K. et al. (2016), *Swedish Sources and Pathways for Microplastics to the Marine Environment.*. [72]

Meijer, L. et al. (2021), « More than 1000 rivers account for 80% of global riverine plastic emissions into the ocean », *Science Advances*, vol. 7/18, https://doi.org/10.1126/sciadv.aaz5803. [100]

Michielssen, M. et al. (2016), « Fate of microplastics and other small anthropogenic litter (SAL) in wastewater treatment plants depends on unit processes employed », *Environmental Science: Water Research and Technology*, vol. 2/6, pp. 1064-1073, https://doi.org/10.1039/c6ew00207b. [73]

Ministère du Commerce (Chine) (2019), *The China Recycling Industry Development Report (2013-2018)*. [34]

Mubeen, I. et A. Buekens (2019), « Chapter 14 - Energy From Waste: Future Prospects Toward Sustainable Development », dans Kumar, S., R. Kumar et A. Pandey (dir. pub.), *Current Developments in Biotechnology and Bioengineering*, Elsevier, https://doi.org/10.1016/B978-0-444-64083-3.00014-2. [85]

Nations Unies (2019), *World Urbanization Prospects: The 2018 Revision.*, https://population.un.org/wup/Publications/Files/WUP2018-Report.pdf. [96]

Nizzetto, L., M. Futter et S. Langaas (2016), *Are Agricultural Soils Dumps for Microplastics of Urban Origin?*, American Chemical Society, https://doi.org/10.1021/acs.est.6b04140. [74]

OCDE (2021), *Policies to Reduce Microplastics Pollution in Water: Focus on Textiles and Tyres*, Éditions OCDE, Paris, https://doi.org/10.1787/7ec7e5ef-en. [60]

OCDE (2020), *Perspectives économiques de l'OCDE, Volume 2020 Numéro 2*, Éditions OCDE, Paris, https://doi.org/10.1787/8dd1f965-fr. [6]

OCDE (2019), *Global Material Resources Outlook to 2060: Economic Drivers and Environmental Consequences*, Éditions OCDE, Paris, https://doi.org/10.1787/9789264307452-en. [4]

OCDE (2013), « Policies for Bioplastics in the Context of a Bioeconomy », *OECD Science, Technology and Industry Policy Papers*, n° 10, Éditions OCDE, Paris, https://doi.org/10.1787/5k3xpf9rrw6d-en. [124]

OECD.Stat (2022), *Perspectives mondiales des plastiques*, https://www.oecd-ilibrary.org/environment/data/perspectives-mondiales-des-plastiques_34b0a3b7-fr. [1]

OECD.Stat (2017), *Base de données environnement - Traitement des eaux usées (% de la population connectée)*, https://stats.oecd.org/index.aspx?lang=fr&SubSessionId=a5dae2a7-dc3c-419a-bb65-50c8f92a1576&themetreeid=7 (consulté le 29 janvier 2021). [69]

Office de statistiques des Fidji (2018), *2017 Fiji population and housing census.*, https://www.statsfiji.gov.fj/component/advlisting/?view=download&format=raw&fileId=5970. [91]

ONUDI (2020), *Recycling of plastics in Indian perspective*, Bureau de l'ONUDI, Centre international de Vienne (CIV), Vienne, https://www.unido.org/sites/default/files/files/2018-11/Plenary%202%20-%20Plastics%20-%20Mohanty.pdf. [43]

ONU-Habitat (s.d.), *Cities' Waste Data*, https://unhabitat.org/waste-wise-cities-waste-data (consulté le 20 septembre 2021). [78]

OVAM (2018), *Huishoudelijk afval en gelikkaardig bedrijfsafval (Ordures ménagères et déchets d'entreprise)*, https://www.ovam.be/inventarisatie-huishoudelijke-afvalstoffen. [47]

Pelvin, R. et al. (2014), *Agro-ecological Zone Emission Factor (AEZ-EF) Model: A model of greenhouse gas emissions from land-use change for use with AEZ-based economic models*, https://ww2.arb.ca.gov/sites/default/files/classic//fuels/lcfs/lcfs_meetings/aezef-report.pdf. [127]

Pirc, U. et al. (2016), « Emissions of microplastic fibers from microfiber fleece during domestic washing », *Environmental Science and Pollution Research*, vol. 23, pp. 22206–22211, https://doi.org/10.1007/s11356-016-7703-0. [57]

Pisso, I. et al. (2019), « The Lagrangian particle dispersion model FLEXPART version 10.4 », *Geoscientific Model Development*, vol. 12, pp. 4955–4997. [111]

Plastic Waste Management Institute (2019), *An Introduction to Plastic Recycling*. [40]

Plastics Europe (2020), « Plastics – the Facts 2020 ». [33]

Plastics Europe (2017), *Plastics: the Facts (2017) An analysis of European plastics production, demand and waste data*, Plastics Europe. [55]

Plastics Recyclers Europe (2020), *Report on Plastics Recycling Statistics*, http://743c8380-22c6-4457-9895-11872f2a708a.filesusr.com/ugd/dda42a_2544b63cfb5847e39034fadafbac71bf.pdf. [29]

Population Census Commission (2007), *2007 Population and Housing Census of Ethiopia.*, https://microdata.worldbank.org/index.php/catalog/2747/download/39216. [95]

Recoup (2019), *Recyclability by Design*, https://www.bpf.co.uk/design/recyclability-by-design. [27]

ResearchNester (2021), *Artificial Turf: Market Insights, Demand & Growth Forecast 2027.*, https://www.researchnester.com/reports/artificial-turf-market/995. (consulté le 28 janvier 2021). [64]

Resource Futures (2019), *Composition analysis of litter waste in Wales*. [48]

Rolsky, C. et al. (2020), « Municipal sewage sludge as a source of microplastics in the environment. », *Current Opinion in Environmental Science & Health*. [75]

Roosen, M. et al. (2020), « Detailed Analysis of the Composition of Selected Plastic Packaging Waste Products and Its Implications for Mechanical and Thermochemical Recycling », *Environmental Science & Technology*, vol. 54/20, pp. 13282-13293, https://doi.org/10.1021/acs.est.0c03371. [12]

Roosen, M. et al. (2020), « Detailed Analysis of the Composition of Selected Plastic Packaging Waste Products and Its Implications for Mechanical and Thermochemical Recycling », *Environmental Science & Technology*, doi: 10.1021/acs.est.0c03371, pp. 13282-13293, https://doi.org/10.1021/acs.est.0c03371. [30]

Ryberg, M. et al. (2019), « Global environmental losses of plastics across their value chains », *Resources, Conservation and Recycling*, vol. 151, p. 104459, https://doi.org/10.1016/j.resconrec.2019.104459. [18]

Ryberg, M. et al. (2019), « Global environmental losses of plastics across their value chains », *Resources, Conservation and Recycling*. [16]

Samoa : Bureau des statistiques (2019), *Samoa's Experimental Solid Waste Accounts FY2013-14 to FY2015-16*, https://www.sbs.gov.ws/digi/Samoa's%20Experimental%20Solid%20Waste%20Arrounts_2013-2014%20to%202015-2016.pdf. [94]

Schipfer, F. et al. (2017), « Advanced biomaterials scenarios for the EU28 up to 2050 and their respective biomass demand », *Biomass and Bioenergy*, vol. 96, pp. 19-27, https://doi.org/10.1016/j.biombioe.2016.11.002. [130]

SEMARNAT (2020), *Diagnostico basico para la gestion integral de los residuos*. [38]

Sommer, F. et al. (2018), « Tire Abrasion as a Major Source of Microplastics in the Environment », *Aerosol and Air Quality Research*, vol. 18/8, pp. 2014-2028, https://doi.org/10.4209/aaqr.2018.03.0099. [59]

Sous-direction des statistiques environnementales (2014), *Indikator Perilaku Peduli Lingkungan Hidup (2014 Indicateur de comportement de protection de l'environnement)*, https://www.bps.go.id/publication/2015/12/23/2cdc2ef08c706d6f205c69fc/indikator-perilaku-peduli-lingkungan-hidup-2014.html. [90]

Stadler, K. et al. (2018), « EXIOBASE 3: Developing a Time Series of Detailed Environmentally Extended Multi-Regional Input-Output Tables », *Journal of Industrial Ecology*, vol. 22/3, pp. 502-515, https://doi.org/10.1111/jiec.12715. [8]

Statistique Canada (2022), *Compte pilote des flux physiques des matières plastiques, 2012 à 2018*, https://www150.statcan.gc.ca/n1/daily-quotidien/220323/dq220323f-fra.htm. [44]

SystemIQ and the Pew Charitable Trust (2020), *Breaking the Plastic Wave: A Comprehensive Assessment of Pathways Towards Stopping Ocean Plastic Pollution*, https://www.systemiq.earth/breakingtheplasticwave/. [26]

Thompson, P., P. Willis et N. Morley (2012), *A review of commercial textile fibre recycling technologies*, Waste and Resources Action Programme (WRAP), Royaume-Uni, https://refashion.fr/eco-design/sites/default/files/fichiers/A%20review%20of%20commercial%20textile%20fibre%20recycling%20technologies.pdf. [32]

Tun, M. et al. (2020), « Renewable Waste-to-Energy in Southeast Asia: Status, Challenges, Opportunities, and Selection of Waste-to-Energy Technologies », *Applied Science*, vol. 10/20, p. 7312, https://doi.org/10.3390/app10207312. [83]

Unice, K. et al. (2019), « Characterizing export of land-based microplastics to the estuary - Part I: Application of integrated geospatial microplastic transport models to assess tire and road wear particles in the Seine watershed », *Science of the Total Environment*, vol. 646, pp. 1639–1649. [115]

van der Gon, H. et al. (2013), « The Policy Relevance of Wear Emissions from Road Transport, Now and in the Future -- an International Workshop Report and Consensus Statement », *Journal of the Air & Waste Management Association*, vol. 63/2, pp. 136-49, https://doi.org/10.1080/10962247.2012.741055. [108]

van Meijl, H. et al. (2018), « On the macro-economic impact of bioenergy and biochemicals – Introducing advanced bioeconomy sectors into an economic modelling framework with a case study for the Netherlands », *Biomass and Bioenergy*, vol. 108, pp. 381-397, https://doi.org/10.1016/j.biombioe.2017.10.040. [132]

VinylPlus (2019), « PVC Recycling in Action », https://vinylplus.eu/uploads/images/Leaflets/Recovinyl_21x21_04-05_web.pdf. [13]

VinylPlus (2019), *PVC Recycling in Action*, https://vinylplus.eu/uploads/images/Leaflets/Recovinyl_21x21_04-05_web.pdf. [31]

Viool, V. et al. (2018), *Study to support impact assessment for options to reduce the level of ALDFG*. [51]

Walker, R. (2019), *The mass of 300 different 'dry' materials*. [113]

Wernet, G. et al. (2016), « The ecoinvent database version 3 (part I): overview and methodology », *The International Journal of Life Cycle Assessment*, vol. 21/9, pp. 1218-1230, https://doi.org/10.1007/s11367-016-1087-8. [133]

Wilson, D. et al. (2012), « Comparative analysis of solid waste management in 20 cities », *Waste Management & Research*, doi: 10.1177/0734242X12437569, pp. 237-254, https://doi.org/10.1177/0734242X12437569. [79]

Zheng, J. et S. Suh (2019), « Strategies to reduce the global carbon footprint of plastics », *Nature Climate Change*, vol. 9/5, pp. 374-378, https://doi.org/10.1038/s41558-019-0459-z. [21]

Notes

[1] Étant donné qu'il est impossible d'utiliser la distribution des durées de vie pour les années antérieures, une composante exogène correspondant aux déchets engendrés par les biens précédemment produits est ajoutée les premières années.

[2] Faute de données spécifiques sur la durée de vie par pays ou par application.

[3] Les déchets sauvages sont présentés dans une catégorie à part afin d'illustrer les pertes potentielles dans l'environnement non comptabilisées. Ils représentent, par postulat, une part constante des déchets municipaux solides uniquement, conformément à l'hypothèse formulée par (Jambeck et al., 2015[17]).

[4] En particulier, d'après l'ECHA (2020[53]), la part des granulés issue de pneus en fin de vie devrait représenter 78 % des matières de remplissage, alors que l'EPDM et le TPE n'en composeraient que 18 % et le liège 4 % à l'horizon 2028. Étant donné que le gazon artificiel est exclusivement constitué de la partie en caoutchouc des pneus (EuRIC MTR 2020), 96 % de l'ensemble des matières de remplissage sont supposés être composés de microplastiques.

[5] Les émissions nominales de CH_4 et de N_2O sont converties en équivalents-CO_2 sur la base de leur PRG à l'horizon de 100 ans d'après le 2e rapport d'évaluation (GIEC, 1995[142]).

[6] Nous sommes reconnaissants aux auteurs qui ont fourni des coefficients d'émission par type de gaz à effet de serre qui n'étaient pas directement disponibles dans leur article.

[7] La référence a été générée pour la période 2014-2060 à l'aide du modèle G-RDEM de CGE-Box (Britz et van der Mensbrugghe, 2018[122] ; Britz et Roson, 2018[141]), à partir de projections de la population et du PIB tirées du modèle de l'OCDE ENV-Linkages et tenant compte des conséquences du COVID-19. La référence comprend également les projections de la consommation de plastiques biosourcés et de la consommation totale de plastiques en unités physiques.

Annexe B. Description détaillée des scénarios de Référence, d'Action régionale, d'Ambition mondiale, et d'Atténuation du changement climatique

La présente Annexe présente des informations sur (i) l'intégration des effets de la pandémie de COVID-19 et des mesures prises par les pouvoirs publics pour y faire face dans le scénario de *Référence*, (ii) la quantification des divers instruments d'action dans les scénarios d'*Action régionale* et d'*Ambition mondiale* relatifs aux plastiques, et (iii) le scénario d'*Atténuation du changement climatique*.

Prise en compte du COVID-19 dans le scénario de *Référence*

Les tendances socioéconomiques pré-COVID qui alimentent les projections du scénario de *Référence* telles qu'énoncées dans (2019[1]) ont été mises à jour pour tenir compte des conséquences de la pandémie de COVID-19 et des mesures prises par les pouvoirs publics pour y faire face. Comme décrit plus en détail dans (Dellink et al., 2021[2]), une évaluation exhaustive des chocs économiques causés par la pandémie, des mesures de confinement et des programmes de relance publics a été effectuée en avril 2021. Les scénarios reposent sur les hypothèses de modélisation suivantes :

- Les augmentations des taux de chômage observées au niveau régional en 2020 sont tirées des Perspectives économiques de l'OCDE 108 (OCDE, 2020[3]), des mises à jour des prévisions du PIB figurant dans les Perspectives intermédiaires (OCDE, 2021[4]) et les Perspectives économiques du FMI pour les pays non couverts par les prévisions de l'OCDE (FMI, 2020[5]). Pour les quelques pays qui ne figurent dans aucune de ces deux bases de données, des hypothèses spécifiques sont formulées sur la base des effets constatés pour des pays similaires.
- Les chocs sur la demande sectorielle affectant l'année 2020 sont pris en compte sur la base des travaux d'Arricla et Van Tongeren (s.d.[6]). Pour les secteurs énergétiques, les chocs sont repris de l'AIE (2020[7]).
- Les programmes de relance publics sont pris en compte sous la forme d'une réduction de la fiscalité sur le capital et sur le travail dans le cas des entreprises, et de l'impôt sur le revenu dans celui des ménages. Ces programmes sont inspirés d'Arriola et al. (s.d.[6]).
- Les chocs commerciaux prennent la forme d'une augmentation des coûts des échanges internationaux (« coûts iceberg »), avec une différenciation entre les secteurs des services et l'agriculture et les industries manufacturières. Il s'agit d'une reproduction des chocs commerciaux décrits dans Arriola *et al.* (s.d.[6]).
- Les diminutions de la productivité régionale du travail rendent compte des pertes de productivité durant le confinement (y compris les effets du télétravail) et se traduisent simplement par une baisse uniforme de la productivité dans tous les secteurs et toutes les régions, d'après les travaux d'Arriola *et al.* (s.d.[6]).

- Pour finir, des chocs sur la productivité totale des facteurs à l'échelon régional sont ajoutés au scénario en s'appuyant sur la baisse macroéconomique du PIB, afin de tenir compte des effets conjugués de tous les éléments non expressément repris ci-dessus (OCDE, 2020[3]). Cette approche permet de faire en sorte que les effets macroéconomiques immédiats de la pandémie sont pondérés de manière à parvenir aux taux de croissance du PIB prévus pour 2020 par l'OCDE (OCDE, 2020[3]) et par le FMI pour les pays non couverts par les prévisions de l'OCDE (FMI, 2020[5]). En outre, un effet rebond sur la productivité totale des facteurs est pris en compte en 2021 et 2022 dans les pays où les prévisions à court terme sont plus optimistes que ne peuvent l'expliquer les taux de redressement calibrés dans le modèle.

Tous les chocs sont réputés s'estomper d'année en année après 2020. Les taux de redressement sont propres à chaque région et fondés sur les prévisions du PIB jusqu'à 2025 établies par le FMI. Cependant, l'activité économique à long terme – et les pressions environnementales connexes – ne renouent pas nécessairement avec les niveaux prévus dans le scénario de *Référence* faisant abstraction des chocs dus à la pandémie. Ceci s'explique essentiellement par le fait que les chocs altèrent les comportements d'épargne et d'investissement et donc la croissance économique et les pressions environnementales à long terme.

Le scénario de Redressement lent

Le scénario de *Redressement lent* correspond à une situation dans laquelle la reprise de l'économie – après le choc initial de 2020 provoqué par la pandémie de COVID-19 et les mesures prises par les pouvoirs publics pour y faire face – sera environ deux fois moins rapide que dans le scénario de *Référence*. Le choc pris en compte en 2020 correspond à celui du scénario COVID, mais la reprise est plus lente (les taux de reprise sont divisés par deux, et il n'y a pas d'effet rebond en 2021).

Quantification des scénarios d'*Action régionale* et d'*Ambition mondiale* sur les plastiques

Les scénarios pour la circularité des plastiques sont conçus pour réduire les rejets de plastiques dans l'environnement, et tiennent compte de l'utilisation des plastiques lors des différentes étapes de la durée de vie des produits. L'ensemble de mesures couvre trois volets : (i) Limiter la production et la demande et concevoir pour la circularité, (ii) Augmenter le recyclage, et (iii) Fermer les voies de rejet Différents moyens d'action sont mis en œuvre pour chacun de ces trois piliers (Tableau A B.1).

Tableau A B.1. Description détaillée de la mise en œuvre des scénarios pour la circularité des plastiques

Pilier	Instrument d'action	Scénario d'*Action régionale*	Scénario d'*Ambition mondiale*
Limiter la production et la demande et concevoir pour la circularité (ci-après Limiter la demande)	Taxe sur les emballages plastiques	*UE* : 1 000 USD/t d'ici 2030, stable par la suite *Autres pays de l'OCDE* : 1 000 USD/t d'ici 2040, stable par la suite *Non OCDE* : 1 000 USD/t d'ici 2060	*Monde* : 1 000 USD/t d'ici 2030, doublement d'ici 2060
	Taxe sur les plastiques hors emballage	*OCDE* : 750 USD/t d'ici 2040, stable par la suite *Non OCDE* : 750 USD/t d'ici 2060	*Monde* : 750 USD/t d'ici 2030, doublement d'ici 2060
	Écoconception pour la durabilité et la réparabilité	*Monde* : augmentation de 10 % de la durée de vie, baisse de 5 à 10 % de la demande de biens durables, augmentation de la demande de services de réparation de sorte que les dépenses totales ex ante restent inchangées.	*Monde* : augmentation de 15 % de la durée de vie, baisse de 10 à 20 % de la demande de biens durables, augmentation de la demande de services de réparation de sorte que les dépenses totales ex ante restent inchangées.

Pilier	Instrument d'action	Scénario d'*Action régionale*	Scénario d'*Ambition mondiale*
	Objectifs de contenu recyclé	*OCDE* : objectif de 40 % de contenu recyclé *Non OCDE* : objectif de 20 % de contenu recyclé	*Monde* : objectif de 40 % de contenu recyclé
Augmenter le recyclage	REP pour l'emballage, l'électronique, l'automobile et l'habillement	*OCDE + UE* : augmentation de 20 points de pourcentage du recyclage, taxe sur les intrants plastiques – 300 USD/tonne d'ici 2030, stable par la suite, subvention du secteur des déchets pour que l'instrument soit neutre sur le plan budgétaire	*Monde* : augmentation de 20 points de pourcentage du recyclage, taxe sur les intrants plastiques – 300 USD/tonne d'ici 2030, stable par la suite, subvention du secteur des déchets pour que l'instrument soit neutre sur le plan budgétaire
	Augmenter le recyclage en s'appuyant sur la gestion des déchets	*UE, Japon et Corée* : objectif de 60 % de recyclage d'ici 2030, 70 % d'ici 2060 *Autres pays de l'OCDE, République populaire de Chine (ci-après Chine)* : objectif de 60 % de recyclage d'ici 2060 *Autres pays non OCDE* : objectif de 40 % de recyclage d'ici 2060	*UE, Japon et Corée* : objectif de 60 % de recyclage d'ici 2030, 80 % d'ici 2060 *Autres pays de l'OCDE, Chine* : objectif de 80 % de recyclage d'ici 2060 *Autres pays non OCDE* : objectif de 60 % de recyclage d'ici 2060
	Amélioration de la collecte des déchets plastiques	*OCDE* : réduction totale de la part des déchets mal gérés* *Non OCDE* : réduction de moitié de la part des déchets mal gérés*	*Monde* : réduction totale de la part des déchets mal gérés*
Fermer les voies de rejet	Amélioration de la collecte des dépôts sauvage	Le taux de collecte des *pays à revenu élevé* augmente de 5 points de pourcentage ; augmentation en fonction du niveau de revenu pour les *pays à revenu intermédiaire*	Le taux de collecte des *pays à faible revenu* augmente de 10 points de pourcentage ; Le taux de collecte des *pays à revenu élevé* augmente de 5 points de pourcentage ; augmentation en fonction du niveau de revenu pour les *pays à revenu intermédiaire*

* les flux de déchets issus des dépôts sauvages non collectés et des marquages et des microbilles ne sont pas compris dans cette politique, car ils ne sont pas gérés en tant que déchets.

Scénario d'*Atténuation du changement climatique*

L'objectif de l'ensemble de mesures relatives au climat est de mettre à jour les potentielles interactions entre les politiques climatiques et celles relatives aux plastiques. Ce scénario n'est donc pas destiné à représenter une voie de décarbonation possible, mais est plutôt un ensemble simplifié de politiques climatiques L'ensemble de mesures se compose de deux principaux instruments de décarbonation : une trajectoire de tarification du carbone et une transformation structurelle du secteur de l'électricité.

Trajectoire de tarification du carbone

La trajectoire de tarification du carbone est élaborée sur la base du scénario de développement durable des *Perspectives mondiales de l'énergie* de 2020 à 2050 et maintient un prix du carbone constant entre 2050 et 2060. Cette hypothèse conduit à un prix moyen du carbone dans le monde de 69 USD en 2060, contre 6 USD dans le scénario de *Référence*. Tableau A B.2 fournit les informations par région du scénario de tarification du carbone Alors, que dans le scénario de *Référence*, la tarification du carbone est limitée entre 0 et 12 USD en 2060, l'ensemble de politiques climatiques la fait grimper entre 5 et 160 USD. Globalement, la tarification du carbone est plus élevée dans les pays de l'OCDE.

Tableau A B.2. Tarification du carbone dans les scénarios de *Référence* et d'*Atténuation du changement climatique*

USD par tonne de CO2 en 2060

Région	*Référence*	*Atténuation du changement climatique*
OCDE	**7**	**155**
OCDE Amériques	3	157
OCDE Europe	12	151
OCDE Pacifique	7	160
Non-OCDE	**6**	**42**
Eurasie	1	93
Moyen-Orient et Afrique	0	5
Autres pays d'Amérique	0	70
Autres pays d'Asie	9	54
Monde	**6**	**69**

Source : modèle ENV-Linkages de l'OCDE, d'après l'AIE (2018[8]).

Transformation structurelle du secteur de l'électricité

En plus de la trajectoire des prix du carbone, l'ensemble de politiques climatiques comprend également la transformation structurelle du secteur de la production d'électricité. Comme décrit dans Graphique A B.1, la part des différentes sources primaires (charbon, pétrole, gaz, nucléaire, hydraulique, éolien, solaire et autres) est déterminée selon les projections (2020 à 2050) des *Perspectives mondiales de l'énergie 2018*, et adopte l'hypothèse d'une part constante des différentes sources entre 2050 et 2060. Globalement, la part de la production d'électricité à partir de combustibles fossiles diminue, passant de 69 % en 2019 à 62 % en 2060 dans le scénario de *Référence*, tandis qu'avec l'ensemble de politiques climatiques, cette part chute à 15 % d'ici 2060.

Graphique A B.1. Mix électrique mondial dans les scénarios de *Référence* et d'*Atténuation du changement climatique*

Part dans la production d'électricité (%)

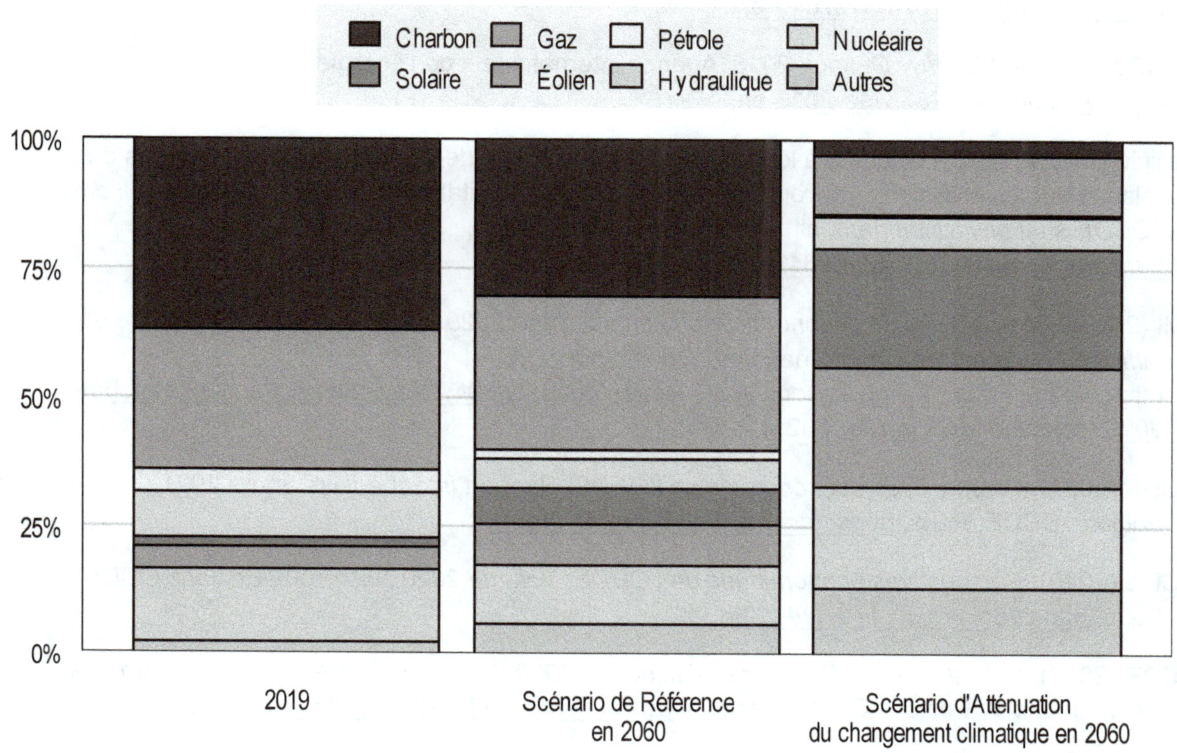

Source : modèle ENV-Linkages de l'OCDE, d'après l'AIE (2018[8]).

StatLink https://stat.link/qck2lv

Références

AIE (2020), *World Energy Outlook 2020*, Éditions OCDE, Paris, https://doi.org/10.1787/557a761b-en. [7]

AIE (2018), *World Energy Outlook 2018*, Agence internationale de l'énergie, Paris, https://doi.org/10.1787/weo-2018-en. [8]

Dellink, R. et al. (2021), « Effets à long terme de la pandémie de COVID-19 et des mesures de relance sur les pressions environnementales : étude quantitative », *Documents de travail de l'OCDE sur l'environnement*, n° 176, Éditions OCDE, Paris, https://doi.org/10.1787/28ebe842-fr. [2]

FMI (2020), *Perspectives de l'économie mondiale, octobre 2020 : Une ascension longue et difficile*, Fonds monétaire international, Washington, D.C., https://www.imf.org/fr/Publications/WEO/Issues/2020/09/30/world-economic-outlook-october-2020 (consulté le 22 janvier 2021). [5]

OCDE (2021), *Perspectives économiques de l'OCDE, Rapport intermédiaire, mars 2021*, Éditions OCDE, Paris, https://doi.org/10.1787/01954fa3-fr. [4]

OCDE (2020), *Perspectives économiques de l'OCDE, Volume 2020 Numéro 2*, Éditions OCDE, Paris, https://doi.org/10.1787/8dd1f965-fr. [3]

OCDE (2019), *Global Material Resources Outlook to 2060: Economic Drivers and Environmental Consequences*, Éditions OCDE, Paris, https://doi.org/10.1787/9789264307452-en. [1]

OCDE (s.d.), *Documents de travail de l'OCDE sur la politique commerciale*, Éditions OCDE, Paris, https://doi.org/10.1787/18166873. [6]

Glossaire

Avertissement : Ce glossaire définit des termes importants employés dans le rapport. Les définitions sont condensées et peuvent être incomplètes. Elles ne constituent pas des définitions officielles, mais visent plutôt à expliquer le sens donné aux termes dans le présent rapport.

Terme	Définition aux fins des Perspectives mondiales des plastiques
Plastiques biosourcés	Plastiques fabriqués à partir de biomasse.
Dégradation	Dégradation partielle ou totale d'un polymère sous l'effet des rayons ultraviolets, de l'oxydation ou d'agents biologiques, par exemple. Elle implique une altération de ses propriétés : décoloration, fissuration, fragmentation...
Incinération (des déchets)	Incinération dans une installation industrielle faisant appel aux techniques les plus récentes.
Mise en décharge (contrôlée)	Élimination finale de déchets moyennant leur enfouissement contrôlé, dans le respect des prescriptions sanitaires et environnementales et autres exigences de sécurité les plus avancées.
Rejets (de plastiques)	Désigne les plastiques introduits dans les milieux aquatiques et terrestres.
Déchets sauvages	Déchets faisant l'objet de dépôts sauvages (diffus ou concentrés). À ne pas confondre avec les déchets mal gérés, car les comportements qui en sont à l'origine ne sont pas forcément corrélés à l'absence d'infrastructures élémentaires de collecte et d'élimination des déchets. Les déchets sauvages peuvent être collectés pour être éliminés ou, à défaut, être rejetés dans l'environnement.
Macroplastiques	Objets en plastique reconnaissables tels que des emballages ou des bouteilles. Dans ce rapport, le terme désigne les plastiques de diamètre supérieur à 5 mm (qui, dans les études spécialisées, sont souvent classés dans deux catégories distinctes, les mésoplastiques et les macroplastiques).
Microplastiques	Polymères synthétiques solides de diamètre inférieur à 5 mm.
Déchets mal gérés	Déchets non pris en charge dans un système de collecte ou de traitement à la pointe du progrès. Cela comprend les déchets qui sont brûlés à ciel ouvert, immergés en mer ou dans d'autres masses d'eau de surface ou déposés dans des décharges non contrôlées ou sauvages.
Plastique	Employé sous forme adjectivale pour qualifier un nom. Exemple : déchets plastiques.
Pollution plastique	Désigne l'ensemble des émissions et des risques imputables à la production et à l'utilisation de plastiques, ainsi qu'à la gestion et aux rejets de déchets plastiques.
Plastiques	Désigne l'ensemble des polymères plastiques étudiés dans le présent rapport.
Microplastiques primaires	Plastiques de diamètre inférieur à 5 mm de par leur conception, tels que les agents de gommage cosmétiques et les granulés de plastique.
Plastiques primaires ou vierges	Plastiques fabriqués à partir de matières de base fossiles (pétrole brut, par exemple) ou biosourcées (maïs, canne à sucre, blé...) qui n'ont jamais été utilisées ou transformées auparavant.
Taux de recyclage	Selon le contexte, désigne soit la part des déchets collectés pour être recyclés, soit la part des déchets effectivement transformés en matières recyclées, déduction faite des résidus de recyclage.
Plastiques secondaires ou recyclés	Polymères plastiques fabriqués à partir de matières recyclées.
Microplastiques secondaires	Microplastiques issus de la fragmentation de plastiques plus grands, comme ceux provenant de l'abrasion des pneus, les microfibres synthétiques se détachant des produits textiles et les microplastiques libérés par la dégradation et la fragmentation des macroplastiques rejetés dans l'environnement auparavant.

www.ingramcontent.com/pod-product-compliance
Lightning Source LLC
LaVergne TN
LVHW062157171026
850499LV00044B/1782